兩岸政治互信研究

張文生 主編

崧燁文化

目錄

試論海峽兩岸間的政治互信及政策建議

嚴安林[1]

海峽兩岸間的政治互信是兩岸關係和平發展的重要基礎，也是兩岸關係和平發展持續化、永久化的政治保證。2008年5月以來，兩岸間的政治互信開始有所建立，但互信的基礎還是相當地的脆弱。因此，鞏固與增進兩岸之間，包括官方、民間等各層面的政治互信是確保兩岸關係和平發展持續向前的根本，既有利於兩岸人民的共同利益，也有利於臺海地區的和平穩定。

一、互信與政治互信的概念界定

何謂互信？互信是指相互之間的信任問題，海峽兩岸之間的互信應可分為廣義與狹義兩種，狹義的互信是指兩岸執政當局（包括執政黨）之間的彼此間的信任問題，而廣義的互信則是指兩岸之間，包括執政當局、政黨、意見領袖、政治社會團體及人民之間的信任問題。當前一般所指的互信則是侷限於執政當局之間的狹義的定義。而兩岸之間的政治互信則特指兩岸執政當局之間在兩岸基本的、原則性的政治立場的共同點、共同基礎與共同的政治追求等，也有人將之簡化為「反對臺獨」、堅持「九二共識」。當然，筆者個人以為，「反對臺獨」、堅持「九二共識」只是兩岸間政治互信的重要基礎，但還不是全部，應該包括對對方的政治態度、對兩岸關係發展的共同的責任及兩岸共同體的努力等。

二、兩岸間基本的政治互信初步建立

2008年5月以來，臺灣海峽兩岸關係之間出現了難得的和平發展的歷史性機遇，這機遇的出現既是因為2008年3月由臺灣領導人的選舉而開啟的臺灣政局的重大而積極性的變化，也是因為兩岸彼此在政策上的有所調整以及雙方間在政治上確立了基本的互信。

1.2005年的「胡連會」以及「國共五項願景」為兩岸出現和平發展機遇與建立中國共產黨與中國國民黨之間基本的政治互信奠定了基礎。在雙方簽署的「新聞公報」中，國共兩黨有三點「共同體認」：一是堅持「九二共識」，反對「臺獨」，謀求臺海和平穩定，促進兩岸關係發展，維護兩岸同胞利益，是兩黨的共同主張；二是促進兩岸同胞的交流與往來，共同發揚中華文化，有助於消弭隔閡，增進互信，累積共識；三是和平與發展是21世紀的潮流，兩岸關係和平發展符合兩岸同胞的共同利益，也符合亞太地區和世界的利益。五項「共同願景」是：促進盡速恢復兩岸談判，共謀兩岸人民福祉；促進終止敵對狀態，達成和平協議；促進兩岸經濟全面交流，建立兩岸經濟合作交流機制；促進協商臺灣民眾關心的參與國際活動的問題；建立黨對黨定期溝通平臺。2正是這「五項願景」與歷史性的「胡連會」，不僅是國、共兩黨「一笑泯恩仇」，而且開啟了海峽兩岸之間的政黨對話與交流，並為兩岸關係的和平發展奠定了基本的政治基礎。

2.2008年3月馬英九當選為臺灣領導人後提出了「不統、不獨、不武」的兩岸政策新主張。馬英九稱：「我的大陸政策是在中華民國憲法架構下，維持臺海的現狀，就是不統不獨不武，以臺灣為主、對人民有利。」3馬英九個人對「三不政策」的基本解釋是：「不統」的意思是「我不會在任內跟中共討論有關兩岸統一的問題」；「不獨」是「我們不會追求法理上臺灣的獨立」；「不武」則是「我們反對使用任何武力來解決臺灣問題的方案。」4臺灣學者稱：馬英九的「三不」政策表述：「旨在重申維持兩岸和平、分治、交流現狀，最終是要謀求兩岸和平發展，創造最大的共同利益。」5而馬英九在當選後對國共交流及所簽署公報的肯定性的表態則使由國、共兩黨之間的共識轉化為兩岸執政者之間的共識，馬英九稱「連胡公報是重建兩岸關係的起點」，「這就使得國共兩黨互信勢將提升為海峽兩岸互信」。6

3.2008年12月胡錦濤提出的「胡六點」系統闡述的「和平發展」的思想。12月31日上午，中共中央總書記胡錦濤在紀念《告臺灣同胞書》發表30週年座談會上，發表了《攜手推動兩岸關係和平發展，同心實現中華民族偉大復興》的重要講話，提出了開創兩岸關係和平發展新局面的六點具體主張，不僅對大陸提出「和平統一、一國兩制」以來的30年的兩岸關係進行了一個系統而深刻的總結，而且提出了一系列推動兩岸關係和平發展進程的新主張與新論述，是兩岸關係和平發展時期中國大陸對臺政策的指導性綱領，對兩岸關係和平發展新局面的開創、推動建立兩岸政治互信與兩岸互動新局的建構產生巨大的推動作用。

4.兩岸兩會的制度化協商的恢復是兩岸建立基本的政治互信的標誌。2008年6月，作為兩岸官方對話與談判的「白手套」——海基會與海協會之間交流與對話談判的恢復，則是兩岸重新確立對話基礎、恢復基本政治互信的開始。臺灣方面談判代表稱：「過去十數年，兩會交流一直是衡量兩岸關係的指標，今年六月兩會恢復商談，代表兩岸的新起點」7臺灣學者也認為「兩岸回歸制度化協商將促進兩岸關係逐步朝向有利於雙方建立互信的方向發展」。8

5.兩岸關係和平發展態勢的出現既是兩岸政治互信有所建立的結果，又推動著兩岸之間政治互信的加強。香港的媒體認為，「包括大陸、臺灣、香港和澳門在內的大中華地區勢必因此而開出百年未見的世紀新局。」9連戰認為「兩岸越走越近是一個歷史的驅動，是大勢之所趨」10臺灣海基會前副董事長兼祕書長高孔廉稱：「兩岸關係是兩岸在發展過程中非常重要的關鍵因素，穩定的兩岸關係，對臺灣發展有很大幫助，對大陸也有安定的作用。同時，兩岸關係也是東亞和平穩定的關鍵，在2008年6月『兩會』北京復談之後，兩岸關係有極大的改善，希望這樣的關係能持續發展，讓兩岸成為東亞和國際社會中的穩定因素。」11而即使是政治立場比較偏綠的黃輝珍也承認：「60年前那種針鋒相對、誓不兩立的鬥爭，到今天整個大局勢、大氣候，已經朝向『和』與『通』的方向發展：『和』就是和平，『通』代表溝通、交流與合作。」這當然是源於兩岸各自內部出現大變化、國際局勢出現大重組的結果，是歷史規律發展的趨向。12

三、兩岸政治互信對和平發展的兩岸關係十分重要

民進黨執政8年的兩岸關係是「政治關係敵對，民間交流熱絡」，「兩岸官方欠缺直接對話管道，又無法透過中介機構制度化協商，雙邊在主權宣示與管轄權的行使上出現高度落差。」13其緣由則是兩岸執政當局間缺少最基本的共同的政治立場與基本的政治互信。而2008年以來兩年多的兩岸關係發展的事實則證明，兩岸政治互信對兩岸關係的和平發展十分重要，林碧炤先生認為：「兩岸關係的機遇期還是繼續存在，其中最關鍵的因素是雙方決策階層的互信不斷地提升，這對於和平氛圍的形成有相當大的助益。」14兩岸政治互信的建立由2008年四月中旬博鰲論壇的「蕭胡會」正式開始，它「是兩岸分裂分治以來最高層級的在位領導者之會晤」，15會晤中蕭萬長提出「正視現實、開創未來、擱置爭議、追求雙贏」的16字箴言，胡錦濤總書記提出了「四個繼續」：將繼續推動兩岸經濟文化等各領域交流合作，

繼續推動兩岸週末包機和大陸居民赴臺灣旅遊的磋商，繼續關心臺灣同胞福祉並切實維護臺灣同胞的正當權益，繼續促進恢復兩岸協商。4月底胡錦濤總書記在會見連戰時再度提出了「建立互信、擱置爭議、求同存異、共創雙贏」的16字箴言。可見，互信，特別是政治互信對兩岸關係和平發展是何等的重要。

1.兩岸政治互信是兩岸關係和平發展的前提與基礎。民進黨執政時期，由於陳水扁當局瘋狂追求「臺獨」意識形態，對大陸政策出爾反爾，致使兩岸間沒有任何互信可言，更使兩岸關係陷入緊張與僵持。馬英九執政後，承認「九二共識」，堅持推動兩岸關係的和平穩定，兩岸間政治互信的建立為兩岸關係的和平發展奠定了基礎。

2.兩岸政治互信是兩岸關係和平發展的根本保證。兩岸間有了基本的政治互信，才有和平發展的新局面；兩岸間有了能夠不斷增進的政治互信，和平發展的新局面才能不斷地向前發展，並不斷地得到鞏固；兩岸間的政治互信不斷地發展，兩岸軍事互信、安全問題等也才能得到有效的、妥善的處理與解決。

3.兩岸政治互信是兩岸各方面交流的政治基礎。兩岸由於長達60年的分離，各自的發展道路不盡相同，政治理念與觀念等差異頗大，因而在即使是經濟、民間與社會乃至文化的交流交往中，難免都會存在政治上的差異與問題，經濟交流與合作受到政治因素的影響，由於政治上的問題也產生交流上的困難。因此，兩岸政治互信也是兩岸經濟合作、人員往來無法迴避的問題。

4.兩岸間的敏感問題需要雙方共同來探討與協商解決。邵宗海教授認為：馬英九的「『活路外交』政策讓兩年來兩岸之間不再在『邦交國』的業績競爭上互挖牆角，而且也厚實了兩岸『政治互信』的基礎。」16

四、兩岸間的政治互信依然比較脆弱

兩岸之間的政治互信雖然開始有所建立，但也需要承認，兩岸執政當局之間的政治互信還是相當的脆弱，基礎並不雄厚，也不紮實。兩岸過去60年的衝突與對立所積累起來的結構性的矛盾與相互對立的社會心理不可能在短短的幾年中完全化解。

1.兩岸目前尚處於「先經濟」的階段，政治議題還沒有提上議事日程。特別是馬英九團隊的「兩岸政策基本上採『政經分離』思維」，因此，有臺灣學者提出：「在國際社會不願臺海衝突，以及北京當局謀求『和平發展』環境下，兩岸關係無疑將經歷一段蜜月期。在經貿領域、經貿關係正常化將創造更大的經濟利益，且能共同分享，『共創雙贏』的局面，可能使兩岸經濟交流規模持續擴大，兩岸經貿關係更趨緊密。然而，在政治領域裡，互補互利的議題幾乎沒有，多的是零和博弈關係，兩岸關係的蜜月期可以持續多長，客觀而言仍待觀察。」17其理由是由於馬英九「推動兩岸關係的藍圖，強調優先處理兩岸經貿關係正常化問題，再討論『臺灣國際空間』和『臺海安全』等兩大旨在議題。」而「兩岸經貿關係正常化所涉及利益是共同的，雙方都有共識，較容易達成，但臺灣國際空間及臺海安全問題，迄至目前兩岸仍缺乏共識，看來還有很長的路要走。」18

2.臺灣內部藍綠政治力量在兩岸政策上存在巨大的分歧也將影響兩岸政治互信的發展。「臺灣社會兩極分化終究是兩岸關係穩定發展的變數。」19黃輝珍認為，「臺灣內部面對兩岸關係巨大變化的嶄新局面，源於背景不同、立場互異，加以利益結構因此大幅調整，思想意識因此深刻變換，在政治上難免出現糾葛於歷史與現實的生態激盪。」對兩岸關係的和平發展，由於「大多數臺灣人民普遍有程度不一、或多或少的適應不良問題，潛伏著一種又新奇又疑惑的不安情緒。」20

3.兩岸交流與認同失調之間的矛盾比較突出。過去人們認知上的一個盲點就是認為「擴大交流、深化交流就是認同。」而「事實上是認知失調的現象十分普遍，而不是互相認同的增加。」所謂「認知失調」，是「一個人原先的認知，不可能因為新的反例的增加而改變自己原先的認知，有時反而會自我強化原先的認知。」21張亞中教授認為：「認同往往是被政治人物所建構。認同往往也做為區別我群與他群的判定標準。」李登輝、陳水扁等主政下從事的政治運動，「強化臺灣主體性的包裝，作為走向臺獨的野心，使得一個中國在臺灣變得妖魔化」，這就使「兩岸的認同已經發生高度折裂現象」。楊開煌教授認為：兩岸認同問題「是當前兩岸關係中最關鍵的問題」。民族和國家的認同是在近代國家成立的過程中和國家成立之後，經由社會化的管道建構起來的。當認同被建構之後，反過來就成為民族或者國家的情感因素。1895年後，「兩岸之間的認同出現了同民族不同國家的矛盾」。楊教授認為2008年後兩岸認同差距持續擴大的根源在於，「國民黨的政策論述陷入巨大矛盾」，由於認同上的矛盾，陷入政策論述上的巨大矛盾，表現在：「經濟政策跟北京要」，「在政治論述上是跟著民進黨走。」「國民黨第一個問題就是沒有建立起可以跟民進黨對抗的主體論述，也就是沒有建立起跟民進黨對抗的認同觀。」「用封閉的心態談開放的政策」，「用對抗的心態談合作」，「用敵對的心態談和平」。因此他提出一是重回民族認同是兩岸互信的基礎；二是中國認同是兩岸關係穩定的基礎；三是認同的轉變是兩岸關係質變的基礎。22

兩岸「大交流」時代的來臨，對兩岸民眾之間接觸對彼此的瞭解無疑具有非常正面的作用，但需要看到的是，彼此瞭解可能有助於彼此差距的縮小，但也可能會擴大彼此間的認同上的分歧。2009年10月10日馬英九在其「挑戰中成長，重建中進步」的講話中也承認：「兩岸的疑慮不可能旦夕消弭，需要雙方正視現實、循序漸進、擴大互信、求同化異」。23

五、對鞏固與增進兩岸政治互信的思考與建議

1.鞏固基礎、堅持「反獨」。鞏固與加強兩岸共同的政治基礎十分必要，目前兩岸已經在承認與堅持「九二共識」的基礎上達成一致，這是兩年多來兩岸和平發展的根本保證。因此，兩岸雙方有必要繼續堅持這一共同的政治基礎，毫不動搖地堅持這一政治基礎。兩岸都需要堅持反對「臺獨」的政治立場，兩岸都需要警惕與遏制「臺獨」分裂勢力的可能反撲，毫不動搖地堅持反對「臺獨」的政治立場，需要把反對「臺獨」作為兩岸一項共同的任務與工作，尤其需要指出的是，「反獨」的共識是2005年列入國共五項「願景」的內容之一，而五項「願景」也是馬英九當政後列入國民黨政治綱領中的重要內容。

令人擔憂的一是，臺灣方面在堅持一個中國的原則立場上出現了態度不堅決、立場有所鬆動的跡象，呈現出把「九二共識」解讀為「一中各表」的越來越強烈的傾向，甚至是把「一中各表」與一個中國的原則相剝離，片面地強調「中華民國」存在的事實，更把「中華民國」與臺灣畫等號，「臺灣對『九二共識』的這種認知，必然將對兩岸關係和平發展構成障礙」。24

二是，臺灣執政黨對於反對「臺獨」的政策立場已經變得異常的模糊，在標榜「尊重民意」、「尊重自由」的思維下，不敢旗幟鮮明地表明反對「臺獨」的政治立場。須知，正是大陸多年來堅決的反「臺獨」與國民黨過去堅持「一中」、反對「臺獨」的政治立場，才

維護了國家主權與領土的完整，才使兩岸和平發展成為兩岸的主流民意與發展趨勢。

2.把握主題、破解難題。兩岸需要共同把握與推動兩岸關係和平發展的主題，共同把和平發展作為發展兩岸關係的重中之重，在和平的前提下推動兩岸的共同發展，在兩岸共同發展的基礎上進一步求得和平。其中，對一些已經在影響兩岸經濟、文化、社會等交流的政治問題及兩岸關係和平發展中無法避免的政治問題，還是需要透過雙方間的交流、溝通意見，尤其是兩岸的智庫在「易位思考」中務實地面對客觀存在的政治難題，目前能夠迴避的，給予迴避，目前不能夠迴避的，雙方坐下來設法解決，如果不能取得終極解決方案的，就採取階段性的、過渡時期的解決辦法。

3.尊重對方、尊重現狀。雙方都要避免觸及與挑戰對方政治上敏感的議題與領域，雙方都既要需要致力於求同存異，也要致力於求同化異、化異求同。2009年中發生的達賴訪臺與「熱比婭事件」，顯示兩岸之間的結構性問題相當複雜。其根由則是「臺灣人民歷經李登輝到陳水扁十餘年的『拼外交』洗禮，已經對於國家主權和國際空間的爭取，觀念根深蒂固。這樣的民意訴求，一方面可能成為馬、蕭應對中國的籌碼，反過來也會成為雙方謀求進一步發展的掣肘。」25

4.認知矛盾、排除干擾。正確認知與正視和平發展時期兩岸關係中存在的問題與矛盾，有學者認為，「經大陸改革開放三十年之化約後，兩岸關係的最主要矛盾已清楚可見是系於雙方在政治文化上仍絕難跨越、且甚可能愈益疏離的鴻溝以及由此衍出的最基本衝突：一面是陸對臺的領土意識，另面是臺的主權（或主體）意識。這兩種意識的衝突，恰構成兩岸無法形成國家認同的根本障礙。在過去六十年乃至百十多年以上的歷史中，兩岸非但不成命運共同體，長期反成命運對抗體。」26而筆者個人認為，和平發展時期兩岸關係的主要矛盾有：

其一：兩岸日益增長的和平發展態勢與臺灣民眾中「臺灣主體意識」的同步成長是和平發展新階段兩岸關係中的主要矛盾，並將貫穿和平發展階段的始終。馬英九執政後，兩岸關係呈現和平發展的基本態勢，這一態勢在可預見的未來還將不斷地增長，這是由兩岸關係和平發展的基本格局、發展動因與時代潮流、國際環境所決定的。但同時也需要看到，由於李登輝12年當政所推動的「臺灣國家化」運動與民進黨執政八年所塑造的「臺灣主體性」意識在臺灣社會已經形成了一定的氣候，馬英九上臺後以「中華民國」為主要符號的「臺灣主體性」意識不僅持續存在，而且有可能繼續發展，從而與和平發展發展態勢構成兩岸和平發展新階段中的主要矛盾，並在相當長的時期內存在。

其二：和平發展態勢與臺灣民眾中「臺灣主體意識」間矛盾近期所表現的問題之一：日益增長的和平發展態勢與這態勢短期內不能完全滿足臺灣民眾要求經濟「馬上好」間的矛盾。馬英九上臺後兩岸政治關係有較大改進，但由於國際經濟危機的影響，臺灣經濟卻無法隨兩岸政治關係的緩和同步好轉。兩岸關係的和平發展，兩岸間的「三通」的實現，為臺灣經濟擺脫困境提供了有利的條件，但是臺灣經濟的好轉還有賴：一是臺灣適當的經濟政策，二是臺灣經濟恢復的時間。

其三：和平發展態勢與臺灣民眾中「臺灣主體意識」間矛盾近期所表現的問題之二：大陸對臺釋放經濟上的政策利多不少，但是臺灣一般民眾卻感受不到，這兩者之間的矛盾需要正視。陳雲林訪臺所舉行的「江陳會」及簽署的協議，「為兩岸的共同發展奠定了互利雙贏的物質基礎」，[27]但這物質基礎是需要讓臺灣民眾能馬上得益與感受得到的。尤其是民進黨的許多支持者是「經濟上的弱勢者，對於「三通」的效果會採信綠營的說法，也就是臺灣經濟會更加衰敗，失業會更為嚴重，自然產生了強烈的危機感。」28因此，兩岸和平發展的態勢與臺灣經濟不能「馬上好」間的落差須引起充分注意，並採取措施給予解決，要讓臺灣民眾盡快享受到兩岸間和平發展的「紅利」。

其四：兩岸關係和平發展下不斷加強的關係聯繫所產生的「兩岸認同」與臺灣社會中已經在茁壯成長的「臺灣主體意識」之間的矛盾需要正視。李登輝主政12年與民進黨當政8年中所建立起來的「臺灣主體意識」在馬英九上臺後繼續有所強化可能是一個趨勢，而兩岸「三通」後民間、經濟、文化與人員往來密切所產生的「兩岸認同」也將是一個趨勢，兩者之間產生矛盾與衝突難免。

5.政治對話、兩岸治理。一是要運用好既有的國共對話平臺。馬英九執政後，「三年來國共交流的成果，原來沒有公權力做後盾而流於紙上談兵，一夕之間，成為新政府研擬對中國大陸政策的重要參考依據，國共政黨交流為兩岸政治關係之發展奠定了基礎。」29國共平臺的建立對兩岸關係和平發展局面的促進功不可沒。二是考慮建立「中華共同體」。兩岸應該設立共同性的委員會，由功能性整合開始，如救災共同委員會等，最終無論在制度化還是社會意識上都逐漸形成「中華共同體」或「兩岸共同體」。需要正視的是，2008年後，「在政治和民族上的異己關係並沒有轉變的跡象。從馬英九的教育、文化政策與國家整體方向戰略規劃中，也沒有看到要強化兩岸認同的這一塊。」即馬英九「也接收了李、陳的主體論述，以強化臺灣主體性、不統、不獨、不武做為兩岸關係的基調。」臺灣主體性已經被轉換成為一種政治論述。因此，「如何增加兩岸之間的認同，如何強化兩岸都是中國一部分的認同，是一項刻不容緩的工作。」30三是開啟兩岸「和平論壇」，為兩岸政治互信的鞏固與增進提供智力支持。目前兩岸間儘管有「國共平臺」、兩會管道、海峽論壇等，溝通渠道不少，但真正能夠屬於專門探討兩岸政治議題的高層、多方面參與的論壇不多。因此，有必要啟動2005年「胡連會」時就提出的「兩岸和平論壇」。

（會議論文，原文印發，文中用語和觀點係作者個人意見）

兩岸「信心建立措施」（CBMs）的起步

陳孔立[31]

兩岸學界討論兩岸信心建立措施問題，談論更多的是軍事互信機制問題。「信心建立措施」（CBMs）有狹義與廣義兩種解釋，狹義的是專指涉及軍事安全方面的措施，廣義則包括政治、經濟、軍事、外交、文化、宗教及意識形態等領域，即一切有助於增進彼此互信的措施。

以下，我們從兩岸「軍事互信機制」的前提條件開始，進而討論兩岸「信心建立措施」的條件是否具備的問題。

一、協商「軍事互信機制」的前提

在議論「軍事互信機制」時，對前提條件存在一些不同的看法，但結論則是基本上一致的：條件尚未成熟。

臺灣方面，馬英九先後提出條件有：一、大陸先撤對臺部署的約1500枚飛彈，作為兩岸協商軍事互信機制之先決條件。二、待大部份經濟議題得到解決後，再著手商談建立雙方互信機制的問題。三、這個議題太敏感，涉及臺灣和美國的關係，「我們主要軍備來自美國，因此我們非常謹慎」。

吳敦義提出，兩岸如果要談軍事互信機制，應該有兩項前提。一，臺灣絕對要保持雖小但精實且強，能夠自我防衛臺澎金馬的安全；二，一定要循序前進，有些時機成熟後可以先談。

學者趙春山提出，兩岸的政治對話必須先符合以下三要件：首先是兩岸順利簽訂「金融監理備忘錄」（MOU）和「經濟合作架構協議」（ECFA）；其次是臺灣內部應先取得對進行兩岸政治對話的共識；最後則是取得重要國家，比如像美國、日本等的支持。這一說法雖然不是針對信心建立措施而言的，但也是臺灣方面需要考慮的問題。

總之，臺灣官方認為目前條件不成熟。臺灣學者也認為，目前兩岸「沒有足夠的政治信任度」來啟動軍事互信機制的協商。民進黨人也指出：「臺灣『國防部』方面認為，在政治互信尚未建立前，兩岸仍無法做軍事上的互信，這個評價是誠實的」。32

大陸方面，胡總書記2008年12月31日講話指出：「為有利於穩定臺海局勢，減輕軍事安全顧慮，兩岸可以適時就軍事問題進行接觸交流，探討建立軍事安全互信機制問題」。

因此，大陸學者一般認為兩岸軍事互信機制建立的前提條件是必須堅持兩岸同屬一個中國的基本原則，並且強調「這是根本的前提條件，也是不容迴避的重要條件」。還有人認為「兩岸建立的軍事安全互信機制的前提則是一個中國原則，目的是為了兩岸雙方共同維護祖國的主權和領土完整，防範和打擊『臺獨』分裂活動，推動祖國和平統一」。

不少大陸學者強調：海峽兩岸只有政治互信才能實現軍事安全互信。政治互信是兩岸軍事互信的前提，軍事互信必須建立在政治互信的基礎上。

由以上可見，兩岸存在兩點共同的看法：

第一，兩岸都認為，目前要討論「軍事互信機制」問題條件尚未成熟，但雙方提出的「前提」則不一致。例如，臺灣方面要以撤除導彈作為前提，大陸一位將軍則認為撤除導彈可以商量，但那是協商的結果而非前提。又如，臺灣方面提出要得到國際社會接受，大陸有的學者認為這是「更嚴苛的條件」。此類問題還需要時間去協商解決。

第二，兩岸都有「沒有政治互信就談不上軍事互信」的說法，即政治互信是軍事互信的前提。

本文重點針對第二點提出討論。

按照這種看法只有在有了政治互信以後，才能談軍事互信問題。那麼，什麼是「政治互信」呢？我想引用幾位大陸學者與臺灣學者的解讀。

大陸學者李家泉指出：什麼是政治互信？那就是臺灣承諾不搞「臺獨」或「法理臺獨」，也不搞「獨臺」或「法理獨臺」；大陸承諾不用武，不搞武力統一。雙方透過談判達成協議，藉以建立一種政治互信機制。而軍事互信機制，則必須建立在政治互信機制的基礎上。軍事是政治的延伸，是從屬於政治的，沒有一個中國作基礎的政治互信機制，軍事互信機制是很難建成的，即使建成也像是在沙灘上壘建起來的大廈，隨時都有崩塌的危險。歸根結底還是臺灣政治定位問題，臺灣主權歸屬問題。只要這個大問題解決了，其他諸如政治互信、軍事互信機制等問題都將迎刃而解。33

大陸學者張文生指出：政治互信，就是雙方在政治上的相互信任，也是雙方各自在政治上相互給予對方政治信心。兩岸政治互信，就是海峽兩岸在政治上的相互信任，或者說是海峽兩岸各自在政治上相互給予對方的政治信心。對於臺灣來說，就是要給予大陸「臺灣不會走向分裂、海峽兩岸最終將走向統一」的信心；對於大陸來說，就是要給予臺灣「保持臺海和平穩定，兩岸統一對臺灣人民有利」的信心。34

臺灣學者楊念祖認為，政治互信的實質內涵是，雙方不具備生存與發展的威脅，不具備以武力侵犯領土主權的威脅，並以充分的政治作為保障互相尊重、平等互惠、和平共處，充分表現相對認知與實際作為的政治決定與行動。35

大陸學者劉國深認為，所謂「兩岸政治互信」，就是海峽兩岸雙方彼此以口頭、書面或行為默契的方式，展現出共同維護兩岸同屬一個中國的法理和政治現實之意志，建立起相互包容和信任的政治關係。36

從以上說法可以看出，政治互信應當是比較高層次的互信。所以，一般認為「政治互信是政治交往中一個很高的境界，一旦有了政治互信雙方存在的各種問題就容易解決」。但上述幾位學者對政治互信的內涵看法卻有相當大的差距。如果按照兩岸認同「不獨不武」、解決了臺灣政治定位、肯定走向統一才是政治互信的說法，那麼確實兩岸一切問題都會迎刃而解。但有了如此高標準的政治互信以後，再來進行軍事互信機制的技術層級商談，諸如建立軍事熱線、事先通報演習之類，似乎就顯得多此一舉，毫無必要了。

我想強調指出的是，之所以要建立互信，就是因為雙方還沒有足夠的互信，或還沒有政治互信，所以才要從政治之外的其他方面著手逐漸地建立互信。換句話說，所有的「信心建立措施」或「軍事互信機制」都是在互信不足的條件下，雙方認識到彼此建立互信的必要性才開始建立的。正如，楊念祖所說：「互信的產生，是建立在雙方或多方，同時產生相對安全認知及謀取相對安全的需要。」

我們可以從國際上的先例考察這一問題。

先看歐洲的情況。歐洲安全與合作會議（CSCE）是華沙集團與北約集團這兩大敵對集團出於相對安全認知與謀取相對安全的需要，而開始共同推動建立軍事互信的。在冷戰時期美蘇對立，進行核競賽，他們之間談不上政治互信。但由於相互的「需要」，試圖擺脫「恐怖平衡」的狀態，才不得不談判限制核武器的問題，以免造成誤解或誤判，因為任何一方發動戰爭，必然導致無法挽回的後果。

1975年簽署《赫爾辛基最後文件》之後，雙方的政治互信仍然「不足」，例如，當時蘇聯與東歐國家認為這個文件只具有道德約束力，而沒有合法性，美國及其盟國則有不同看法，最後只好採取折衷方案，使用模糊的「最後文件」這樣的名稱。1978年貝爾格萊德會議，美蘇兩國圍繞人權問題爭吵激烈，導致會議陷入僵局。1983年馬德里會議，美蘇兩國在阿富汗及波蘭局勢問題上立場對立，在程序、裁軍、人權、擴大信任措施等問題上爭論激烈，最後只能透過一項折衷方案。此後仍然有許多爭議，包括對北約東擴的對抗，但並不能以此來否定歐洲安全與合作會議在建立信任和安全措施，包括裁軍以及人權、經濟與技術合作等方面所取得的成果。

再看東盟的情況。1995年東盟地區論壇（ARF）透過一個「概念文件」，強調安全的概念是綜合性的，不僅限於軍事方面，也不會把解決辦法強加參加者。以後東盟地區論壇形成了「平等參與，求同存異，協商一致，循序漸進」的合作方式，採取自願參與的原則。但是當時東盟地區國家之間的矛盾衝突相當複雜，多數國家只願意從經貿等非軍事層面參與合作，例如打擊跨國犯罪、海洋安全、海上意外事故、環境汙染、搜救等等，很難涉及軍事安全等核心問題。冷戰以後，東盟以合作促進安全，透過對話建立信任，開展預防性外交，力圖建立多邊合作的安全結構，為解決爭端與糾紛創造條件，為維護地區的和平穩定發揮了應有的作用。

中國與東盟的互信也經歷了相當長的過程，柬埔寨總理洪森指出：東盟和中國的交往是循序漸進、日益加深的。在1970、80年代，中國和東南亞國家間沒有太多的互信。但中國和東盟建立對話關係15

年來，我們可以發現，雙方間已經有了互信與合作。在當時難以達成的信任，到今天已經變為中國和東盟各成員國間完全的信任和充分的合作。

引用上述資料是為了說明建立互信是一個逐漸積累的過程，政治互信可以在構建「信心建立措施」的過程中逐步提升、強化的。因此，不能要求有了足夠的政治互信之後，才可以開始協商「信心建立措施」或「軍事互信機制」，恰恰相反，根據歐洲、東盟等經驗，都是在缺乏互信的情況下，為了避免誤判而造成嚴重衝突才採取這一互相折衝的辦法，起初的一些協議往往是只具有道德約束力或政治約束力，而不具有法律約束力，這正說明了彼此政治互信的不足。世界上並沒有建立在政治互信基礎上牢不可破的軍事互信機制，即使建立了軍事互信機制也不能確保安全，甚至制定了「限制性措施」、「驗證性措施」也無濟於事。但是，只要有了相對安全的認知，就有可能可以從低層次的互信合作開始，並在互動的過程中逐漸提高與完善。

因此，我同意政治互信不是一步到位而需要分步驟達成的看法，把高標準的政治互信作為協商軍事互信機制的前提是一種過高的要求，它會使人們在未有「足夠」政治互信的狀態下，產生無力感與悲觀情緒，而不敢大膽地在兩岸信心建立措施上開始邁步。

二、協商「信心建立措施」的前提

那麼，協商「信心建立措施」的前提是否成熟了呢？

這就需要考慮到「大環境」的變化。過去，在陳水扁極力推行「法理臺獨」，兩岸關係緊張的條件下，談論「兩岸安全」或「臺海安全」，主要限於傳統的軍事安全方面。現在兩岸關係走上和平發展的軌道，「合作安全」的概念應當適用於兩岸。所謂「合作安全」是超越傳統的軍事安全，而把環境、經濟、社會、政治等方面的安全包括在內。合作安全建立在相互保證而不是相互威脅的基礎上，而這種保證是透過「信心建立措施」而建立與發展起來的37。因此，在現階段，「兩岸合作安全」應當與「兩岸信心建立措施」結合起來。

「信心建立措施」，包括任何有助於增進彼此互信的措施在內，因此，它可以是不涉及軍事領域的，如東盟地區論壇早期那樣，也可以只涉及軍事方面的技術性層級，而不涉及更高的層級。按照這樣的理解，現在是否已經具備了相應的條件呢？

我們先來看看幾位學者的看法：

美國學者葛來儀2009年8月在臺灣提出，兩岸以現有的「九二共識」作為政治基礎，可以建構某種程度的「信心建立措施」（CBM）。她認為不只有軍方對軍方，任何有助於增加兩岸互信的措施都是「信心建立措施」。

葛來儀早在2006年已經接受「戰略與國際研究中心」的研究項目，著手研究這一課題，2008年9月她與葛羅斯曼（Brad Glosserman）共同寫成《構建臺灣海峽兩岸信心建立措施》（Promoting Confidence Buildingacross the Taiwan Strait）的研究報告38，在寫作過程中他們還組成代表團訪問過北京和臺北，瞭解雙方的看法。這個報告的結論是，北京希望透過建立互信促進統一，臺北則希望維持現狀，目前兩岸並無足夠的政治信任度來啟動正式的軍事互信協商。但她提供了兩岸建立互信的路線圖，並認為在近程可以採取一些可行的措施，美國應當支持兩岸降低緊張，建立互信。

到了2009年8月，當她瞭解到馬英九主張先簽和平協議，然後再談「信心建立措施」之後，她表示信心建立措施應當先談，「談了一定程度後，雙方都有了安全感，才開始談和平協議」。她認為兩岸現在可以談「信心建立措施」，近期以建立軍事熱線、鼓勵軍方接觸作為目標。這些措施可以是非正式的，甚至是基於口頭上的諒解。她還指出，美國應當加強與臺灣的關係，讓臺灣有足夠的自信與大陸談判。儘管她說過不只是軍方對軍方，但顯然她主要還是從軍事與安全角度考慮的。

臺灣學者趙春山2009年9月在達賴訪臺事件後，從雙方針對此事危機處理的過程中，看到兩岸有必要急速協商「信心建立措施」，用來預防、處理和消除各種可能出現的危機。39他所指的措施已經不只是軍事方面的了。

我個人2009年10月對葛來儀、趙春山做出回應，同意他們有關建立互信的主張，指出：當前建構兩岸「信心建立措施」，從積極方面來說，應當是增進瞭解，增進共識，增進互信，增強合作意願，增強對兩岸關係和平發展的信心；從消極方面來說，主要是降低風險，避免誤判，減少「不確定作為的作法」，減少給對方造成麻煩，緩和緊張局勢，逐步消除敵意。並且提出構建溝通平臺、建立兩岸熱線、兩岸聯合行動、制定遊戲規則等考慮，則主要不是從軍事方面考慮。40

從以上可以看出，兩岸為了維護和平發展、預防出現危機已經有了「謀取相對安全的需要」，這就是兩岸可以協商「信心建立措施」的前提。當然，「九二共識」也是一個前提，在這個前提下，「兩會」已經達成許多協議，同時也積累了互信。有了這樣的前提，協商「某種程度的信心建立措施」是可能的。

所謂「某種程度的信心建立措施」，可以理解為，不是要求太高的、具有爭議的、需要以高度政治互信為基礎的、有一方無法接受的措施，換句話說，凡是比較容易辦到的、事務或技術層次的、條件已經成熟的、雙方可以接受的、不敏感的、非強制性的、擱置爭議條件下可以協商的措施都可以算是這一類的措施。

這樣，以較低層次的互信可以建立較低層次的「信心建立措施」。兩岸在現有互信的基礎上應當可以建構當前可以獲得共識的某些措施，如果這些措施是屬於「兩會」就可以協商的議題，那又有什麼困難呢？又還需要什麼其他的前提呢？

我們不妨看看世界上一些國家與地區建立信心措施的前提與目標：

希臘與土耳其曾因愛琴海與塞浦路斯問題關係緊張，並曾發生軍機相撞事件，雙方出於改善關係的意願，同意建立互信機制，設立兩軍熱線，進行聯合訓練，成立兩國合作委員會，共同應對自然災害。

以色列與巴勒斯坦爆發過嚴重衝突，相互採取恐怖活動，為了緩和緊張關係，同意建立信心措施，雙方就邊界、耶路撒冷、難民回歸等敏感問題進行對話，曾經承諾釋放被拘留者，不從事暴力報復等等。

印度與巴基斯坦之間存在克什米爾爭端，並且由於各自進行核試驗而存在衝突的可能，雙方出於減少戰爭危險、建立地區和平的意願，同意建立互信機制，採取了以下措施：建立軍事熱線、兩國總理熱線、透過雙邊論壇解決爭端、軍事演習事先通知、互不攻擊對方的核設施、協商解決印度河用水問題等等。

中美洲的信心建立措施，起初不針對具體的和軍事方面，而是要求相互交往、爭端各方參與合作，具有抽象的和廣泛的含義。

南美洲的ABC（阿根廷、巴西、智利）的信心建立措施，目標是協調南美洲政治、經濟和社會問題，促進地區的經濟一體化，建立了南方共同市場。

再從中國與其他國家建立信心措施的情況來看：

中國與東盟某些國家存在領土與主權問題尚未解決，但不影響彼此之間在安全與其他領域的合作，包括應對災害與海事安全等方面。

中國與印度1962年曾經發生邊界戰爭，後來雙方建立互信機制，簽署國際合作與軍事交流備忘錄，舉行聯合軍事演習及聯合反恐訓練演習，並建立兩國總理熱線。

列舉以上事實是為了說明，即使在發生過嚴重衝突的國家或地區之間，出於共同安全的需要，也可能建立信心措施。儘管建立信心措施不是一勞永逸的，有些地區還經歷過反覆曲折的過程，有時還會遭到嚴重破壞。但世界各地的許多事實證明，「信心建立措施」能夠對避免衝突、建立互信發生一定的作用。目前兩岸的情況當然比以上很多國家或地區間的形勢要好得多，兩岸關係也比過去有很大改善，雙方都有「謀求相對安全的需要」，也有一定的互信基礎，所以，兩岸協商「信心建立措施」的前提已經存在。

三、兩岸「信心建立措施」的現狀與近期目標

兩岸「信心建立措施」是否已經開始？可能會有不同的看法。

葛來儀認為「兩岸間有些CBM措施，去年五月後已開始了」。她舉出以下事實為證：解放軍把演習移到南京軍區以外舉行，這就是一種態度表示，臺灣近年來也有類似舉動。

我同意這一說法，不過葛來儀只是就軍事方面來看，我想還有許多方面的事實也屬於「信心建立措施」，例如，兩岸已經形成良性互動，妥善地處理了一系列複雜和敏感的問題；「兩會」達成多項協議；經貿合作有了新的進展；兩岸的文化教育及其他各項交流蓬勃發展；這些方面的成果都是信心建立措施的體現。具體地說，諸如，臺灣以觀察員身分參加世界衛生大會，臺灣不再委託「友邦」推動參與聯合國，大陸舉辦「海峽論壇」邀請臺灣各界人士參加，臺灣舉辦

「兩岸一甲子」研討會邀請大陸學者就兩岸關心的問題進行研討，兩岸共同應對世界金融危機，在發生災害時兩岸同胞互相支援等等。

在這裡，我想引用臺灣方面的看法：馬英九指出，過去兩岸關係是「惡性循環」，現在是「良性循環」。兩岸關係與國際關係是相輔相成良性循環。又說，兩岸在「九二共識」的務實基礎上，已經簽署12項協議和1項共識，「雙方關係在穩定中一步步改善」。「陸委會」官員也說，兩岸簽署許多協議的果實逐漸落實，大陸政策是民眾最滿意的施政項目之一。每一項協議讓臺灣受到的利益，遠超過任何方面，包括中國大陸，可以說對兩岸關係和平穩定發展，奠定非常好的基礎。以上事實足以表明兩岸「信心建立措施」已經開始，而協商與簽署經濟合作框架協議（ECFA），更是建立信心措施的重大項目。

當然，這只是兩岸在相互善意回應的基礎上做出的一些「起步」動作，還沒有進入共同協商建立互信措施的階段。但事實表明，這項工作是相互的「需要」，而且已經啟動，因此有必要及時協商，讓它能夠在自覺的基礎上有計劃、有步驟地開展起來。

至於近期的「信心建立措施」，已經有人提出一些設想，提出不少具體意見，特別是在「軍事互信機制」方面。然而，葛來儀在她的報告中指出：「軍事、安全問題從大陸和臺灣的關係看來可能不會立即處理」，她特別注意到馬英九在這個方面存在的困難。我也同意這一觀點。因此，在這裡，就軍事安全以外，提出一些近期可以著手的項目，提供討論參考：

1.宣示性措施：可以單方面宣示，也可以共同宣示。例如，最近國臺辦王毅主任就兩岸經濟合作框架協議提出的「五個方向」，臺灣媒體稱之為對早期收穫清單釋放善意的「五項保證」，並且認為「王毅談話一出，關於ECFA眾多社會經濟面的疑慮其實已經可以消除大半」。這就是單方面宣示性措施的一個實例。類似這樣，單方面釋放善意或互相表達善意的事，雙方都可能做，也應當做。當然，如果有涉及安全的宣示就更好了。

2.溝通性措施：在已有的兩岸溝通管道的基礎上，建構更多的管道或熱線。趙春山指出，中國與美國已經建立了60多條溝通管道。我想，兩岸間多設幾條管道或熱線也是必要的。這不僅有利於防範各種意外事件，及時有效地進行危機處理，而且兩岸學界、專業人士以及其他各界的溝通平臺，可以著手商談建構建立信心措施、共同研究破解兩岸關係的政治難題等等，以便凝聚共識，提出可行性的方案，供兩會及兩岸相關方面協商的參考。據《聯合報》報導，臺灣方面對於互信機制採取這樣的策略：「可以談，但二軌先行」，而大陸方面也主張由學者交流開始，雙方不謀而合。那麼，這一項措施應當沒有什麼問題了。

3.綜合性的措施：雙方需要商議「兩岸互動的遊戲規則」，讓兩岸關係的發展更加規範、有序，良性互動，避免負面影響。我想根據一年多來兩岸互動存在的問題，提出以下「規則」，提供討論：要互相尊重，不要強加於人；要求同存異，不要抹煞差異；要善意回應，不要置之不理；要互相合作，不要破壞合作；要為對方著想，不要傷害對方；要事先溝通，不要「突然襲擊」等等。當然作為遊戲規則還需要「細化」。現在兩岸已經從過去的「不合作博弈」轉變為「合作博弈」，二者的區別在於合作博弈要有一個具有約束力的協議，而非合作博弈則沒有這樣的協議。因此，兩岸達成口頭上的諒解，進而形成「商談紀要」之類的文件，用以規範兩岸的互動、促進「信心建立措施」的建構，也是必要的。

以上設想掛一漏萬，是否可行，也需要討論。但是，我相信建立互信是一個漸進的過程，逐步積累的過程，現在可以從低層次的「信心建立措施」做起。兩岸協商雙方同意「先易後難」，我認為以上提出這些「信心建立措施」都是屬於「易」的部分，有什麼理由不可以先談起來呢？

許多經驗已經證明，「信心建立措施」是有助於積累互信的一種有益的舉措，而且可以在實踐過程中，增進兩岸的政治互信。我認為兩岸當局是否明確表示共同建構「兩岸信心建立措施」，不是一件可有可無的事，而是一件具有標誌性意義的大事。一旦兩岸同意進行「信心建立措施」的協商，就會極大地增強兩岸人民對於兩岸關係和平發展的信心。有志於兩岸關係和平穩定發展的兩岸當局何樂而不為呢？因此，儘管兩岸之間已經有了一些信心建立措施的動作，但雙方有意識地互相配合共同建構的「信心建立措施」，還需要及早策劃，及早協商，正式起步。

（會議論文，原文印發，文中用語和觀點係作者個人意見）

增進兩岸政治互信的理論思考

劉國深41

2008年12月31日，中共中央總書記胡錦濤在紀念《告臺灣同胞書》發表30週年座談會上的講話中發表了「六點意見」，其中第一點就提出「恪守一個中國，增進政治互信」的主張。但是，臺灣方面不僅民進黨和李登輝勢力有意逸出「一個中國」框架，就連在「二次政權輪替」後重新上臺執政的國民黨方面也有不少人似乎對「一個中國」敬而遠之。因此，如何消除臺灣各方面對「一個中國」的恐懼或疑慮，將是增進兩岸政治互信的關鍵。

「維護國家主權和領土完整」是所有正常國家遵循的政治通則，無論是大陸方面還是在臺灣執政的國民黨和臺灣在野的民進黨都必須將此奉為圭臬，否則民進黨人大可不必高喊「主權獨立」，國民黨也大可不必反覆要求大陸方面「正視中華民國存在的現實」。筆者相信，「維護國家主權和領土完整」的原則對於臺灣任何政治勢力來說，都是必須正視的國家法理精神，基於兩岸同屬一個國家的認知，兩岸各方共同「恪守一個中國」本來就是天經地義的事情。問題的關鍵就在於，兩岸各方能否基於歷史、法理和政治現實對「國家」的意指對象產生共同的理解，並且對兩岸政治關係現狀達成共同可以接受的定位模式和政治互信基礎。筆者希望從學理上和表達方式上進一步論述此前提出的「國家球體理論」，以強化其描述、解釋、演繹兩岸政治關係的功能，進而為增進兩岸政治互信提供思想和理論基礎。

一、增進兩岸政治互信的階段性

政治互信是個相對的概念，指的是政治行為者之間彼此包容和合作的心理基礎和共同承諾。從互信的強度上分，兩岸政治互信可以分為「基礎性互信」、「成長性互信」和「融合性互信」三個不同層級。增進兩岸政治互信的根本目標就是要逐步化解敵意，增進共識，夯實兩岸共存共榮、互利多贏的政治基礎。

兩岸政治互信的增進不可能一蹴而就，必然是一個隨著共識的增強和利益聯結的深化而逐漸強化的過程。長期來看，兩岸政治互信的增進可以分解成以下五個階段性過程：第一階段，兩岸雙方堅持「九二共識」，維護一個中國框架，是構築兩岸政治互信的基石，這是最基本的政治互信。第二階段，兩岸雙方在確認同屬一個中國的基礎上，進一步默認並接受「領土主權一體，政權差序並存」的現實，並表示願意共同維護這一政治格局的相對穩定性，形成兩岸政治互信的運行框架。第三階段，兩岸雙方在維護臺海地區政治格局穩定的基礎上，呼應人民的要求，共同努力，最大限度地拆除影響和限制兩岸人民交流合作的各種人為障礙，兩岸政治互信內化成為強大的政治生產力。第四階段，兩岸雙方由背靠背的「政權分治」，走向面對面的「共同治理」，並以適當的方式交叉共享中國對外主權，兩岸政治互信外化成國際社會的穩定力量。第五階段，兩岸雙方在經濟利益一體共構、社會和文化高度融合的基礎上，以平等和民主的方式，最終達成兩岸政治上的最終融合，兩岸政治互信從美好的願景，變成人民安和樂利的現實。其中第一和第二階段屬於「基礎性互信」層級，第三和第四階段屬於「成長性互信」層級，第五階段是「融合性互信」階段。

1992年兩岸雙方在香港達成的「九二共識」，其中「在海峽兩岸共同努力謀求國家統一的過程中，雙方雖均堅持一個中國的原則……」（臺灣方面）和「海峽兩岸都堅持一個中國的原則，努力謀求國家的統一……」（大陸方面）等內容，是雙方以口頭、書面和行為默契的方式，展現出雙方對國家政治問題的共同認知、情感和價值取向的典範。42這樣的共識已經足以在兩岸走向和解的初期階段形成相互包容和交流對話的政治基礎。正是因為國共之間存在著「九二共識」基礎互信，2008年5月20日以來，兩岸關係發展平穩順利，而且取得了不少成就，臺灣人民的安全感空前提升，兩岸人民往來從來沒有如此便利過。

然而，這一「九二共識」形成的「基礎性互信」仍有明顯的侷限性和脆弱性，從兩年來的兩岸互動過程我們可以體認到，兩岸現有的「基礎性互信」並不充分，也就是說18年前形成的「九二共識」已不能滿足兩岸關係變化了的環境的需要。2005年以來，國共雙方領導人握手言和，兩岸政治格局出現歷史性變化，兩岸經濟和社會關係也非18年前可以比擬。今天的兩岸不僅基本上簽署了ECFA，而且聯袂出現在世界衛生大會上。與此相對照的是，雙方官方的政治互信還是停留在多少有點各說各話的「九二共識」基礎上。兩岸關係要繼續向前推進，不可避免要觸及更高層次的政治問題，但由於政治互信的不足，許多合作議題的落實顯得困難重重，這樣的困難已經影響到兩岸關係發展的質量，甚至導致兩岸不少人因此產生非常悲觀的想法。例如，去年底的「兩岸一甲子研討會」之前，本以為兩岸之間有可能在短期內啟動政治協商談判的人，到了臺北才強烈感受到，即使是那些有著多年交情的藍營學者專家，也幾乎是口徑一致地迴避政治談判議題，甚至有藍營學者「高分貝」地要求大陸學者不要再提「一個中國原則」，這讓不少大陸學者感到訝異。43

筆者認為，影響兩岸政治協商進程的根本性因素則是兩岸政治定位問題的理論準備不足。兩岸實質性政治協商必須面對「你是誰，我是誰，我們都是誰」的問題，在這個問題得不到解決之前，兩岸基礎性互信仍是虛弱的，政治協商也只能是空中樓閣。在此之前，兩岸之間難以達成更高階的政治諒解和軍事互信，一些與涉臺公共事務相關的兩岸重大政策也難以出臺。在臺灣選舉政治和政黨鬥爭的考量下，迴避兩岸政治協商談判或許是國民黨方面唯一的選擇。在臺灣內部新的機會之窗來臨之前，兩岸雙方學術界必須就國家現狀和兩岸政治定位進行充分的理論準備，為增進兩岸基礎性政治互信創造條件。

二、深化兩岸基礎性互信的理論思考

毋庸置疑，2005年春天以來，特別是2008年春夏以來的兩岸關係和平發展得益於「九二共識」，直到今天，這一基礎性政治互信要件仍然是支撐兩岸關係和平發展的認知基礎。但是，當人們有意推動兩岸領導人會晤、進一步探討建立軍事互信機制、解決臺灣進一步參與國際活動等問題時，「九二共識」所提供的支撐力量已經捉襟見肘，因為「九二共識」並沒有很好地解決雙方對「國家中國」的具體內涵、兩岸在一國之內彼此政治定位等問題，而這些問題之所以得不到解決，很大程度上與雙方對歷史、法理、現實的認知差異有關，與雙方對國家、政府、政權、主權、治權、管轄權、代表權、國際政治規則等政治學概念的理解不同有關，我們有必要先從理論上解決認知差異的問題。

從當前兩岸雙方各自所秉持的法理精神和「九二共識」來看，兩岸同屬一個國家的領土在法理上並不成問題，問題在於如何詮釋主權和治權的問題，一旦雙方在這兩個議題上取得突破，兩岸結束敵對狀態、達成和平協議就比較容易了。為了從根本上解決兩岸之間圍繞「主權」、「治權」問題的爭議，筆者從1999年開始嘗試用「國家球體理論」來解釋目前的兩岸政治關係。該理論試圖借鑑我們對宇宙天體的認識、中國佛教理論以及政治學理論相關概念，更加形象、更加深刻地對兩岸現有政治格局進行學理意義上的描述、解釋、分析和預測，從而建立我們對國家現狀的共同認知，為兩岸政治定位提供理論支持。

從宇宙天體知識中我們可以瞭解，在人們已知的幾乎所有的天體中，包括所有的恆星和絕大部分有份量的行星都呈現球體狀態，這是因為有一定份量的天體在萬有引力的作用下，為了取得各部分的力量平衡，在重力和離心力的共同作用下，最終形成球體狀態。人們普遍認為，這樣的構造最符合力學原理，最適合宇宙天體高速旋轉的要求，而且球體的各個部分與球體核心呈等距離結構。這種優化的結構特徵使這些圓融的球形天體得以按照固定的軌道運行，也使得繁雜的宇宙天體之間能夠保持秩序與安全的和諧之美。

國際天體圖示：亂中有序的現代國際關係

圓融之美在人類生活中的存在更是比比皆是，從大型機械的軸承到人際交往中的言行，從太極拳的圓轉自如到合氣道圓型身法的運用，圓融給人們帶來效率與和諧。中國佛教特別注重圓融，認為圓融可以解決人類生活中的各種矛盾衝突：「佛法的圓融觀，可以運用於處理當今和未來人與社會、人與自然、人類心靈等各種矛盾衝突，教導人們從整體觀和因緣觀著眼看待一切，認識到這個世界本來和諧圓滿，一切矛盾衝突，無不由人為而致，由人不能如實認識緣起性、一體性，不能控制自己的貪慾嗔恨等煩惱、不能慈愛他人而造成。」[44]、圓融之美同樣也體現在人類的政治生活中。

筆者提出的「國家球體理論」，既借鑑球體之形，也注重球體之神——維持國家領土主權圓融一體不僅是政治的必然，而且是追求美好生活的需要。根據政治學理論中的國家學說，組成國家的四大要素分別是領土、人民、有效的政府和主權。如果我們將國家結構比作一個「球體」，那麼，國家要素就構成了「國家球體」的內在主體部分。以地球構造作譬喻，國家球體是由「國家地核」——領土、「國家地幔」——人民、「國家地表」——有效的政府三個部分組成，而「有效的政府」對內行使鎮壓和管理、對外行使保護和履行義務的功能就是主權。建立在領土與人民之上的政權機構（政府）則是「國家球體」的「球面」。「球面」的對內約束功能（統治權）為對內主權，對外交往功能（獨立權）為對外主權。45

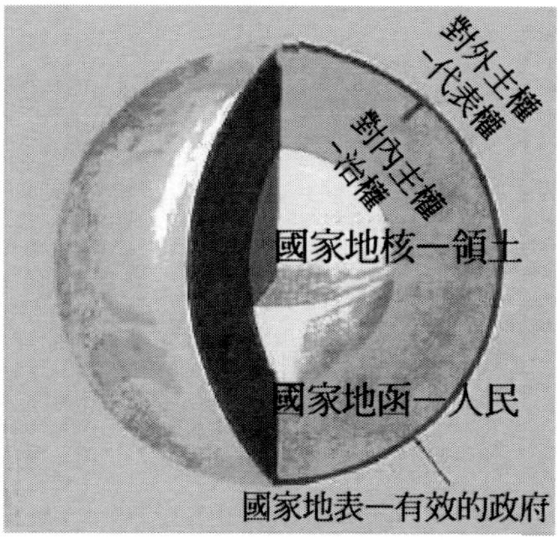

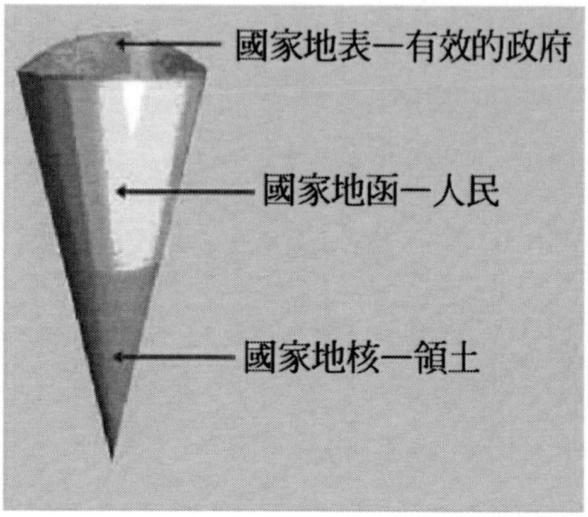

國家球體：國家四要素相互依存關係　球體局部：國家要素齊而不全

由此觀之，現代國際關係不正是由近200來個這樣的「國家球體」沿著一定的軌道相互作用著的關係總和嗎？紛繁複雜的國際社會如同宇宙天體關係一樣，要求各個「國家球體」內部保持穩定性，同時要按照一定的規則行事。《聯合國憲章》有關維護會員國領土主權完整的規定，就是保障現代國際社會和諧穩定的普適規則，這就是國際政治正常運行的軌道。依照這一規則，任何國家球體都在保持相對圓整性，否則將難以在國際政治軌道上正常運行。

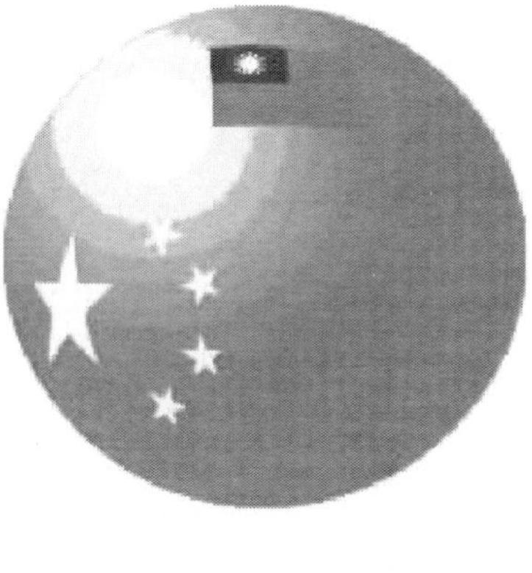

政治現狀：一體兩面，無序共存　片面改變現狀：危險的局部隆

起

目前的「中國國家球體」之「國家地核——領土」和「國家地幔——人民」一體性是得到兩岸雙方所依循的最高法理（憲法）保護的，以聯合國為代表的國際社會也尊重並維護她的完整性。1949年以來，「中國國家球體」的「國家地表」事實上是由中國大陸政權（正式名稱為中華人民共和國政府）與臺灣政權（正式名稱為「中華民國政府」）這兩塊大小殊異的「政權球面」構成。一方面，兩個「政權球面」各自附著於中國國家球體中一定比例的土地和人民之上；另一方面，兩個競爭中的「政權球面」雖然大小迥異，但也都是依附在整個「國家地核——領土」和全體「國家地幔——人民」之上，因為任何一方的「憲法」都規定要維護領土的完整性，否則將難以存續。兩個「政權球面」雖然功能大小懸殊，但各自都有一定的對內約束功能和對外交往功能，只不過兩者之間的功能區隔是內戰狀態結束前過渡期的暫時現象，並沒有相互認可的「憲法」穩定性的保障，這些功能隨時都可能因內爭激化而出現變化。「中國國家球體」這種暫時性的「雙色地表」區隔共存狀態之所以得以持續，是因為兩岸雙方都有意確保「國家球體」的內在主體部分完整性不受損害，所謂「相忍為國」是也。

在相當長時間裡，「中國國家球體」上兩塊大小不同的「球面」一直呈現出緊張對峙的狀態，兩岸雙方為此都付出沉重的代價。隨著時空環境的改變，兩岸從對抗走向對話，爭取早日結束敵對狀態並達成和平協議，已經成為兩岸人民的共識和國際社會的共同期待。為了達成這一目標，兩岸雙方已開始出現共同面對歷史真實、政治現實和法理事實的跡象，「領土主權一體」和「治權差序並存」的國家共同認知正在形成中。在這一共識基礎上，雙方的基礎性政治互信將得以強化，兩岸將更加順利地進行「成長性互信」階段，透過協商談判，兩岸民眾將成為兩岸和平發展的最大受益者。

三、新視野下的兩岸政治難題解讀

筆者希望在海內外學者專家的幫助下，「國家球體理論」能進一步完善，為兩岸雙方提供討論國家、兩岸關係定位等問題的共同認知基礎，進而增進兩岸基礎性互信。在這一新視野下，一些多年來困擾著兩岸雙方的政治難題有可能進一步找到新的解釋和思考路徑。雙方有可能就兩岸交流交往中經常遇到的中華人民共和國與「中華民國」稱謂問題達成諒解；「你是誰？我是誰？我們都是誰？」的問題有可能得到皆大歡喜的答案；雙方各自不得不強調的「主權」主張有可能得到合情合理的解釋；所謂的「統一」和「獨立」問題有可能得到更加準確的定義；兩岸雙方在國際上的共存乃至合作的合理性有可能得到合乎邏輯的回答；兩岸政治協商和談判的必要性和可能性有可能得到新的認識……

第一，在「國家球體理論」視野下，中華人民共和國政府和「中華民國」政權是同一國家內部兩個或敵對，或對峙，或對立，或競爭，或合作的政權，60多年來，雙方以不同的形式延續著國家代表權之爭。因此，在兩岸之間，中華人民共和國和「中華民國」是兩個競爭性政權的符號，各自以「國家」面目出現時，雙方所指涉的領土主權範圍卻是完全重疊的。曹興誠先生在他的《兩岸和平共處法》中強調「兩岸要和平統一，必須由尊重『中華民國』開始」，[46]這樣的說法在臺灣有一定的代表性。對於這樣的一個難以迴避又十分敏感的高階政治議題，本人認為可以更耐心細緻地優先處理和解決。由於兩岸之間兩個政權符號都以「國號」的面目出現，易於被混淆為「國與國」的關係，因此，建議雙方在兩岸關係領域中儘量避免使用這樣的符號，「大陸方面」與「臺灣方面」等用語比較貼切。在國際上，雙方在背靠背的場合各自以「中華人民共和國政府」和「中華民國政府」的稱謂自稱是一種客觀現實，不要求雙方之間進行法理承認。

第二，在「國家球體理論」視野下，兩岸雙方各自所主張的法理主權和代表權都及於整個國家領土和人民，但由於政治對立尚未結束，雙方實有控制權分別存在著侷限性。法理重疊與政治對立下的政權並存狀態並不影響構成國家主體的領土、人民關係的完整性，背靠背的主權主張也不改變國家主權的一體性。在正式結束敵對狀態之前，中國境內兩個競爭政權擁有一定的自立性質，這種自立不同於領土、人民和主權的獨立。當前中國國家主體的統一是公認法理事實和國際政治現實，兩岸統一的真正意涵不是領土和主權的再造，而是解決兩個政權競爭對立的問題和兩岸人民的和解共榮問題，絕非國家或領土意義上的「二而一」問題。

第三，在「國家球體理論」的視野下，兩岸政治對立和平解決的可能性越來越大，武力衝突的可能性將越來越小，軍事安全互信機制的建立將更加可能。維護國家領土主權完整是任何國家都必須遵循的基本原則，也是國際政治秩序的要求。臺灣沒有從中國分割出去的正當性，也不具備這樣的條件和能力。維護中國領土主權的統一符合兩岸人民的最大利益，在增強兩岸基礎性互信的同時，臺灣方面現有的自主性和地位不僅不會受到削弱，而且將得到加強，隨著兩岸關係進入「成長性互信」階段，臺灣民眾要求擴大國際參與活動的願望將得到實實在在的進展，臺灣民眾的利益有可能朝最大化方向發展。

第四，在「國家球體理論」的視野下，兩岸基礎性政治互信將進一步強化，兩岸政治協商談判的認知問題將出現新的飛躍。目前，兩岸雙方和臺灣內部對於政治協商「對誰有利，對誰不利？」等問題看法並不一致。筆者認為，隨著雙方對兩岸政治關係定位認知的進步，兩岸政治協商談判可能性增大，可為目前已經滯後的兩岸公共事務政策制定打開瓶頸。筆者認為，兩岸展開政治性協商，對於在兩岸政治格局和國際政治現實中處於相對弱勢的臺灣方面來說，需求會更大一些，實際收益也會更高一些。因此，從整體利益需求看，臺灣方面應加快步伐推動兩岸展開政治協商談判，以改善自身發展環境。只有透過兩岸政治協商，臺灣方面多年來期待解決的兩岸政治定位問題和安全困境問題、臺灣民眾迫切希望改善的外部經濟、社會、文化活動空間拓展等問題才有可能得到明顯的改善。相比之下，大陸方面從兩岸政治協商中可以獲取的直接收益很有限，除了可以進一步分享兩岸人民和解的和平紅利，以及大陸民眾的政治成就感方面可以得到部分滿足外，大陸方面可獲取的直接利益相對較小。筆者甚至認為，大陸方面在政治協商談判中可能更多地是居於守勢，一旦進入實質性談判，大陸方面就必須向臺灣方面釋出更多空間，甚至還要艱難地做出重大的政治讓步。

第五，在「國家球體理論」視野下，臺灣內部的政治價值體系可能面臨新的挑戰。為了選舉獲勝，政治人物「只問立場，不問是非」已成為當前臺灣政治生活中常見的現象，臺灣內部多數涉及兩岸議題的爭論大體上也是如此，不少人明知簽ECFA對臺灣經濟大局有利，但為了不做國民黨的「尾巴」，只好硬著頭皮高分貝唱反調。之所以為反對而反對有效果，與兩岸政治議題被扭曲有很大關係。在長期偏頗的政治社會化教育之下，兩岸政治議題已成為不少臺灣政界人士心中的「政治禁忌」，主張發展兩岸關係，有可能會被貼上「親中」的政治標籤。基於「國家球體理論」的描述和解釋，「臺灣獨立」是不可能實現的政治幻想，也是完全沒有必要的蛇足之舉。基於「國家球體理論」，兩岸之間本來就是平等的對立/合作政權，在合作的氛圍下，誰也不可把自己的意志強加給對方，更無關什麼「主權」問題。中國是兩岸人民的共同國家符號，並非中國大陸一方獨有的名稱，積極建構和平發展的兩岸政治關係新架構，事關臺灣人民和大陸人民的共同利益，所謂的「親中」、「賣臺」完全是誤解和偏頗之辭，臺灣內部總是在這些問題上糾纏不清，對臺灣人民只會貽害無窮。

四、結語

儘管理論上不難釐清政治糾結問題，但理論要被多數民眾接受並不容易。從短期和局部的角度來看，兩岸關係議題是臺灣內部政黨競爭特殊而重要的話題，選舉政治的工具性運用使兩岸議題成為廉價的政治動員利器，全面增進兩岸政治互信的目標可能很難在短期內順利達成。但是，從長期來看，由於兩岸民間社會已越來越接近，被扭曲的事實和知識不足的問題終將隨著交流交往的擴大而改變，建立在誤導和恐嚇基礎上的政治利基終將淡出舞臺。在大陸，人們將更加理性地看待臺灣各方面的發展，更加理性地看待中國大陸的對臺政策新思維；在臺灣，兩岸長期政治對立映射到臺灣政壇的特殊的政治邏輯關係將從此失去自圓其說的理論基礎，極端主義的政治狂熱將難再蠱惑人心。我們相信，任何政黨和領導人，只要真正站在中華民族的、國家整體利益的基礎上，就一定會得到絕大多數人民的擁護和支持。

增進兩岸之間的政治互信要建立在兩岸雙方各自的自信心提升基礎上。在今天的兩岸關係和國際政治現實中，任何一方都不可能不計後果地採取片面改變現狀的行動。過去30年的兩岸風風雨雨已經證明，臺灣方面沒有採取片面行動成功地改變兩岸政治關係現狀的能力，大陸方面也沒有不惜一切代價訴諸武力的主觀意願和必要。兩岸內外環境的變化也要求兩岸從對抗走向對話與合作，改善兩岸關係成為大勢所趨、人心所向的最佳選擇。經過20年的交流合作，兩岸利益已經緊密地結合在一起，維護兩岸和平發展大局才是兩岸關係的最佳選擇。在彼此充分瞭解自身價值和對方意圖和能力的基礎上，在相信交流合作會帶來穩定力量的認知基礎上，雙方的自信心都會逐步提升，兩岸雙方將更理性地、穩步地深化兩岸政治互信。與此同時，政治互信的強化也將增進雙方在兩岸和平發展進程中的自信心，兩岸關係良性循環的歷史階段終將來臨。

海峽兩岸增進政治互信的現狀與思考

董玉洪47

國民黨2008後的執政，在兩岸各方的共同努力下，兩岸關係呈現出積極而重大的變化，兩岸高層互動頻繁，兩會定期協商制度化，直接三通全面實現，雙向投資已經形成，大陸民眾赴臺觀光絡繹不絕，兩岸關係逐漸從對抗走向和平發展，從危機走向穩定。但兩岸政治互信仍嫌不足，政治分歧依然存在，結構性矛盾並未根本解決，並成為制約兩岸關係和平發展深化的重要因素。因此，客觀評估兩岸建立政治互信的現狀，深入分析影響兩岸政治互信的原因，積極探討增進兩岸政治互信的途徑辦法，對鞏固兩岸關係發展既有成果，促進兩岸關係和平發展進一步深化，無疑的具有積極的意義。

一、當前兩岸建立政治互信的現狀

建立兩岸政治互信，排除「臺獨」勢力干擾，確保兩岸關係經由和平發展最終邁向統一，是大陸方面致力追求的目標。2008年5月28日，胡錦濤總書記在會見來訪的國民黨主席吳伯雄時，即提出希望兩黨和兩岸雙方共同努力，「建立互信、擱置爭議、求同存異、共創雙贏」，為兩岸關係和平發展指明了方向。48在2008年12月31日發表的「胡六點」中，胡在第一點中又提出「恪守一個中國原則，增進政治互信」。在兩岸當局共同努力下，兩岸初步建立了政治互信，主要表現在：

1.兩岸在反對「臺獨」分裂活動方面有了共識。大陸始終把反對「臺獨」分裂活動視為和平發展的最大危害，始終把防止「臺獨」勢力重新崛起當作對臺工作的重要內容之一。「胡六點」第一點中即明確指出，「繼續反對『臺獨』分裂活動是推動兩岸關係和平發展的必要條件，是兩岸同胞的共同責任」。在第四點「加強人員往來，擴大各界交流」中又指出，「希望民進黨認清時勢，停止『臺獨』分裂活動，不要與全民族的共同願望背道而馳。只要民進黨改變『臺獨』分裂立場，我們願意作出正面回應」。49這些表明，在反「獨」遏「獨」鬥爭取得階段性重大勝利後，大陸方面仍把反對「臺獨」分裂活動放在重要位置，將其作為兩岸建立政治互信的重要基礎與必要條件。而馬英九當局也多次表達承認「九二共識」、反對「臺獨」立場，在其奉行的「不統不獨不武」大陸政策中，即含有不搞「臺獨」的內容。而在其實際政治運作中，也採取一些措施消除民進黨執政時推行「臺獨」路線的影響，如採取積極開放的大陸政策，密切兩岸經貿人員聯繫往來；恢復中華民族文化傳統、增加教材中有關中國史地文化的內容、把臺北「民主紀念館」重新改為「中正紀念堂」、在軍中恢復教唱黃埔軍校校歌、拒絕新疆熱比婭分裂分子訪臺等。兩岸在反對「臺獨」分裂活動上有著高度共識。

2.兩岸在臺灣參與國際組織活動上有了默契。針對馬英九當局及島內各界對擴大臺灣國際空間的強烈要求，大陸方面多次表示在不造成「兩個中國」、「一中一臺」的情況下，願意協助臺灣參與國際組織活動，解決臺灣的國際空間問題。據此原則，大陸近年已兩度協助臺灣以「中華臺北」身分參加世界衛生大會，同意前「副總統」連戰先生出席亞太經濟合作會議，拒絕與臺灣有「邦交」關係的國家建交，不再挖臺灣的「邦交國」。馬英九當局也提出「外交休兵」論，強調「活路外交」，不再像陳水扁執政時那樣大搞「烽火外交」、「金錢外交」，在國際上猖獗進行分裂活動，挑釁一個中國原則；也不再高調推動臺灣重返或加入聯合國活動，兩岸在國際領域上暫不兩立、互不往來的局面已改觀，鬥爭逐漸弱化，代之而來的是透過溝通協調形成默契，創造雙贏。正如馬英九所言，國民黨重新執政兩年來，臺「建交國」一個未減少，國際空間也越走越廣。

3.兩岸在黨際交流上形成制度化。2005年國民黨主席連戰訪問大陸與胡錦濤總書記簽訂「兩岸和平發展共同願景」，決定共同舉辦國共論壇，開啟了中共與國民黨在兩岸隔絕近60年後的首度政黨交流。隨後國民黨重新執政，吳伯雄作為國民黨主席，也先後多次率團訪問大陸，與胡錦濤總書記舉行重要會談。去年10月馬英九兼任國民黨主席後，充分肯定國共論壇、國共交流的重要性，多次表示兩黨的溝通平臺還是可以繼續存在，支持論壇繼續辦下去，並建議把國共論壇名稱改為兩岸論壇。而胡錦濤總書記在2009年5月26日會見吳伯雄時也表示，「國共論壇是一個成功的論壇，應該繼續辦下去，而且要越辦越好」。[50]目前國共論壇已舉辦過五屆兩岸經貿文化論壇。兩岸執政黨藉著國共論壇交換意見，增進瞭解，建立共識，商定兩岸兩會協商議題與原則，論壇成為兩岸交流的重要平臺之一。同時，國共兩黨基層交流早在國民黨重新執政前即已展開，如2006年1月國民黨6縣市黨部訪問廈門，密切了兩黨基層組織的聯繫與感情。國民黨在野時，國共平臺是緩和兩岸緊張關係，維繫兩岸交流關係的重要渠道；而國民黨重新執政後，國共平臺則成為兩岸交換意見，尋求共識，化解難題，建立互信的重要平臺。

儘管兩岸在建立政治互信上取得一些成果，但總體上比較脆弱，在一些重大問題上仍缺乏共識，主要表現在：

一是在和平發展的終極目標上缺乏共識。大陸推動兩岸關係和平，是將其視為實現兩岸統一的一個必要過程，一個過渡階段，最終目標仍是要追求兩岸統一，實現整個中華民族的復興與崛起。而馬英九當局推動兩岸關係和平發展的目的，更多考慮的是發展臺灣經濟，穩定政權，謀求連任。馬多次表示，任內不談統一問題，甚至表示這一輩子都看不到統一。對臺灣未來沒有明確方向，對兩岸統一沒有明確目標，不願也不敢觸及兩岸最終統一問題。馬主張維持現狀，實質上是維持兩岸目前尚未統一的現狀，且沒有時間表，這與大陸方面經由和平發展走向統一的明確目標是相背離的。

二是在推動政治議題協商談判上缺乏共識。兩岸雖然達成先易後難，先急後緩、先經後政，穩步推動兩岸關係和平發展的共識。但兩岸關係要真正突破，必然會觸及一些政治性議題，需要適時進行政治性協商談判。因此，大陸提出逐漸破解政治難題，提出為解決政治性議題創造條件，提出在解決經濟性議題中不排斥協商談判政治性議題。而馬英九當局則竭力迴避政治性議題協商談判，或強調時機不成熟，或提出各種前提條件，如要求大陸撤除導彈，甚至要求大陸改變政治制度等。一段時期以來儘管大陸方面及兩岸學者不斷呼籲，但馬英九當局仍一味迴避，以致結束兩岸敵對狀態、建立軍事互信機制、簽訂和平協定等政治議題遲遲無法擺上協商談判議程。

三是在臺灣的政治定位上缺乏共識。臺灣與大陸的關係究竟如何定位，臺灣的地位如何，是馬英九當局以及臺灣朝野十分關切的問題。馬英九要求大陸方面承認「中華民國」的政治地位，甚至強調「中華民國」是主權獨立國家。而大陸方面則認為臺灣問題是國共內戰的產物，是國共內戰遺留的問題，要透過兩岸協商談判解決臺灣的政治定位問題。雖然大陸在近年的政策表述上漸顯出彈性，如強調兩岸同屬於一個中國；2008年底胡錦濤發表的「胡六點」中又指出，「大陸和臺灣儘管尚未統一，但不是中國主權和領土的分裂，而是內戰遺留並延續的政治對立。因而，兩岸復歸統一，不是主權和領土的再造，而是結束政治對立」。51但臺灣對此並未完全接受。因此，究竟如何予臺灣以合理準確的定位並獲得兩岸尤其是臺灣各界的首肯，雖然兩岸學界提出不少主張，但並未形成一致意見，也未被兩岸當局所接受。兩岸在臺灣政治地位的認定方面迄今尚未形成共識，仍是作為敏感問題而被擱置下來。

二、影響兩岸建立政治互信的主要因素

如上所言，兩岸雖已初步建立政治互信，但基礎仍然脆弱，在一些重大問題上尚未取得共識，原因眾多，主要有以下幾個方面：

1.兩岸長期隔絕缺乏瞭解，培養互信需要時間。兩岸關係隔絕近60年，長期處於敵對狀態，彼此對立對抗，缺乏瞭解與理解。國民黨重新執政僅兩年，儘管兩岸各領域的互動日趨頻繁，人員往來益加密切，包括國共兩黨間的聯繫不斷，但長期隔絕、對立甚至對抗所形成的隔閡與誤解非短時間可全面化解，彼此防範猜疑的心理依然嚴重存在，雙方互信的培養、信賴的建立、瞭解的加深，需要一個較長時間的努力。這些決定了建立政治互信需要時間的考驗，需要一個漸進的過程，而非一蹴可及，短期內可以完成的。

2.馬英九當局缺乏主動開創的積極作為。馬英九當局施政基本上更多的是著眼於維持現狀，考慮穩定政權，謀求連任，在兩岸政治關係的開創上缺乏主動積極作為，缺乏突破的大格局、大能力與大魄力。政治領袖人物既要尊重現實，更要著眼未來；既要等待時機，更要創造條件；既要尊重民意，更要引領潮流。但馬英九顯然缺乏這種遠見與氣魄，在謹小慎微的背後，更多折射出的是無所作為、拖延待變思想。馬一直強調兩岸政治議題協商談判的時機不成熟，即是上述思想的反映。實際上，在臺灣民眾對馬當局各種政策的反映中，其大陸政策是民眾滿意度最高者，對兩岸進行政治性接觸也抱有期待。包括臺灣《遠見》雜誌2009年7月的民調顯示，有58%的民眾認為馬英九

有必要與中共領導人胡錦濤建立直接溝通管道。52臺灣《天下》雜誌同年12月的民調也顯示，57%的臺灣民眾贊成馬英九在任內，與大陸進行承認彼此存在、互不開戰、往和平方向走的政治談判；即便是在偏綠的南部，也有49%贊成。53島內民調甚至顯示，有72%的臺灣民眾希望馬英九在本屆任期內實現歷史性的「馬胡會」。馬的迴避與無所作為，與臺灣多數民眾的期待顯然存在明顯落差。

3.民進黨的干擾與反制。民進黨失去政權後，並未從根本上放棄「臺獨」路線，其支持者也未潰散。相反，「逢馬必反」、「逢中必反」，對馬當局積極開放的大陸政策一味予以阻撓反對。包括反對兩岸兩會恢復協商談判，反對開放兩岸直接三通，反對承認大陸高校學歷，反對開放大陸學生赴臺就讀，反對兩岸簽訂ECFA等；並採用議會鬥爭與街頭運動相結合甚至暴力抗爭的手段，對馬英九當局施加壓力。從去年5月17日的「嗆馬保臺」大遊行，到阻撓海協會長陳雲林赴臺舉行「江陳會」的「圍城」活動，再到為阻撓「立法院」透過開放大陸學生來臺就讀案大打出手，無不是如此。民進黨主席蔡英文還公開表示，一旦民進黨重新執政，將不承認兩岸兩會簽訂的所有協議。民進黨的干擾與反對，客觀上對馬英九當局構成較大壓力，使其在顧及朝野和諧，減少社會動盪，謀求連任的各種考慮下，對開放大陸政策倍加小心，對推動兩岸政治性議題協商談判更是不敢越雷池一步。在這種情況下，要建立並增進兩岸政治互信顯然並不容易。

三、對增進兩岸政治互信的幾點思考

增進兩岸政治互信，必須堅持九二共識，堅決反對「臺獨」分裂活動。在此基礎上，雙方抱持高度誠意，穩步推進，積小成多，由虛漸實，從量變到質變，最終形成突破。具體言之，可以思考從以下幾方面入手：

1.積極開展兩岸政黨間的互訪交流。目前，兩岸人員交流往來十分頻繁，包括大陸省委書記、省市長也相繼率團赴臺參訪，但以政黨名義的互訪仍較欠缺。政黨交流主要是國民黨組團來大陸參訪的單向交流。目前，推動政黨互訪交流的時機已漸成熟。江蘇省委書記梁保華、四川省委書記劉奇葆先後率團赴臺參訪受到熱烈歡迎，即是例證。儘管他們率領的是經貿團而非政黨團，但其以省委書記身分訪臺顯示中共黨務領導人訪臺已不再是敏感話題。因此，可藉此積極推動中共組團赴臺參訪交流，形成兩岸執政黨雙向交流。初期從地方的鄉鎮縣級、省級黨組織開始，逐漸向中央一級推動。透過這種雙向互訪，既進一步加深兩黨之間從基層到上層的瞭解，也使臺灣民眾對中共有近距離的接觸與更直觀的感受，進而降低兩黨互訪的敏感性與社會震撼度，使兩岸執政黨之間的交流互訪走向常態化、制度化。除中共組團訪臺外，大陸其他民主黨派也可適時組團，與臺灣主張「臺獨」之外的其他黨派交流互訪。

2.積極推動兩岸涉臺部門的高層互訪。大陸的對臺辦與臺灣的「陸委會」作為兩岸政策的推動者與落實者，在推動兩岸關係發展中扮演著重要角色。兩者之間的交流互訪有助於瞭解彼此想法，制訂出更為切實可行的政策，也有助於各自政策的更好落實。在兩岸目前名義上官方不接觸的情況下，對臺辦和「陸委會」可借用兩岸兩會或其他民間機構名義的「白手套」實現高層領導人的互訪交流。國臺辦主任王毅曾接受記者訪問表達了訪臺的願望，而臺「陸委會」主委賴幸媛則予以善意回應。6月初賴在訪問香港時即表示，歡迎國臺辦主任王毅訪問臺灣，也期待自己能訪問大陸，強調不僅不排除未來「陸委會」主委赴大陸的可能性，還覺得應該向這個方向努力。由此可見，雙方互訪已有意願，只要努力，協商出合適的名義，實現大陸與臺灣兩岸事務高層領導人的互訪是完全有可能的。

3.開闢政治論壇研討政治議題協商談判。在臺灣對政治談判存有恐懼疑慮，且竭力迴避與拖延的情況下，可先行進行政治議題對話。透過舉辦政治議題學術論壇、兩岸學者合作進行政治議題研究、兩岸智庫政治議題交流等方式，就兩岸政治議題談判進行先期研討，製造輿論。去年11月在臺北召開的「兩岸一甲子」研討會探討敏感議題，就是一個成功的嘗試。因此，可以考慮在國共經貿論壇、海峽論壇之外，另開闢政治論壇，由兩岸具影響力的學術單位輪流舉辦，重點就政治議題談判中的各種議題特別是臺灣的政治定位、結束兩岸敵對狀態、兩岸建立軍事互信機制、簽訂兩岸和平協定、臺灣的國際空間等問題進行深入探討，交流對話。一方面製造輿論聲勢，消除島內對政治議題談判的恐懼感，尋求突破途徑。另一方面也對兩岸當局開展政治協商談判提供對策建議。

4.建立兩岸領導人熱線電話。目前兩岸領導人函電往來實際上已經存在。去年7月26日馬英九當選國民黨主席，27日上午中共中央總書記胡錦濤即致電祝賀，而同日上午，馬英九也覆電表示感謝，就是一例。在此基礎上，為了使兩岸領導人溝通常態化，並增進兩岸領導人的瞭解互信，可考慮在中共中央與國民黨中央之間建立高層熱線電話，成立專門辦公室對口聯繫，及時就兩岸間重大問題進行溝通，同時也為兩黨最高領導人日後會面預作熱身。

總之，建立兩岸政治互信是深化兩岸關係和平發展的關鍵所在，也是確保兩岸關係長久穩定發展的根本所在。儘管目前兩岸建立政治互信已取得一定的成果，但距兩岸關係和平發展的要求，距兩岸民眾的期望，還有較大的落差。因此，如何創造條件，在鞏固既有政治互信的基礎上有更積極的作為，爭取更實質的成效，還需要兩岸各方繼續做出不懈的努力。

（會議論文，原文印發，文中用語和觀點係作者個人意見）

兩岸政治互信：概念、路徑與管控機制

陳星[54]

兩岸政治互信的構建是兩岸關係實現和平發展的一個重要前提，也是兩岸實現良性政治互動的先決條件。眾所周知，民進黨執政時期兩岸政治關係冰封僵凍的最主要原因就在於兩岸政治互信的缺乏。2005年連戰和宋楚瑜訪問大陸以後，兩岸政治互信才開始逐步建立起來，兩岸關係的突破也正是在政治互信建立的基礎上漸次實現。

一、信任與政治互信

在古代，信任問題是作為道德問題出現的。雖然長期以來關於政治、軍事方面的信任問題已經討論了很多，但將信任作為學術研究的題域，卻是晚近的事情。信任研究作為研究題域在50年代進入社會學者的視野，到了90年代，信任問題成為社會心理學、組織行為學、經濟學、政治學、國際關係等研究領域的熱點問題。

信任是一個相當抽象的概念，學者們從不同角度出發對信任給出的定義也是不同的，概括地說，主要有以下兩種：（1）強調信任是一種信念，指合作的一方對對方的可靠性和誠實度有足夠的信心。[55]與此相似，信任也可以認為是一種意願，即基於對合作方的可靠性判斷而產生的與之合作的傾向。或者說，信任是因為合作夥伴可以依賴而產生的依賴對方的信念。（2）從組織行為學的角度出發，波蘭社會學家彼得·什托姆普卡認為，「對信任的最簡單、最一般的定義是：信任就是相信他人未來可能行動的賭博。」根據這個定義，信任主要有兩個核心組成部分：一是明確的預期，即信任建立在對他人在未來一些場合會如何表現進行個人推測的基礎上；二是信任包含行動並承擔義務。56易言之，信任是一個人或者團體對與自己的行動選擇有關的他人或團體行動的確切預期，該行動選擇必須在自己能檢測他人行動之前採取行動並承擔義務。總的來看，信任作為一種信念與作為一種行為預期，基本上涵蓋了信任概念的基本類型。

不管是古代還是現代，信任總產生於個體之間的互動，衝突往往發生在互相不信任的環境中，信任的最簡單的形式也必須發生在兩個以上的行動者或社會組織之間。在一般意義上說，信任是在合作的過程中產生的。信任的動力產生於合作的需求，也為合作所必須。這種情況對個人之間如此，對政治體之間亦然。合作的各方如果要取得自己預想中的結果，必須對合作者的可靠性進行判斷。從這個角度上說，如安德烈·基德所說，「信任是關於另一方更傾向於合作而不是單純利用另一方的合作意願謀取自己利益的觀念。」57簡單地說，信任可以沿著雙方都可以接受的路徑使合作進行下去。在這個過程中，每一方在合作中獲得的利益都是有限度的，不存在一方全拿而另一方全輸的可能性。58也就是說，在預期上說，合作應該是一個雙贏的結局。互信是合作得以進行的最重要粘合劑，它保證了合作各方能在合作的過程中顧及到其他合作者的利益和感受，從而限制自己的行為，在一定程度上保證合作者的利益實現，而這一結果又會反過來促進互信的進一步發展和合作的進一步推進。

信任的形成來源於社會生活和政治生活中的不確定性和人際交往及政治交往中的風險性。隨著現代社會的發展，社會的不確定性和風險性日益增加。59於是，信任在社會生活和政治生活中的地位就日益凸顯出來。米茲泰爾指出，在當今充滿偶然性、不確定性和全球化的條件下，信任變成了非常急迫並且使人焦慮的中心問題。60不確定性增加了社會交往的成本，增加了交往的難度，而信任卻可以使交往中的不確定性降低，可以使交往中的成本降低。以此角度而言，信任在交往中擔負了以下功能：（1）增加未來的可預見性，降低因此而帶來的交往成本；（2）簡化決策過程。因為信任的存在，使決策有了一定的路徑可以依循；（3）信任具有約束功能。正是行為主體的自我約束以及透過規則對其他行為主體的約束，才能保證信任的存在，也才能保證信任能夠持續下去。簡而言之，信任是解決風險問題的一種辦法，它以簡化複雜性的方式，增加了對不確定性的承受能力。61如果一個社會或者政治體之間沒有信任存在的話，那將出現不堪設想的結局，人類會真正出現霍布斯所謂的「自然狀態」，信任的缺失是社會無法承受之重。

信任的建立是一個雙向和多次博弈的過程，而決定信任能否達成的根本在於合作各方對利益的預期和利益實現程度之間的差距。以此而言，信任可以分為嘗試性信任、維持性信任和延續性信任三種類型。當然，這也可以認為是信任形成和強化的三個基本階段。（1）在合作的起點上，由於預期合作會有一定的收益，且可以進行一定的損害管控，所以合作成為可能。在這個階段，合作各方必須展示出一定的善意與誠意，如此可以減少其他合作者的疑慮，使合作能夠順利進行。（2）信任鞏固階段，各方逐步互相理解，形成了若干共識，包括共同的思考方式、共同目標以及共同的價值取向等。一旦這種局面形成，各方的行為可預測性增強，信任也會隨之加強。（3）延續性信任階段，雙方在合作過程中積累起來的信任和彼此依賴感可以延續到下次合作，而且可以透過一定的傳播網絡延伸到其它可能的合作者。62於是，一次合作所形成的信任可以為以後信任的形成提供基礎，並且可以使信任的範圍擴大。多次合作所形成的信任累加和信任強化就成為社會成員、各種團體以及不同國家和地區間信任形成的基本機制。

政治互信及其構建是互信問題的一個研究題域，主要討論政治行為主體之間的互信構建及鞏固的問題。這裡的政治行為主體可以是國家、地區，也可以是政治團體或政治人物，不過一般而言，目前學界大都是在國家和地區的層面上討論政治互信問題。政治互信係指政治行為主體之間相互信任、依賴、合作的程度及方式。顯然，政治互信對地區安全問題的影響至關重要。信任建立措施最初是軍控領域的一個概念。正是因為這樣，西方學者多從狹義的軍事領域來探討各種建立信任的安排，比如增加軍事透明度，限制軍事部署和軍事活動，削減戰略核武器等。63隨著冷戰的結束，政治互信構建成為處理國際安全的重要措施，當前建立政治互信的對象和手段已經不侷限在軍事領域，其深度和廣度都有了空前擴大，覆蓋了軍事、政治、經濟、文化等多種領域。64政治互信是政治合作的基礎，是非戰爭狀態下政治行為主體進行政治交往時增加交往過程可預見性的重要依據。就兩岸關係來說，政治互信的建立是兩岸合作持續進行的重要基礎，也是將兩岸關係發展過程中因政治互信不足而引致的風險管控在一定範圍內的重要保障。

二、兩岸政治互信構建路徑

兩岸政治互信與兩岸合作互為表裡。因此，兩岸政治互信構建的基礎是合作雙方對某些基本政治原則的共識和一致性解讀，舍此之外，兩岸政治互信的構建不過是鏡花水月。就目前來說，兩岸之間如果要達成政治互信最起碼應該在以下幾個基本問題上達成某種共識：（1）在兩岸內戰狀態尚未結束的情況下，兩岸的經濟聯繫和社會整合已經不可阻擋地發展起來。（2）兩岸同屬一個中國是法理上的事實。（3）兩岸關係的良性發展是實現大陸和臺灣雙贏的前提，也是臺灣保持一定發展速度難以繞過的門檻。（4）兩岸關係發展的要義在於優先解決民生問題，優先處理涉及民生的經濟議題。易言之，兩岸政治互信的基礎是雙方對一個中國原則和「九二共識」的認同。兩岸問題作為關係到臺灣民眾生存和福祉的基本方面，是一個應該解決的問題，而不是炒作的議題。概括起來說，兩岸政治互信建立的最重要基礎就在於擱置雙方一時難以形成共識的政治問題，將主要精力集中於解決目前雙方都需要面對的發展問題。這種情形要求兩岸無論是對於「一個中國原則」、「九二共識」的理解和詮釋，還是在未來的其他互動方面，都需要更多的靈活性和創造性思維，才能達成雙方的逐漸接近，並逐漸培養出政治互信。65兩岸政治互信構建的過程其實就是兩岸透過求同存異，促進合作，促進兩岸共同發展的過程。

兩岸政治交往中的嘗試性信任建立在雙方對兩岸合作誠意與善意的基礎上。即使這種合作並不一定是政治層面的合作，但是離不開政治上的善意與誠意支撐。2005年連戰和宋楚瑜訪問大陸，其實就是兩岸嘗試性信任建立的開端。這種嘗試性信任的建立取決於三個方面的因素：（1）中國大陸持續不斷向臺灣單方面釋放善意。（2）兩岸經貿交流已經達到了相當的規模，臺灣政治人物不可能對此熟視無睹。（3）是對臺海格局走向的基本認知，臺灣的發展離不開大陸，處理好兩岸關係對於臺灣未來發展至關重要。也就是說，當時嘗試性信任建立在對客觀形勢、對方態度以及雙方信任取向的基礎上，66是對兩岸政治互信構建路徑進行試探性摸索的結果。在兩岸政治互信構建的過程中，嘗試性信任的建立是難度最大的一步。因為在兩岸內戰狀態尚未結束以及兩岸敵對性認知非常濃厚的情況下，嘗試性互信的建立需要克服傳統的思維框架，同時還得應付島內政敵的攻擊，難度之大可想而知。一旦初步的政治互信建立起來，就為未來的政治互信發展提供了路徑起點和模式基礎。從目前情況來看，兩岸關係顯然已經走出了政治互信的嘗試性構建階段。

嘗試性信任的建立只是政治互信構建的開始，兩岸政治互信構建最為關鍵的階段是維持性信任階段。維持性信任階段的主要目標在於互信能夠持續下去並不斷加強和擴增。總體來說，兩岸政治互信的維持性階段能否成功延續，實現政治互信的可持續發展，主要取決於兩個方面的因素：（1）政治互信的制度化。這是保證兩岸政治互信得以維持的制度性基礎。制度化程度的高低基本上反映了政治互信的程度和未來的發展前景。政治互信的制度化從三個層面上保證了政治互信的良性發展，一是對行為主體的約束功能，使行為主體的行為可預測性增強；二是使政治互信的發展成果以制度的形式固定下來，增加了政治互信的穩定性；三是制度的執行本身具有溢出效應，可以為未來進一步的政治互信構建提供模版。（2）聲譽的積累。在經濟學中，聲譽的好壞是職業經營能否成功的重要因素，良好的聲譽增強了經營者討價還價的能力，因而對其行為有顯著的激勵作用。67在政治互信構建的過程中，聲譽是行為主體過去行為可信程度的累積紀錄，也是判斷行為主體是否可以信任的重要依據，更是判斷一個行為體在多大程度上能為其他行為體所接受的重要標準。顯然，良好的聲譽與信任成正相關關係，可以限制行為主體利用政治互信進行謀利的投機性行為。在兩岸政治互信的構建過程中，制度化的成果是比較顯著的，兩岸已經簽署了九項協議和一項共識。同時，在這個過程中，兩岸在構建政治互信方面的信譽顯然是不斷加強的。這裡所謂的信譽不意味著雙方沒有分歧，而是指雙方對解決目前兩岸問題所抱持的誠意與認真的態度。

兩岸政治互信的維持階段是政治互信最為脆弱的一個時期。隨著合作的推進，兩岸的分歧也越來越多地暴露出來。就臺灣而言，國民黨推動與大陸建立政治互信的行為遭到了綠營、特別是深綠政治人物的質疑與反對，對兩岸政治互信的構建與鞏固產生了牽製作用，類似熱比婭訪臺事件曾經嚴重考驗兩岸的政治互信；國民黨在兩岸的政治互動中多次強調目前只解決經濟問題，而對國家統一問題以及兩岸和平談判問題極力迴避，這與大陸民眾對兩岸政治互信的認知有比較大的差距。但是從目前來看，兩岸政治互信基本上還是沿著比較平穩的道路向前發展，在和平發展的基本框架下，兩岸目前還是主要集中於解決合作與發展的問題，短期內觸碰到重大政治議題的可能性不大。

在維持性互信階段，兩岸的延續性政治互信其實已經開始起步了。兩岸自2005年以來達成的共識以及在相關合作中積累起來的政治聲譽成為延續性政治互信的基礎。事實上，九項協議中的每一項的簽署都以前面相關協商所構建起來的互信基礎為基本語境。未來國家統一的實現也必須是在政治互信不斷累積的基礎上展開。不過這種延續性政治互信目前還處於較低的水平上。在經濟和民生領域合作所積累起來的政治互信還不足以用來支持兩岸政治問題的解決，所以，構建兩岸政治互信的問題顯然還是任重道遠。

三、兩岸政治互信的維持與延續機制

在兩岸關係的語境下，政治互信主要指關涉政治領域的重要事項，如保持政治認知的一致、保持合作的可能性與持續性等。一般而言，政治互信的作用主體重心則在於政治體的決策層。民眾、媒體等因素固然可以在某個時節透過輿論、選舉等行為影響政治體的運轉模式和運行方向，但難以發揮主導作用。所以戰略互信主要建立在參與各方決策層的判斷和信念之上，其中行政首腦、主要行政官員、執政黨和議會扮演著關鍵的角色。[68]本文討論兩岸政治互信時，一般所指的行為主體是兩岸的行政當局。但是，由於臺灣的獨特政治生態，執政當局與在野的民進黨，更確切地說是泛藍和泛綠之間在兩岸互信的建立方面存在著相當大的認知分歧，特別是在構建兩岸政治互信的前提方面，分歧更大。而且，從政治運作的實際情況來看，國民黨行政當局在一定程度上受制於民進黨及「臺獨」勢力的掣肘，在建立兩岸互信方面沒有完全的自主性。所以，兩岸政治互信在維持與延續機制方面有自己獨特的內涵。概括起來說，兩岸政治互信的維持與延續機制主要包括以下幾個方面。

1.承諾。69政治互信構建中的承諾係指各方對自己應該承擔義務和應盡責任所做出的允諾。承諾對行為主體來說具有直接的約束力。兩岸雙方承諾的有效性對兩岸政治互信的維持和延續具有基礎性影響。這些承諾可以是形諸文字的，也是可以是一種默契。前者如兩岸對「九二共識」的認同，對反對「臺獨」的認知，以及對逐步開放兩岸交流、強化兩岸各個層面合作的基本共識等；後者如對民生議題優先順序的排定，對處理好兩岸關係問題的誠意，以及對和平發展的認同等，都可以認為是兩岸承諾的重要組成部分。兩岸雙方對承諾的信守減少了兩岸交往中的機會主義行為，在一定程度上保證了政治行為的可預測性，降低了兩岸交流和交往中出現誤判和導致風險的可能性，也降低了兩岸交流與交往中的成本，是政治互信得以維持和延續的重要條件。

2.溝通。如果說承諾為政治互信的維持提供了一個基礎性框架的話，那麼兩岸政治溝通則是處理兩岸交往過程中的動態問題。70在兩岸的政治互信維持過程中，由於雙方對一些問題的基本認知不同，可能會產生一定程度的誤解，從而影響政治互信的可持續性。因此，溝通作為重要的消除誤解的途徑，在兩岸政治互信的維持中發揮了關鍵性影響。兩岸政治溝通的核心在於訊息的交流與交換。訊息作為一種寶貴的資源，在現代社會政治過程中的重要性日益突出，已成為政治體系維持其功能的基本要素。71訊息溝通對兩岸政治互信的構建殊為重要。對於兩岸政治互信而言，如何克服維持過程中的訊息不對稱，以及因為訊息不對稱而引發的誤解，是兩岸政治互信要解決的重要問題。溝通的功能在於讓對方瞭解自己的基本立場和利益所在，同時也傳達出自己對合作者的期望，能有效減少因合作雙方各行其是對政治互信帶來的衝擊。在兩岸政治互信維持與延續的過程中，國共平臺的成功運作就成功發揮了溝通的功能。

3.危機管理。危機管理是一個寬泛的概念。有的管理學理論認為，具有完善危機處理機制的組織或是平時訓練有素，危機意識強；或是早已對一些危機進行了資源上的準備；或是有著良好的思想準備，所以它們面對危機時沉著、冷靜，這一切都屬於危機管理的範疇。72簡而言之，危機管理其實涵蓋了危機的預防（prevention）、準備（preparation）、危機爆發時的反應（response）和危機結束期的恢復（recovery）四個層次的內涵。

由於臺灣政局和臺海局勢的複雜性，兩岸政治互信出現波折的可能性非常大，所以危機管控機制對兩岸政治互信的維持和延續就顯得異常重要。例如，熱比婭訪問事件中雙方進行的危機管理就較好消解這一事件對兩岸政治互信的衝擊力道。2009年8月，莫拉克臺風給臺灣帶來重大的財產和生命損失，在馬團隊正為救災忙得焦頭爛額的時候，民進黨展開了政治突襲，8月26日，高雄市長陳菊、嘉義縣長陳明文、屏東縣副縣長鐘佳濱等臺灣南部民進黨縣市首長，召開記者會，宣布所謂達賴「願訪臺為災民祈福」的消息。隨後，臺北行政當局在經過了緊急商討後，馬英九拍板決定同意讓達賴以「宗教領袖」身分赴臺參加法會。由於達賴「政治和尚」的特殊身分，大陸對此反應強烈，兩岸互信面臨考驗。在此後的危機處理過程中，國民黨一直強調在這個事件中的被動地位，並透過技術性處理，對達賴的活動進行了限制，而大陸也沒有進行進一步反制，兩岸才度過了這次信任危機。

由這個事件可以看出的是，在兩岸政治互信的危機管理過程中，有三個方面的因素對危機管理的成效影響甚大：（1）兩岸溝通的成效。即一方能夠使對方瞭解到自己的想法，並將自己無意損害對方利益的意圖清晰地表達出來；（2）互信雙方的戰略視野。在兩岸和平發展的大視野下，要求兩岸互信機制具有一定的彈性和抗衝擊能力，否則和平發展的大局就會受到影響；（3）損害管控。即將危機造成的損害控制在可以接受的範圍之內。只有這樣，兩岸互信機制才可能有可持續性。

四、結語

兩岸政治互信是兩岸合作的基礎，而政治互信構建則是在合作與聲譽累積的過程中不斷向前推展。從根本上說，政治互信的構建起源於兩岸經濟貿易交流越來越密切的現實，兩岸民眾之間已經形成了越來越龐大的利益聯結，兩岸合作成為不得不為之的趨勢。這種局面要求兩岸關係必須從1949年以來的軍事對抗轉向全面合作，現在兩岸已經從過去的「不合作博弈」轉變為「合作博弈」。73這是和平發展理論的基本內涵，也是臺海形勢發展的客觀需求。從政治互信構建的目的而言，綜合了國家統一層面和經濟發展層面的多項訴求，顯得非常複雜。因此，兩岸政治互信的管控也比較困難。

不過，由於兩岸合作是一個不可逆轉的趨勢，所以儘管在一些細節問題上會出現一些波折，但是總的方向還是向互信不斷強化的方向邁進，以前那種刻意炒作兩岸關係來謀取政治利益的做法已經越來越沒有市場。現在即使是一直對兩岸交流持消極態度的民進黨也不得不考慮建立與大陸交流的平臺，而這必然是以政治互信的存在為基礎。否則，類似陳菊那樣，在大陸撈完利益回到臺灣就邀達賴訪臺，傷害大陸民眾情感的情況如果經常出現，民進黨根本無法與大陸建立起持久的互信。在這個意義上說，兩岸互信的構建其實是一個不可逆的過程，是與國家統一相始終，也是中國走向和平統一的一個重要組成部分。

（會議論文，原文印發，文中用語和觀點係作者個人意見）

兩岸政治互信與臺灣民眾的政治認同

張文生[74]

隨著2008年臺灣政局的變化，兩岸關係迅速改善，也使得海峽兩岸建立了初步的政治互信。2010年4月29日，中共中央總書記胡錦濤在上海會見連戰、吳伯雄、宋楚瑜等臺灣各界人士時指出：「要繼續增進兩岸政治互信，不斷增強兩岸關係和平發展的推動力。」[75]鞏固並增進兩岸政治互信，為破解兩岸政治難題作準備，是進一步推進兩岸關係發展的重要任務。然而，影響兩岸政治互信的關鍵因素不在於臺灣或臺灣各政黨領導人的政治態度，而在於臺灣民眾的政治認同。

一、兩岸政治互信的概念分析

政治互信，就是雙方在政治上的相互信任，也是雙方各自在政治上相互給予對方政治信心。大部分情況下，政治互信是透過各自的言行建立起來的，當然，也不排除透過相互口頭約定、書面協定建立政治互信的情況，比如國際關係中常用的信心建立措施（CBMs）、和平協議等等都是建立和鞏固政治互信的書面協議的方式。

兩岸政治互信，就是海峽兩岸在政治上的相互信任，或者說是海峽兩岸各自在政治上相互給予對方的政治信心。對於臺灣來說，就是要給予大陸「臺灣不會走向分裂、海峽兩岸最終將走向統一」的信心；對於大陸來說，就是要給予臺灣「保持臺海和平穩定，兩岸統一對臺灣人民有利」的信心。從1990年代中期開始，由於李登輝和陳水扁的內外政策，兩岸政治互信被破壞殆盡。馬英九上任後，兩岸政治互信得以重建，並且逐漸鞏固，但是由於兩岸長期固有的、歷史所形成的結構性矛盾，目前的兩岸政治互信並非完全穩固。海峽兩岸應當繼續努力，使兩岸政治互信得以進一步鞏固、深化、穩定，為維護兩岸關係和平發展的局面奠定堅實的政治基礎。

2008年12月31日，胡錦濤總書記在紀念《告臺灣同胞書》發表30週年座談會上的重要講話中提出了六點意見，其中第一條就指出：「恪守一個中國，增進政治互信。」並且指出：「兩岸在事關維護一個中國框架這一原則問題上形成共同認知和一致立場，就有了構築政治互信的基石，什麼事情都好商量。」[76]一個中國原則始終是建立兩岸政治互信的基礎，只有恪守一個中國原則，兩岸政治互信才能不斷增強；違背了一個中國原則，兩岸政治互信就會遭到破壞。

2005年，兩岸關係以政黨交流的模式，掀起了一個又一個的高潮。國民黨、親民黨和新黨都先後組織訪問團參訪大陸，不僅使兩岸的政黨關係開創了前所未有的新局面，而且國親新三黨與中國共產黨之間建立了以「堅持九二共識、反對臺獨」為基礎的政治互信，在兩岸的政黨之間建立了共同的政治基礎，為兩岸關係注入了新的動力。

體現「一個中國原則」的「九二共識」是兩岸政治互信的現實基礎。兩岸政黨交流尤其是國共兩黨交流，是鞏固兩岸政治互信的重要渠道。2008年5月28日，中共中央總書記胡錦濤在會見中國國民黨主席吳伯雄過程中，重申了「建立互信、擱置爭議、求同存異、共創雙贏」的16字方針，並且明確指出：反對「臺獨」、堅持「九二共識」，是雙方建立互信的根本基礎。2009年5月26日，胡錦濤總書記在北京人民大會堂會見了吳伯雄及其訪問團一行，胡錦濤總書記對於國共兩黨交流作了高度的肯定，這是因為國共交流有利於增進兩岸政治互信，有利於促進兩岸溝通與理解，有利於推進兩岸協商談判。

體現海峽兩岸共同堅持「一個中國原則」的「九二共識」也是兩岸兩會談判的政治基礎。馬英九上任以後，承諾堅持「九二共識」，為兩岸兩會的復談掃除了障礙。自從2008年6月兩岸兩會復談以來，海協會會長陳雲林與海基會董事長江丙坤分別在北京、臺北、南京、臺中舉行了四次會談，雙方共簽署了12項協議和一項共識。兩岸兩會商談的成果是在「堅持九二共識、反對臺獨」的政治互信的基礎上取得的，沒有這項政治互信，就沒有兩會商談的成果。

兩岸關係在新的歷史時期取得了重大的成就，走上了和平發展的正確軌道。一方面，繼續推動兩岸政黨交流，鞏固國共交流所建立的政治互信；另一方面，恢復了兩岸兩會的協商談判，使兩岸「三通」基本實現，兩岸交流不斷擴大。以和平發展為主軸的兩岸關係的推動，遏止了「法理臺獨」破壞兩岸關係和平穩定的局面，在島內外造成了良好的政治和社會影響，得到了大部分臺灣民眾的肯定與支持，為兩岸關係和平發展的繼續推進奠定了穩固的社會基礎。然而，也要看到，兩岸關係的改善並未在臺灣民眾的政治認同上產生立即的影響，兩岸統一的進程仍舊是長期的、艱巨的、複雜的過程。

二、臺灣民眾的政治認同與兩岸政治互信

認同（Identity）問題，即身分問題，是人們在社會存在中的基本的自我定位，是解決臺灣問題所面臨的核心因素。兩岸統一，無論採取何種方式——和平方式或非和平方式，最終都必須解決臺灣民眾的政治認同問題。人們在生存過程中，面對種種自然環境與社會環境的壓力，不斷地形成自我意識，尋找「我是誰？我是什麼？我來自哪裡？我要往何處去？我怎麼了？」等種種問題的答案，構成了人們對

於自我的身分認知，形成文化的、社會的、政治的自我認同。「認同是人們意義與經驗的來源」77，人們在尋找自我認同的過程中獲得生存的意義與群體的結合。政治認同則是人們在政治生活中的自我歸屬。「人們在社會政治生活中產生一種感情和意識上的歸屬感。它與人們的心理活動有密切的關係。人們在一定社會中生活，總要在一定的社會聯繫中確定自己的身分，如把自己看作某一政黨的黨員，某一階級的成員、某一政治過程的參與者或某一政治信念的追求者等等，並自覺地以組織及過程的規範來規範自己的政治行為。這種現象就是政治認同。」78政治認同的核心是國家認同，但是國家認同則包含政治認同與文化認同兩個層面，「政治認同和文化認同都是國家認同的重要層面，他們共同創造了公民對國家忠誠的感情」。79

兩岸關係中的政治認同問題，也就是關係到臺灣民眾對於自身的文化屬性、民族屬性、政黨屬性、國家屬性的認知，其核心是臺灣民眾的國家認同，是影響臺灣民眾統獨傾向的關鍵因素。海峽兩岸的統一，最終必須實現臺灣民眾對於中華民族認同、對於中國認同、對於中國政府認同的回歸，只有解決臺灣民眾政治認同的疏離問題，才能最終實現兩岸的和平統一。

兩岸政治互信受到臺灣政府與臺灣各政黨領導人的政治態度的直接影響，但是由於經過1980年代以來的政治轉型，臺灣已經演變成為一個以選舉為導向的多元化的政治社會。臺灣民眾的政治認同對於臺灣和臺灣各政黨領導人的政治態度和政治行為起著關鍵的制約作用，因此，歸根結蒂，臺灣民眾的政治認同才是影響兩岸政治互信的基礎因素。由於體現「一個中國原則」的「九二共識」是兩岸政治互信的現實基礎，而對於「一個中國原則」的政治認同牽涉到臺灣民眾對於自身的國家屬性、民族屬性、文化屬性的政治認知，是臺灣民眾政治認同的核心內容。在一定程度上，臺灣民眾透過選舉投票或政策公投支持某個政黨或政治人物以表達政治認同，這使得臺灣和各政黨的領導人不得不根據本身的政治利益選擇政治傾向，在「一個中國原則」和「九二共識」的問題上表現出不同的政治態度。

第一，臺灣民眾的政治認同決定了臺灣各政黨及其政治人物的政治選擇。

由於臺灣是一個選舉社會，選舉是臺灣政治生活的核心，是引導臺灣政局發展的主要因素，也是決定臺灣各政黨和政治人物政治取向的重要原因。臺灣各政黨及其政治人物基於本身的政治和經濟利益，無不把選舉利益放在首位，因此，選民的好惡成為引導政黨和政治人物進行政治選擇的主導性因素。雖然民意本身具有不確定性、不穩定性和可變性，但是臺灣各政黨和政治人物往往為了選票的需要，著眼於短期利益，流於短線操作，迎合選民的短時期的情感好惡，這也導致臺灣政治生活中出現了民粹主義的傾向。

第二，臺灣民眾的政治認同影響了臺灣政局的發展方向。

臺灣民眾的政治認同在選舉中直接表現為對於各政黨和政治人物的認同，選舉結果影響了臺灣政局的發展方向。由於臺灣社會已經經歷了兩次政黨輪替，政黨輪替成為臺灣政治生活中的常態。而國民黨和民進黨的國家認同和統「獨」傾向相互區別，使得臺灣在內外政策尤其是大陸政策上呈現出不穩定性，對兩岸關係的和平穩定造成一定程度的衝擊。馬英九執政以來，民意支持率不斷下挫，這既是執政者承擔執政責任的正常發展，也是馬英九當局施政失利的後果，為民進黨的重新上臺提供了機會，因此，不能排除民進黨重新上臺執政的可能性。臺灣《遠見》雜誌的民調顯示，臺灣民眾對馬英九的滿意率仍在下降，只有23.8%，不滿意率則上升到了66%[80]。臺灣TVBS在2010年5月份馬英九就職兩週年的民調顯示，馬英九的滿意率是33%，不滿意率是47%[81]。臺灣民眾對馬英九和國民黨的政治認同趨勢將直接表現在選舉中，從而影響臺灣政局的發展方向。

第三，臺灣民眾的政治認同制約著兩岸關係的發展前景。

臺灣民眾的政治認同也表現在對於臺灣大陸政策的支持或反對上。當然，由於具體的大陸政策尤其是兩岸經貿等相關政策較不具有政治的敏感性，同時具有互利互惠的特徵，臺灣民眾的政策支持並不完全等同於政治認同，但政治認同往往成為政策支持或反對的藉口和動員工具。民進黨利用臺灣社會的政治認同分歧操作反對ECFA、反對開放陸生赴臺就讀就是典型的政治操作。隨著兩岸協商談判的深入，政治議題擺上兩岸談判桌後，民進黨操作政治認同干擾政治談判的傾向將更加強烈。泛綠陣營將更加積極推動將兩岸和平協議、兩岸軍事安全互信機制列入公投議題，使得兩岸關係和平發展的前景受到臺灣民眾的政治認同的直接制約。

三、兩岸關係和平發展對臺灣民眾政治認同的影響

兩岸關係的和平發展符合臺灣民眾求和平、求安定、求發展的主流民意，得到臺灣絕大部分民眾的支持與肯定。當然，臺灣民眾的支持出於多方面的原因，有的是擔心兩岸關係的緊張導致戰爭，有的是希望兩岸關係穩定從而擺脫統「獨」的困擾，也有很大一部分人是希望透過改善兩岸關係促進臺灣經濟的發展。無論出於何種原因，他們都反對民進黨當政時期的「臺獨、分裂」政治路線的挑釁兩岸關係、惡化兩岸關係的做法。

根據臺灣《遠見》雜誌2010年4月份發表的民意調查，我們可以看到，雖然馬英九的信任指數處在下跌的趨勢，臺灣民眾認為兩岸關係緩和的判斷指數卻一直維持60%上下。臺灣的大陸政策也得到大多數臺灣民眾的高度肯定。

在臺灣民眾支持兩岸關係緩和的同時，卻體現出了臺灣民意的另一面，即臺灣民眾要求經濟利益與排斥政治結合的雙重性的特點。臺灣遠見雜誌4月份發表的針對當前臺灣民眾統獨立場民意調查顯示：54.9%主張維持現狀，26.2%主張「獨立」，10.5%主張統一；進一步針對臺灣民眾的「終極統獨觀」進行的調查顯示，若兩岸在經濟、政治、社會各方面條件差不多時，65.5%認為沒必要統一，15.3%認為可以統一，19.3%沒有明確表態；66.4%不贊成兩岸最終統一，45.5%贊成臺灣最終「獨立」；44.1%的臺灣民眾認為兩岸的關係最後可能成為「生意夥伴」，18%認為是「朋友」，7.5%認為是「家人」，5.2%認為是「親戚」，5.1%認為是「敵人」，2.6%認為是「陌生人」。82臺灣TVBS民調中心2009年12月的民調顯示，如果只有兩種選擇，有68%的民眾傾向於臺「獨立」，13%傾向於統一，19%沒有意見83。雖然這樣的民調並不完全能夠準確反映臺灣民眾的政治認同，但是卻在一定程度上反映了臺灣民眾的政治傾向，即兩岸統一在臺灣社會的認同度依然不高，統一在臺灣社會的基礎依然薄弱。相反，「臺灣獨立」的認同度在臺灣社會卻仍處在上升的趨勢。

臺灣是中國領土不可分割的一部分，這是天經地義、無可置疑的客觀存在和法理事實。然而，由於臺灣社會的特殊歷史環境，這個無可辯駁的政治和法理事實卻在臺灣民眾中產生了認知上的異化。李登輝和陳水扁分裂主義政治路線的推行，給臺灣社會帶來了深刻的政治影響，也給兩岸關係帶來了重要的影響。在李登輝和陳水扁分裂主義政治路線的影響下，臺灣民眾的政治認同越來越顯得混亂而迷茫，「臺灣認同」呈現日益「臺獨化」的傾向。李登輝和陳水扁改變了蔣氏父子時期所堅持的代表全中國的「中華民國」概念，以所謂「中華民國在臺灣」、「中華民國是臺灣」、「臺灣是一個主權獨立國家，名字叫中華民國」、「中華民國是一個主權獨立國家，主權與治權僅及臺澎金馬」等等相似的主張形塑新的國家認同，使得臺灣社會「中華民國認同」與「臺灣國家認同」日益重疊，「中華民國」日益成為「臺灣國」的代名詞。日本學者若林正丈恰如其分地以「中華民國臺灣化」84的概念形容李登輝當政以來的臺灣政治發展。

李登輝和陳水扁在島內推行分裂主義政治路線，一邊打壓「中國意識」，一邊扶植「臺灣認同」，造成臺灣社會政治認同的日益混亂和迷茫。根據臺灣政治大學選舉研究中心的歷年臺灣民眾重要政治態度民調顯示，從1992年到2009年，雖然認同自己既是中國人又是臺灣人的比例維持在了40%左右，但是中國人認同的比例大幅下跌，而臺灣人認同的比例大幅上升。1992年6月，臺灣民眾認同自己為中國人的比例為26.2%，認同自己是臺灣人的比例為17.3%；2009年12月，臺灣民眾認同自己為中國人的比例大幅下跌，只剩4.2%，而認同自己是臺灣人的比例大幅上升，達到51.3%。即使馬英九上臺，臺灣人的認同仍然處在上升的趨勢。臺灣社會的「中國意識」越來越淡薄，而且成為政治不正確的代名詞；相反，「臺灣認同」卻越來越濃厚，而且成為政治正確的判斷標準。

臺灣社會經過李登輝12年的統治，及其後民進黨籍的「總統」陳水扁的8年統治，「中華民國」的外殼雖然沒有改變，原有的「中華民國憲法」依然部分有效，海峽兩岸「一國兩區」的法理定位依然存在，但是臺灣民眾的國家認同已經發生了根本性的改變。多數臺灣民眾已經從心理上接受「臺灣是一個主權獨立國家」的所謂「現狀」，迫於現實，他們也不得不接受「中華民國」的外殼。但是此「中華民國」的內涵已經不同於蔣氏父子時期版圖包括大陸和臺灣的彼「中華民國」的內涵，李登輝曾經在《亞洲的智略》一書中表示：「這個『舊國家』也已經產生本質的變化，現在的中華民國不再是以往的『民國』，而是擁有嶄新內涵的『新的共和』（New Repub-lic）。」李登輝還以「中華民國第二共和」來定義所謂的「新的共和」，認為：「臺灣的認同問題已成熟到『臺灣中華民國』的階段。中華民國已不再是原來的中華民國，而是『新的共和』（NewRepublic），也就是『第二共和』」。85李登輝的主張也得到部分民進黨人士的贊同，2007年3月，以臺大教授陳明通為召集人起草了「中華民國第二共和憲法草案」，目的之一是「以第二共和憲法作為臺灣與中華民國的憲法連結」86。

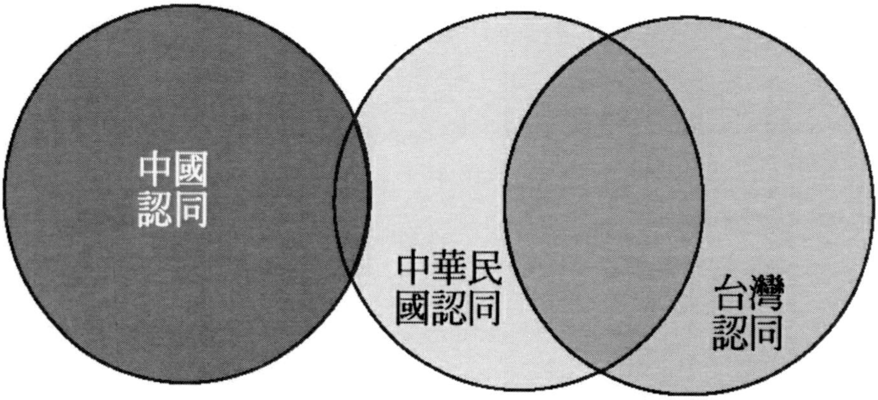

圖1：兩岸政治認同圖示

臺灣社會絕大多數民眾認同「臺灣化的中華民國」，但是他們多數仍然不認為自己是主張「臺獨」的獨派，他們承認兩岸有特殊的歷史、文化、血緣和民族淵源，他們甚至於不排除未來兩岸走向「最終統一」。在《遠見》雜誌的民調中，79.6%的臺灣民眾自認為是中華民族的一分子，其中泛藍民眾高達93.1%，中立民眾75.1%，泛綠民眾也有70.1%。87即使他們認同海峽兩岸同屬中華民族，然而，他們認同的政治現狀卻是「臺灣（中華民國）是一個主權獨立國家」。即使是李登輝本人，在2007年1月29日接受《壹週刊》專訪時仍然表示，他不是「臺獨教父」，「我不是臺獨，也從來沒有主張過臺獨」，但是他卻同時表示：「我不必追求臺獨，因為臺灣事實上已經是一個主權獨立的國家」。88

「臺灣化的中華民國」或「中華民國的臺灣化」使得未來兩岸政

治談判觸及和處理「中華民國政治地位」問題變得更加複雜和困難，「臺灣化的中華民國」與「一個中國原則」之間的矛盾更加尖銳。表面上，這種政治認同仍然保留著「中華民國」的外殼，也沒有「廢除中華民國憲法」；然而，實質上，內在的國家認同已經發生了根本的變化。在兩岸政治談判的立場中，要求大陸承認「臺灣（中華民國）是一個主權獨立國家」是臺灣社會的普遍要求，「特殊國與國關係」是目前臺灣社會較為廣泛的政治認同，即使馬英九當局也無法違背這樣的民意。中國文化大學教授邵宗海認為：「馬英九只會接受九二共識，不會接受一中」89。馬英九要求兩岸「互不否認」，「互不否認」什麼？馬英九沒有明說，但很顯然是「互不否認」雙方對等的「國家認同」。

四、重構兩岸政治認同是鞏固兩岸政治互信的有效途徑

外國學者曼紐爾·卡斯特根據打造認同的形式與起源將認同區分為三種形式，即合法性的認同（legitimizingidentity）、拒斥性的認同（resistancei-dentity）、計劃性的認同（projectidentity）。「合法性的認同由社會的支配性制度所引介，以拓展及合理化它們對社會行動者的支配。拒斥性的認同由那些在支配的邏輯下被貶抑或汙名化的位置/處境的行動者所產生的，他們建立抵抗的戰壕，並以不同或相反於既有社會體制的原則為基礎而生存。計劃性的認同指當社會行動者不管基於哪一種他們能獲得的文化材料，建立一個新的認同以重新界定他們的社會位置，並藉此而尋求社會結構的全面改造。」90

臺灣社會的政治認同的核心要素即國家認同正好處在上述三種劃分的不同類別中。「中華民國」認同是臺灣社會現存的合法性認同，

在國民黨重新執政後，得到臺灣支配性制度的拓展，並且被塑造成臺灣社會的政治認同中的最大共識。「中國認同」則在很大程度上遭遇了汙名化的命運，受到臺灣各種政治勢力有意識地貶抑，雖然臺灣社會的部分統派人士仍堅守最後的戰壕，頑強抵抗各方的政治詆毀，但在臺灣社會仍然居於拒斥性認同的地位。「臺灣（共和）國」認同則是臺灣社會的「獨派」勢力藉助於各種各樣的政治的、文化的、法理的論述，有計劃、有目的地試圖在臺灣社會重新建構的計劃性認同。推動「臺灣（共和）國」認同的政治勢力利用1980年代以來的臺灣政治開放、文化多元與社會本土化趨勢，透過文化運動、社會運動、政治運動的方式，不斷推進臺灣政治認同重構的過程，最終實現臺灣社會政治結構的全面改造。

「政治認同是人們在特定社會的政治生活中產生的情感上的依賴和意識上的歸屬感，它與特定民族文化是緊密相關的」。91臺灣在蔣氏父子統治時期，堅持「一個中國」的政治認同，但也堅持「中華民國」是代表中國的「法統」，臺灣民眾在民族文化認同與政治認同上處於相互統一的狀態中。然而隨著臺灣政治的轉型，這種民族文化認同與政治認同相統一的狀態在一部分臺灣民眾中被逐漸割裂開來，「經過多年的民主化進程後（儘管路途走得崎嶇），臺灣人已能具體地把文化認同（以血緣、歷史、風俗為基礎）和政治認同（國家效忠、政治價值）進行切割。」92當然，這種切割只存在於部分臺灣民眾中，而且這種切割也只是暫時的現象。

「政治認同是社會成員與政治體系關係的反映，是社會成員在政治生活中對一定的政治體系的同向性的情感、態度和相應的支持行為。」93社會成員是政治認同的主體，政治體系是政治認同的客體（或稱為對象），由於客體（對象）的不同，必然導致政治認同的差異。1949年以來，由於國共內戰導致海峽兩岸長期政治對立，存在著兩個相互對立的政治體系，這兩個相互對立的政治體系，塑造著兩岸民眾相互差異的價值觀念、政黨認同、國家認同，對立政治體系的現實造成了政治認同差異的現實。臺灣長期維持著「國家體制」，既有「中央政府」、「憲法」和軍隊，也有部分國家給予它「外交承認」，臺灣以及臺灣民眾不僅不可能自我否定，而且進一步要求大陸不否認甚至承認「中華民國（臺灣）」的存在現實及其在國際上的政治地位。可見，兩岸政治認同的差異和衝突不僅僅是歷史造成的後果，也是兩岸政治現實的產物。

基於兩岸政治現實，現階段消除「中華民國（臺灣）」的認同幾乎是不可能的。鞏固兩岸政治互信、建立兩岸關係和平穩定互動架構的有效途徑在於超越「中華人民共和國認同」和「中華民國（臺灣）認同」，重塑「大陸和臺灣同屬一個國家」的「中國認同」。前海協會長汪道涵先生提出的「兩岸同胞共同締造統一的中國」，臺大教授張亞中提出的「一中三憲」的構想，廈大臺研院劉國深院長提出的「球體理論」等等都是重構兩岸政治認同的有益嘗試。當然，政治認同屬於政治實踐的範疇，如何在相互對立的政治體系之上重構新的政治認同對象，把臺灣社會的「中國認同」從拒斥性認同轉變為計劃性認同，這是兩岸關係和平發展的進程中必須努力解決的政治難題，有待於兩岸當政者以最大的耐心和最大的善意來推動兩岸政治認同的重構，為兩岸蒼生開闢臺灣海峽永久和平的新局面。

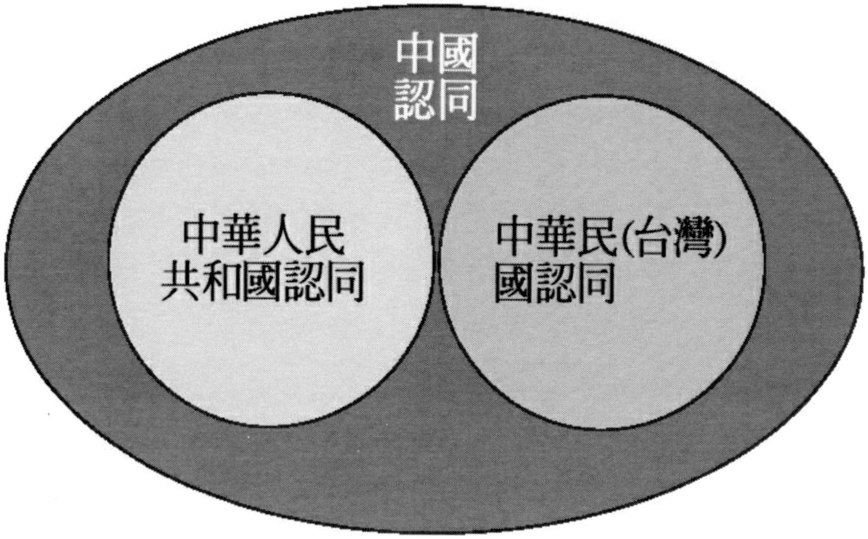

圖2：兩岸政治認同的重構

五、結語

從2008年以來，兩岸關係走上了和平發展的正確軌道。兩岸兩會的談判日益深入，兩岸民間交流更加頻繁，兩岸經貿關係越來越密切，然而，在兩岸關係和平發展的表象背後，始終潛藏著兩岸政治認同分歧的陰影，影響和制約著兩岸政治互信的建立與鞏固。在兩岸政治談判的過程中，政治認同分歧將成為達成協議的最大障礙。兩岸政治認同分歧是國共內戰歷史遺留下來的政治難題，要破解這些政治難題並不容易。隨著臺灣社會政治的轉型，「臺獨、分裂」思潮的泛濫，「臺獨、分裂」勢力的擴張，政黨政治的制約，社會多元化的發展，兩岸政治認同分歧的解決面臨更加複雜的島內政治環境，也使得兩岸統一的歷史使命變得更加艱巨。超越兩岸政治認同的現實分歧，重構新的政治認同對象，是鞏固兩岸政治互信的有效途徑，但是，海峽兩岸共同重構新的政治認同對象的過程必定是艱難的、複雜的、長期的過程。兩岸人民和兩岸當局應當共同努力，重構政治認同，鞏固政治互信。

主觀博弈論視角下的兩岸政治互信初探

唐樺94

兩岸關係處於一個開放的系統中，相互作用、共同影響彼此的發展。信任也許存在於人們的默契理解之中，也許存在於人們頭腦之外的某種符號表徵之中，某些理念被參與人共同分享和維繫，由於具備足夠的均衡基礎而逐漸演化為互信。政治互信內生於兩岸參與者的博弈過程，並作為博弈的均衡形態外化形式出現，得以成立取決於兩岸在博弈過程中構建的一系列制度。理解兩岸政治互信的發展過程就等於理解兩岸參與人協同修正其理念的方式，有利於減少兩岸交往的複雜性。

一、兩岸政治互信的博弈詮釋

經典博弈論在解釋那些已經穩定下來的制度是如何起作用的問題上是非常有說服力的，但在制度變遷問題上很難描述「從均衡到均衡」的躍遷。與經典博弈論相比，青木昌彥所發展的「主觀博弈論」探索性地運用博弈論清晰表述了制度變遷問題，並考慮觀念的因素，把制度變遷模型化為博弈參與人「共有信念」系統的改變，更適合兩岸政治互信的研究。青木昌彥將制度定義為「關於博弈重複進行的主要方式的共有信念的自我維繫系統」。95兩岸政治互信是由兩岸的策略互動內生的，存在於兩岸參與者的意識中，並且是可自我實施的。兩岸政治互信作為兩岸共有信念的自我維繫系統，其實質是對兩岸博弈均衡的概要表徵（訊息濃縮），起著協調兩岸參與人信念的作用。

兩岸的博弈是重複進行的，由此演化出一個穩定結果（行動組合），每個參與人基於個人經驗對兩岸博弈進行的方式形成了大致的認知。參與人依靠這些濃縮訊息得出自己的行動規則（策略）。政治互信對應著的就是兩岸參與者共享的那部分均衡信念，其中信念是關於兩岸博弈將實際進行的方式的預期。兩岸政治互信是一種均衡狀態，但不是在一次博弈下的結果，也不是一種完全的靜態平衡，它代表了實際上重複參與博弈的兩岸自我維繫的基本預期，是由「有限理性和具有反思能力的兩岸關係參與者構成的長期經驗的產物」。96兩岸政治互信是指兩岸交往過程中交往雙方彼此對對方能作出符合制度行為的持續性期望。所以，我們把兩岸政治互信定義為兩岸在主觀博弈模型中顯明和共同的因素，即關於兩岸博弈實際進行方式的共有理念。

政治互信造成一種心理上的秩序，從而滿足了人們心理上的安全需求，也造成了一種事實上的秩序。兩岸政治互信是一種社會建構的現實，因而它必然內生於兩岸博弈過程之中，它透過其扼要表徵——默契的或符號的——協調著參與人的信念。參與人基於共有信念而做出的策略決策共同決定了政治互信的再生，政治互信反過來又強化了關於它的概要表徵，參見圖1。政治互信的本質是對兩岸博弈路徑顯著和固有特徵的一種濃縮性表徵，該表徵被相關域參與人所感知，認為是與他們策略決策相關的。這樣，政治互信就以一種自我實施的方式制約著參與人的策略互動，並反過來又被他們在連續變化的環境下的實際決策不斷再生出來。97所以，政治互信雖然是內生的，但同時又客觀化了，也就是說，政治互信具有內生性98和客觀性的雙重性質。

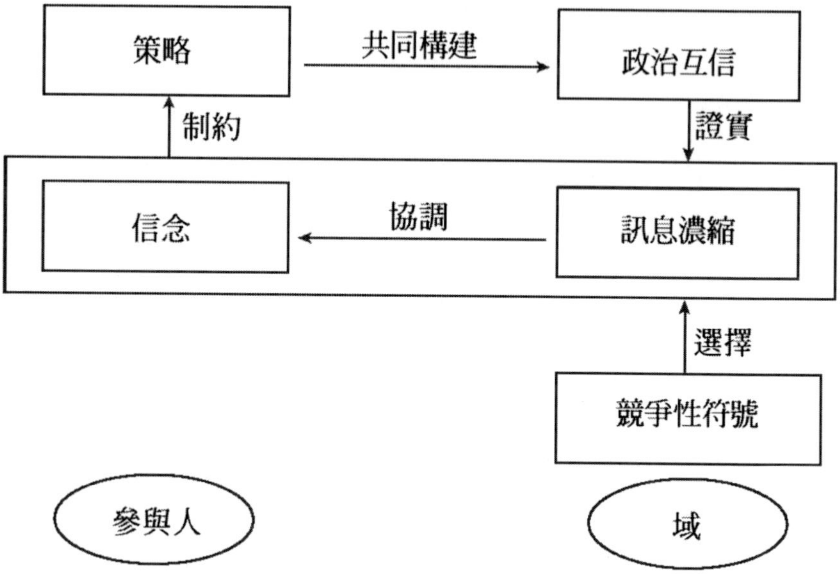

圖1　作為共有信念和均衡概要表徵的政治互信

兩岸政治互信的博弈詮釋必須包含五個相關方面：首先，政治互信是在兩岸博弈過程中產生的，而不是外在給定的。第二，兩岸參與人在做決策的過程中，不可能也不必要預期對方所做決定的每一個細節。政治互信是濃縮訊息的載體，這些訊息涉及參與人在一些重要場合行動決策的基本特徵，降低了有關他人決策的不確定性。第三，政治互信概括為兩岸參與人關於博弈重複進行的方式的共有信念系統，它能夠經受住環境的連續變化，對參與人微小偏離行動決策的隱含規則具有承受力。第四，兩岸關於政治互信必須有一些共同理解或共享認知，雖然可能對這些狀態的含義的解釋因人而異。第五，政治互信是人為的秩序。政治互信對兩岸關係中的行動決策具有多重意義，一方面它幫助主體節省決策所需的訊息加工成本，另一方面，它又對主體的行動決策施加人為約束。雖然我們致力於把政治互信理解為「內生的博弈規則」，但是哪一個均衡被選中無法由模型內生決定，我們有必要獲知過去發生的歷史事件和過去通行的規則以及鄰近域所通行的規則，這些因素促成了對特定均衡的選擇。

二、兩岸政治互信的演進軌跡

兩岸政治互信隨著歷史的進程不斷變化，而推動這種變化的力量，來自於兩岸之間的相互交往。兩岸的政治互信是一個從過去到現在又延展到將來的流形，這個流形由一系列局部博弈過程所構成。每個局部博弈過程都是一個特定博弈實現均衡的過程，它基於以前的博弈均衡，從一個隨即突變開始，以實現某個均衡為結束。參照丹麥新制度主義研究者尼爾森教授的歷史制度主義的四個理論支柱99，本文對於政治互信的分析框架為下圖（圖2）：

首先，找出兩岸政治互信的形成時段，即確定應當追溯的影響政治互信的歷史時段到底有多長，初始設置應該劃在哪裡。兩岸關係最本質的內涵是政治關係，是1940年代以來的中國內戰及其延續所造成的政治對立。1946年6月，中國內戰爆發。這場內戰的根本原因是，參與雙方對中國統治權的爭奪。100儘管內戰規模巨大、損失慘重，但參與的雙方始終堅持的，都是爭奪中國唯一的合法代表地位，即中國的統治權，而沒有任何一方試圖損害中國的領土主權完整。中國內戰及其延續對兩岸政治關係的影響，首先並最集中地表現在對兩岸政治互信的影響上。101在中國內戰延續的六十多年中，雙方之間的政治互信，特別是1949年以後的兩岸之間的政治互信及其發展變化，卻有更為複雜的表現。

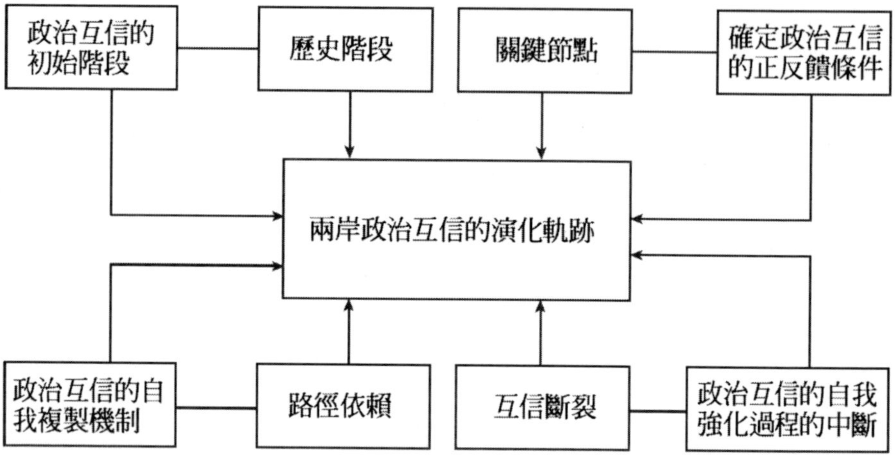

圖2　政治互信歷史演進的分析框架

結合兩岸關係的歷史分期，本文將政治互信的演進軌跡分為四個階段：

1.1949—1987年，兩岸之間存在薄弱的政治互信

1949—1979年，兩岸關係格局的基本特點是全面隔絕和軍事對峙，兩岸之間沒有政治互信的基本狀況。但當時臺灣的數位密使多次與大陸交往、溝通，表明兩岸之間實際上存在某種薄弱的雙方都堅持「一個中國」原則的政治互信。1958年的金門炮戰後，兩岸由過去激烈的軍事對抗轉向以政治對抗為主、軍事對抗為輔的對峙狀態。102當時，大陸連續發表了兩份《告臺灣同胞書》，其中都提到「我們都是中國人。臺、澎、金、馬是中國領土，這一點你們是同意的，見之於你們領導人的文告。臺澎金馬是中國的一部分，不是另一個國家」；「世界上只有一個中國，沒有兩個中國。這一點我們是一致的。美國人強迫製造兩個中國的伎倆，全國人民，包括你們和海外僑胞在內，是絕對不容許其實現的」。103金門炮戰及其長達二十年的延續，是以兩岸之間重要的政治互信為基礎，即以雙方之間存在著的關於反對美

國「劃峽而治」，維護中國領土主權完整、反對「兩個中國」的互信為基礎，而達成默契的結果。104

1979年元旦，全國人大常委會發表《告臺灣同胞書》，提出「透過兩岸的商談結束軍事對峙狀態，為雙方任何一種範圍的交往接觸創造必要的前提和安全的環境」。同時提到「臺灣一貫堅持一個中國的立場，反對臺灣獨立，這是我們共同的立場，合作的基礎。」105此後，中國政府又在此基礎上確立了「和平統一，一國兩制」的基本方針，在堅持一個中國原則的基礎上，積極推動兩岸各項交流和人員往來。大陸採取了一些有利於兩岸關係緩和的措施，提出了「三通」的主張。臺灣前期由於擔心兩岸關係發展會威脅到「反共戡亂體制」，制定出「不接觸、不談判、不妥協」的「三不」政策，堅持「反共拒和」。但隨著形勢的發展和兩岸接觸的頻繁，國民黨當局的政策也出現鬆動，用「三民主義，統一中國」取了「反共復國」。106直到1980年代中後期之前，在兩岸執政的國共兩黨都承認在國家統一的問題上有許多共同基礎，如共同承認臺灣是中國領土的一部分，雙方都反對「臺灣獨立」或國際託管，雙方都強調要用和平的方式解決臺灣問題，謀求國家的自由、獨立和統一、謀求中華民族和國家的強盛、繁榮，以及包括臺灣人民在內的全國人民的幸福。107

2.1987—1999年，兩岸政治互信前期初建，後期中斷

進入八十年代以來，兩岸經貿往來、人員交流持續、較快增長，軍事對抗逐漸緩解，反映了兩岸之間出現了保持臺海和平、促進兩岸交流、交往的互信。1987年11月2日，臺灣被迫開放臺灣居民赴大陸探親，兩岸的民間交流出現迅猛發展的勢頭。1988年李登輝上臺之初，延續了蔣經國的「一個中國」的立場，1988年12月，李登輝首次提出必須面對「中國只有一個，但卻無法有效在全國行使統治權的現實」。108991年2月23日，臺灣制訂了《國家統一綱領》，正式提出

「互不否認對方為政治實體」。雖然仍然堅持一個中國原則，但對一個中國的內涵並沒有做出說明。3月9日，臺灣率先成立「海基會」，希望藉此推動兩岸對話，兩岸交流進入雙向交流的對話階段。1992年3月23日，兩會協商正式開始，此後在北京、廈門、香港、臺北舉行多輪兩岸對話。1992年8月，臺「國統會」就一個中國涵義發表聲明，提出「中國暫時處於分裂狀態，由兩個政治實體，分治海峽兩岸」。1992年10月28—30日，兩會在香港舉行商談，集中討論兩岸事務性商談中如何表述堅持一個中國原則的問題。1992年11月，兩岸達成體現一個中國原則的「九二共識」，為「辜汪會談」及此後各種事務性協商談判奠定了基礎。1993年4月27—30日，在「九二共識」的基礎上，在中國大陸的積極推動下，海協會會長汪道涵與海基會董事長辜振甫，在新加坡正式舉行第一次「辜汪會談」。109「九二共識」，以及第一次辜汪會晤，進一步表現了兩岸之間關於堅持一個中國原則的互信，「一個中國」仍然被視為兩岸走向整合協商的進程裡不可缺少的原則或主要條件。110

1995年李登輝訪美使得兩岸事務性協商中止，臺海地區出現了1970年代以來前所未有的緊張局面。1997年7月，李登輝發表「特殊國與國關係」論，兩會協商渠道徹底終止。1999年7月9日，李登輝在接受「德國之聲」採訪時公然表示，臺灣已將兩岸關係定位在「國家與國家，至少是特殊的國與國的關係」。111臺灣的兩岸「主權分裂論」逐漸發展成為「臺灣主權獨立論」。1999年，民進黨通過「臺灣前途決議文」，其中就明確提到「臺灣是一主權獨立國家，其主權領域僅及於臺澎金馬及其附屬島嶼，以及符合國際法規定之領海與鄰接水域。臺灣，固然依目前憲法稱為中華民國，但與中華人民共和國互不隸屬」。臺灣對於一個中國原則由混淆、否定演變為背棄，兩會商談被迫中斷，剛剛初建的政治互信也被迫中斷。

3.2000—2008年，政治互信中斷，但基礎在累積

2000年臺灣政權首次「政黨輪替」，標舉「臺獨黨綱」的民進黨取得了執政地位。陳水扁就職時提出「四不一沒有」112，大陸提出了「聽其言、觀其行」。2000年8月，錢其琛副總理提出「一個中國」的新三段論述，即「世界上只有一個中國，大陸和臺灣同屬於一個中國，中國的領土和主權完整不容分割」，作為善意回應。2001年大陸一方面對島內「臺獨」活動進行批判，另一方面也強調只要臺灣接受一個中國原則，回到「九二共識」，兩岸就能恢復對話和談判，而且什麼問題都可以談。陳水扁拒絕接受一個中國原則，否定九二共識；2002年，陳水扁提出了「一邊一國」論，讓兩岸關係再次跌入谷底。2003年至2004年，陳水扁在競選過程中變本加厲地拋出「臺獨」主張，不僅將選戰定調為「一邊一國」對「一個中國」的對決，並推出「臺灣正名」、「公投制憲」的「臺獨時間表」，以「公投綁大選」的方式強勢進行「和平公投」；此後，陳水扁更是有恃無恐地推動「去中國化」、鼓吹帶有「臺獨」意識的「臺灣主體意識」、廢除「國統會」和「國統綱領」、透過「憲改」謀求「臺灣法理獨立」、鼓噪「以臺灣名義」申請加入包括聯合國在內的各種明顯需要主權國家身分的國際組織、推動舉辦以臺灣名義加入聯合國「公投」、授意民進黨炮製「正常國家決議文」這一新的「臺獨綱領」等等赤裸裸的「臺獨」分裂活動。113陳水扁大肆推進「臺獨」路線，嚴重破壞了兩岸之間實際上一直存在的，關於堅持一個中國原則，維護中國領土主權完整的政治互信。這不僅導致臺海局勢、兩岸關係幾次陷於高度緊張和危險之中，而且對未來兩岸政治關係的改善產生了嚴重不利影響。

2005年四五月間，大陸相繼邀請中國國民黨主席連戰和親民黨主席宋楚瑜訪問大陸，並與中國共產黨建立了政黨溝通交流平臺，兩岸出現了一些促進兩岸關係的積極因素。4月29日胡錦濤和連戰的會談新聞公報中就提到，堅持「九二共識」，反對「臺獨」，謀求臺海和平穩定，促進兩岸關係發展，維護兩岸同胞利益，是兩黨共同的主張。114在與宋楚瑜發表的會談公報中也提到，1992年兩岸達成的共識應當受到尊重。在兩岸各自表明均堅持一個中國原則，即「九二共識」（「兩岸一中」）的基礎上，盡速恢復兩岸平等協商談判，相互尊重，求同存異，務實解決兩岸共同關心的重大議題。115兩岸關係以政黨交流的模式，掀起了一個又一個的高潮。2005年8月，國民黨臺中市、彰化縣、臺南市、新竹市黨部參訪團先後抵達廈門、青島、深圳、蘇州展開交流訪問，中國共產黨與國民黨基層黨部交流分階段展開。中國共產黨與國民黨、親民黨之間的政黨溝通平臺啟動後，不僅使兩岸的政黨關係開創了前所未有的新局面，而且國親新三黨與中國共產黨之間形成了「堅持九二共識、反對臺獨」的政治互信，在兩岸的政黨之間建立了共同的政治基礎，為兩岸關係注入了新的動力。

4.2008以來，兩岸關係和平發展，政治互信恢復和鞏固

兩岸政治互信在李登輝、陳水扁於臺灣執政期間遭到嚴重損害，但在2008年5月以後，在兩岸關係進入和平發展歷史新階段進程中，得到明顯表現和加強。2008年5月20日，馬英九在就職演說中明確表示，我們今後將繼續在「九二共識」的基礎上，儘早恢復協商。兩岸雙方得以在反對「臺獨」、堅持「九二共識」的基礎上建立了政治互信，兩岸關係也朝著改善和緩和的方向發展。兩岸恢復了中斷多年的「兩會」制度化協商機制，2008年5月以來，已進行了四次江陳會，儘管都沒有涉及具體的政治事務，但兩會接觸、辜汪會和江陳會實際上都應視為兩岸之間的政治交往，因為都是兩岸官方授權的機構和個人的接觸、溝通。2008年9月馬英九在接受墨西哥《太陽報》的專訪時，就兩岸關係作出新的詮釋，說海峽兩岸雙方的關係應該不是「兩個中國」，「而是在海峽兩岸的雙方處於一種特別的關係」。

2008年12月31日，胡錦濤總書記在紀念《告臺灣同胞書》發表30

週年座談會上的重要講話中提出了六點意見，其中第一條就指出：「恪守一個中國，增進政治互信。」胡錦濤對兩岸政治關係的定位提出新的表述，他指出：「1949年以來，大陸和臺灣儘管尚未統一，但不是中國領土和主權的分裂，而是1940年代中後期中國內戰遺留並延續的政治對立」。並且指出：「兩岸在事關維護一個中國框架這一原則問題上形成共同認知和一致立場，就有了構築政治互信的基石，什麼事情都好商量。」一個中國原則始終是建立兩岸政治互信的基礎。自「三通」以來，兩岸各項對話全面開展，比較值得關注的有在福建舉行的兩岸民間「海峽論壇」，在湖南召開的「兩岸經貿文化論壇」，兩岸故宮博物院合作舉辦「雍正文物特展」，在浙江舉行的「兩岸農漁水利合作交流會」，在臺灣舉行的「兩岸一甲子」研討會等。116國共黨際交流平臺也逐步得到新的確認與發展，從而初步形成海峽兩岸之間「兩軌交流機制」，這些為兩岸之間保持溝通、消弭誤解、增進互信、並達成共識奠定了重要的基礎。兩岸關係步入和平發展的軌道後，政治互信有了很大的發展。面對兩岸關係發展這樣的新形勢，鞏固和深化兩岸政治互信就成為可能，並顯得尤為必要。

其次，在政治互信的演化起點與歷史跨度大體確定之後，要尋找在整個政治互信發展過程中起著關鍵作用的時間點（也稱制度斷裂點）。政治互信的演進過程是一個間或被一些轉折點所穿刻的過程，當實質性的變遷發生時，就會由此產生出某種「關鍵節點」，使得政治互信的發展走上某種新的道路。很顯然，1979年，1992年，1995年，2002年，2005年及2008年，都是這樣的關鍵節點，在這些關鍵節點117上，兩岸關係中的制度設計者們的某一重要決策直接決定了下一階段兩岸政治互信的方向和道路。這些時間點上所發生的事件極大地改變了政治互信的發展軌跡，形成一種「斷裂」，很長時間內影響著後續的兩岸關係。118

最後，分析政治互信的正反饋條件和自我複製機制，即找出政治互信的依賴路徑及深層基礎。（1）社會經濟系統和政治背景的大範圍變化，即大陸經濟發展、兩岸經貿文化往來和島內政黨輪替產生某種適合培育政治互信的環境。當前兩岸關係發展面臨難得的歷史機遇，兩岸經貿關係不斷拓展和深化，兩岸民間往來更加便捷密切，和平發展已經成為兩岸關係的大勢，成為海峽兩岸同胞共同的追求。（2）分散化或個案協商的方式試驗兩岸政治互信的新策略。以「中華臺北」稱謂臺灣執政當局既是對臺灣執政當局參與國際空間的政治認同，也是對保留臺灣現行「憲政制度」的政治保證；這是中國大陸對臺灣執政當局最大的政治善意，也是兩岸構建新型政治關係的開始。（3）文化認同與政治認同的一致與分離。兩岸共享一個共同的民族意識和國家主權的感情基礎存在。但是由於政治權力不斷介入，島內認同的二元性日漸顯露，分離趨勢愈加明顯。李登輝先後鼓吹「新中原」、「新臺灣人主義」，認為臺灣可以建立「民族國家」。這種政治認同就已經偏離國民黨在臺灣長期建構「一個中國」政治認同模式。民進黨執政時期充分利用各種資源來建構新的政治認同模式，即建構以臺灣為核心的文化與政治認同的總體工程，將本土化與「臺獨」公開畫上等號。雖然執政當局試圖建立與政治認同新模式相適應的文化認同模式，但是由於文化認同更多是基於血緣關係的拓展，很難從短時期內對它進行徹底的改造和革新。119針對這種認同的二元性的分離趨勢，大陸開始依靠島內政治認同與文化認同相對趨於一致的政治力量，一起來強化政治認同與文化認同的一致，從而建立起對未來的國家認同。在兩岸文化認同相對一致的情況下，大陸需要在已經有非常良好的政治實踐的基礎上，進一步用實際行動來增強對臺灣民眾政治認同的吸引力和感召力。（4）政治互信的培育是透過兩岸關係的「制度化」和「社會化」來實現的。制度化和社會化可以使兩岸之間的「擱置爭議、求同存異」真正落到實處，並在此基礎上來建立和增進政治互信。同時配合互信機制的建立，才能減少交往中風險、增進交往各方的相互依賴、維持持續的交往關係，更好地維護長期利益和維護自身聲譽。制度化之後的兩岸關係中的政治互信是一種邊際量上的累積，是穩定的，顯示出連續性的特徵，突發事件下的非連續的制度變遷也是在原有制度框架下不斷發生的邊際調整的累積性結果。

三、關於增進兩岸政治互信的思考

我們假定，兩岸博弈結構參與人只擁有有限的主觀認知，這些認知來自過去的經驗，只有在環境發生重大變化或認知出現內部危機時才被修改。我們把每個參與人對博弈結構的主觀認知稱為主觀博弈模型。120兩岸關係中的參與人自覺或不自覺地調整行動決策的主觀集合與決策規則的方式，不是隨即和相互獨立地發生，而是以相互協調的方式進行的，最終將導致共有信念系統（兩岸政治互信）的產生。政治互信的主觀博弈模型滿足以下四個條件：

第一，參與人i技術上可行的策略決策的客觀集合Ai（iN）可以用一個無限維的空間代表，但是在任何時點上都只有一個有限維的子集處於啟用狀態，它被稱為行動的啟用集合。

第二，對於博弈的內生性規則，參與人共享一個公共信念系統∑*，即制度；除此之外，當博弈的實際策略組合為s∈×iSi時，參與人對於博弈域的內在狀態還形成私人剩餘訊息Ii（s）=∑*i（s）∑*（s）。這兩者的加總就是參與人對於博弈的全部主觀認知。

第三，給定被認知的制度∑*，每個參與人擁有一個主觀的後果函數φi，Ii（·）：∑*，e），其中Si是參與人的決策，e是參與人對博弈域環境的解釋。這個後果函數就是參與人的主觀推斷規則。

第四，參與人從行動啟用集合中選擇策略S*i，使其預期效用ui（φi（si，I（s）：∑*，e）最大化，由此得出的策略選擇稱為最佳反應決策規則。

從兩岸政治互信的主觀博弈模型中我們發現最核心的條件是：在兩岸關係的初始政治域，必須有超過臨界規模的參與人修改對於域內部結構和外部環境的認知，並以分散化或相互協調的方式聯合採取新策略，這樣才能導致新均衡序列（穩定的政治互信）的出現。和平發展已經成為兩岸關係的大勢，透過加強交流，加深理解，為政治互信累積基礎。但是，只要主觀博弈模型的第二個條件——共同認知無法滿足，兩岸的政治互信很難建立。在兩岸關係中，儘管兩岸共享一個共同的民族意識和國家主權的感情基礎存在：共同的語言、文化、習俗，日益深入的經濟交往，以及對中華民族復興的期盼等。但是臺灣民眾這一情感的制度化缺乏必要的組織基礎，所以很容易在「臺獨」勢力下不斷被侵蝕。政治互信中共同認知的現實建構，需要一種公共秩序和集體行動邏輯的達成，以及制度創新和文化實踐的促動。

更具體來說，建構兩岸政治互信中的共同認知，主觀方面，兩岸人民必須感覺到使他們團結在一起比使他們分裂更珍貴。121本文在劉國深教授的「球體理論」和張亞中教授的「兩岸統合論」的基礎上提出基於周易精髓的兩岸「和合論」122（見圖3），它是中國文化的生動體現，是中國人圓滿盈溢的審美理想的體現。中國人的智慧就體現在「仇必和而解」中。這就是用和諧的方法來消除矛盾、解決矛盾，使事物向一個更新的方面來發展。《易經》中雲「乾道變化，各正性命，保合太和，乃利貞。首出席物，萬國鹹寧。」123人世間萬事萬物依循天道的變化，各自獲得自性、本質、命運，形成定位，這就是說分殊、差分和衝突，而又保持住內外的「太和」。衝突融合的更高層次即和合。「和」這個字是從「口」和聲，它的意思是說每個人都有飯吃，也就是說每個人都應該有生存的權利。「和」字從古代來說，就是講聲音相和。「合」的意思是由不同的事物合攏或者集中起來納入口中，或者是放在器皿當中，蓋上蓋子，使它發酵，也就是氤氳，使它成為新的事物。和合的基本意思就是衝突、融合，然後和合成新事物，124和合本身就是對稱的、相關的、動態的過程。

圖3　兩岸和合論

「易」是陰陽兩種同存於一體的能量互動的張力，兩岸（陰陽）並不是彼此對立生死相剋的，只是作為不同的能量而存在，能夠相互影響。和合論首先承認兩岸目前的政治現實，肯定差異性，兩岸融合而生生不息。我們可以透過五種從共同的文化傳統中凝練出的共識來融合兩岸，以增進互信。這便是：（1）和生。也就是兩岸都是生命體，我們不能採取非此即彼的方法，而只能在競爭當中互相生存，互相尊重，而不能互相殘殺。（2）和處。儘管兩岸各有不同，但是，我們可以和處，也就是和平共處，以「溫良恭儉讓」125的規範自律。

（3）和立。就是孔子說的「己欲立而立人」，「己所不欲，勿施於人」。126尊重彼此的獨立性。（4）和達。就是「己欲達而達人」，兩岸之間應該互相通達、共同繁榮。（5）和愛。使兩岸之間充滿愛，也就是孔子所講的「泛愛眾」，墨子所說的「兼相愛」。這樣的中華民族才是真正和諧、和平、和合的民族。

建構兩岸政治互信中的共同認知，客觀方面，兩岸人民需要一定的組織來使這種感覺制度化。

1.從調整所有參與人的認知著手，建立真實有效的溝通系統，掃除政治互信中的認知障礙。雖然兩岸已經開放了二十多年，但兩岸之間依然缺乏深入的瞭解，存在認知與現實的不對等，互信基礎嚴重不足。建立真實有效的溝通系統。如果訊息不透明，虛假訊息泛濫，導向偏差，那麼不僅政治互信，連兩岸之間的人際互信都難以普遍出現。改變歷史形成的刻板印象，重建對「他者」的認知圖像。要理解並尊重兩岸人民的特殊情感，正如廖義輝指出「大陸更強調統一，臺灣強調『主體性』」。127臺灣同胞無法體會在大陸的中國人百年來對中華民族遭受列強瓜分欺壓，民族自尊蕩然無存的悲憤心情，以及他們極欲在21世紀重新恢復民族的尊嚴，重新在國際上受到重視的強烈的民族使命感；同樣的，在大陸的同胞也無法體會臺灣人民百年來是如何在夾縫中求生存，如何委曲求全，在國家認同的錯亂中尋找自己的未來。因此我們要加強同臺灣同胞的聯繫，注意傾聽臺灣同胞的意見和要求。充分尊重臺灣同胞當家作主和爭取民主權利的要求，保護臺灣同胞的一切正當權益。最後要理解和尊重臺灣人民對民主和自由的追求，真正落實「寄希望於臺灣人民」的既定方針。另一方面，反思「兩會模式」，推行「三黨多元互動形式」。不僅國共之間，國共雙方與臺灣其他主要政黨之間也要逐步要建立互信。開放兩岸政黨基層溝通、交流和交往。這要特別說明的是，政黨基層之間的交流和交往不需設置政治前提。中國共產黨如果有顧慮，中國的民主黨派可以與之接觸、溝通、交流和交往。

2.以最廣泛的兩岸事務政治參與的制度設置來凝聚政治互信。進行一系列保證兩岸事務要讓兩岸人民具有有效的機會來參與政治過程，且具有平等的權利來選擇議題並控制議程的制度設置：充分發展利益集團、大眾傳媒等社會中介組織，使分散的、潛在的兩岸人民意願轉化為明確的政策要求；兩岸政府主動透過社會對話等一系列手段和方法，瞭解彼此民意；提高兩岸事務決策過程的公開性和透明度，這樣才能強化兩岸協商過程中具有公共精神的公共參與。多渠道共同參與兩岸事務的政治意義在於對兩岸政治教育的滲透力，亦使各有自己特殊利益的階層、集團和地區同時具有「責任共擔的習慣」。

3.凝聚「中華民族」認同，培育兩岸公共文化服務，以兩岸合作的方式創造公共價值，作為政治互信中的交疊共識。文化認同是一個民族的根本性心理結構，透過影響人的自我認同，進而影響人的政治態度。「天處乎上，地處乎下，居天地之中者曰中國，居天地之偏者曰四夷，四夷外也，中國內也。」128中國傳統意識的認同是天下、國家、文化三位一體。由於血緣關係本身的拓展性以及心理穩固性，長期經過積澱的共同特徵也就在文化上形成了綿延不斷的脈絡，構成了整個社會運行的基本網絡，即費孝通總結的「差序格局」。這種網絡成為了古典中國社會文化認同的基礎，儒家學說以及龍、媽祖等圖騰成為連接這些網絡的關鍵環節，形成了所謂的古典中國的「道統」。這種社會網絡成為連接「中華」的主鏈條。臺灣民眾文化上對於中華的認同仍然具有主導的位置。兩岸政府應該把培育文化認同視為自己的重要任務，提供兩岸公共文化服務。文化認同的實現不僅在於文化因素本身，更與政府的文化認同建構能力有關。兩岸政府需要的是一種大規模共同文化參與的「文化動員」。覆蓋網絡的構成除了包括公共圖書館與博物館、美術館、劇院以及藝術中心之外，也涵蓋了文化館與文化廣場、電影院、電視臺、文化訊息數位網路、書店等。尤其是要利用媒體來再現集體記憶，比如將兩岸相關的集體記憶融入故事敘述、藉助於新聞報導喚醒公眾記憶等；臺灣需要進一步加強認識當代大陸，大陸則需要體認臺灣的多元化政治環境，要善於利用媒體培養兩岸共同的歷史記憶，以一種積極的、參與的方式，透過開放性的討論，在動態的過程中（不是靜態地對歷史或現實的事實的認定）逐步建構兩岸共同體的文化認同。中華民族的建構要周延，終究要找出彼此都接受的政治理念。

4.開放思維，靈活增進政治互信。大陸如果想要加強臺灣人對中國人的身分的認同，政策措施上必須弱化臺灣人對大陸的敵意。一個途徑就是自下而上地把臺灣的專家、組織拉進國際代表團，更多地藉助於軟訴求，比如溫總理的「兄弟說」。考慮到臺灣的政治現實，「中華民國」的問題在非官方、非正式場合，適當採取模糊或者彈性處理。放寬自下而上的溝通管道，使更多臺灣民眾切身體驗到做一個中國人時祖國帶給他們的便利、光榮、尊重、安全、實利，從而願意做一個中國人。兩岸從可以改變的地方入手，依靠點滴來累積善意和擴大共識。兩岸共同探討兩岸互動模式，如「和平發展下的治權競爭」、「多種形勢下的中華共同體」等。兩岸可以考慮發展「一種富有層次性和延展性的主權觀念」。創建新的兩岸目標，體現一種兩岸共同要求交流與發展的訴求觀，共同推動建構的國家。129在涉外事務方面，雙方應相互支持，共同維護兩岸民眾在國際上的合法權益，並透過務實協商，解決臺灣民眾關心的參與國際活動的問題。

兩岸雙方都帶著自己由歷史給予的「視域」去理解對方時，就一定會出現兩個不同「視域」的問題。我們無法擺脫由自身歷史存在而帶來的「先見」130，又不能以自身的先見去任意曲解對方，所以我們需要一種融合產生的新的可以擴大行動啟用集合的更大的視域，意味著給兩岸政治互信開闢新的可能。兩岸的政治互信就是我們在互為「他者」的情境下，互相理解，然後形成共同理解。兩岸長期存在的

「刻板印象」，唯有透過持續、善意的交流，重建對「他者」的認知圖像，逐步產生認同並營造共同利益，才可能為增進政治互信夯實基礎。尊重可以產生信任，信任可以使人敞開心扉，尋找共識，尋求合作的可能。減少侮辱、蔑視和暴力，不斷地把「他」變成「我們」，不斷加強對話和交往共同體內的聯合，從而增進人們的「團結」，形成和創造更具包容性的兩岸的「命運共同體」。

（會議論文，原文印發，文中用語和觀點係作者個人意見）

論兩岸的政治互信——一種兩岸關係複雜性的簡化機制

沈惠平[131]

隨著兩岸關係深入發展，兩岸前期採取的一些開放措施的正面轟動效果逐漸遞減，一些深層次的矛盾問題逐漸突顯，表明單靠經濟利益讓渡和單純文化交流是不夠的，必須在深化兩岸各項交流交往的同時，正視研究解決最敏感最複雜的政治軍事等難題，否則，誠意不至，敵意難除，心防難去，互信難立，兩岸關係難以持續良性互動。[132]換言之，當前兩岸關係和平發展的最大難題是政治互信的建立與過渡性政治框架的建構。[133]「沒有互信，兩岸和平發展路徑根本無法啟動；沒有互信，路徑即使啟動，沿路必是荆棘重重，隨時可能會停滯或逆轉。互信是社會和諧互動的基礎，更是兩岸關係能否正常化的關鍵。」[134]因此，「建立互信」是兩岸關係能夠順利和平發展的基礎與前提。正是在這個意義上，胡總書記在不同場合不斷的強調兩岸互動原則——「建立互信、擱置爭議、求同存異、共創雙贏」，在這16個字當中，為首的就是「建立互信」。本文先從兩岸關係的複雜性引申出兩岸的政治互信問題，接著依循「是什麼（what）、為什麼（why）、怎麼辦（how）」這樣一種認知事物的基本邏輯，對此問題進行初步的探討，以求教於方家。

一、兩岸關係的複雜性

兩岸關係的進一步發展必須面對以下幾個主要的複雜性與挑戰。

首先，兩岸關係本身如何解讀？隨著兩岸交往的不斷加深，困擾兩岸進一步交往的政治分歧日益顯現出來，如何定位兩岸之間的關係就顯得尤為重要。臺灣方面兩大政黨在不同的時期有不同的表述。2000年以前國民黨執政時期兩岸關係的法律表述是，兩岸關係是中國大陸地區與臺灣的關係（意為兩岸同屬一個中國），民進黨一向的政治定位是「臺灣與中國的關係」（即兩岸為「一邊一國」關係），2008年國民黨重新執政後的定位是「中華人民共和國」與「中華民國」的關係（即堅持「一中各表」下的「九二共識」，實為「一中兩國」關係）。大陸的定位則是國家主體與特殊地區的關係，即臺灣與中國大陸的關係或臺灣與大陸關係，確認臺灣是中國的一部分。可見，如何定義兩岸關係涉及對一個中國的認同與兩岸事實分裂的界定等重大問題。概言之，今天兩岸關係的癥結，仍然是「兩岸關係如何定位」，也就是如何安排「中華民國」和「中華人民共和國」之間的關係。「這種關係的複雜性在於，它表面上被虛擬為兩個國家之間的關係，實質上卻是一個國家的領土，在特定條件下處於分裂狀態的兩個互不隸屬部分之間的關係。」135

其次，對臺灣的政治定位問題。這涉及臺灣以何種身分參與兩岸政治談判的問題，也就是「臺灣是什麼」的問題。是國家？是政府？是對等政治實體？是割據政權？是叛亂團體？臺灣當然不可能是國家，那麼是否承認其政府的地位？是地方政府還是割據政權？臺灣必然要求對於「我是什麼」作出一個說法。事實上，兩岸在進行經濟、文化交流，協商談判ECFA的時候可以帶白手套，但是到了真要進行政治談判的時候，就不可能帶白手套了，因為臺灣方面一定會堅持要大陸說清楚「我是誰」的問題。海峽兩岸目前的狀況是「互不承認」，即相互都不承認對方政權的合法性，這是延續了蔣氏父子「漢賊不兩立」的政策，其基礎是海峽兩岸均堅持一個中國原則。對於臺灣來說，能夠達到「相互承認」是最終的目的，是最佳的結果，在無法實現「相互承認」的狀況下，退而求其次，臺灣要求「互不否認」，因此，臺灣現階段兩岸定位的目標是追求「互不否認」，即要求大陸在兩岸關係和國際場合不得公開否認「中華民國」的存在，否則，就是打壓，就是不具有善意，就要逆轉兩岸關係和平發展的進程。「互不否認」的政策雖然沒有要求大陸方面公開承認其「中華民國是一個主權獨立國家」的地位，但是實際上是要求大陸方面默認、默許兩岸分裂分治的事實，客觀上大陸方面難以全盤接受，也很難在此一原則問題上讓步。總之，一個不可迴避的核心問題是雙方政治身分定位，否則兩岸談判必然無法繼續開展。而海峽兩岸的相互政治定位問題，實際上也就是臺灣現政權的政治地位問題，或者說是「中華民國」的政治地位問題。這是臺灣在政治談判過程中最有可能提出來的政治難題。

第三，兩岸當局對最終目標追求的差異性。大陸謀求兩岸關係和平發展的最終目的，是要為兩岸最終走向和平統一、實現中華民族振興奠定基礎，創造條件，而不是讓兩岸在和平發展中長期保持現狀，甚至是漸行漸遠。但馬英九當局推動兩岸關係發展的目的，是要發展經濟，穩定政局，為其連任創造條件，兩岸統一是其不願面對與竭力迴避甚至拒絕的議題。馬英九曾公開表示，在他任期內不可能談統一問題，甚至認為他這一生都看不到統一的目標。136由此可見，執政的國民黨已經承認「九二共識」，並承認「兩岸同屬中華民族」，這較民進黨執政時是一個進步。儘管這兩點與大陸追求「一個中國」和「兩岸統一」期望相距甚遠，但兩岸在雙方關注的共同點上共同前進，畢竟打開了信任大門，這何嘗不是兩岸邁出統一的第一步。當然，現在的兩岸信任基礎非常脆弱，還有許多不確定性。其中的一個變數將是兩岸在國際上繼續「你爭我奪」，相互的外交角逐，就很可能讓好不容易才建立互信基礎的兩岸關係破壞殆盡。從過去的一些例子，可以來證明這樣情勢發展的結果。首先是2002年8月當陳水扁宣稱

「臺灣與中國、是一邊一國」時，曾在事後說明是針對北京在他兼任民進黨主席之同時，突然宣布與瑙魯建交的反彈。另外一個例子則是非典（沙斯）事件之後，臺灣民眾強烈盼望能進入世界衛生組織（WHO），但是，北京一連串對臺北的杯葛措施，不僅引燃了臺灣民眾內在的反彈情緒，而且還讓當時北京高層苦心經營「寄希望於臺灣人民方針」的努力，幾乎化為白費。總之，兩岸之間在未來發展設若再度上演「外交角逐」的情事，肯定又會為已經走熱的兩岸關係降溫。137

第四，島內「臺獨」社會基礎在短期內出現崩盤式裂解的可能性不大，仍將會給兩岸關係和平發展格局、和平統一進程造成極大的衝擊。近年來，民進黨頻頻遭受重挫，「臺獨」社會基礎惡性膨脹的勢頭受挫，但泛綠基本盤仍維持在40%。馬英九因背負「外省包袱」和連任考慮，仍迎合民進黨所宣揚的「臺灣主體性」，不敢對陳水扁的「去中國化」施政進行徹底的撥亂反正。李登輝、陳水扁20年執政期間惡性膨脹的「臺灣主體意識」仍有上升趨勢，島內「去中趨臺」的民意走勢仍未被有效遏止。在較長時期內，省籍矛盾、族群矛盾、統獨矛盾難以根本解決，難以逆轉的本土化趨勢將不斷深化。尤其是，美國出於「以臺制華」戰略考慮，將加大介入臺灣政局的力度，仍將採取措施扶植「臺獨」勢力。「臺獨」社會基礎將在較長時期內維持一定規模，短期內不可能出現崩盤式裂解。值得注意的是，在特定環境與條件下，「臺獨」社會基礎再度膨脹的可能性不能排除。未來如果民進黨重新執政後，利用執政權展現政績，在操控「本土論述」話語權的同時務實發展兩岸關係，尤其是更為得心應手地運用執政資源拉攏社會各階層，有可能進一步擴大「臺獨」的社會基礎。138而這必將增加兩岸關係和平發展的複雜性。簡言之，要看到主張「臺獨」的民進黨仍有相當社會基礎，他們仍控制了臺灣相當部分的話語權，他們會不斷地用「臺灣主體意識」和「愛臺」壓迫對方。如何轉化他們，破除「臺獨」魔障，依然是大陸方面的巨大挑戰。我們是否應從全面封殺轉變為「化獨維和」，更多從疏導著手？此工作其艱巨性一時難以改變。139從現實的島內政治情勢來看，由於民意對馬政府的治理缺乏信心，特別是在野黨針對兩岸和解交流的大陸政策，進行非理性的反對，兩岸關係和平發展的進程並非一帆風順，而是充滿不確定的風險，隨著選舉風潮的動盪，社會危機和信心危機已廣泛的蔓延，更將加劇風險的挑戰。

最後，美、日等政治勢力憑藉其強勢地位將繼續蓄意挑撥，將臺海問題國際化、複雜化。從外部環境來看，美國和日本等相關國家在臺灣問題上有特殊的利益需求，尤其是美國，對臺灣有著很大的影響力。一直以來，臺灣問題的形成及其複雜化都與美國有著極其密切的關聯。以其世界頭號超級大國的實力地位和利益需要，美國成為臺灣問題的最重要的外部關注者，更是臺灣最大的保護者和支持者。因此，兩岸關係的持續發展離開美國因素是不客觀也是不現實的。一方面，美日希望臺海和平與穩定，但另一方面，又不願意看到兩岸快速接近，尤其是往統一方向的發展。兩岸政治關係的改善和推進是否意味著有利於推動兩岸統一的進程與趨勢，美日會非常關注。對美國來說，在臺灣有著巨大的軍售利益。即使在歐巴馬上臺後，美國對臺軍售也沒有改變。馬英九也不斷聲稱兩岸軍事現狀嚴重失衡，呼籲美國依「臺灣關係法」出售臺灣必要的防衛性武器。如何在堅持原則的同時，打消美日等國對當前兩岸互動的一些疑慮，解決相關國家的利益關切問題，這也是兩岸關係複雜性的一大表現。

綜上所述，目前的兩岸關係屬於和平發展的初級階段。這個初級階段的特點是政治互信初步構建，還在逐漸積累中，尚處於不穩定的狀態，遠未達到和諧默契的程度；經濟上的合作剛剛開展，但共同利益機制的構建遠未達到休戚相關的階段；島內社會輿論與主流民意雖然支持兩岸關係和平發展，但對如何深化發展分歧較大，尚未形成共識；在思想和意識形態方面，冷戰思維及其陰影至今籠罩島內，反共恐共心態短期內難以消除；在反對勢力的鼓動和歪曲下，部分民眾對兩岸關係和平發展持保留態度，擔心兩岸走得太近，關係發展太快，害怕被「統」了。由此引發出「集體焦慮症」，其表現就是「聞中色變」，「逢中必反」，造成島內族群分裂加劇，惡鬥不止。這些都是和平發展初級階段的特點，也符合當前兩岸關係艱巨性、複雜性、矛盾性並存的特點。140換句話說，「歷史的恩怨、民族的使命、經濟的誘因、政治的排他、制度的差異、人民的情緒、強權的利益」141等使得兩岸關係錯綜複雜。至於如何化解兩岸關係的複雜性，人們見仁見智。德國社會學家盧曼在《信任》一書中說道：「在不斷提高的社會複雜性的條件下，人們能夠而且也必發發展出比較有效的簡化複雜性的方式。……信任構成了複雜性簡化的比較有效的形式。」但「信任從不是複雜性簡化的唯一機制」。142本文受其觀點的啟發來探討兩岸的政治互信問題，主張兩岸之間的政治互信是一種有效的可以化解兩岸關係複雜性的簡化機制。

二、政治互信與兩岸關係的未來

一般認為，新時期的兩岸關係，其核心是建立互信尤其是政治互信。這是因為，政治互信的建立與深化對兩岸關係的影響，是最為基礎且最為重要的一個問題。而所謂的「兩岸政治互信」，就是海峽兩岸雙方彼此以口頭、書面或行為默契的方式，展現出共同維護兩岸同屬一個中國的法理和政治現實之意志，建立起相互包容和信任的政治關係。143本文認為，兩岸的政治互信是在兩岸關係和平發展的前提之下、雙方堅守「一個中國框架」的基礎之上，共同締造一個以兩岸民眾福祉為中心、以振興中華民族為己任、「未來統一的中國」的過程中，兩岸所應當承諾和遵循的政治原則和行為準則。這一界定有幾個內涵。首先，合作而非對抗的思維模式是兩岸建立政治互信的前提；其次，反對「臺獨」、堅持「兩岸同屬一個中國」是兩岸建立政治互信的最基本條件。換句話說，兩岸對一個中國框架的共同認知是兩岸政治互信賴以形成的最基本共識；最後，兩岸雙方信守各自承諾不僅是兩岸之間信任關係中最為基本的道義要求和約束規則，也是兩岸政治互信得以存在和深化的必要條件。概言之，政治互信是兩岸關係的基礎，離開這一基礎，兩岸關係的未來必將充滿不確定性。反過來說，為了減少和消除兩岸關係未來的不確定性，兩岸必須不斷的增進與深化雙方之間的政治互信。

首先，根據著名的心理學理論的觀點，信任增加了「對不確定性的承受力」。144眾所周知，複雜性必然帶來不可避免的危險。當前兩岸關係發展的亮點主要集中在經濟、文化領域，這也是兩岸之間較為能夠形成共識的領域。但隨著兩岸協商與對話進程的推進並不斷取得進展，兩岸間敏感的政治問題如兩岸在政治、外交領域的矛盾與分歧將會逐漸浮現出來。這些矛盾與分歧如果處置不當，很容易導致兩岸關係發生倒退。但是，兩岸之間如果能夠維持起碼的政治互信，就可以增強對兩岸關係不確定性未來的研判和承受能力，並預先採取相應的對策來減輕甚至消除由於不確定性未來給兩岸關係和平發展所可能造成的衝擊。值得注意的是，今年開始以來，兩岸不約而同地對一段時間以來各界呼聲很高的「和平協議」等政治性議題輕輕放下，反而都以低調、務實的態度提出相近的主張。在此之前，兩岸各界人士曾就兩岸政治性協商議題紛紛發表意見，焦點集中在是否需要立即開啟兩岸和平協議、結束兩岸敵對狀態的談判以及建立兩岸軍事安全互信機制等議題上；由此相關聯的，又涉及「何為一中」？怎樣堅持「一中」以及「一中」的性質與內涵為何？兩岸如何政治定位等問題。這些問題由於涉及兩岸關係的核心議題，兩岸之間對此爭異很大，差異顯著。如果不進行充分的準備，現在就進入高階的政治議題談判，勢必造成兩岸政治衝突公開化，激化兩岸矛盾，引發島內政局動盪，使兩岸關係再度觸礁。145由此可見，兩岸之間建立與維持起碼的政治互信之重要性與必要性。「信任增加了對不確定性的寬容，從而增加了人們行動的勇氣和可能性。」146

其次，信任能夠發揮其功能以理解並減少複雜性。或者說，「要簡化以或多或少不確定的複雜性為特徵的未來，人們必須信任。」147五年前連戰先生對大陸的歷史性訪問，使國共兩黨達成了堅持「九二共識」與反對「臺獨」的共同立場，同時也就維持兩岸關係的現狀達成了一定程度的默契。但是，「維持現狀」本身卻不能構成一項明智的政策。任何政策都不應僅僅是對現實的承認。對臺海兩岸的任何統派政黨而言，將「維持現狀」作為兩岸關係方面的一項階段性政策，有其合理的地方，現狀是人們所熟悉和習慣的，維持現狀的風險也往往最低。但這種政策卻也無法向人們說明，如果兩岸統一在目前是難以實現的，為什麼僅僅對現狀加以維持就能使統一在將來更容易實現。況且，「維持現狀」本身就很複雜，使得未來充滿不確定因素。「表現在：兩岸之間仍未正式結束敵對狀態、簽署和平協定，仍在『九二共識』如何表述和兩岸關係定位上存在歧見，仍在軍事、外交領域和臺灣國際活動空間等問題上存在齟齬摩擦；兩岸交往主要透過國共、半官方的兩會以及諸多民間機構平臺進行，缺乏最高領導人、公權力和高級民意代表之間的直接接觸溝通；以民進黨為代表的綠色陣營強烈反對國民黨的大陸政策，國民黨的執政優勢並不穩固；一些國際勢力惟恐兩岸關係發展過快傷害其地區戰略與自身利益，以各種方式進行牽制；等等。」148雖然「維持現狀」並非明智之為，但卻是大多數臺灣民眾現階段的首選，這是不爭的事實。究其原因，經濟上的善意不能取代政治上的懷疑和敵意，單純的交流不能改變複雜的認同，兩岸關係發展欲速則不達，「心病還得心藥治」。心結的形成有其深層的歷史背景與社會根源，而且又與兩岸不同的社會制度緊密相關。因此，要完全化解這一心結，並非易事，也不是短期內可以達到的。兩岸之間各個方面的交流溝通是化解心結的必經道路，而相互包容則是促進相互理解的必要前提。再經過若干年的交流交往，進一步削弱敵意，積累互信，化解這一心結應當是水到渠成的事。149我們相信透過增強和深化兩岸的政治互信能夠化解雙方的心結，支持兩岸擴大交流合作、期盼兩岸關係和平發展越來越成為臺灣的民意主流，成為兩岸民眾的普遍共識。「對預期抱有信心，正是我們定義的信任；而以過去的經驗去預見未來，正是信任的一種根據和形式。」150如此一來，兩岸的政治互信一定能夠減少甚至消除兩岸未來關係中的複雜性因素。

最後，信任有助於增強面對未來挑戰的自信心。「未來的複雜與變幻，造成了對現在的確定性的需求的增長。這種在心理上增加確定性，即信心的最重要的機制之一就是信任。」151在今天的兩岸關係和國際政治現實中，任何一方都不可能不計後果地採取片面改變現狀的行動。過去30多年的兩岸風風雨雨已經證明，臺灣方面沒有採取片面行動成功地改變兩岸政治關係現狀的能力，大陸方面也沒有不惜一切代價訴諸武力的主觀意願和必要。經過20多年的交流合作，兩岸利益已經緊密地結合在一起，維護兩岸和平發展大局才是兩岸關係的最佳選擇。在彼此充分瞭解自身價值和對方意圖和能力的基礎上，在相信交流合作會帶來穩定力量的認知基礎上，雙方的自信心都會逐步提升，雙方可以理性地、穩步地深化政治互信。同時又可以以強化政治互信來增進雙方自信，實現良性循環。152反之，「沒有自信就沒有互信」。隨著近年來的經濟快速發展，中國大陸愈來愈能夠展現出其自信。面對詭譎多變的世局、逐漸走向分離的臺灣，大陸仍能堅定地主張「和平發展」，這就是自信的表現。反觀臺灣，意識形態民粹式的動員讓臺灣內耗十餘年，迄今沒有停止跡象。大陸的論述成為泛綠可以操弄的代罪羔羊。1970年代以前，臺灣還有與大陸「爭正統」，

「爭誰才是真正中國」的氣魄；但是在與美國「斷交」後，處於劣勢的臺灣逐漸失去自信，不再敢多談「一個中國」。但大陸雖然已有較多的自信，還是沒有接受「中華民國政府」仍然存在的自信。這是因為大陸擔心，如果接受「中華民國政府」的法理存在事實，是否等於接受了「兩個中國」。可見大陸對於「和平統一」仍然缺少信心，缺少用兩岸平等方式追求統一的自信。臺灣也必須重拾自信。堅守「一個中國」不僅是政治上的原則，更是一種權益上的責任，堅持「一個中國」不僅是對歷史負責，更是擁有中國未來的權利。總之，兩岸都需要自信，臺灣需要有堅持「一個中國」，才能引導中國發展的自信，大陸需要有透過「兩岸平等」，更容易走向統一的自信。兩岸如果能夠重拾自信，互信自然可以水到渠成。153有了堅實的互信，人們就更有信心對兩岸關係的未來保持比較樂觀的立場。

總之，互信是兩岸關係和平發展的基石。相同的文化背景，逐漸擴大的兩岸各界交流，碩果纍纍的兩岸發展成果都進一步增強了兩岸的互信。「顯示信任就是為了預期未來。」154但是，我們依然要看到兩岸關係發展存在的困難。「兩岸互信存在問題，是由於意識形態、政治制度、思維邏輯、生活方式和價值觀念的不同所造成，特別是『法統』的敏感性和意識形態的對立，使得兩岸建立互信，既相當重要又有相當的難度。」155目前，兩岸政黨交流所開創的政治互信是兩岸人民的寶貴財富，在新的歷史時期，顯得尤其珍貴。無論碰到什麼問題，只要雙方以兩岸同胞福祉為念、以兩岸關係和平發展大局為重，以最大的誠意、盡最大的努力建立互信，就一定能求同存異，找到解決問題的辦法，兩岸關係和平發展的道路就一定會越走越寬廣。156

三、政治互信與兩岸的互動

在一個社會當中，「信任在互動框架中產生，互動既受心理影響，也受社會系統影響，而且不可能排他地與任何單方面相聯繫。」157同樣的道理，兩岸的政治互信也是經由兩岸雙方組成的互動框架之中產生、發展並得以深化的。

首先，增進兩岸的政治互信必須正視歷史與現實。這包括：重新審視歷史，包括正確評價國民黨在抗日戰爭時期在正面戰場發揮的主力作用，淡化國共兩黨的歷史恩怨；正確論述近代以來中國的完全獨立時間是1945年抗戰勝利後參與了聯合國的創建、在大陸收回了「租界」、收復臺灣之時而不是1949年中華人民共和國成立之時，等等。重新定位「中華民國」和臺灣，可以承認「中華民國」在1949年只是被中國共產黨領導的人民革命推翻了，但並沒有被消滅掉，只不過是「逃亡」而不是「流亡」到中國的領土臺灣省，並且仍然保持了一套完整的「國家」工具，繼續有效地在臺灣省、福建省的金門、馬祖以及東沙、南沙群島的部分地區行使治權。所謂的「中央政府」已經淪為只是控制中國部分領土和行使權力且不再可能對中國大陸行使權力的地方政權，不再是一個主權國家的政府，或者可以稱其為「前中央政府」。相信有了「前中央政府」的名義，任何臺灣的領導人都不能再說是「矮化臺灣」了。如此，所謂地位「平等」或者「對等」的問題也就迎刃而解了。至於擴大「國際活動空間」的問題，只要臺灣不圖謀「獨立」，不堅持要以「主權國家」的名義參與國際社會，相信並不難解決。大陸目前提出可以由臺灣方面參加中國代表團，允許臺灣參照「奧運會模式」以「中華臺北」（ChineseTaibei）的名義如同香港、澳門一樣單獨組團參與非政府組織（NGO），並不必拘泥於一定要用「中國臺灣」（Taiwan， China）的名稱，而且或許可以改為「中華臺灣」（ChineseTaiwan）。158如此等等，不一而足。概言之，大陸應正視中華人民共和國未完全繼承「中華民國」的政治現實，不強行促進統一，不謀求「單方面改變現狀」。臺灣則應承認中華人民共和國政府代表中國的主體，兩岸同屬於中國，不謀求改變現狀的「法理獨立」。在「一國兩區」的定位下，兩岸之間互不為外國，同時也互不為行政管轄範圍，彼此可以「大陸地區」、「臺灣地區」或「大陸方面」、「臺灣方面」（MOU模式）互稱，共同承諾以和平發展為主題創造雙贏，共同為中華民族復興統合盡力。159

其次，增進兩岸政治互信的關鍵是尋求破解難題。難題是事物主要矛盾的集中體現，具有牽一髮而動全身的特性，在某種情況下對全局的發展起關鍵的作用，破解了它，形勢就朝前邁進一步，反之，則止步不前甚至倒退。比如，在臺灣經濟沒有根本好轉之前，在臺灣主流民意未形成有利於兩岸政治談判的氣氛之前，在國共兩黨沒有共識之前，暫緩推動敏感的政治議題談判。160但是目前不推動兩岸政治談判不代表要擱置這個議題。正如賈慶林所指出的，「還應著眼未來，積極穩妥地探索如何破解制約兩岸關係發展的難題，為今後兩岸協商政治和軍事安全等問題預作準備、創造條件。」而尋求破解難題則必須不斷的增強和深化兩岸之間的政治互信。為此，應組織兩岸智庫學者研究「一中共表」，統一政治定位口徑。「九二共識」是兩岸關係和平發展的政治基礎，但「一中各表」的提法本身就存在爭議，擱置爭議亦非長久之計，為求「增進互信，務實合作」、「行穩致遠」，應考慮整合相關提法。與此同時，雙方互釋善意推動建立軍事互信機制。大陸因承擔兩岸關係和平發展與和平統一的主要責任，應率先就臺灣同胞關心的「撤導彈」問題作出積極回應；臺灣則應隨之減少對美軍購數額，與此同時，應要求與兩岸關係密切且支持兩岸關係和平發展的美國相應作出姿態，逐年減少對臺軍售，直至兩岸均認可的適當水平。除外，應適當加快旨在增強互信的軍事交流活動，建立某種溝通管道，加強相關訊息通報，儘量減少不必要的猜忌和誤判。在臺灣參與國際活動方面，繼續現有的平等協商、個案處理、分階段推進的做法，循亞銀模式、奧運模式、WHO模式、APEC模式、WHA模式等來解決現階段臺灣的國際參與問題。繼續貫徹「外交休兵」，臺不挑戰大陸在國際組織中代表全中國的合法性，大陸則幫助臺在國際社會中保持某種有限的自主性與參與度。161總之，我們相信，針對「如何把握和對待兩岸之間存在已久的矛盾和分歧」，經過前瞻性的思考、理性的協商與反覆的溝通，兩岸必能以中華民族的福祉為最大公約數，互諒互讓，在和解共存中找到最佳的政治解決方案。

第三，站在對方的角度來思考問題，是增進互信最好的辦法。兩岸建立互信，增進互信，繼而深化互信，是一個先易後難、循序漸進、需要長時間積累的過程。建立互信的基礎是「九二共識」，但兩岸的認知有很大差距。所以兩岸政治關係和政治互信的基礎至今仍很薄弱，如果輕舉冒進去碰政治難題，很容易損壞得來不易的和諧氣氛。162因此，「互信」必發根基於「瞭解」，愈能深入瞭解，愈能建立互信的路徑。而給予與體會對方的善意是很重要的，是兩岸累積政治互信的重要方面。兩岸雙方在去年「達賴訪臺」、「熱比婭風波」等事件的處置上所體現出來的相互理解、配合與支持，表明兩岸在短短的一年多時間裡積累的政治互信是建立在兩岸堅實的經濟基礎和相互尊重的政治基礎之上的，兩岸完全有能力應對臺灣政治勢力及國際政治勢力為阻止兩岸發展關係而製造的「流言蜚語」或「政治挑撥」的衝擊。與此同時，藉由兩岸關係的改善和雙方的默契，這一年多來，確實已累積彼此的互信基礎；透過具體的實踐，更使「兩岸互不否認」，逐漸為大陸方面接受，至少不強烈反對。例如熊貓來到臺灣的過程中，為了避免被矮化為「國內移動」，最後便用臺灣和大陸「互贈」的方式，大陸有出口報單，臺方有進口報單，並且經臺方檢疫，完全符合「國際慣例」；再加司法互助協議簽訂後，司法審判互相承認，也具有「治權」象徵意義；此外，高雄世運與臺北聽障奧運，大陸代表團都參加，馬英九也以「總統」身分宣布開幕。凡此種種，在在顯示大陸即使還不公開承認，至少也不否認「中華民國治權」，這當然是兩岸關係的重大進展。由此可見，兩岸關係的進一步發展必須建立在相互的諒解與彼此的善意之上，也就是大陸固然要瞭解臺灣同胞的心聲，臺灣也要體諒大陸方面的立場；如果大陸硬要以高姿態逼迫臺灣就範，固然十分不智；同樣的，臺灣若是非要故意挑釁大陸，也是極為不明智的做法。總之，兩岸政治互信的強化，除了鞏固基本的原則性共識外，也有賴雙方在具體的政治互動中保持與人為善的態度，並形成互相體諒、避免為難對方的政治行為規範。「換位思考有助於兩岸同胞相互理解，相互學習，超越制度、意識形態和歷史恩怨，化敵為友，進而面對現實，共創雙贏，因而是實現兩岸關係和平發展的思想基礎。」[163]

第四，交流與交往是真正彌合隔閡、減少分歧的良藥。長期以來，阻礙兩岸交流擴大和兩岸關係回暖的最重要因素就是兩岸缺乏互信，特別是民進黨當政八年來，不但不求改善兩岸關係，反而將兩岸的低度緊張視為凝聚支持者的工具，不斷炒作兩岸議題，謀求政治利益，導致兩岸之間互信蕩然無存。在這種情況下，兩岸之間已經喪失了良性互動的基本環境。而自2005年以來中國共產黨與中國國民黨的交流與交往雖然幾經風雨，但是互信已經建立起來，雙方在兩岸問題基本方向上的共識成為兩岸進一步合作的良好開端。[164]008年臺灣完成第二次政黨輪替，確認了「九二共識」，恢復了「兩會」協商，讓「三通」全面通了起來，共同確立了「和平發展」為兩岸共同的追求。當前，應充分利用兩岸關係緩和的有利時機，積極推動兩岸各層次、各領域的交流，包括政黨之間、立法機構之間、人民團體之間、市際縣際之間等方面的交流，透過交流，化解歧見，增加瞭解，密切感情，增進共識，讓兩岸更加緊密的結合一起。[165]親民黨主席宋楚瑜首訪大陸時曾經說過，「兩岸要心靈相通，只要心靈相通，一通百通」。經濟交流本身，做得再好，並不能從根本上消除兩岸的心靈隔閡。而透過兩岸文化交流，則有助於促進兩岸人民互相瞭解，增進臺灣人民認識新中國的發展，改變臺灣社會「親美、反中」思維，揚棄長期反共意識形態形成的對中國大陸的成見與心結。166簡言之，兩岸之間政治互信的深化，不僅在有賴於高層之間更加密切的政治互動，兩岸人民之間建立在交流交往、互利合作基礎之上的相互理解和信任更加重要。因此，應當利用兩岸關係緩和，交流頻繁的機會，繼續做好臺灣民心工作，著力強化臺灣民眾對兩岸「共同家園」、兩岸「命運共同體」、兩岸「同屬中華民族」的認同，增強臺灣民眾對大陸及兩岸終將統一的政治認同，扭轉臺灣民調中存在的兩岸經貿關係越密切，民眾統一觀念越淡化的現象。167

最後，重建兩岸的話語工程，為深化政治互信創造有利環境。一段時間以來，兩岸從迂迴試探到正面對話，都付出了相當的心力，雙方都在語言修辭上細心斟酌，儘可能表達善意，避免刺激對方，並保留各自的詮釋空間，這無疑是累積互信關係的重要步驟。回顧二十多年來兩岸關係的發展歷程，不難發現，雙方長期話語上的對立也影響了兩岸互信關係的發展。在兩岸關係發展的新形勢下，如果兩岸能夠以更加寬容的心態，致力於尋找彼此間共識與善意，其本身就是加強互信的過程。當前，兩岸都強調「中華民族」的共同認知，維護中華民族的整體利益，雖然中華民族只是文化認同概念，但兩岸在這一概念上具有高度的共識，雙方可以以此為基礎，從經濟、文化乃至政治等層面構建彼此都可以接受的「話語」，逐步擴大兩岸共識的空間，為兩岸互信關係的建構創設有利的話語環境。168有了良好的話語環境之後，兩岸就能在諸如「一個中國」的定義與內涵等問題上找到雙方可以接受的共同表述，而這必將有利於增進兩岸的政治互信，從而有效地化解兩岸關係的複雜性。

總而言之，兩岸政治互信的建立絕不僅僅是官方之間或政治領導人之間表面的政治宣示和口頭的承諾，而是必須與一系列實際的政治行為相聯結。互信是基於共同的利益和安全要求下的相互信賴、尊重和包容，在互信的基礎上，雙方的行動都要有一定的瞻前顧後，都要彼此照應，相互支持。否則，互信的基礎就有可能受到損害。169也就是說，兩岸政治互信的建構過程不僅是雙方在政治交流與交往的過程中不斷重新認識對方的過程，也是雙方不斷釋放善意、尋求諒解的過程。在此過程中，雙方都要有更大的包容心、誠心和耐心，相互理解和包容各方的意見分歧，切勿因偶發的、個案性的突發事件而中斷理性的溝通和對話。

四、結語

近年來，胡總書記在各種不同場合不斷地強調「建立互信」的重要性。這充分說明了，「建立互信」是兩岸關係能夠順利和平發展的基礎與前提。事實上，兩岸關係發展的經驗顯示，政治互信是最基本的前提。也正是在互信的基礎之上，雙方找到了發展兩岸關係的新道路。那就是：「在『九二共識』的基礎上，以和平發展為主題，以為兩岸同胞謀福祉為根本歸宿，以深化互利雙贏的交流合作為有效途徑，以平等協商為必由之路，以建立互信、擱置爭議、求同存異、共創雙贏為指導思想；遵循先經後政、先易後難、先急後緩、循序漸進的步驟，務實合作，開創未來。」2008年下半年以來「三通」的實現、兩岸經濟關係正常化與兩岸經濟合作制度化的推進、兩岸民間論壇與社會文化聯繫網絡的發展等，都是這條新道路的具體體現。「總而言之，目前兩岸關係取得了六十年來最大的突破與發展，但深層次矛盾依舊，臺灣民眾對大陸的懷疑與敵意並未根本轉變，在這種情況下，兩岸均應加強對彼此的瞭解與理解，相互尊重，相互扶持，相互體諒，不僅要求同存異，還要求同化異，攜手走一條符合中華民族根本利益、符合兩岸關係實際的合作振興與整合之路。」170放眼前路，胡總書記的話語催人奮進：「儘管前進道路上還會出現困難和阻礙，但只要我們堅定信心、不懈努力，緊緊依靠兩岸同胞，就一定能夠開創兩岸關係和平發展新局面，迎來中華民族偉大復興的錦繡前程。」171

（會議論文，原文印發，文中用語和觀點係作者個人意見）

試析民進黨政治運作中的「本土牌」

林勁172

一、導言

自1980年代中期政治轉型以來，臺灣政治意識形態領域最大的變化，莫過於臺灣本土意識（即所謂「臺灣意識」、「臺灣主體意識」）的持續高漲。民進黨憑著「本土政黨」的出身以及較為系統的本土論述，在本土意識的推動過程中扮演著重要的角色。在選舉中，民進黨時常將「本土牌」作為攻擊對手、切割選票的一種重要手段，而本土意識的不斷增強確實一度讓民進黨在選戰中占盡便宜。本土意識亦即臺灣意識，是臺灣民眾一種由於歷史上曾經被遺棄、受歧視而產生濃厚的鄉土觀念和地域認同感，進而逐漸成為強烈要求當家作主、掌握自己命運的群體意識，這源於臺灣特殊的歷史遭遇和特殊的政治生態。在此所指的臺灣社會特殊的政治生態就是由來已久的省籍——族群矛盾，這一社會政治問題有其深刻的社會歷史根源，並且由此衍生諸多論述和理念，曾經較為流行且影響較大有「臺灣生命共同體」、「臺灣命運共同體」、「臺灣主體意識」等等。民進黨的「本土論述」就是建立於臺灣社會本土意識的基礎之上，包括「政治本土化」的民主訴求和以「去中國化」為核心內容的「本土歷史文化教育」等一系列政策主張，這均屬於意識形態範疇。

「本土牌」正是政治勢力或者政治人物利用臺灣民眾的本土意識在政治運作中進行相關議題的炒作和煽動，挑動省籍——族群對立以從中獲取政治利益的工具及手段，屬於政治運作範疇。民進黨的「本土牌」正是以其「本土論述」為指導原則，在實踐中不斷運用而逐步形成的，歷經多年的摸索已經到了操弄嫻熟的地步。在民進黨執政之前，「臺獨」學者已經進行了充分的意識形態論述，包括政治、經濟、文化、歷史和族群關係等等許多方面，形成了一整套關於「臺灣主體性」的理論。這一套理論，在民進黨執政8年中，牢牢掌控著臺灣意識形態的主流話語權。每遇重大選舉，民進黨都會訴諸歷史悲情，把自己塑造成「本土」、「愛臺」形象，把國民黨塑造成「外來政權」。「泛藍」陣營拿捏不到反擊的意識形態著力點，只能隨著民進黨主導的議題打轉，被動挨打，選戰打得倍感辛苦。

然而，2008年兩場重要選舉接連慘敗的殘酷現實，已經讓民進黨內部分人士意識到，過度操弄本土意識，不僅無法打敗對手，而且可能反噬自身。於是，在選後的反省和檢討中，對於未來的路線和定位，民進黨的代表人物不止一次表示需要「重建本土論述」。本文將對民進黨「本土牌」運用及操弄的脈絡及其效果作一初步的分析。

二、民進黨「本土牌」運用及操弄的脈絡分析

（一）黨外時期及建黨初期「本土牌」的運用

所謂「本土牌」，在臺灣的政治場域中，指的是一種糅合了省籍及族群衝突、統獨矛盾、兩岸對峙等意涵，透過煽動對立情緒，然後區分出「我群」與「他群」的概念，藉此切割選民群體的鬥爭策略173。「本土牌」之所以成為民進黨的一種鬥爭策略，與臺灣獨特的政治發展歷程以及民進黨的成長背景有著密切相關。

在臺灣政治民主化的過程中，政治本土化始終是一條主軸。由於

在國民黨威權統治時期，當局一方面以「動員戡亂」和「反攻大陸」為藉口，堅持所謂「法統」、拒絕實施民主，臺灣民眾的政治參與權利受到壓制；另一方面，為維持其在臺統治的「正當性」，刻意用「中國文化」與「大中國意識」粗暴地貶抑臺灣的「鄉土文化」與「鄉土意識」，加之「二二八事件」的歷史悲劇以及戒嚴時期的「白色恐怖」所造成的省籍矛盾和衝突，臺灣省籍民眾蓄積了強烈的「被壓迫意識」。於是，80年代中期開始的臺灣政治轉型，「本土化、臺灣化」成為主題，夾雜著民主意識和分離主義意識。當時以本省籍政治人物為主的反對運動人士，選擇省籍問題來作為政治動員的利器，在各種選舉場合，黨外及民進黨籍候選人以「本省人投給本省人」，「臺灣人選臺灣人」為號召來爭取本省籍選民的支持。在此階段，民進黨的「本土牌」主要體現為利用省籍/族群矛盾，雖然有利於扭轉長期由國民黨外省籍政治精英長期壟斷政治權力的局面，具有一定的正當性，但是這一策略不可避免地加劇省籍、族群之間的矛盾，並淪為某些政黨和政客權力鬥爭的工具。

（二）李登輝主政時期「本土牌」的操弄

進入90年代之後，隨著臺灣政治環境的巨大變遷，民進黨的「本土牌」操作出現一些新特點。

首先，從「本土牌」的作用對象上來說，自李登輝上臺之後，國民黨內的省籍矛盾逐漸公開化，在李登輝穩定其地位之後，外省籍政治精英逐步被排擠出權力核心，而民進黨基於省籍情結和滿足於「臺灣人出頭天」的心理，在國民黨的內爭中給李登輝予大力支持，聯合國民黨內本土勢力，極力「抹紅」國民黨內外省籍政治精英以及後來的新黨，並冠之以「外省集團」、「外省人政黨」、「急統派」、「中共同路人」等帽子。

其次，在李登輝的主導下，國民黨展開一系列本土化轉型，並且逐步拋棄長期堅持的「一個中國原則」和「大中國意識形態」，轉而走向分離主義路線，並致力於在政治思想文化等方面打造與「本土牌」密切相關的「臺灣生命共同體」、「臺灣主體意識」等。因此，民進黨的「本土牌」除了對新黨以及國民黨外省籍人士尚能起點作用之外，對於國民黨本土派政治人物則失去了威力174。這無疑給民進黨帶來莫大的壓力，並成為其在90年代中後期推動路線轉型的重要原因之一。

再次，從「本土牌」的內涵來說，隨著臺灣政壇的統獨爭議漸趨白熱化以及兩岸關係的跌宕起伏，「本土牌」的內涵增加了煽動敵視大陸和利用兩岸對立的內容，為了激發和凝聚「臺灣主體意識」並獲取選舉利益，「臺獨」分裂勢力透過不斷挑起事端來塑造大陸對臺灣「蠻橫打壓」的負面形象。總之，這一時期「本土牌」的內涵得到進一步擴充，由於以李登輝為首的國民黨本土勢力和民進黨在政治理念的趨近，尤其是二者都傾力鼓吹「臺灣主體意識」，使得民進黨無法獨占「臺灣」和「本土」的種種好處，在「本土論述」上與國民黨處於既競爭又合作的關係。

（三）執政時期「本土牌」的操弄

在2000年的「總統」選舉中，民進黨以微弱優勢勝選，一躍成為臺灣的執政黨。此後，臺灣政壇進入了泛藍、泛綠兩大陣營對峙時期。下臺之後，國民黨對李登輝主政時期的分離主義路線進行了清理，同時加強與親民黨、新黨的合作，積極推動兩岸和解和交流。而民進黨當局頑固堅持「臺獨」主張，極力推行「漸進式臺獨」以及「去中國化」政策，不斷地衝擊和惡化兩岸關係。於是，在藍綠兩大陣營意識形態差距拉大及李登輝投入泛綠陣營的情況下，民進黨以「本土政權」自居，大有掌握本土論述主導權的趨勢，不遺餘力地利用「本土牌」對泛藍陣營展開持續的攻擊，具體表現為：透過發展出一整套理論論述，充分運用媒體包裝將「民進黨=民主=本土政權=愛臺灣」，同時巧妙地把國民黨、親民黨、新黨與「外來政權」、「外省人」、「威權專制」、「中國」、「中共同路人」、「出賣臺灣」等畫上等號，然後再透過口耳相傳予地下電臺、宗教社團、競選樁腳等各種訊息網絡，向選民灌輸、散播「本土優先」思想175。在近年的選舉以及個別重大事件176中，民進黨都或明或暗地利用「本土牌」成功地挑起部分本土民眾的情緒。而泛藍陣營在民進黨「本土牌」的打擊之下曾一度處於被動挨打的局面，從而不得不採取一系列的本土化轉型動作並透過著力建構系統的本土論述來應對民進黨的本土論述霸權177。在利用「本土牌」打擊泛藍陣營且再三嘗到甜頭之後，儘管此舉已造成臺灣社會的嚴重撕裂，但民進黨仍然變本加厲地將「本土牌」的效用發揮到淋漓盡致。

原本民進黨「本土牌」的打擊對像是泛藍陣營的政治人物，然而在某些政治人物的操弄下，「本土牌」的打擊對象不斷擴大，甚至蛻變為赤裸裸的內部權力鬥爭工具。以民進黨和臺聯黨的關係為例。當初李登輝主導成立臺聯黨所標舉的主要目的，就是要結合所謂「本土力量」，來協助民進黨「穩定政局」，從而鞏固「本土政權」，兩黨合作共同對抗「非本土」或「不夠本土」的泛藍陣營。然而，隨著民進黨與臺聯黨關係的不斷惡化，民進黨對李登輝及臺聯黨也祭出「本土牌」，質疑後者對於本土路線的堅持178。除了被用於對付同屬所謂「本土陣營」的臺聯黨之外，民進黨的「本土牌」也被某些政客用於黨內權力鬥爭，最終導致嚴重內訌。在2007年「立委」和「總統」選舉黨內初選過程中，被「臺獨」基本教義派綁架的民進黨當權派，竟然將「本土」作為檢驗黨員忠誠與否的工具，於是就出現部分民間形象較好而不「挺扁」且在兩岸關係持務實態度的參選人被「抹紅」而冠上「中國琴」、「西進昌」以及「十一寇」帽子的一幕。179甚至連「總統」候選人謝長廷以往的「憲法一中」主張，在初選過程中也難逃競爭對手「本土牌」炮火的攻擊。180此外，這一時期民進黨的「本土論述」最為人诟病的是淪落到不分價值是非的地步。特別是在陳水扁政權因貪汙腐敗和施政無能而造成民怨沸騰的時候，民進黨當權派竟然利用「本土牌」將挺扁與反扁的鬥爭操弄為本土與非本土、愛臺與賣臺、泛綠與泛藍以及南部與北部的對立，公然蔑視普世價值和民意，引起黨內有識之士的批判。前民進黨文宣部主任陳芳明憤怒地寫道：「把陳水扁視為本土政權，其實是對本土最大的羞辱。本土，豈能容許貪腐？本土，豈能縱容反民主？本土，豈能施用清黨手段？然而，在本土的面具下，在民主開放社會不該發生的倒行逆施，竟然都發生了，而且，都一一實現。」181

三、「本土牌」的操弄的效果及未來的走向

上述可見民進黨操弄「本土牌」的脈絡，即根據政治需要而隨時對「本土論述」內容作出調整併擴大鬥爭範圍。泛藍陣營、臺聯黨、民進黨內的異議人士、反扁人士、北部、中國大陸甚至美國182，都曾經成為民進黨「本土論述」所塑造的「他者」。這種不斷擴大「本土牌」打擊對象的做法，其結果只能使民進黨「愈做愈小」。隨著民進黨本土論述的工具性色彩漸趨明顯，尤其是一度淪為主政者掩蓋貪腐無能的遮羞布，其道德正當性不可避免地受到嚴重削弱。而民進黨處處以「本土」正統自居，動輒將自已等同於「臺灣」，不尊重臺灣民眾的自由選擇，並且無視國民黨已得到相當部分臺灣民眾認同的的事實，這種心態和舉措更使許多臺灣民眾心生反感。

2008年敗選之後，民進黨內部開始檢討「本土論述」所存在的問題，時任主席謝長廷在談到民進黨未來的定位時指出，民進黨推動的

「臺灣主體意識」，已經獲得社會共識，未來民進黨「不再壟斷臺灣或本土」，而必須和很多「本土政黨」競爭進步性。183在此，謝長廷實際上承認國民黨等政黨已是本土政黨、今後不能再亂扣「外來政權」帽子的事實。繼任主席蔡英文在檢討「本土論述」時承認，「過去在政治攻防中，尤其在選舉過程中，有些人有意無意的（我相信是無意的）把『本土』窄化成一種排他性的觀念。這種窄化的本土詮釋忽視了移民社會最需要的包容，跟我們團結成為生命共同體的需要是矛盾的」，因此，民進黨需要對其最核心的本土價值「進行重新詮釋」，將「『本土』重新詮釋為一個包容性的觀念，讓這個社會所有的新舊移民不分族群都能共享『本土』」。184這一觀點無疑切中以往民進黨本土論述的癥結所在。然而，這種迥異於以往民進黨本土論述的理念是否真能得到落實，外界不無疑問。一個時期以來，民進黨動輒把馬英九政府積極推動兩岸協商與談判的作為斥之為「傾中」、「促統」、「賣臺」，甚至發動大規模街頭抗爭行動，在在顯示民進黨的實際作為仍未擺脫其「本土論述」中根深蒂固的「恐中」與「仇中」思維的束縛。誠然，作為反對黨，不能期待民進黨公開支持馬英九大幅開放兩岸交流的一系列政策，總是要評頭論足，說三道四，以顯示政黨的主體性，著力點無非尋找兩岸交流中出現的失誤和弊端進行上綱上線的攻擊。例如2008年的「毒奶粉」事件，民進黨對大陸瘋狂攻訐的同時，也夾帶對馬英九政府政策的指責；例如，開放大陸觀光客赴臺旅遊初期赴臺人數和效果不如預期就受到民進黨的強烈質疑，大陸援助臺灣災區的組合屋質量問題及捐款到位問題、一個時期以來兩岸商簽「經濟合作框架協議」（ECFA）引發的爭議，都受到民進黨的激烈炒作。

本來民進黨最值得注目的發展潛能，表現在於充滿高性能的調整能力。但是下臺之後的民進黨，至今尚未表現出充分的危機意識，並未對路線、政策和組織等方面做出必要調整，原因在於不具有調整的迫切性且具有因為調整而發生內部分裂的危險性。簡言之，調整兩岸關係政策對於現階段的民進黨來說：一是不具有迫切性，因為已經下臺，不必直接面對兩岸關係，而這一階段的選舉都是地方行政首長選舉和區「立委」選舉，涉及的主要是地方建設和民生經濟等議題；二是不自找麻煩，調整兩岸關係政策需要經過黨內的討論和醞釀，勢必引發激烈的爭議，甚至導致內訌，一動不如一靜；三是顧不上，黨內的整合及一系列事務尚且難以處理，又面對接踵而來的若干選舉。

時至今日，民進黨尚未對2008年的兩次選舉失敗進行深刻的檢討，而且有相當部分黨內重要人士認為兩次選舉失敗的原因分別在於制度因素和候選人因素，即「立委」選舉採取「單一選區兩票制」使民進黨未選先輸許多席次，而「總統」大選則是當年馬英九的氣勢不可阻擋，民進黨無人可與之匹敵。在2009年發生的「8.8水災」中，馬英九政府的應變和處理能力及行政官員的態度引發社會極大的不滿，作為轉機，似乎給予民進黨希望和信心，自始聲勢有所回升，也因此開始思考路線和政策調整問題。最近一個時期，民進黨中央正在醞釀和推動似乎為蔡英文量身打造的「十年政綱」，其中如何調整政策路線還有待觀察，儘管「十年政綱」目前還停留於建構框架階段，但是如此一個具有指導意義的綱領性文件絕對無法迴避涉及「本土論述」和政黨互動路線以及兩岸關係政策等重大問題。當然不論是推動的過程或者最終透過的時機，還是議題討論及炒作如何與選舉的結合，民進黨都將從自身利益的考量而進行精密的算計。然而，由於出身方面的優勢，「本土牌」無論如何都將是未來民進黨政治運作的一種有效的、重要的手段。

（會議論文，原文印發，文中用語和觀點係作者個人意見）

對當前臺海局勢的幾點觀察

朱衛東185

當前影響臺海局勢發展的戰略環境與條件雖未發生重大質變，在大陸、臺灣和美國三方的博弈中，沒有任何一方可以單獨決定或主宰兩岸關係，但一些關鍵變量已出現充滿希望的前景，兩岸關係和平發展的勢頭強勁，兩岸政經整合的步伐加快：從外部因素看，中美實力差距在縮小，大陸話語權增大，外部勢力干涉臺灣問題的能力下降；從內部因素看，兩岸實力差距在拉大，大陸對臺新思想、新戰略與新舉措進一步增強其主導兩岸關係發展的信心與能力。

儘管如此，兩岸關係自2008年3月以來的重大歷史性變化仍處於量變不斷累積的初級階段，島內因素與外力因素的複雜性，使得兩岸關係和平發展進程不可能一帆風順，仍有相當一段崎嶇之路要走，這對兩岸執政當局和人民的信心和耐心都將是一個重大考驗，需要我們登高望遠從民族復興的長遠利益出發，透過善意、誠意和創意，不斷累積彼此的政治互信，融合兩岸的感情和利益，理性務實穩妥地破解難題，透過共同推進兩岸經濟的一體化逐步實現兩岸政治一體化。

本文擬從影響臺海局勢發展的幾個關鍵因素的最新變化來觀察探討未來的兩岸關係發展前景。

一、島內因素的發展趨勢

島內局勢正朝著有利於兩岸和平合作、不利於「臺獨」的方向發展。臺灣執政當局奉行積極務實的大陸政策，為兩年來兩岸關係在諸多領域取得歷史性突破創造了重要條件，兩岸關係初步形成大交流、大合作、大發展的局面。國民黨當局大陸政策產生的客觀效果符合兩岸關係和平發展的戰略要求。但應看到，馬英九當局政策的出發點與歸宿，是服從、服務於其鞏固執政地位和謀取連任大目標的，基本戰略是「和中親美友日」，因而，其政策具有明顯的兩面性、侷限性和實用主義特點。馬英九、國民黨對發展兩岸關係的態度和做法是一個矛盾的綜合體，複雜而多面，既有客觀需求與壓力，又有主觀願望與顧慮。儘管如此，也應看到，一些不利於兩岸關係深入發展的消極因素也在增長，島內「臺獨」分裂勢力仍有東山再起的能量和條件，臺灣主流民意中的「主體意識」仍在發展蔓延。

二、美國等外力因素的角色

外力因素的某種不可控性決定了中國統一的複雜性和長期性。美國對臺政策的三個層面：1.美國全球戰略和亞太戰略：中美衝突與合作難以避免。2.美國對華戰略與中美關係：複合複雜的競合關係。美軟硬兩手的優先次序、重點和程度隨著美國全球戰略、中美關係的實際狀況以及中國的實力和發展方向的變化而轉換。3.中美關係中的臺灣問題：以臺制華與推美抑獨、防美干預。美「以臺制華」戰略的本質難以改變，臺海政策始終是清晰、明確的。美仍是影響臺灣政局和兩岸關係發展的最重要的外部因素。美國一個中國政策的基本點是：「一個中國、和平解決、兩岸對話」，繼續維持海峽兩岸「不統、不獨、不戰、無限期拖延」的局面，透過策略上的「雙軌平衡」技巧，保持兩岸的戰略均勢，防止兩岸任何一方單方面改變美國所定義的現狀。在此大框架下，美國將進一步加大對臺灣政治發展的影響和控制。美國確保兩岸任何一方不片面採取行動挑釁對方。主要手段包括：對臺軍售；積極支持臺拓展國際生存活動空間；提升美臺實質關係的水平等。臺灣角色定位的「被動性」與臺當局親美、倚美的「主動性」。

三、大陸因素的影響

（一）兩岸實力差距拉大。

大陸在兩岸關係上占據著戰略和全局優勢，這是最具實質意義的。大陸比以往更有條件、更有信心、也更有能力把握兩岸關係和平發展的主導權，決定兩岸關係發展的基本格局和前進方向。

（二）中美實力差距縮小。

外部勢力實施「以臺制華」戰略的空間被壓縮，美、日對兩岸關係發展的影響弱化，但美不會心甘情願地放棄「臺灣牌」。

（三）對臺新思想與政策務實有效。

兩岸關係和平發展思想與構建兩岸關係和平發展框架主張，成為大陸新形勢下對臺工作的根本指標。其思想精髓是：解決臺灣問題的核心是實現祖國統一，最好的方式是和平統一，首先要確保的是兩岸關係和平發展。據此，大陸實施一系列自信而積極的對臺政策與措施，實踐已充分證明，推進兩岸關係和平發展的思想和戰略是完全正確的，不僅大方向正確而且卓有成效，是符合兩岸同胞共同願望的，也給兩岸同胞帶來了實實在在的利益，有利於實現兩岸的整合與民族的復興。推動兩岸關係和平發展不是權宜之計，而是中國國家發展戰略的重要組成部分，是實現中華民族偉大復興的戰略選擇。

四、兩岸關係發展的內驅力

（一）歷史性轉折與歷史性突破

1.兩岸在承認「九二共識」，反對「臺獨」方面建立了政治互信，兩岸關係有了發展的基礎和前進的動力。2.兩會制度化協商取得豐碩成果。3.推動三十年之久的兩岸全面、直接、雙向「三通」基本實現，為今後更長遠的發展創造重大積極條件。「三通」大門一旦打開，將很難關閉，即使是民進黨上臺。4.兩岸妥善處理了聯合國涉臺提案、臺以觀察員身分參與WHA等一系列敏感問題，使干擾兩岸關係發展的消極因素得到有效控制。

（二）兩岸政治僵局：深層次和結構性問題複雜難解

影響和制約兩岸關係和平發展向更高層次、更深領域推進的根本癥結在於：在戰略層面，國民黨當局受選舉政治等島內環境的影響不敢、不願和大陸談統一，不放棄「中華民國是一個主權獨立國家」的立場，而且積極呼應配合美國的對華戰略；在戰術層面，兩岸關係發展正陷入某種環環相扣的邏輯怪圈中難以自拔，使兩岸關係越往前走，難度越大，付出的代價越高，複雜性和變量越多，不僅未能形成良性循環，相反在一些關鍵問題上，如果處理不當，輕則使兩岸關係停滯不前，重則使兩岸關係嚴重倒退。

（三）兩岸戰略互信與解決問題的路線圖

兩岸秉持「建立互信、擱置爭議、求同存異、共創雙贏」的原則，保持良性善意互動，努力擴大共識；按照「先易後難、先經後政、把握節奏、循序漸進」的思路穩步紮實推進，妥善處理了一系列複雜問題，克服了各種干擾和破壞，維護了兩岸關係和平發展的良好勢頭。這種新思維對兩岸破解政治難題、保持長遠的可持續發展十分有益。

五、未來的努力方向

當前和今後一個時期推進兩岸關係應該努力的兩大方向：

（一）不斷培養和增進戰略互信，為兩岸透過政治商談解決難題營造環境與條件

目前看，兩岸只是建立了初步的政治互信，無論是國共兩黨之間、還是兩岸官方與民間社會乃至領導人個人之間仍缺乏足夠的互信，兩岸關係和平發展的政治基礎、社會基礎和經濟基礎仍須鞏固和擴大。因此，必須高度重視兩岸政治互信對兩岸關係和平發展的重要作用，透過不斷增進彼此的政治互信，鞏固和擴大兩岸關係發展的成果，透過新的發展成果累積更多、更強的互信，推動兩岸關係不斷取得更大的發展。可以說，兩岸政治互信的維護、累積和擴大，對兩岸關係健康深入的發展至關重要，在此基礎上，兩岸容易減少猜忌，以實事求是的態度，妥善處理彼此的分歧和矛盾，也容易找到解決問題的辦法。

（二）加快兩岸關係和平發展的基礎工程建設，從制度上確保發展的方向與成果是不可逆的

兩岸關係目前這種靠單方施惠和「九二共識」模糊化所建構的和平穩定關係是脆弱的，發展也是不能持久的；只有將兩岸關係和平發展機制化、制度化和法制化，透過制度性安排與保障，打開一扇扇大門，搭起一座座橋樑，拓寬前進的道路，排除各種干擾，為兩岸關係和平發展注入強勁的動力；如此，兩岸關係取得的進展和成果才能不斷日積月累、行穩致遠，真正朝著統一的方向邁進。

（會議論文，原文印發，文中用語和觀點係作者個人意見）

論臺灣政治市場的形成及特點186

朱松嶺187

自從兩岸關係進入和平發展階段以來，兩岸各自按照自己的邏輯和思維方式看待對方，兩岸關係發展進程的模式依然沒有從根本上改變。回溯2008年5月，兩岸關係在「反獨」和「九二共識」的共同政治基礎上恢復兩岸兩會協商，並簽署一系列協議、達成一項共識，但臺灣已經在10年內形成了政治市場體系，這種表面的相似已經被臺灣政治實質的變化所動搖。臺灣經過李登輝時期、陳水扁時期的所謂「修憲」和「政治改革」，已經形成了以「臺獨」和「獨臺」為特點，以「愛臺灣」和「不愛臺灣」為話語標誌的政治市場。這種政治市場已經對兩岸關係的繼續發展形成了一定程度的制約。要想進一步推進兩岸關係的發展，使兩岸在經濟融合、社會融合的基礎上進一步走向消除政治對立，達成國家的完全統一，必須改變臺灣政治市場的特點，引導其走向國家統一和民族振興之路。

一、政治市場的基本原理簡析

政治市場概念是新政治經濟學和政治社會學在引入「政治人」假設後創立的一個作為概念和研究方法的政治術語。百餘年來的現代政黨理論集中討論了政黨與民主的關係，政黨行為和政黨制度的合法性等，當代新政治經濟學如布坎南的公共選擇理論、奧爾森的集團理論和諾思的新制度經濟學理論等卻試圖用經濟學的方法分析政治行為，進而對政黨政治運作的效率、政黨政治的科學性進行研究。政治市場（politicalmarket）就脫胎於公共選擇理論。公共選擇理論較為徹底地運用了經濟學理論來解釋政治，認為政治人物和政黨像商人一樣在政治的消費市場上相互競爭兜售自己的政策，藉以透過選票獲取權力。這一學派將經濟理性人原則應用到國家身上，認為國家應分解為一個個由政客和官僚組成的代理人，所有這些代理人的行動都應該像經濟領域的行動主體一樣加以評判：在任何具體行動上，這些行為主體都是自私自利的，總在尋求最大化自己的利益、最小化自己的損失。188這些行為主體往往用「公共利益」來掩蓋自己的私利。按照布坎南的觀點，「在最基本的理想中，政治是一個完全類似於市場的複雜的交易過程。」189按照公共選擇理論的觀點，政治市場上國家（政府）和公民之間的關係實質上類似於經濟市場上的委託-代理關係。在政治市場上，選票相當於經濟市場上的貨幣，選民在選票上填寫選票的行為類似於經濟市場上的購物行為，政治家的競選政策就是他們的商品，他們要透過政治廣告等手段與對手競爭，並提高自己的產品質量、擴大生產、追求高額利潤。

一般來講，對政治市場的定義都把握選民是公共物品的需求者，政府及其官員是共同物品的供給者這個基本原則。立基於此，大陸學者有兩種代表性概念：一種認為政治市場是政治主體（選民、政府及其官員）圍繞著共同物品的供給與需求而形成的關係體系；190一種認為，政治市場是指人們參與政治活動時，與其他政治個體和組織發生關係的場所。191在筆者看來，政治市場就是在民主政治條件下，政黨或類政黨組織制定競選政策或其他政策，透過公民（在選舉中為選民）的選票購買，獲取實施政策的合法性，進而組成政府，兌現政策的公共物品供求行為。在政治市場中，政黨和公民（選民）都遵循利益最大化原則行事，政黨政治和憲政密切相連。

按照政治市場中有影響力的合法政黨的數量及政黨間競爭的程度，可以把政治市場分為完全競爭型、壟斷競爭型、寡頭競爭型和完全壟斷型四類。192對這四類政治市場的基本論述都源於西方經濟學對經濟市場的劃分，並結合政治市場作出描述：完全競爭型政治市場裡，政黨數量不受限制，政黨之間有充分的競爭，民眾的政治行為是完全理性的，並且對政黨的訊息有充分的瞭解；完全壟斷型政治市場則失去了政黨和政府間的界限，政黨的執政地位和政府的組成不再依賴民眾選票的支持，政黨和政府就會因失去制約而不負責任，政黨也變成政府、官僚機構的組成部分；壟斷競爭型政治市場是一種介於完全競爭和完全壟斷之間的政治市場，這種政治市場中存在著較多數量的政黨，彼此有較為激烈的競爭，政黨所提出的競選政策有明顯差別，政黨的進入和退出都較為容易；寡頭壟斷的政治市場則是介於壟斷競爭與完全壟斷之間的一種較為現實的混合市場，是指少數幾個政黨控制著政治市場生產和銷售的市場結構，這幾個政黨被稱為寡頭政黨。寡頭壟斷型政治市場有兩類：一類是競選政策沒有太多差別，彼此依存程度很高的政黨組成；一類是競選政策差別大，彼此依存關係較低的政黨組成。由於公共物品供給方面規模效應的要求和公共權力的天然壟斷性特徵，寡頭壟斷型政治市場成為政治市場的常態。193

二、臺灣政治市場的形成

國民黨中央當局敗退臺灣後，一直維持著「黨國一體」的體制，從政治市場角度看，是完全壟斷型政治市場。眾所周知，蔣介石為了維護其代表中國的唯一「合法政府」地位，去臺灣後實施了長達38年的「戒嚴」期，以致出現終身「總統」和「萬年國會」。1971年10月25日，聯合國2758號決議恢復了中華人民共和國在聯合國的合法席位，把蔣介石的代表攆出聯合國。在臺灣的國民黨當局面臨著「憲法」中的法統和實際控制區的矛盾、也面臨因蔣介石去臺後實施的「二元制」統治而來到的危機。蔣介石去世後，其繼任者蔣經國在中國國民黨「十一全大會」上指出：「我們的黨是革命民主政黨。……

革命是我們確保民主的責任，而民主則是我們始終一貫、生死以之的目的。也可以說，我們在民主進程中，需要革命的精神；在革命進程中，要求革命的民主；我們是為民主而革命，也是為保障民主而繼續革命的。」194蔣經國的觀念超出了傳統上對「革命民主政黨」的理解，包含了黨的「民主化」和「政治民主化」的多重意思。蔣經國此時以及後來採取的將國民黨民主化的改革措施與「黨外」的反對有關。「黨外」一詞在1960年代末開始出現。195蔣介石的「二元制」統治是地方政權允許選舉，「中央政權」「暫行」凍結。因此，在1954年時，就有非國民黨籍的高玉樹擊敗國民黨提名的王名寧當選臺北市長的例子。1977年11月，「中壢事件」爆發，反對國民黨的「黨外」勢力獲得了30%以上選民的支持。196蔣經國等人也意識到高壓政策的危險，改善了後來國民黨候選人的品質要求。受此次「地方選舉」成果的鼓舞，1978年10月31日，「臺灣黨外人士助選團」向各候選人提出「十二大政治建設」，作為「黨外」候選人的共同政見，這是臺灣30年來黨外人士第一次有了共同的政見。197979年12月，「美麗島事件」爆發，對「美麗島事件」的「軍法大審」在客觀上傳播了「臺獨」的有關思想。「美麗島事件」後，「黨外勢力」在1980年底的選舉中證明了它已經得到了恢復和發展。1981年臺灣「地方公職人員選舉」中，「黨外運動」再度活躍。雖然後來「黨外勢力」出現分裂，但總體上「黨外勢力」要求改革現狀的原則是一致的，因此「黨外勢力」依然得到發展。1984年，中英經過談判解決了1997年中國政府恢復對香港行使主權的問題，國民黨當局受到了一定程度影響，恰如國民黨當局的「行政院長」俞國華所言：「香港落入中共統治，對我們的影響太大……影響我們未來的國際間的處境。」198內外的窘境使得臺灣知識界反省臺灣政治體制的弊端，同時國際上傳來韓國、菲律賓獨裁人物被人民攆下臺的消息。1980年代，國民黨當局被歷史逼到一個痛苦選擇的十字路口。面對嚴峻的形勢，蔣經國決定醞釀發動政治革新。蔣經國1985年12月25日發表講話，199解除了臺灣內外對「總統繼承」和「軍事統治」的隱憂，蔣經國已經開始改變完全壟斷型政治市場，臺灣正式進入壟斷競爭型政治市場。

在威權體制下要改變政治市場的結構，唯有權威人物才能做到。恰如陶百川所言：「一杯色香味俱佳的茶水，首先是茶葉具備了色香味的本質，其次要有開水去泡開，兩者缺一不可。各種外來壓力便是開水，蔣經國便是茶葉，各種力量彙集起來，向總統的茶葉一沖，改革的色香味都出來了。」200在蔣經國決策後，1986年3月26日，國民黨十二屆三中全會正式啟動了「政治改革」。1987年7月14日，蔣經國宣布自7月15日起「解嚴」。臺灣輿論普遍認為，倘無蔣經國全力督促，「解嚴」實施日期會延沓。1986年9月28日，「黨外」在臺北圓山飯店召開「全國黨外後援會」，出人意料的成立「民主進步黨」（民進黨），臺灣的第一個反對黨倉促出世。蔣經國以默認的方式承認了民進黨的存在，並在10月15日的國民黨中常會上通過了兩項「政治革新」方案：第一，即將取消「戒嚴令」；其二，修改「非常時期人民團體組織法」，準備開放黨禁。此後，1988年1月1日臺灣解除報禁。1989年1月20日，「立法院」三讀通過「動員戡亂時期人民團體組織法」，各政治團體均得以自由成立，並自由從事選舉等活動。自此，臺灣壟斷競爭的政治市場得到進一步加強。

蔣經國去世後，李登輝集「總統」、國民黨主席於一身，但國民黨內的主流派和非主流派之爭，李登輝在政治、經濟、社會、兩岸關係等方面面臨的挑戰日漸明顯。國民黨內的鬥爭白熱化使得李登輝走向用選票重新塑造自己的權威之路。1989年6月，國民黨在「內政部」做「政黨登記」而轉變為「人民團體」後，召開了十三屆二中全會。這次會議對國民黨未來的改革和臺灣政治市場的轉型有著一定程度的影響。由於臺灣「解嚴」、開放「黨禁」和「報禁」，3年內湧現出30多個「合法」政黨，1989年底的三項「公職」人員選舉激烈。但此時，國民黨和民進黨兩黨競爭的基本格局已經形成。

1990年開始，李登輝採取了「修憲」、「民意機構臺灣化」的改革，1991年底85%的「資深國代」和40%的「資深立委」退職後，國民黨作為「全國性政權」的「法統」已經名存實亡。「民意機構臺灣化」對以後臺灣島內政治發展埋下了肇因。

1991年6月，國民黨和民進黨在「公職人員選舉罷免法」修改過程中進行政治分贓，增列了政黨比例代表制的規定，確定「全國不分區代表」及「僑選代表」以「一票制」產生，同時以得票率計算其席次分配，凡得票在5%以下的政黨不能分配政黨比例席次，政黨推薦名單必須在選前公布，選後不能得撤換和調整。兩黨另一個分贓協議是：以「動員戡亂時期」終止為界，在此之前犯有「內亂、外患罪者」放寬候選人資格限制，此後犯該罪者不予放寬。因此，反對國民黨當局的民進黨內人士可以參加以後的選舉。從政治市場規則制定和修改的控制權中我們更清晰的看清楚了臺灣寡頭壟斷型政治市場的本質。

第一階段「修憲」結束後，第二階段「修憲」使得「中華民國總統」由臺灣人民選舉產生。加之臺灣「刑法第100條」修改，將「臺獨」除罪化，所謂「中華民國自由地區」選舉的「中華民國總統」已經成為實際上的「臺灣總統」。民進黨為了和競爭對手國民黨相區隔以獲取選票而推行的「臺獨」為特色的政黨競選綱領和政黨政策，並在2000年首次獲得臺灣的執政權。此時，國民黨被民進黨擠壓到極小的空間，甚至出現了泡沫化的危險。隨著民進黨在「臺獨」論述上的逐漸完善和成熟，國民黨被進一步「外來化」。國民黨為了爭取臺灣政治市場的份額，在民進黨身後「拿香跟拜」，將「中華民國」與臺灣相聯結，形成了「獨臺」的政黨政策。至此，以「臺獨」和「獨臺」為特色、以「一人一票」為基本標誌的政治市場已基本成形。

無疑，這種壟斷競爭型的政治市場對兩岸關係的發展和祖國統一大業來講，有著相當負面的影響。

三、臺灣政治市場的特點：「臺獨」與「獨臺」

臺灣政治市場形成的原因和爭權奪利有關，說到底，其民主規則是政治團夥爭權奪利的結果，是分贓的標尺，而非融入公平、正義的神聖民主規則。自蔣經國去世後，國民黨內訌不斷，民進黨趁火打劫，兩黨在「公投」、「單一選區兩票制」等問題上達成的妥協都是為了自己的私利。可以說，為了私利犧牲小黨的利益、臺灣人民的利益，整個中國的利益、中華民族的利益都稀鬆平常。因為，政治市場既然也是一種市場，這種市場就以利益最大化為根本追求，公平、正義、良心、國家利益、人民利益都可以作為爭取利益最大化的工具！恰恰是為了獲取權力，也由於臺灣「憲法」的法源基礎是「包括外蒙古、大陸和臺澎金馬」在內的「全體中國人民的意志」，而其選舉又是在「臺澎金馬」這個所謂的「中華民國自由地區」進行，這就為臺灣政治市場中形成「臺獨」和「獨臺」的特點提供了誘因。

（一）「臺獨」：民進黨攻擊時國民黨時形成的政策

「臺獨」主張對民進黨成立有一定的影響，但尚未取得民進黨內的主導地位。從黨外時期開始，黨外人士及所謂「自由派人士」就認為，「反攻復國」是國民黨政權存在的意識形態基礎，並成為其得以壟斷政治主導權，維持戒嚴體制與動員戡亂體制之政治資本。201這個時期至民進黨成立初期，黨外、民進黨延續了「開放、和緩、終止兩岸敵對狀態」為基調的兩岸關係緩和論。對抗國民黨，打破「漢賊不兩立」的迷思及兩岸的敵對狀態便是民進黨能否持續存在的重大關鍵。202實現這一目標，即迫使國民黨讓步後，民進黨人將注意力逐漸由民主運動轉移到「獨立運動」。嚴格而言，民進黨的路線都是圍繞著獲取選舉勝利而制定的，這基本包括兩大類。第一類，為選舉而採取的具體方式：「議會路線」與「街頭抗爭」；第二類，為與國民黨相區分而獲取選民支持的特色路線：「臺獨」。

就民進黨在政治市場上運作的具體方式來看，符合民進黨的出身及特點。從其具體運作方式也可以其為獲取權力而死抱「臺獨」的關係。民進黨本身就是由不同派系的人組成的有分歧政治主張的政黨。創黨之前的「公政會」與「編聯會」就對黨外改走「議會路線」還是「群眾路線」有爭議。創黨之後，這種爭議繼續存在。民進黨創黨前五、六年，其發展方向是「街頭抗爭」，原因之一是他們在「議會」中還沒有足夠與國民黨抗衡的實力，原因之二是「街頭抗爭」的所謂「群眾路線」是當時主導黨機器的「新潮流系」的一貫主張。1991年，許信良當選黨主席後，提出「選舉總路線」，民進黨開始轉型。當民進黨從1992年在「國會」中擁有50席到1998年擁有70席，民進黨在政治市場上的運作方式開始轉向所謂「議會路線」。到陳雲林訪臺時，民進黨依然交替採用這兩條路線：即，當他們在「議會」有優勢時，重點用「議會抗爭」的模式；當他們在「議會」沒有優勢時，就重回街頭，採取「街頭抗爭」式群眾路線。這種一切以獲取權力為中心的運作方式對推廣「臺獨」，塑造以「愛臺灣」與「不愛臺灣」為區隔的道德標準有著重要的作用。

從形式入內容，民進黨成立以來一直爭論不休的就是其「大陸政策」（在堅定地走「臺獨」路線之後改成「中國政策」），當然，其爭論的目的是圍繞著怎麼把國民黨趕下臺，怎麼使民進黨獲取執政權而展開。從早期的「住民自決論」到中期的「臺灣主權獨立論」，再演變為「臺灣獨立建國論」，一直到「臺灣事實上已經獨立，他的國號就叫『中華民國』論」，其中的內容基本上是「臺獨論」，其調整的目的只有一個，那就是怎麼才能對選舉有利。從1977年「黨外」提出「十二項共同主張」開始，「住民自決」的觀唸成為民進黨對兩岸關係的主要論述，當然，主要是因為共產黨希望跟國民黨談兩岸關係，「黨外」要分一杯羹。民進黨成立初期也延續了這項立論，主張「臺灣人民有住民自決權利」，這個時候民進黨仍保持論述的彈性，可在「統」和「獨」之間進行選擇。1987年，民進黨二大，「臺獨」勢力開始抬頭，該次會議通過決議「人民有主張臺灣獨立的自由」，開始進入民進黨的「臺灣獨立論述期」。這個時期的主要論述是：「臺灣事實主權獨立，或是臺灣主權獨立」。兩岸關係方面，主張「準兩國兩府」。民進黨這一主張提出後，並沒有得到臺灣選民的認同。1988年，民進黨三大，為了獲取民眾認同，通過了經陳水扁提議的「臺獨」前提：「四個如果」（即如果國共片面和談、如果國民黨出賣臺灣人民利益、如果中共統一臺灣、如果國民黨不實施真正的民主憲政），則民進黨主張「臺灣獨立」。這種「獨立建國論」存續至1991年。4月，民進黨和國民黨就「制憲」與「修憲」鬥爭的「一屆國大二次臨時會」的抗爭，「臨代會」在民進黨和無黨籍「國代」退場的情況下，通過了「憲法增修條文」、廢止了「動員戡亂時期臨時條款」案。這之後，李登輝提出了大陸和臺灣「兩個政治實體論」。203而民進黨則召開「人民制憲會議」並通過了「臺灣憲法草案」。同年民進黨五全代表大會，決議通過「公民投票方式建立臺灣共和國」，並正式列入黨綱。民進黨從主張「獨立」進一步演變為「建國」。這個時期的民進黨將兩岸關係定位為「一中一臺」、「臺灣共和國」與中華人民共和國都是主權獨立的國家，而且互不隸屬。民進黨的「激進臺獨」政策在政治市場上處於失利狀態，根本得不到以主張和平、安定，害怕戰爭的中產階級（占臺灣社會的多數）的支持，因此當年的「國民大會」選舉中民進黨就遭遇了前所未有的挫敗，得票率僅為22.7%。204為了避免在選舉中繼續失敗，施明德當選為黨主席後，率領民進黨進入所謂「大和解」時代。施明德先後在1994年臺北市長選舉中和1995年訪問美國時改變策略，顯示出處理兩岸關係的彈性，藉以獲得選民的支持。因此，民進黨開始向中間靠攏，不再堅持建立「臺灣共和國」。1998年底的臺北市長選舉中，尋求連任的民進黨候選人陳水扁敗給了國民黨候選人馬英九，極大刺激了民進黨的神經。民進黨內出現了檢討的聲浪，開始透過調整其大陸政策獲取民眾的認同。透過檢討，民進黨開始及時調整其大陸政策，並通過了「臺灣前途決議文」，這使得陳水扁2000年競選臺灣領導人時有了民進黨關於兩岸關係「國家定位」的系統論述，客觀地講，陳水扁能夠在選舉中不為兩岸政策所困，「臺灣前途決議文」扮演了相當重要的角色。民進黨上臺後，野心進一步擴張，甚至要對國民黨「割喉割到斷」。他們在區隔國民黨的「臺獨」政策上也從保守的中間路線走向「激進的」「臺灣法理獨立」。雖然2008年的「以臺灣名義加入聯合國的公民投票」因種種原因以失敗告終，但是，「臺獨」品牌已經和民進黨綁到了一起。時至今日，民進黨的「臺獨黨綱」依然存在，其政黨的「臺獨」特色也是眾所周知。

（二）「獨臺」：國民黨爭權奪利和防守民進黨中形成的政策

一般意義上的「獨臺」是指堅持「分裂分治」立場，推行「一個中國，兩個對等政治實體」或「階段性兩個中國」的政策的臺灣所奉行的路線，亦被稱為「B型臺獨」、「國獨」。「獨臺」的表現為，臺灣在國家觀念上，堅持自1949年10月以後就不復存在的「中華民國法統」，但又以「目前治權不及於中國大陸」，海峽兩岸處於「分裂分治」狀態為藉口，以臺澎金馬地區為「中華民國」的「統轄區域」，聲稱「中華民國在臺灣是一個主權獨立的國家」。「獨臺」對內透過「修憲」、直接民選「總統」、廢除臺灣省建制、實行單一「國會」等手法，凸顯臺灣的「主權」和「國家」形態；對外在國際上大肆進行「務實外交」活動，謀求「雙重承認」、「重返聯合國」，企圖使臺灣獲得獨立的、完整的「國際人格」，成為與大陸平起平坐並受國際承認的「對等政治實休」，從而使兩岸的暫時分離狀態固定化、「合法化」、永久化。「獨臺」實際上是一種由臺灣推進的經過包裝的分裂路線，與「臺獨」沒有本質區別。205當前「獨臺」所表現出來的特徵就是「維持現狀」，和平發展。

蔣經國去世，李登輝繼任之時，臺灣島內經濟發展和社會變遷已經到了一定程度，中產階級成為社會的主流，民主意識、自主意識增強，臺灣經濟轉型迫在眉睫，民進黨要求資源分配，社會轉型中的矛盾重重。最重要的是，國民黨內「官邸派」、「開明派」、「少壯派」、「本土派」鬥爭激烈，黨、政、軍三個權力系統權與利的角逐日漸激烈。國民黨十三屆二中全會前，國民黨進行了「人民團體」登記，身分有了根本的改變。而這次全會則就「總統任期回歸憲法」、「資深民代」退職、三項「公職」人員的選舉問題進行了決定。之後，國民黨的權力角逐從黨內轉移到行政系統。此後，1990年2月開始的「國民大會第一屆第八次會議」將正式選舉所謂「中華民國」第八任「正副總統」。圍繞「總統」選舉，權力爭鬥日漸激烈。李登輝透過「國是會議」等整合自己的勢力，並向民進黨輸誠，甚至基本接受了民進黨提出的「總統」「公民直選」的主張。李登輝非常清楚「直接選舉」和「委任選舉」對「法統」產生的影響。因為，之前國民黨「修憲」策劃小組主導人施啟揚、馬英九設計出「委任直選制」時有清晰的說明：「委任直選的意思，是由選民投票選出一位國民大會代表，這位國代在將代表選民選舉他在競選時承諾要投票支持的總統候選人。贊成者認為，這是一票兩目的，既選國代又選總統的做法，有總統直選的意義，卻能避免總統直選的弊端。所謂弊端，除了選舉期間可能帶來的社會紛擾，主要還是政治考量。直選，因為是直接自臺澎金馬地區選出，有『臺灣總統』的意思，未能涵蓋中華民國宣稱仍擁有主權的中國大陸的民意。」206李登輝情知如此，而且組織團隊進行了評估和確定方向兩個階段，最終認為「直選」而非「委任選舉」

對他最有利，因而選擇了「直選」。其間，民進黨為了策應李登輝，還在4月19-25日進行了民進黨成立以來歷時最長的群眾遊行示威。207李登輝獲取此次勝利藉以鞏固自己地位後，第三階段「修憲」中又同「非主流派」進行了鬥爭。第三階段「修憲」之前，郝柏村公布了他的4點「護憲主張」，摘錄如下：「中華民國憲法與中華民國不可分，而中華民國與中國不可分。任何有關廢憲、制憲的言行，如用意在改變國號、割裂中國、皆是對國家的不忠誠與背棄。……憲政體制是千秋萬世的，絕不可因人立法，因人修憲。二次憲改已違背憲法的基本理念……中華民國的國號、國旗是國體的表徵，憲章的核心，不屬於修憲的範圍，否則即為毀憲。」208但1993年的政治鬥爭經歷，使李登輝下決心利用島內外擁護「直選」的聲音全力「修憲」，增強「總統」個人在政局中的主導。1994年8月1日，李登輝公布了「憲法增修條文」，最具實質意義的就是確定了「總統」直接選舉的制度。正如黃光國教授所言：「由國民黨主導的一人修憲已經使臺灣在制度設計上走上了民粹式民主的道路。」209「憲法增修條文」對臺灣政治市場的形成產生了重大影響。李登輝在與司馬遼太郎的談話中表露出其思想核心是要建立臺灣人自己的「國家」。李登輝的言行造成了國民黨內的極大混亂。之後，李登輝為了鞏固自己在黨內並不十分穩定的權力，利用省籍矛盾，造成了「本省人的總統」被「外省人的行政院長」欺負的表象，以獲取黨內外本省籍人士的支持。臺灣民眾很容易產生「李登輝情節」而對其強烈支持。在多元化的口號下，臺灣一些政客和學者製造出臺灣「族群劃分」，以本土和外來簡單切割臺灣社會，造成了準「種族主義」的社會氛圍。族群政治、暴力抗爭使得李登輝登上了「民選總統」的寶座，也使得國民黨的論述節節敗退。李登輝執掌國民黨，將「三民主義」束之高閣，並背離一個中國原則，推行「臺獨」分裂路線，藉以撈取私利。2000年連戰敗選後，國民黨重塑黨的政治標誌，凝聚認同基礎，爭取民眾支持，並在2001年3月24

日實現了國民黨創黨以來的首次黨員直接選舉黨主席。2001年7月29-30日，國民黨召開十六全大會，這是國民黨退居臺灣後，首次以在野黨身分召開黨的全代會。大會通過的《國民黨團結人民救臺灣》大會宣言，其中講到：「中國國民黨一直是堅守中道的全民政黨……早已在實踐中證明，是名副其實、不折扣的『愛臺灣』的本土政黨。」[210]根據「國家至上、人民第一、臺灣優先、永續發展」的原則下，國民黨提出「國家新藍圖、臺灣新動力」作為政綱主軸，並在政綱中提出「兩岸擱置政治爭議，從事制度競賽，走向全面政經建設，形塑政治民主、經濟自由的現代化國家。」[211]

但在2004年的臺灣領導人選舉中，連戰則表達了放棄統一大陸的意思。2008年臺灣領導人選舉中，蕭萬長就提出「激活本土化實踐三部曲」，最後將正式宣布「中華民國就是臺灣」，讓國民黨完全轉型為本土政黨。2010年馬英九的元旦講話中強調「中華民國」是「主權獨立的國家」，臺灣也早已成為「主權」在民的民主社會；臺灣的未來，當然是掌握在臺灣2300萬人手中。這是對「中華民國主權」的窄化，也是「獨臺」的表現之一。

民進黨本身就是反對國民黨的產物，其成立之初並非是一個「臺獨」政黨，只是為了和國民黨相區隔，形成自己的政黨特色才逐漸吸收、融合了種種「臺獨」力量，形成了在國家認同、政黨認同、制度認同等層面成系統、有體系的「臺獨」主張，他們的主張和「臺獨」、「臺灣國」密切相關，去掉了「臺獨」就要了他們的命。國民黨本身曾經是中國唯一合法政府國民政府的執政黨，1949年後因政府繼承而被迫將其「政府」和中央黨部移居臺北，其本來的意圖是「光復大陸」，這個意義上說，國民黨是個「全國性政黨」。但是，在「臺獨」主張的進攻下，國民黨選票漸失。為了撈取選票，國民黨被迫提出放棄「反攻大陸」，轉變成一個地區性政黨。這個地區性政黨本身和「中華民國」血肉相連，表裡難分，去掉了「中華民國」也要了他們的命。而弔詭的是，臺灣的「法源」雖然全中國的性質沒有改變，但其權力來源卻因「自由地區」的限制而變成臺灣2300萬人。所有擁有權力的人都是向其權力來源負責，因此，這個打著「中華民國」旗號，卻又再無「反攻大陸」野心的政黨為了在臺灣島內生存和發展，為了獲取臺灣政治市場的利益，只好將「中華民國」和臺灣相聯結，形成其「獨臺」的四不像方針。不管是民進黨當局的「四不一沒有」還是國民黨當局的「不統、不獨、不武」都是「臺獨」和「獨臺」的畸形表現，都是為了其自身利益的表現。長此以往，這種鴕鳥心態帶來的危害可想而知。

臺灣島內的兩大政黨國民黨與民進黨在爭奪利益的過程中形成了「獨臺」和「臺獨」兩大特點，並以此為自己的產品特色，在政治市場上廣而告之，形成了媒體、政黨、財團等一條龍的產品體系。只有對臺灣政治市場有清醒的認識，才能認識到民眾對臺灣政治市場的制約作用，才有可能進一步探討改變臺灣政治市場的問題。

（會議論文，原文印發，文中用語和觀點係作者個人意見）

民進黨「十年政綱」評述

林岡212

民進黨主席蔡英文提出研擬「十年政綱」的構想後，該黨政策委員會在2010年4、5月間，就「人口老化下的社會發展」，「如何面對下一波的生態浩劫」，「全球化下臺灣經濟發展新策略」和「變動的國際情勢與臺灣全球戰略」舉行了四場題為「臺灣無可迴避的挑戰」社會對話系列座談會。按照民進黨「中央黨部」的規劃，舉辦一系列公開座談會的目的，是凝聚社會共識，在與民間社會的互動中，形塑「十年政綱」，最後交由黨代會通過，作為規劃民進黨未來十年的政策綱領。

「十年政綱」的性質為何？對民進黨的未來發展有何意義？對兩岸關係有何影響？本文對這些問題予以分析。

一、「十年政綱」的性質

「十年政綱」屬於議題廣泛的政策白皮書。民進黨政策委員會所設計的系列座談會，從社會、生態、經濟談到涉外、兩岸和軍事議題，說明「十年政綱」所涉及的政策議題廣泛，也反映了民進黨優先關注島內社會議題和公共治理，立足本土、由內而外的思維模式。

作為政策白皮書，「十年政綱」的位階低於民進黨的黨綱和「臺灣前途決議文」，但高於競選綱領。民進黨前「立法委員」林濁水在2010年5月2日研討會上表示，黨綱是規範基本價值的長期綱領，政綱是依據基本綱領的精神而訂立的中、長期政策綱領，競選綱領只是為了滿足短期的選舉需求。政綱的位階是在黨綱和競選綱領之間。213以此看來，「十年政綱」不可能與民進黨的黨綱精神相衝突，其作用是規範民進黨在未來十年的競選綱領，包括2012年和2016年的兩次大選。

民進黨主席蔡英文力推「十年政綱」的目的，是確立民進黨的未來發展方向，及其本人在民進黨內的領導地位。目前「十年政綱」尚處於討論階段。從參與「十年政綱」公開討論的人員來看，以學術界（包括大學和智庫人員）和社運團體人士為主，政界人士較少參加。例如討論人口老化問題的研討會，由「中研院」社會學研究所研究員瞿海源主持，參加者包括臺大社工系教授林萬億、臺大經濟系兼任教授林全（前「財政部長」）、「中研院院士」陳建仁、臺灣勞工陣線祕書長孫友聯、稅改聯盟召集人王榮璋、老人福利聯盟祕書長吳玉琴、文化大學勞工系助理教授李健鴻和民進黨「立委」黃淑英。參加生態問題討論的人士，絕大部分也是學者，只有綠色陣線聯盟執行長吳東杰和「立委」田秋堇是例外。參加臺灣涉外和兩岸關係研討會的人士，多是曾經在民進黨執政時期擔任重要職位的官員，包括前「駐美代表」吳釗燮、前「陸委會主委」陳明通、前「國安會諮詢委員」陳文政、前「立委」林濁水、臺大經濟系教授林向愷（前高雄市「財政局長」）、「新臺灣國家智庫」執行長羅致政（前「外交部研究設計委員會主任委員」）、前「立委」蕭美琴、淡江大學副教授郭建中，由前「國安會副祕書長」陳忠信主持，其中蕭美琴和郭建中係頂替未能與會的張榮豐和鄭麗君（臺灣智庫執行長）。

「十年政綱」的醞釀過程，反映了蔡英文的行事風格及其對民間論壇的重視，其用意在於吸引中間選民，但能否為民進黨內不同派系和草根黨員所接受，則另當別論。不少人士認為，「十年政綱」只是蔡英文周圍少數人的作為，影響有限，難以成為民進黨的指導綱領，達到「臺灣前途決議文」的程度。214從「十年政綱」的研討過程來看，蔡英文固然參與了四場研討會的全過程，但黨內「四大天王」和其它重要人士，則未前來捧場。政策委員會副執行長劉建忻全程參加所有的研討會，其他重要黨工或「立委」則很少出現在會場，祕書長蘇嘉全只在第一場研討會上出現過。「新潮流系」的參加人士只有「立委」黃淑英和田秋堇，重量級的人物，如段宜康和賴清德則未出現。參加研討會的學者中，林萬億與賀陳旦跟蘇貞昌走得較近，林向愷跟謝長廷較有淵源，羅致政代表「獨」派，可以視為不同派系對「十年政綱」的有限參與。蔡英文可能在有了「十年政綱」草案之後向民間徵求意見，採取自下而上的方式。但要使「十年政綱」成為對民進黨以後的領導人有約束力的文獻，就需要民進黨黨員的投票，像「臺灣前途決議文」一樣。215而這一過程，就是黨內不斷搓和的過程，也許會使最初的草案和最後的定案相去甚遠。216為此，民進黨的「十年政綱」能否使民進黨有所變化，能否經得起「基本教義派」的衝擊，值得審慎觀察。217

二、「十年政綱」的政策取向

民進黨在建黨之初，基於反對運動的特點，較國民黨更多地代表了社會中下層的利益，尚未與財團發生密切關係。而且在從事社會抗爭的過程中，黨外勢力與臺灣的環保運動和勞工運動，也發生了或多或少的關係。民進黨的黨旗以綠色為底色，林義雄的環保訴求成為民進黨的神主牌，均為典型的例子。早期的「黨外」運動還包括了夏潮聯誼會這類有社會主義思想的團體。一些民進黨人士曾以美國的民主黨自诩。出於對國民黨黑金政治的不滿，不少知識分子也曾一度為民進黨所謂「綠色執政，品質保證」的口號所吸引。但民進黨在2000年執政後，迅速與大財團發生了廣泛的聯繫。在2008年選舉中，民進黨在臺灣中、南部選票的部分流失，跟其階級性的淡化不無關係。

「十年政綱」研討會，以社會對話為切入點，廣邀臺灣勞工陣線、稅改聯盟、老人福利聯盟、綠色陣線聯盟、臺灣環境保護聯盟等社運團體的負責人參與研討，反映了民進黨重拾黨外運動時期所追求的社會價值，爭取中下階層支持的選舉考量。就此而言，「十年政綱」頗有「二次黨外」的意味。

在社會福利政策上，「十年政綱」以反對「新自由主義」為導向。臺灣勞工陣線祕書長孫友聯在座談會上，先是評執政當局以「薪資補貼」和「公共就業」，創造就業機會，只能在表面上減少失業率，無助於問題的根本解決，繼而批評國民黨和民進黨兩個主流政黨執迷於過度「商品化、自由化」的政策走向，在大學教育、醫療護理、住房、金融以至勞動市場方面的政策，侵蝕臺灣社會各階層的基本生活，影響未來勞工的消費和儲蓄能力，應作為臺灣社會改革的重點之一。其建議是「透過經濟民主實力的實現，翻轉過去過度自由化、商品化的政策思維，營造對於勞動階級更為友善的環境」，加強「工會組織的普及化發展」和勞動保護，並實現「勞工參與公司治理的產業民主化」、「企業資訊的透明化」以及「基本生活保障的公共化」。218林萬億在發言中指出，「政府社會福利服務的分權化與私有化將使社會福利的城鄉差距持續擴大」，在「新自由主義全球化下獲利的大資本財團，不會輕易放棄其曾經有過的高額利益分配」，而難以延續在2008年金融風暴陰影下向中下階層傾斜的風險治理政策。他主張「建構完善的社會安全網」、「取消不正義的福利特權」、「保障經濟、地理、身體、年齡、性別、性傾向、族群」等弱勢團體的福祉、並「透過公平稅制與社會保險費分攤」，縮小貧富差距。219與此相應，陳建仁強調健康不平等議題，認為「健康政策應考慮增進性別、教育程度與收入、地區差異及族群的平等，致力於縮減生命週期、社經背景、以及身心狀況所致之健康差距。」220

在經濟政策上，「十年政綱」亦具有反自由化的意味。鄭麗君和郭建中認為，臺灣在面對全球化和區域化的挑戰下，不應該簡單順應自由化的市場經濟需求，將「先經中國再到全球」視為理所當然，而應該以「深耕臺灣為第一要務」，而後再「布局全球」，即依循臺灣內部「提升產業結構的需要，開放有競爭力的企業到先進國家投資以取得先進的技術和管理，然後輔導以加工為主競爭力弱的製造業到亞洲其他成本較低的國家進行布局和投資」。他們主張以「重視內需市場、內部投資轉型和出口並重」、「製造、服務系統整合型」的「平衡發展經濟模式」，取代「以代工出口為主」、依賴大陸市場和廉價勞動力的經濟發展模式；改變地方依賴「中央」資源的發展模式；並實行「先美日、後中國」的經貿合作戰略，即先致力於和美、日等國家簽訂自由貿易協定，達成國際布局後，再從「經濟自主定位」來處理對大陸的經貿議題。與自由主義貿易觀主張發揮比較優勢、推動經濟增長不同，這一發展模式強調憑藉政府力量，引導產業發展，在貿易夥伴的選擇上，更多考慮政治因素，而非經濟邏輯。事實上，如果從純經濟邏輯考慮，臺灣欲與美、日簽署自由貿易協定，並非一件易事。所謂「先先進國家，再後進國家」的全球布局，是否像民進黨的一些策士所認為的那樣具有可操作性和前瞻性，是令人懷疑的。

民進黨以臺灣中下層民眾感受不到兩岸經濟交流的好處為由，反對兩岸簽署ECFA，目的是與國民黨相區隔，尋求部分選民的支持。從貿易自由主義的視角觀察，ECFA顯然有利臺灣經濟的發展，即使兩岸經濟交流的進一步開放會在短期內對島內一些企業和階層帶來衝擊，但隨著經濟增長和政府調控措施的實行，利益受損的階層和企業也有可能從經濟交流中獲利。一些民進黨人士將「反中」情結、「反商」情結和「反全球化」的「經濟民族主義」情緒捆綁在一起，宣泄臺灣的「主體」意識和自我封閉心態，操縱意識形態上的左右或階級問題與統「獨」議題，以爭取「左獨」的選票，跟其政黨屬性有難解之緣。民進黨主席蔡英文在2009年2月「民間國是會議」閉幕時表示，要對馬英九行政團隊的大陸政策進行總體檢，戳破馬團隊依賴中國大陸挽救臺灣經濟神話的謬誤，強調臺灣若失去經濟自主性，人民生活只會更痛苦、沒希望，221顯然是在對中下層的選民喊話，塑造其代表中下層民眾的政黨形象。

在意識形態上，民進黨歷來以自由主義自诩。自由主義源於歐洲，其主要信條包括反對政教合一，贊成代議政府，支持民族自決，關注少數團體的權益，重視個人自由和創新舉動，不滿傳統陳規，對社會行動持懷疑主義態度，並帶有浪漫主義和無政府主義的傾向。222民進黨的策士認為該黨是一個自由主義的信仰者，強調多元民主價值，基於這一信仰，建立了一個全球讚譽的民主「國家」和國際「政黨網路」。223也有人認為民進黨對傳統具有天生的「顛覆性格」。224從「十年政綱」的討論過程中民進黨強調中下階層的利益、反對新自由主義、主張包容外來人口、重視非傳統性安全議題、積極發展軍民雙用科技（使軍隊建設與經濟發展和產業升級並行不悖）225和多邊主義「外交」等主張，似乎可以看到一些自由主義的影子。但是在對外經濟交往議題上，民進黨卻帶有明顯的保守主義的意識形態取向，與自由主義的精神判然有別。民進黨對東協十加三的區域經濟整合的大趨勢，消極迴避，就是這種保守心態的反映。

三、對兩岸關係的影響

在處理兩岸關係方面，「十年政綱」將遵循「臺灣前途決議文」的精神，採取穩健的「臺獨」策略，不利兩岸關係的長遠發展。林濁水認為，雖然臺灣社會主體意識有相當增長，但仍不夠成熟，加上兩岸實力失衡，臺灣對大陸的經濟依存度巨幅上升，國際社會對激進「臺獨」的反感增加，臺灣仍有必要採取穩健的「臺獨」策略。所謂「穩健臺獨」，指的是：（1）「主權立場明確」，「重中兩岸對等，臺灣為主權獨立國，絕不接受一中」；（2）態度善意，強調兩岸全面交流與互惠，推動互信，文明共享；（3）政策彈性務實，強調「在和中國改善關係時應同時強化和亞太周邊國家的合作」，堅持「由世界進入中國的途徑」，積極「參與國際組織」，建立「和藍軍不同的兩岸產業鏈的聯接關係」。226

與此類似，陳明通在5月2日的研討會上發表論文，引述「臺灣前途決議文」有關「民主進步黨中國政策的最終目標，是要和中國建立互惠而非歧視、和平而非衝突、對等而非從屬的關係」的說法。陳明通認為，馬英九提出的「不統、不獨、不武」政策，無法解決兩岸的「政治安全」困境；兩岸政治安全的核心是「北京擔心臺灣獨立，臺灣擔心被北京併吞式的統一」。解決這一困境的基本方針是：（1）「在全球網絡中，定位與中國的關係」；（2）「與中國維持穩定關係，並與周邊國家合作」；（3）「強化與中國及周邊國家的對話及交往」；（4）「全民」參與「監督對中國政策的制訂、執行與互動」；（5）「以公民投票的方式」決定「任何有關獨立現狀的更動」。陳明通同時還提出建立兩岸「政治安全困境」的風險管理機制、協商建立兩岸和平穩定互動架構、「鼓勵中國政治民主化」、「關切中國的自由與人權」、「建立一個符合現代文明價值的互動基礎」、「守護臺灣主權挽救主權流失」、「追求符合國家利益與社會分配正義的兩岸經貿交流策略」、「強化兩岸事務監督機制」等八大策略。陳明通特別說明，雙方「要避免將『統獨』視為政治安全的議題；這不是『統獨休兵』，而是跳脫這樣的安全困境結構」。他認為，兩岸關係的安全困境是臺灣「拒統」被視為謀「獨」，大陸反「獨」被視為促統，其邏輯結果是維持「不統、不獨」的現狀。此外，陳明通建議要發展出一套兼顧臺灣安全與經濟利益的兩岸經貿關係。227

「由世界進入中國」是「十年政綱」處理兩岸關係的主要思路。吳釗燮在座談會上指出臺灣所面臨的內外挑戰，認為，「中國政、經、軍不斷崛起」，「成了美國或其他國家在處理眾多國際議題時，必須尋求合作的重點對象」，這一格局的持續，將對臺灣產生更大的制約作用。同時，島內因為「藍、綠」對立，「國際戰略」因為政黨輪替而出現「『斷層』而無『傳承』」，批評馬「政府」不再「標榜自由、民主、人權的價值觀」，主張將臺灣明確定位為「一個單獨與國際接軌而不透過中國視鏡的臺灣，一個與主流國際社會價值相同的臺灣」。為達成上述願景，吳釗燮提出十大政策建議，包括（1）「以民主自由為國際連接的主軸」；（2）「強化臺美、臺日之安全關係」；（3）整合「國家安全」體系，善用國際網絡；（4）強化臺灣與主要國家的經貿往來；（5）建立臺灣的「亞洲主義」，與日本、新加坡、印度、韓國、印尼、泰國、蒙古等重要亞洲國家建立更密切的政治、經濟、安全與文化關係；（6）發揮軟實力，凸顯臺灣與中國之區隔，打破國共兩黨同時推銷之『臺灣文化即中國文化』之作為；（7）讓「外交」預算與「外交」戰略相契合，加重對美、日、歐、新（加坡）的「外交」預算比例；（8）加強對國際社會的人道救援；（9）強化「國家安全」與「外交」專業人才的培訓體制；（10）建立臺灣的全球定位。228與此相應，陳文政提出強化臺灣「國防軍事建設」的三個戰略性任務，分別為「強化臺灣國際地位」、「穩定兩岸的和平共存現狀」和「深化民主並提升經濟與產業發展」，同樣體現了民進黨以國際力量和「民主自由」價值為依託，處理兩岸關係的思路。229

就兩岸關係而言，由於「十年政綱」的最後成形，要考慮黨內各方面和基層支持者的意見，難以想像該「政綱」最後能作出富有前瞻性的重大政策調整。從民進黨策士對「十年政綱」的討論，可以看到一些悖論。例如，吳釗燮承認中國已經成為美國或其他國家在處理眾多國際議題時，必須尋求合作的重點對象，但在兩岸關係上，卻主張繞過大陸，「由世界走向中國」。林向愷就認為，臺灣不能將大陸視為友善的「國家」，將大陸當作市場體系或世界工廠。蕭美琴認為國民黨批民進黨「鎖國」沒有根據，馬英九想透過大陸走向世界才是「鎖國」，但根據民進黨不承認「一個中國」的政治邏輯，這種說法顯然難以成立。民進黨有關包容外來人口的主張和其對本土意識的強調之間存在著內在的張力。民進黨的策士在醞釀「十年政綱」時，尚難擺脫意識形態的制約，考慮到其基層支持者的思維取向，「十年政綱」在處理兩岸關係上能否邁出新的步伐，也就更值得懷疑。

例如，解決兩岸安全困境的關鍵是民進黨停止「臺獨」活動，接受以「不獨」為核心內涵的「九二共識」。但這一點恐怕正是「十年政綱」所無法突破的意識形態禁區。正如林濁水所明言的，「十年政綱」應該重申臺灣為「主權獨立的國家」。他甚至認為這樣可以「避免因引誘中國造成其誤判以至規劃不切實際的對臺政策；也可避免因開統一空頭支票反而激怒中國」。這種說法如果不是故作輕鬆，就是低估了大陸方面的反分裂立場。而陳明通希望北京對臺灣申請「加入聯合國」或「憲政」改革予以尊重；將臺灣經大陸同意，參加「世界衛生大會」視為「在國際社會上體現中國是臺灣的宗主國，是一件出賣臺灣國格，損害臺灣主權地位的錯誤政策」，也意味著「十年政綱」的基調，無助於兩岸在國際社會「和解休兵」。

四、結論

民進黨失去政權後，既未能根本終結黨內派系共治的紛爭，也不能停止黨內的路線分歧，其轉型困境恐非研擬中的「十年政綱」所可扭轉。民進黨在八年執政期間都不能實現轉型目標，由「為反對而反對」的草根性在野黨，轉變為以「和解-溝通」為導向的精英型執政黨，由激進、冒險的「臺獨黨」轉化為穩定兩岸關係、對臺灣前途負責的「中道」力量。以此看來，其在失去政權後，面對政治空間的緊縮和「基本教義派」的牽制，更難進一步轉型，短期內也未必能提出務實可行的大陸政策。

根據民進黨的政黨屬性和意識形態取向，「十年政綱」的重點不是推動兩岸簽署和平協議，建立擺脫「安全困境」的機制，而是解決臺灣人口老化、生態惡化和經濟發展受限等內部議題，並致力於減輕兩岸擴大交流後臺灣面臨的經濟、文化和社會層面的衝擊。「十年政綱」是蔡英文倡導的方案，目前尚未得到其它重量級政治人物的呼應，其實際作用還將取決於黨內權力博弈的結果。

（會議論文，原文印發，文中用語和觀點係作者個人意見）

國際法的國家同一性理論與兩岸國家認同

範宏雲230

自從胡錦濤總書記在十七大報告中呼籲「在一個中國原則的基礎上，協商正式結束兩岸敵對狀態，達成和平協議」以來，對和平協議或和平發展協議框架的研究就成了兩岸理論界的熱點。各界都不否認兩岸國家認同應該成為和平協議或和平發展協議的基礎性規定，只是對兩岸國家認同的界定不能達成一致的觀點，各說各話，造成了有什麼樣的國家認同就會有什麼樣版本的和平協議，如臺灣張亞中教授的以「整個中國認同」的《兩岸和平發展基礎協定》231和武漢大學的周葉中教授和祝捷博士的以「中華民族認同」為基礎的《兩岸和平協議》（建議稿）232。兩岸國家認同原本不是一個「問題」，它之所以成了一個問題除了政治因素的干擾之外，還因為理論界對兩岸國家認同的內涵並沒有耐心去研究和界定。本文擬引入國際法的研究方法，結合國家同一性理論研究兩岸國家認同。

一、國家同一性理論

國家不是一成不變的。在國際法秩序下，與國家相關的重大變動，如領土、統治者、政權體制、人口等方面的變動，都可能涉及變動事件發生之前或發生之後該國家是否是同一個國際人格者的問題，即國家同一性問題。在傳統「國際」社會秩序下，王朝國家往往是孤立的存在，國際法無從產生，王朝國家的重要變動不會導致王朝國家在國際法上的權利和義務的承擔和轉移的問題，所以國家同一性問題在由傳統王朝國家組成的「國際」社會裡，顯得並不重要；但是，在由國際法規制的現代國際社會，國家同一性問題是一個非常重要的理論和實踐問題。

國家同一性問題就是探討國家在時間維度上的存在問題，而國家作為由一定領土上的人民和政府組成的政治體決定了國家在時間上的存在必然以其在空間上的存在為依據。凱爾森就說「國家在時間上的同一性是直接以領土的同一性為根據的」。「如果該領土整體上仍然是一個國家的領土，那就不可能推定一個國家已不再存在而另一個國家已在同一領土上出現，繼續存在的是同一國家。」233「一個國家不僅在空間中存在，而且在時間中存在」；「當人們說在一定空間內不能存在一個以上的國家時，顯然這就意味著在同一時間的同一空間內不能存在一個以上的國家」。234「根據國際法，只要領土實質上仍然是同一個，國家也就仍然是同一個」。235

上述凱爾森的國家同一性理論有三個基本點，一是在同一時間內的同一塊領土上只能存在同一個國家；二是前後兩個國家，如果領土是同一的，那麼這兩個國家實際上是一個國家，即領土同一，國家同一；三是國家領土上的人或事無論發生什麼變動，如人口或多或少，政府的治理方式從專制變成共和，只要這些變動不影響領土的同一性，那麼存在該領土上的國家就是同一的。236

凱爾森討論的是領土不變的情況下的國家同一性問題，奧本海國際法進一步探討了領土發生變動的國家同一性問題。奧本海國際法認為「即使領土的喪失使一個大國變成一個小國，這個國家的國際人格仍是不受影響的」。這一觀點源於1947年聯合國大會第六委員會在討論巴基斯坦從以前屬於印度的領土上產生出來的情況時所作出的法律意見，該意見認為：「作為一般原則，認為一個是聯合國會員國的國家並不僅僅因為它的憲法或邊界有了變動就終止成為會員國。」根據這一法律意見，巴基斯坦獨立前的印度和巴基斯坦獨立後的印度保持了同一性，後者繼續承擔前者在國際法上的權利和義務。

根據實證分析得知，國家在「邊界有了變動」的情況下，仍然保持同一性，這種同一性依賴於國際承認。俄羅斯聯邦與前蘇聯保持了同一性就離不開國際承認。1991年12月21日獨聯體的首腦一致支持俄羅斯繼承前蘇聯在聯合國的席位，包括繼承安理會的常任理事國地位，以及其他國際組織成員地位。儘管1991年底獨聯體提供的法律文件並不都與國家同一原則相一致，例如，由俄羅斯、白俄羅斯、烏克蘭簽署的明斯克協議宣稱：前蘇聯作為一個國際法主體已經不再存在。儘管如此，這並不影響俄羅斯與前蘇聯之間的國家繼續。俄羅斯聲稱自己是前蘇聯的繼承者獲得了其他前蘇聯加盟共和國和國際社會的支持。德國以「德意志民主共和國加入聯邦德國並作為國際法主體消亡，聯邦德國擴大其領土繼續存在」的方式237完成統一。也就是說，統一後的德國與聯邦德國保持了同一性。在德國的統一過程中，國際社會普遍接受以下觀點：聯邦德國保持繼續，而民主德國消失。而南斯拉夫問題可以提供相反的例證，波斯尼亞和黑塞哥維那在1992年2月、3月舉行全民公決，多數贊成獨立，而塞爾維亞和蒙特尼哥羅則於1992年4月27日建立一個名為南斯拉夫聯盟共和國（南聯盟）的新國家。歐盟南斯拉夫問題仲裁委員會指出，前南斯拉夫停止運作，斯羅文尼亞、克羅地亞和波斯尼亞被歐洲聯盟和其他國家承認並被接納為聯合國會員國。但是，南聯盟繼續堅持它不是一個新國家，而是與前南斯拉夫保持同一性的國家。南聯盟的觀點遭到前南其他共和國一致反對，國際社會也不接受。安理會1992年777號決議指出，前南斯拉夫不再存在，南聯盟不能自動繼續擁有前南斯拉夫在聯合國的席位。南聯盟迫於形勢，在2000年轉變態度，要求以新成員加入聯合國。南聯盟單方面堅持與前南斯拉夫的同一性因沒有獲得前南其他共和國以及國際社會的支持而流產。

透過對相關理論和實踐的分析，國家同一性的基本理論已經明確，一是關於領土同一的國家同一性結論，即只要領土是同一的，在同一領土上存在的國家就是同一的，基於領土同一的國家同一性具有自然屬性，不需要或不依賴於國際社會的承認，國際社會的承認只承擔證據功能；二是關於領土不同一的國家同一性結論，即在領土發生重大變化的情況下，國際社會的承認對國家同一性的保持具有決定性作用，值得注意的是，這種承認是以領土部分重疊為依據的，如俄羅斯與前蘇聯的同一性，統一前的聯邦德國和統一後的聯邦德國的同一性。第一項是基本規則，第二項是補充規則。

國際社會的發展與成熟，為國家同一性基本規則的適用奠定了越來越明確的基礎——國際社會和國際法發展至今，主權國家的一項外部特徵已經越來越明確並獲得國際法的確認，即主權國家的領土邊界具有法律上的確定性。「除地球兩極和公海以外，地球表面都被劃分為許多大小不等的部分，每一部分都是一個主權平等的國家；國際法對這種劃分予以確認，並承認每一部分裡只存在一個國家人格，只有一個國家意義上的國際法主體，而不論這一特定部分的名稱或內部治理秩序如何變更。」238劉國深教授也形象地把主權國家描述為一個個由領土和人民構成的球體，國際社會就是由200個左右的國家球體構成的國際星系，各國家球體必須擁有領土、人民和政府，按照聯合國憲章規定的國際關係軌道運行。正是這種領土邊界的法律確定性，為現代國際社會確定國家同一性提供了直接的判斷工具。

二、建立在國家同一性理論基礎上的國家認同

認同心理是人類的基本特性之一，包含鮮明的價值判斷與價值期

待，具有持久性和根本性。所謂認同，是指主體對自己身分、角色、地位和關係的一種定位，是主體對從屬於哪一群體的基本認知。在現實生活中，個體或群體具有多重身分，也就具有多元認同，其中最為重要是國家認同，國家認同對個體或群體的意識判斷和行為選擇影響最大。國家認同就是個體或群體判斷自己歸屬於哪個國家的問題，國際法意義上的國家認同體現為這些個體或群體對一定領土上的由民眾和政府組成的共同體的認同。根據國家同一性理論，國家認同的核心是對一定領土的認同，當今國際法對國家的認同也是以領土為依據的，而依附於領土存在的歷史、文化、宗教只居於此要的參考因素。個體對領土的認同是透過一些依附於領土的法律和政治聯繫而實現的，也就是說，個體由於法律和政治的規定而產生對領土的認同。因此，國家認同具有超越個體意志的規範性和強制性。

與國家認同相關的概念還有政府認同、政黨認同和民族認同。政府認同與國家認同的聯繫最為緊密。由於政府符號和表現形態上均與國家有著緊密的聯繫，因此，政府與國家常被有意無意地混淆。政府是國家的對內管理者和對外代表者，政府的有效治理範圍通常與國家的領土完全重疊。但是，在例外的情況下，國家的領土範圍內存在一個以上的政府，那麼這些政府的有效治理範圍顯然小於國家領土的範圍。在這種情況下，由於存在一國領土之內的各個政府各自管轄一定的地域和人口，並具有不同的政府符號，所以國內民眾和國際社會對這些政府的認同一般不會混淆。容易混淆的是國家認同。如果把政府認同混淆成國家認同，該國就會面臨國家分裂的危險。國際社會在處理一國之內存在一個以上的政權情況下的國家認同時，採取的規則是，只要國際社會承認這些政府所治理的領土總和的範圍內只存在一個國家，根據國家同一性的領土規則，該國的同一性繼續保持。與政府認同相聯繫是政黨認同，因為當今世界各國的政府莫不由政黨來組織和管理。政府認同是比政黨認同更加上位的概念，政府認同並不關注某一個政府所採取的制度形態，也不關注該政府中占據主導地位的意識形態，而只關注政府所表現出來的外在形態。而政黨認同事實上是一種意識形態認同，因為政黨是以某種特定的意識形態為思想基礎所形成的政治團體，是意識形態的政治存在。民族認同體現為對一個具有共同風俗、起源、血緣和歷史記憶的民族的認同。民族不具有組織性特徵，僅僅擁有來自於民族成員的心理認同；國家可以將外在的一致性作為其存在的基礎，而民族則是一種「想像的共同體」的產物。239

透過上述分析可知，國家認同建立在領土的同一性之上，而政府認同、政黨認同和民族認同並不需要領土同一性作為認同的基礎，因此，政府認同、政黨認同和民族認同都不能代替國家認同，不能被認作是國家認同的「不斷發展的必然選擇」240。

三、中國的國家同一性是兩岸國家認同的基礎

中國的國家同一性以中國領土的同一性為基礎。所以，要研究中國的國家同一性，必須首先要明確，中國作為一個國際人格者，它的領土範圍何時得以確定並獲得國際法上的確認和保護以及國際社會的承認。鑒於本文運用了國際法的分析方法，所以不研究國際法產生以前中國作為一個王朝國家其領土變動的情況。根據對近代以來歷史資料的簡單回顧，可以得出這樣的結論，即中國領土範圍的最終確定並獲得國際法的確認，應當歸功於19世紀後半期開始的一系列歷史事件和國際法律文件。

19世紀中期以後，唯我獨尊的中華世界秩序在西方武力攻擊下開始瓦解，發端於西方「文明」國家間的國際法秩序逐漸向東方蔓延推

展，但中國在被捲入國際法秩序的初始階段並未取得與強國平等的主權國家地位。一系列不平等條約不斷地侵蝕中國從王朝國家時期所繼承下來的領土，臺灣就是受到侵蝕的對象之一。臺灣島及所有附屬島嶼，由中華民族最先發現並開發治理，這足以成為國際法認可臺灣屬於中國的證據。但是，1895年中國甲午戰敗，被迫簽訂《馬關條約》，該約第二款規定「中國將管理下列地方之權並將該地方所有堡壘、軍器工廠及一切屬公物件永遠讓與日本」。「下列地方」是指臺灣全島及所有附屬各島嶼（包括釣魚島）和澎湖列島。自此日本占領臺灣長達50年。1941年12月8日，日軍對珍珠港發起突然襲擊，挑起太平洋戰爭。當天，中國政府對日正式宣戰。次日，中國政府正式發布《宣戰布告》：

茲特正式對日宣戰，昭告中外，所有一切條約、協定、合約有涉及中日間之關係者，一律廢止。特此布告。

根據國際法一般原則，「戰爭使得交戰國的條約失效」。241《馬關條約》廢止，日本藉以侵占臺灣的法律憑藉，已不復存在。1943年下半年中、美、英三國首腦舉行開羅會議，商討如何協調對日作戰的軍事問題和戰後如何處置日本等政治問題。於1943年12月1日，發表《開羅宣言》，莊嚴宣告：

三國之宗旨，在剝奪日本自1914年第一次世界大戰開始以後在太平洋所奪得或占領之一切島嶼，在使日本所竊取於中國之領土，例如滿洲、臺灣、澎湖列島等，歸還中華民國。

1945年7月26日，中、美、英三國發布《波茨坦公告》，敦促日本投降。《波茨坦公告》第八條重申：

《開羅宣言》之條件必將實施，而日本之主權必將限於本州、北海道、九州、四國及吾人所決定其他小島之內。

可見，《波茨坦公告》再次確認臺灣屬於中國領土，應該歸還中國。1945年9月2日日本在東京灣簽署《無條件投降書》，接受「中、美、英共同簽署的、後來又有蘇聯參加的一九四五年七月二十六日的《波茨坦公告》中的條款」。日本在《無條件投降書》中所接受的，就包括將臺灣等地歸還中國的條款。上述四項國際法律文件，即中國《對日宣戰布告》、《開羅宣言》《波茨坦公告》和日本《無條件投降書》，均明確地承認了臺灣作為中國領土的一部分的法律地位。

從此，中國從疆域不斷變動的王朝國家昇華為領土邊界明確並受國際法確認和保護的主權國家，國際社會普遍承認在涵蓋大陸和臺灣的領土範圍內只存在一個主權國家意義上的國際法主體，並以中國（China）指稱這個國際法主體。二戰期間和結束二戰的一系列國際法律文件確定了判斷中國同一性的領土範圍和法律基礎。雖然有1946年外蒙古的獨立造成中國領土邊界的變動，但國際社會的承認使中國的同一性不受該事件的影響。

臺灣海峽兩岸的分離是在判斷中國同一性的領土範圍已經確定之後才發生的歷史事件，又因為國家認同應當以領土為依據，所以兩岸國家認同應當以兩岸分離時中國的領土狀況為依據。兩岸分離是由於中國國內兩派政治力量為爭奪中國的領導權而導致，兩岸分離並沒有造成中國領土邊界的任何變動，對中國領土完整性並未造成任何損害，因此，中國在兩岸分離之前和之後的國家同一性繼續保持。這種國家同一性的保持又可以推出這樣的結論，即在兩岸分離之後的中國領土範圍之內並未產生一個新的除中國之外的所謂國家。兩岸分離以來中國的領土保持同一性以及國家保持同一性，這是兩岸國家認同的前提和基礎。這種建立在領土同一性基礎上的國家同一性不需要國際社會的承認，當然獲得國際社會的普遍承認無疑是錦上添花。在橫跨臺灣海峽兩岸的960萬平方公里的土地上只存在一個主權國家，這不僅獲得了當今國際社會的普遍承認，也被兩岸各自的根本法所確認。這是兩岸各界在討論兩岸國家認同時理應遵守的事實和法律。

兩岸國家認同，可以簡化為兩岸認同「在橫跨臺灣海峽兩岸的960萬平方公里的土地上只存在一個主權國家」，這個早已確定的事實和法律應當成為各界討論兩岸和平協議，構建兩岸和平發展框架，推進兩岸和平統一事業的起點。只有確認「在橫跨臺灣海峽兩岸的960萬平方公里的土地上只存在一個主權國家」這一基本事實和法律，才能對混亂的兩岸國家認同理論和實踐進行正本清源。

確立以領土同一性為依據的國家認同之後，我們會發現兩岸並不存在所謂「國家」和「主權」的爭議，因為兩岸各自根本法都規定他們的政府所代表的國家的領土實質上是完全重疊的（重疊的是橫跨臺灣海峽兩岸的960萬平方公里的土地，外蒙古顯然不包括在內），根據領土同一，國家同一的原則，兩岸所代表的國家實質上是同一的。領土同一，國家同一，主權當然仍然同一，所以「擱置兩岸主權爭議」就成了一個偽命題。馬英九在2008年接受墨西哥《太陽報》採訪，回答記者提出的「中華民國臺灣是一個主權國家，而中國大陸又認為臺灣是中國的一部分，你的意見如何？」的問題時說：「這樣的爭議是屬於主權層面的爭議，目前無法解決，但是我們雖然不能夠解決這個問題，卻可以做一個暫時的處理，這就是我們在1992年與中國大陸所達成的一個共識，稱為『九二共識』，雙方對於「一個中國」的原則都可以接受，但對於『一個中國』的含意，大家有不同的看法。因為對主權的問題到底能不能解決？如何解決？何時解決？目前可以說都沒有答案。」根據國家同一性理論，該問題是否屬於主權爭議有一個前提，那就是，他認為的領土範圍涵蓋面有多大，如果他認為只涵蓋臺灣，顯然上述問題就屬於主權爭議，如果他認為涵蓋「橫跨臺灣海峽兩岸的960萬平方公里的土地」，那麼兩岸所指的國家是同一的，就不屬於主權爭議。根據馬英九同次談話中的其他內容判斷，他所指的領土範圍涵蓋「橫跨臺灣海峽兩岸的960萬平方公里的土地」，所以，作為資深國際法學者的馬英九在此處也把政府認同以及指代政府和國家的符號認同混淆為國家認同或主權認同。

確立以領土同一性為依據的國家認同之後，我們還會發現兩岸爭議的焦點實質上是合法政府和國家符號。如大陸方面在1992年前明確規定中華人民共和國政府是代表中國的唯一合法政府，中華人民共和國就是中國。中華人民共和國憲法規定「臺灣是中華人民共和國神聖領土的一部分」，中華人民共和國與外國建立正式外交關係都必須以該外國承認中華人民共和國政府是中國的唯一合法政府為前提。1992年大陸和臺灣透過海協會和海基會達成「九二共識」。1995年1月，江澤民在「江八點」中沒有將中國明確指明為中華人民共和國。1998年錢其琛提出了「一個中國三段論」，不再提「中華人民共和國是中國的唯一合法政府」，而是只提「臺灣是中國的一部分」。不提「中華人民共和國是中國的唯一合法政府」的一個中國原則最終得到國家法律的確認是經由2005年通過的《反分裂國家法》第二條的規定。由於《反分裂國家法》是以《中華人民共和國憲法》為立法依據，所以《反分裂國家法》第二條實質上是對憲法有關臺灣問題的規定的一個補充。

臺灣方面在1992年兩會達成「九二共識」之前，基本按照「中華民國」政府是代表中國的唯一合法政府和中國就是「中華民國」的思路來處理兩岸關係。「九二共識」之後，臺灣「國統會」重新界定一個中國，稱一個中國是1912年成立的「中華民國」，「其主權及於整個中國，但目前治權，則僅及於臺澎金馬」。242正是有了「治權僅及於臺澎金馬」的提法，才有了後來的「特殊兩國論」、「一邊一國論」、「中華民國就是臺灣」等「臺獨」言論。儘管如此，這些言論並不能改變「中華民國」「憲法」的「一中」架構，更不能改變國際社會普遍承認「在橫跨臺灣海峽兩岸的960萬平方公里的土地上只存在一個主權國家」的國際法框架。

馬英九在接受墨西哥《太陽報》採訪時說「雙方對於一個中國原則都可以接受，但對於一個中國的涵義，大家還有不同的看法」。對「一個中國的涵義」有不同看法，就是指兩岸對中國這個國家的合法政府和國家符號有不同的看法。馬英九繼續說「兩岸不是國與國的關係，而是一種特殊關係」是「因為中華民國的憲法無法容許領土上還有另外一個國家。同樣地，大陸的憲法也不允許在憲法所定的領土上還有另外一個國家」，可見，兩岸領導人對「在橫跨臺灣海峽兩岸的960萬平方公里的土地上只存在一個主權國家」並不存在不同看法。可以認為，馬英九實際上在運用「領土同一、國家同一」的國家同一性理論來證明他的「兩岸不是國與國的關係，而是一種特殊關係」的觀點。

四、國家同一性理論不支持「整個中國認同」論和「中華民族認同」論

「整個中國」論是張亞中設計的《兩岸和平發展基礎協定》的基礎。該協定草案由前言部分和七條主體條款組成。透過對協定文本和文本補充說明進行分析，可以認為作為協定基礎的「整個中國」理論是「整個德國」理論的翻版。本文認為德國統一經驗不是不可以借鑑，只是「整個中國」理論本身存在不可調和的矛盾。

該協定在前言中說「協定當事方認知到整個中國自1949年起處於分治之狀態，但仍為中華民族一分子之事實，鑒於彼此對促進民族和平與發展之共同責任，意識到兩岸同屬整個中國、彼此相互平等是和平之基礎條件」。補充說明對「整個中國」進一步解釋，「兩岸目前的分治，並不表示『整個中國』就不存在，因此，『一族兩國』並不是正確的兩岸定位。『中國』作為一個政治與法律的概念仍然是存在

的，『中國』不僅是一個歷史、地理、文化上的概念，更是一個政治與法律的概念，我們可以將『整個中國』看成一個屋頂或是兩岸相加之合，『整個中國』的權力目前暫時由兩岸政府分別行駛。」第一條規定「兩岸同屬整個中國，彼此均無意從整個中國分離，並承諾不分裂整個中國、共同維護整個中國之領土主權與完整」。以上規定或說明似乎顧全了「整個中國」的領土和主權的完整性，但是，「整個中國」的領土和主權的完整性又被以下內容所撕裂。如協定第三條規定「兩岸同意，尊重對方在其領域內的最高管轄權，任何一方均不得在國際上代表對方，或以對方之名義行為。雙方尊重任何一方的內部憲政秩序與對外事務方面的權威」。該條的補充說明認為，文本中沒有使用「主權」，而使用「最高權力」一詞，是為避免造成兩岸為國際法上的外國關係。「尊重對方在其領域內的最高權力」是指「由於目前兩岸還沒有統一，因為北京與臺北的政府均只有在自己所管轄的領域內享有完整的管轄權，而不能及於對方。如果用國際法的術語來說，兩岸只有在自己的領域內才是個完整的國際法人，如果從整個中國的領域，或整個中國的事務來看，兩岸均非完整的法人」。第六條「兩岸同意，雙方在國際組織中彼此合作，雙方在國際組織之共同出現並不意涵整個中國之分裂，並有責任共同維護中華民族之整體利益」。該條的補充說明又認為，因為臺灣方面不可能同意加入中國大陸在國際組織中的代表團，臺灣社會選舉頻繁，「中華臺北」容易被理解成「中華人民共和國臺北」的簡稱、「中國臺北」的同義詞或「中國人臺北」，觀察員地位又會被臺灣社會理解為中共的統戰行為，總之，以上這些各種各樣的原因迫使「在國際組織中相對臺灣為強勢的中國大陸」必須思考「如何讓臺北政府在國際組織能夠有正式的會員資格而又不會造成兩岸永久分裂的事實」。為解決這個問題，協定補充說明設計了一套「兩岸三地」方案，即不論國際組織的性質，臺北政府以「臺北中國」名義參與成為正式成員，臺灣也同意兩岸共組一「兩岸共同體」代表團作為兩岸參與的第三席。

透過上述分析可以認為，張亞中「整個中國」論是一個難以調和的矛盾體，其難以調和之處在於，在橫跨臺灣海峽兩岸的960萬平方公里的土地上不可能存在「整個中國」、「北京中國」和「臺北中國」等三個主權者。因為，根據國家同一性理論之「同一塊領土上在同一時間內只能存在一個主權者」的規則，在橫跨臺灣海峽兩岸的960萬平方公里的土地上要麼存在的是「整個中國」，要麼存在的是各據一方的「北京中國」和「臺北中國」。張亞中方案中的「整個中國」是毫無根基的虛化物，因為它的領土實際上被「北京中國」和「臺北中國」所瓜分。沒有領土的「整個中國」就像沒有血肉身軀的孤魂，絲毫看不出它是「一個政治與法律的概念」。「北京中國」和「臺北中國」在橫跨臺灣海峽兩岸的960萬平方公里的土地上各據一方，在各自有效管轄的領域範圍內享有最高權力，對外都以正式成員身分參與任何國際組織，可見張亞中的方案實際上給予「北京中國」和「臺北中國」主權國家的法律地位，只不過稱之為「內部憲政秩序」。張亞中以為用「內部憲政秩序」稱呼「北京中國」和「臺北中國」，而「沒有使用『國家』一詞，就可以避免傳統國際法用語可能引發兩岸是『國與國』外國關係的誤會」。張亞中的「整個中國」理論是德國分裂時期的「屋簷學說」243在中國問題上的再適用。「屋簷學說」所堅持的觀點是在德意志帝國的領土上雖然成立了德意志聯邦共和國和德意志民主共和國，但是德意志帝國作為國際法主體並未消亡。但是1949年成立德意志聯邦共和國和德意志民主共和國，1972年簽訂《兩德基礎關係條約》，1973年分別加入聯合國，兩者的主權國家地位獲得了東西方陣營的廣泛承認，這些充分證明兩個德國是兩個主權國家。那麼既然在在德意志帝國的領土上存在兩個主權國家，1945年前的德意志帝國就再也無容身之地。「屋簷學說」雖然獲得了聯邦德國政府和理論界的部分支持，但是在法理上是說不通的。可見，無論是

「整個中國」還是「屋簷學說」之「德意志帝國繼續存在」論，都經不起國家同一性理論的檢驗。

「中華民族認同」論也不是一個新的理論，令人感到耳目一新的是，有人認為海峽兩岸和平協議的性質應該定位為「中華民族認同基礎上的法理共識」。武漢大學法學院2009年憲法學專業祝捷博士的博士學位論文《兩岸和平協議論》，洋洋30萬字，圍繞上述觀點展開論證。該論文沒有迴避把「中華民族認同」作為兩岸簽訂和平協議的認同基礎，是否與中共十七大所主張的「在一個中國原則的基礎上，協商正式結束兩岸敵對狀態，達成和平協議」相違背，「中華民族認同」是否意味著放棄「一個中國」原則這個問題。作者給出的答案當然是否定的。既然「中華民族認同」並不意味著要放棄「一個中國」原則，那麼為什麼又不以含有「一個中國」原則的國家認同作為和平協議的基礎呢？作者認為兩岸在「一個中國」原則的「中國」的涵義、事實與規範、現狀與目標等三個具體問題存在分歧，並認為，「九二共識」是兩岸國家認同基礎上的臨時協議，其營造的穩定狀態，不論在理論上還是在現實中，都是不穩定的。而「兩岸同屬中華民族」是兩岸都可以接受的事實，不提及「國家認同」，但也不否認「國家認同」，不僅不違背「一個中國原則」，而且與涵義不斷豐富和深化的「一個中國」原則相適應。選擇「中華民族認同」作為和平協議的認同基礎，也是「一個中國」原則不斷發展的必然選擇。244

根據上文對國家同一性原理與兩岸關係的論述，本文認為兩岸關係可以定性為存在於一個主權國家的領土範圍內的兩個競爭性政府之間的關係，「在橫跨臺灣海峽兩岸的960萬平方公里的土地上只存在一個主權國家」，這是兩岸統一事業的現實基礎，也是經國際法和兩岸各自根本法確認的法律基礎，包括和平協議、和平發展框架等在內的所有兩岸政策的設計和制定必須考慮這樣一個不容迴避、不容否認的基礎。大陸方面，在兩岸關係領域在闡述「一個中國」時不加「中華人民共和國」前綴，十七大報告中首次提出「家園論」（「中國是兩岸同胞的共同家園，兩岸同胞理應攜手維護好、建設好我們的共同家園」）和「命運共同體論」（「十三億大陸同胞和兩千三百萬臺灣同胞是血脈相連的命運共同體」），這些並不能表明大陸兩岸政策的認同基礎，「逐漸從政權層次轉向國家層次，並開始探索民族層次的認同」。245實際上，閱遍國家領導人的相關講話和國家相關法律但凡涉及兩岸關係時都毫無例外地包含「兩岸同屬一中」精神。之所以如此，是因為建立在領土同一性基礎上的國家認同是經國際法和兩岸根本法確認的法律基礎，兩岸和平協議是推進兩岸和平統一事業的基礎性協定之一，該協定如果不以領土同一性的國家認同作為基礎，那麼和平統一事業就會迷失方向（有可能以「不統一」為方向），民族認同是與國家認同不同的兩個範疇，它具有與國家認同不同的功能，它只能作為國家認同的補充，而不能代替國家認同，更不能認為是國家認同的「不斷發展」，所以，把兩岸和平協議定位為「中華民族認同基礎上的法理共識」的觀點值得商榷。

五、結論

建立以領土同一性為基礎的兩岸國家認同，可以最大限度的剝離長期附著在兩岸國家認同上的政治、政權、意識形態等干擾迷惑因素，從而恢復兩岸國家認同的基本事實和法律內涵，即兩岸認同「在橫跨臺灣海峽兩岸的960萬平方公里的土地上只存在一個主權國家」。張亞中教授的「整個中國」理論，企圖在同一塊領土上放置三個主權者，顯然違背國家同一性理論的常識，也不符合國際法和兩岸各自根本法的規定。把兩岸和平協議定位為「中華民族認同基礎上的法理共識」是一種沒有學術立場的理論，它在事關兩岸關係發展的原則性問題還沒有研究清楚之前、在兩岸就原則性問題達成共識的可能性還沒有完全破裂之前就避難就輕地放棄必須始終堅持的原則；它是一種違背基本學術常識的理論，在兩岸關係領域，民族認同只能作為國家認同的補充，不能因為國家認同難以達成就換成容易達成共識的民族認同，把民族認同作為和平協議的基礎。兩岸和平協議是一國之內兩個競爭性政府之間的和平協議，而以民族認同為基礎的和平協議可能是「一族兩國」協議，如《兩德基礎關係條約》。學術研究一定要本著事實、規則和經得起實踐檢驗的理論，堅守學術獨立，而不是做學術「鄉愿」，只有這樣才能體現學術研究的價值。

（會議論文，原文印發，文中用語和觀點係作者個人意見）

新聞交流在增進兩岸政治互信中的作用

段皎琳246

當前，兩岸關係在「九二共識」的基礎上建立了基本的政治互信。但是兩岸的政治互信並不穩固，合作並沒有達到融洽和諧的程度，兩岸關係和平發展尚處於低級階段。為了增進互信，逐步破解兩岸難題，需要兩岸不斷的累積和創造條件。政治溝通是政治訊息的一種傳播過程，指傳送那些相關政治訊息，並透過一定的政治傳播媒介在不同政治主體之間有效地互相傳遞和交流政治訊息的過程。在當今現代化的國家中，政治溝通的基本機構是大眾傳播媒介。在各個新聞領域工作的專業溝通者，已經成為政治態度的自主力量。在發達工業社會中，有些人認為，傳播媒介的權力大到了足以安排或至少可以改變國家政治議事日程的程度。新聞所具有的時效性、新奇性、重要性等特點，使新聞交流成為兩岸交流的橋樑，在溝通兩岸人民，逐漸消除誤解方面造成過積極的作用。隨著兩岸關係的解凍緩和，如何增進兩岸的政治互信成為關注的議題，新聞交流在其中扮演怎樣的角色？將造成怎樣的作用？成為本文探討的問題。

一、兩岸新聞交流對建立政治互信的影響

新聞的性質就是對最近發生的對大家都重要的事實的報導，它的特性是向人們傳遞各種訊息。交流是指彼此把自己有的提供給對方。

新聞交流就是指兩岸間交換新聞訊息並且安排記者互訪和駐點以及設立辦事處。

自1987年《自立晚報》記者到大陸採訪以來，兩岸新聞交流從無到有，從單向到雙向，經歷了漫長的發展時期，兩岸間交換新聞訊息並且安排記者互訪和駐點以及設立辦事處，這對於兩岸的政治互信建立發揮過重要的作用。在兩岸關係發生變化時，新聞媒體成為兩岸交流溝通的平臺，並藉由此平臺，溝通兩岸民眾，消除彼此的誤會，建立兩岸的信任感。互信是對相互間的承諾，指雙方都有信用和信心，恪守已達成的共識和協議，對於仍未有共識的問題，雙方都有互諒互讓的誠意。兩岸政治互信是指「海峽兩岸雙方彼此以口頭、書面或行為默契的方式，展現出共同維護兩岸同屬一個中國的法理和政治現實之意志，建立起相互包容和信任的政治關係。」247兩岸新聞交流對政治互信的影響主要表現在兩岸在一定程度上的理解和包容，並且在此基礎上對影響兩岸關係的事件加以克制，從而保持兩岸和平穩定的發展。

1.兩岸新聞交流對建立政治互信所起的作用。

兩岸透過新聞交流消除了誤會，建立了信任感，並且嘗試著用包容的心態看待兩岸間的事情，從而為兩岸政治互信的建立打下了基礎。臺灣是一個新聞媒體開放自由的地區，各種觀點在此共生共融，加之臺灣政治生態藍綠分布的特殊狀態，使得臺灣的媒體報導的政治傾向中亦有藍、綠之分。從而對兩岸政治互信的建立產生了正負兩方面的作用和影響。

（1）消除誤解，建立信任感：兩岸新聞交流在溝通兩岸民眾的感情，以及增進兩岸民眾相互瞭解，消除誤解，建立信任感方面發揮了重要的作用。兩岸隔絕多年，兩岸同胞認識彼此最主要的是靠媒體的報導。兩岸新聞交流暢達前，兩岸間誤會重重，從而將一些小的突發事件，擴大成為影響兩岸和平進程的大事件，同時還加深了民眾間的誤解。例如千島湖事件，案件中32名臺灣觀光客及大陸船工在浙江省杭州市淳安縣的千島湖被劫殺，事發後，大陸方面迅速作了妥善處理。實際上這只是一宗簡單的刑事案件，但是由於當時新聞交流不順暢，此事件最終演變成了政治風波，使臺灣自認為「臺灣人」的比例大幅提高。248

隨著兩岸新聞交流的逐步深入，相互認識並逐漸建立起一定的信任感，當出現阻礙兩岸關係正常發展的事件出現時，兩岸媒體大多能夠理性報導，有所克制，使兩岸維持和平穩定的發展態勢。例如，2009年9月下旬，高雄市策劃播放美化民族分裂分子熱比婭的影片，並擬邀請熱比婭訪臺，從而惡化兩岸關係。為製造聲勢，民進黨等「臺獨」勢力甚至與熱比婭公開唱和，連手給臺當局施壓，但臺當局在9月25日以熱比婭與國際恐怖組織有關為由，拒絕熱比婭「入境」。熱比婭訪臺企圖破滅後，民進黨等「臺獨」勢力堅持在島內播放熱比婭影片。民進黨熱炒達賴、熱比婭事件的主要目的是，想藉機挑起兩岸政治對立，破壞兩岸關係和平發展勢頭。對於此事件，兩岸媒體都進行了大量的報導和分析，但這些報導和社論都站在公平和客觀的立場上，其中《聯合報》社論指出：「許多『臺獨』人士對於熱比婭是何許人原本毫無所知，只不過看了一部影片，就驚為天人，不嫌太天真嗎？」另外，臺灣《中國時報》26日在題為「兩岸良善互動不該被惡意挑動所破壞」的社論中寫道，民進黨擺明了就是要挑起大陸怒意，再收割釀成衝突後的政治利益。「（兩岸關係）不該也不必因為少數人的惡意操作，就讓剛剛經營出來的良善氛圍，旦夕間陷入危局。」從而點出了事情的實質。而對於民進黨熱炒的熱比婭事件，民眾的反應是如何的呢？首先，從遠見雜誌長期跟蹤調查的「政治樂觀指數」249顯示，熱比婭事件後，臺灣民眾對兩岸關係的緩和指數不減反升，從2009年的8月的63.1上升到9月份64.5。另外，根據臺灣聯合新聞網在臺灣拒絕熱比婭「入境」後的在線調查顯示（截至北京時間9月25日22時10分），在3594名參與投票的臺灣網民中，有3117人表示支持當局拒絕熱比婭訪臺，約占投票總人數的86.7%，表示不贊成的只有470人，約占總人數的13.1%，其餘投「沒意見或不知道」的有7人，約占總人數的0.2%。250由此表明，兩岸新聞交流的深入，媒體的客觀、真實的報導，兩岸信任度的走高，使得民眾能以客觀的態度面對兩岸間發生的事情。

兩岸新聞交流不僅增加了兩岸民眾的信任感，而且透過兩岸新聞交流為兩岸的產、官、學搭建了溝通平臺，為增進它們的相互瞭解貢獻了力量。例如，由海協會會長汪道涵定名的《中國評論》於1998年1月在香港創刊。2000年，中華人民共和國新聞出版署批准其在內地公開銷售。2001年，臺灣「新聞局」批准其在臺灣公開銷售，就此《中國評論》月刊成為第一家在兩岸公開發行的時政雜誌。2005年5月，中國評論通訊社（簡稱中評社）在香港註冊成立，同年6月3日，中國評論新聞網（www·China Review News·com）開播。2007年2月8日，中國評論通訊社與臺灣中國時報聯合舉辦的「海峽兩岸旅遊可持續發展座談會」在北京舉行，受邀的18家計30餘位代表圍繞如何促進海峽兩岸旅遊特別是大陸居民赴臺旅遊良性可持續發展暢所欲言，獻計獻策。2008年8月，中評社記者作為隨行記者，採訪了馬英九就任「總統」之後的第一次出訪活動。至此，中評社成為歷史上以及目前唯一得以跟隨兩岸領導人出訪的新聞媒體。由此中國評論通訊社（中評社）成為兩岸新聞中最具權威性和影響力的「兩岸共同媒體」。藉由中評社的平臺，兩岸各界人士經常齊聚一堂探討當前的兩岸間的問題。對於諸多的突發事件，可以藉由此平臺，面對面的講清楚，說明白。避免了諸多的誤會。而且藉由網路媒體「成本低」、「功能全」、「大容量」的特點，使得中國評論新聞網在兩岸同胞彼此瞭解上構建了新的渠道，據統計，中國評論新聞網的點擊率平均是3000萬次/天，其最高時達到9000萬次/天。除此之外，中評社經由其在兩岸的特殊地位，在南臺灣設立辦事處，並且聘用臺灣人作為記者，第一時間，向兩岸人民展示真實的南臺灣。據中評社社長郭偉峰介紹，南臺灣存在一股推動兩岸和平發展的力量。

（2）增加了兩岸同胞的包容心。兩岸新聞在交流中發揮了重要的溝通作用，透過大量的新聞報導、分析，透露了大量訊息，增加了兩岸同胞的包容心。例如：1995年6月，李登輝不顧大陸強烈反對訪問美國，並且在康奈爾大學發表的演講中一次都不提一個中國，卻多次使用「中華民國在臺灣」和「在臺灣的中華民國」的說法，導致兩岸關係的緊張。而當同年大陸在南海舉行大規模的軍事演習時，由於兩岸新聞交流的閉塞，引起了臺灣民眾的恐慌，數以千計的市民趕到銀行提領存款或換購美金。部分群眾擠在機場想取得機位，飛往美國及加拿大的華航客機班班爆滿。251對此情形臺灣方面不予解釋和勸導，其「國防部」部發言人劉志堅還大肆宣揚，在整個「導彈危機」期間，「國軍已經奠定了良好的備戰基礎」，加深了兩岸的誤解。隨著兩岸的長期溝通和瞭解，當類似的事件出現時，兩岸民眾表現出極大的包容心。例如，民進黨邀請「達賴訪臺」以及近期蔡英文拋出「中華民國是流亡政府」的言論。這兩件事情雖然嚴重地影響到大陸的情感，前者有著「臺獨」和「藏獨」合流的隱憂，後者是赤裸裸的「臺獨」言論，不僅受到了大陸方面的譴責，而且臺灣島內部對於民進黨這樣的行為和言論也提出了質疑。由於兩岸新聞交流的通暢和透明，使得這兩個事件並沒有實質性的影響兩岸關係的發展，兩岸民眾對兩岸關係的發展仍然保持著高度的信心。

2.兩岸新聞交流對建立兩岸政治互信的啟示

據上文分析，兩岸新聞交流在兩岸關係和平穩定的發展中發揮橋樑作用，為兩岸政治互信的建立積累了經驗，其中出現的問題亦給予不少的啟示。

（1）兩岸新聞交流未形成常態化、機制化。兩岸新聞交流雖然經歷了20多年的發展，到目前兩岸並沒「常駐」機構。臺灣方面雖然相繼開放大陸媒體記者「駐點」臺灣採訪，但是仍然限制重重。到目前為止，大陸除了五家中央級媒體和兩家地方媒體可以「駐點」臺灣外，其它的媒體記者是無法在臺灣採訪的。除了限制進入臺灣「駐點」媒體的數量外，臺灣方面還會無理的取消大陸媒體記者的「駐點」。例如，2001年7月臺灣突然停止新華社的駐點採訪資格，而改用中新社記者到臺駐點採訪。2005年4月10日，臺灣又無理的宣布暫緩新華社和人民日報兩家媒體記者申請到臺駐點採訪，並且沒有說明開放的時間。直到2008年6月，馬英九「就職」，兩岸關係緩和，臺灣方面才同意恢復以上兩家媒體在臺駐點採訪。當兩岸關係受到阻礙，需要藉由兩岸新聞交流增進瞭解和互信時，臺灣方面卻會單方面的減少到大陸採訪的記者人數。1995年李登輝拋出「兩國論」兩岸關係處於危機的時候，根據資料顯示，1996年到大陸採訪的記者從1995年476人降至320人，降幅為33%。252

（2）臺灣方面對兩岸新聞交流始終保持戒備心理。兩岸長期的隔離，李登輝時期的「戒急用忍」政策、陳水扁的「臺獨」意識的負面影響，使得臺灣在涉及兩岸關係上持續保持著戒備之心。這點可從臺灣相關法律法規的制定上給予管窺。例如：《大陸地區新聞人員進入臺灣地區採訪注意事項》中規定「經許可進入臺灣地區採訪之大陸地區新聞人員，應於入境後十五日內，向居住地警察分駐（派出）所辦理登記手續，並與邀請單位保持密切聯繫。」而且「前項大陸地區新聞人員應依許可之採訪計劃及行程表從事採訪活動，不得擅自變更。採訪計劃及行程表有變更者，邀請單位或該大陸地區新聞人員應先向新聞局報核，再檢具變更活動計劃及新行程表送境管局備查。」《政府機關（構）接受大陸地區新聞人員採訪注意事項》也規定「政府機關（構）對於大陸地區新聞人員申請採訪案，應審酌下列事項，以為準駁：（一）採訪者有無行政院新聞局核發之記者證；（二）申請採訪是否與內政部入出國及移民署許可之行程表內容相符；（三）考慮業務性質是否接受採訪。」對於其它地方的駐臺記者，臺灣方面卻寬鬆很多。比如說，外國駐臺記者申請駐臺，首次申請駐臺期間最長不得逾一年，第一年期滿後仍有駐臺必要時，應由該記者於期滿三十日前備具下列文件，向「行政院」新聞局申請登記繼續駐臺，每次申請延長駐臺期間最長不得逾二年。相較於來說，針對大陸記者到臺灣採訪不僅限制到臺灣的媒體，而且約定人數只有二人。而且每次駐點只有三個月來說，條件太過嚴苛。而直到現在每個到臺灣的大陸記者只要離開大臺北地區，不管是採訪還是旅遊，都要提前向臺灣「新聞局」報備，而且每個行程都要寫清楚，包括乘坐的交通工具、時間、居住飯店、採訪對象以及聯繫方式等。臺灣各縣市的警察都會派專人負責「保護」記者。

總之，兩岸新聞交流經過長期曲折的發展，為兩岸政治互信的建立積累了寶貴的經驗。但是兩岸間存在的歷史和現實的原因，使得兩岸新聞交流並沒有建立起機制化的交流模式，而且臺灣方面對兩岸新聞交流仍然抱有「戒嚴」的心態。以上對兩岸政治互信的建立是不利的。

二、兩岸新聞交流在增進政治互信中的困境和對策

兩岸政治互信建立需要分階段，先易後難。當前兩岸政治關係和政治互信的基礎非常的薄弱，尚處於兩岸政治互信的初級階段。由此在上海世界博覽會開幕式上，胡錦濤總書記提出「兩岸關係發展要靠

兩岸同胞共同推動，兩岸關係未來的道路要靠兩岸同胞共同開拓。兩岸各界應該擴大和深化交流合作，不斷凝聚推動兩岸關係和平發展的共識，不斷共享兩岸關係和平發展的成果。要繼續增進兩岸政治互信，不斷增強兩岸關係和平發展的推動力。」因此在此階段兩岸應該在不斷建立經濟互信、文化互信和社會互信的基礎，增加兩岸的溝通渠道，逐步消除誤解，進一步加強和深化兩岸各界的充分理解，逐步消除誤解，從而搭建起兩岸政治互信的基礎，增進兩岸政治互信的途徑則是擴大和深化交流合作。

1.兩岸新聞交流在增進政治互信中的困境

兩岸新聞交流雖然在推動兩岸關係上，搭建兩岸溝通橋樑上發揮過重要的作用，在未來兩岸新聞交流仍然將會發揮重要的作用。由於長期的隔離和誤解，使臺灣民眾對中國大陸的發展變遷保持負面觀感。近來，兩岸關係的緩和，新聞交流的頻繁，臺灣島內對於中國大陸的相關報導逐步導入正軌，但無論是兩岸新聞交流，還是兩岸的政治互信，還是兩者間都存在諸多的問題。

（1）兩岸新聞交流的問題。兩岸新聞交流渠道不健全，導致溝通效力下降。對於溝通來講，要不斷地獲得反饋訊息，有賴於良好的溝通網絡，溝通通道的健全與否，要看其能否迅速而正確地傳送恰當的數量訊息。雖然兩岸相繼開放媒體記者「駐點」，當前經核準在大陸採訪的臺灣媒體有13家，經核準在臺灣駐點採訪的大陸媒體5家中央級媒體和2家地方級媒體。但是這些對於兩岸當前大交流、大發展的背景來說，是遠遠不夠的。

兩岸新聞交流在某種程度上講，就是兩岸訊息的傳遞，只是這個訊息是新鮮的、真實的。因此兩岸新聞交流過程中，也存在著訊息失真，靈敏度低和訊息「噪音」的問題，這些導致了兩岸的誤解，也妨礙了兩岸政治互信的建立。訊息失真是指訊息在傳遞過程中被歪曲，到達訊息接收者手裡的是被歪曲了的訊息。靈敏度低主要表現為該控制的訊息得不到控制而「外溢」出去，該傳送的訊息不能迅速傳送而被擱置下來。「噪音」則是指與訊息接收者的要求或決策活動無關的訊息。因為訊息失真，靈敏度低和「噪音」的影響，使得兩岸之間的互信難以建立，而且還持續的影響兩岸關係和平發展的進程。關於撤飛彈就是其中一例，臺灣方面經常宣傳，大陸東南沿海分布的導彈是專門針對臺灣的，由此引發臺灣民眾對中國大陸的恐懼，為其購買各種武器提供藉口。實際上，中國大陸的海防線如此之長，為了保護國土的安全，布置飛彈是可以理解的，另外關於飛彈的數目的問題，這其中也存著極大的問題，作為軍事祕密，臺灣是如何獲知的呢？媒體又是如何獲知的呢？而這其中由於飛彈訊息傳播當中存在著靈敏度低和「噪音」的問題，使得兩岸在飛彈問題上持續不下，而且造成了臺灣民眾對中國大陸的誤解和恐懼。

（2）增進政治互信方面的問題。兩岸關係從對峙到和緩，到建立政治互信，以及當前不斷的增進兩岸政治互信，走過了一條漫長而艱辛的道路。當前，兩岸相繼開通了「三通」，簽訂了12項協議，開放大陸遊客赴臺旅遊，並在「九二共識」的基礎上籤訂和商談各類議題，使得兩岸關係朝著良性的方向發展。但兩岸的政治互信仍然處於初級階段，政治互信的基礎非常薄弱。這其中除了兩岸長期積累的心結外，還涉及「主權」的問題，「國際空間」的問題，「統獨」以及人心向背的問題。這諸多的問題層層疊加，使得增進兩岸政治互信變得困難重重。

2.如何增強兩岸新聞交流對促進政治互信的作用

（1）建立常態化、機制化的新聞交流渠道。新聞交流是兩岸的重要溝通渠道，在兩岸關係中造成了獨特的橋樑作用。因為透過兩岸的新聞交流可以促進瞭解，消除歧見，同時可以增加共識。兩岸隔絕多年，兩岸同胞要認識彼此主要依靠各自的媒體報導。透過兩岸新聞交流，使兩岸民眾從完全陌生，到感情接近，新聞交流造成了十分重要的作用。經過兩岸新聞媒體的長期交流，訊息的充分溝通，兩岸民眾有了初步的認識，不會完全受情緒煽動，使得臺灣在政治輿論上的操弄所造成作用越來越弱。但如上文分析，兩岸的新聞交流並沒建立起常態化、機制化的交流體制，使得兩岸新聞交流隨著兩岸關係的發展而張弛。因此兩岸間設立媒體常駐成為一個迫切的議題。例如，在2009年7月舉行在長沙舉行的第五屆兩岸經貿文化論壇上新華通訊社副社長周錫生呼籲兩岸新聞界以更加開放的態度，採取更加積極的措施，深化彼此的交流與合作，在兩岸即將全面實現直接雙向「三通」——通郵、通航、通商之外，也盡快實現雙向直接的「訊息通」，促進兩岸關係的和平發展。253010年2月12日，針對兩岸媒體常駐問題，範麗青則表示「希望兩岸本著先易後難、循序漸進的精神，共同努力，創造條件，早日促成這個好事情」。她認為，互設常駐機構是兩岸媒體長期以來的強烈願望，也是兩岸媒體採訪常態化的一個基本要求，更是兩岸關係發展的客觀需求。兩岸媒體需要共同努力，更多地互相介紹兩岸的情況，以增進兩岸民眾的溝通瞭解。254

（2）提高訊息傳遞效力。兩岸訊息溝通時，由於各種原因，使得兩岸訊息的傳遞經常受到一些「噪音」的干擾，使得傳遞的訊息失真，從而降低了整個訊息的傳遞效力。當前兩岸的政治互信基礎十分的脆弱，在臺灣島內的統一與分裂的鬥爭貫穿其中，使得兩岸問題危機大、麻煩多、問題重。在此情形下，更加要加強兩岸訊息傳遞的效力，即儘量做到及時、真實傳遞兩岸的訊息，減少兩岸間的誤會。特別是，近百年海峽兩岸的隔離所產生的疏離感並不是容易拉近，強烈的悲情意識根深蒂固並不容易化解。60年的敵對對立所產生的強烈「反共恐共」意識並不容易消除，對中國大陸和中國共產黨所產生的成見敵意和偏見並不容易克服。近20年「去中國化」的教育、「反中國化」的宣傳，對臺灣社會造成深刻而廣泛的影響，一時也很難去除。臺灣島內政治選舉所導致的民粹化傾向，新聞媒體為求生存，不擇手段地煽情化，很難對事件的經過原委做深入、客觀的報導等等，更是很難迅速扭轉。最近，由於全球性的金融危機使臺灣經濟仍在繼續下滑，臺灣百姓對馬英九「馬上好」的過度期待落空，使臺灣瀰漫著強烈的失望怨恨情緒。兩岸經貿和旅遊也一時很難救臺灣經濟之急，而兩岸的和解和接近反而加深了泛綠陣營的恐慌，無望的「臺獨」勢力更是在做拚命的掙扎。在此種情況下，如何增加訊息的傳遞效力顯得尤其的重要。

（3）建立和增加兩岸新聞從業人員推動兩岸和平發展和增進兩岸政治互信的使命感。使命感，即人對一定社會一定時代，社會和國家賦予的使命的一種感知和認同。馬克思曾說過：「作為確定的人，現實的人，你就有規定，就有使命，就有任務，至於你是否意識到這一點，那是無所謂的。這個任務是由於你的需要及其與現存世界的聯繫而產生的。」255對於兩岸的新聞從業人員來說，將推動兩岸的和平發展和增進兩岸政治互信作為自己的任務，並且在其工作中貫徹這種使命感，對於增進兩岸的政治互信是十分有幫助的。現實生活中新聞屬於知性傳播，即是告知性公眾訊息的一種。新聞傳播是從新聞來源到新聞傳播者再到受眾，然後由受眾反饋給新聞傳播者的過程。這其中新聞傳播者承擔著重要的作用，即它既承擔著對新聞來源的分析，又承擔著受眾的反饋訊息。因此，新聞傳播者自身的使命感對於新聞傳播有著重要的意義。對於兩岸來說，透過新聞從業人員的相互交流，共同舉辦研討會，逐步建立兩岸和平發展和增進政治互信的共識，將成為努力的目標。

總之，在建立社會互信的過程中，兩岸的新聞交流繼續扮演不可替代的角色。對於促進兩岸同胞更加客觀的認識對方，更加準確地瞭解對方，提供了渠道和平臺，從而有利於兩岸的共同利益。因此，兩岸當前應該加快兩岸新聞交流與合作的速度、擴展交流與合作的廣度，深化交流與合作的深度，引導兩岸社會逐步建立相互信任合作的氛圍的基礎。

（會議論文，原文印發，文中用語和觀點係作者個人意見）

對兩岸政治協商起點的再思考——基於以人為本理念的視角

古小明256

一、問題的提出

2008年5月以來，兩岸關係發展面臨重要歷史機遇，兩岸關係開始進入和平發展的快車道。兩岸雙方經過一段時間的磨合，初步形成了「先易後難」、「先經後政」務實推進兩岸關係發展的基本思路與默契。257然而，隨著兩岸關係進一步發展，「先易後難」、「先經後政」的基本思路面臨著兩岸快速變化的政經形勢的挑戰。越來越多長期沉潛的矛盾浮出水面。這些矛盾的解決不約而同地指向兩岸政治難題的破解。在此形勢下，兩岸雙方都應未雨綢繆，為近期可能展開的政治協商做好理論與實際規劃。對於大陸來說，越早啟動與臺灣方面的政治協商，越能鞏固兩岸關係和平發展的成果，越有利於祖國完全統一和中華民族的全面復興。

這一點在大陸各界是具有高度共識的。然而，對於臺灣方面來說，要與大陸進行政治協商卻面臨著內部共識不足的困境。但是，冷靜分析當前臺灣政局可以發現，有利於兩岸進行政治協商的因素正在逐步顯現。關鍵在於兩岸要能及時捕捉有利時機，共同營造有利於政治協商的氣氛，著力引導臺灣主流民意向有利於兩岸政治和解的方向上來。大陸很多人認為，只要民進黨不轉變其基本政治立場，就難以改變其阻擾兩岸政治協商的負面形象。其實，我們大可不必對民進黨258抱持僵化的思維定勢。即使在陳水扁主政時期，民進黨也不乏形象清新人士開始重新評估李登輝的兩岸遺產，認為李登輝主政十二年，兩岸關係的決策出現嚴重失誤，刻意迴避兩岸政治談判的結果，反而使政治談判更加逼近，使臺灣不斷流失政治談判籌碼，並呼籲民進黨拓展視界，務實面對兩岸政治關係。259在兩岸關係邁入和平發展的新形勢下，民進黨即使僅僅從選舉考量，也不可能死守舊有的意識形態。種種跡象都表明民進黨在兩岸關係議題的主導權上並不願意拱手讓與國民黨。這是兩岸進行正式政治協商前的新因素。

但是，新因素的出現，並不必然意味著兩岸就能展開正式的政治協商。兩岸在關於政治協商起點的基本問題上，存在較大的分歧。大陸普遍認為，兩岸政治協商的起點應該是中國內戰以及由此延續的兩岸政治對立關係。260008年12月31日，胡錦濤在推動兩岸關係和平發展的「六點意見」中指出：「1949年以來，大陸和臺灣儘管尚未統一，但不是中國領土和主權的分裂，而是1940年代中後期中國內戰遺留並延續的政治對立」。261從大陸民眾的政治認知和歷史認知現狀來看，兩岸政治對立關係肇始於1940年代中後期的中國內戰，這點也是不存在疑問的。然而，在臺灣島內，對兩岸政治協商的起點的認知與大陸相比卻有著顯著的落差。對國民黨來說，要無條件接受大陸關於兩岸政治協商起點的主張有著極大的政治風險。如果接受大陸這一主張，那麼國民黨就要接受在中國內戰中戰敗的結果。而若接受這一結果，也就意味著兩岸之間的政治對立實際上是中國內部不同政治勢力之間的政治對立，也就排除了所謂兩岸的主權爭議。根據這一邏輯並考慮到當前臺灣民意的所謂「去中國化」趨向，國民黨認為，在當前臺灣政黨政治的特殊生態中，如果接受大陸關於兩岸政治協商起點的上述主張，那麼國民黨進行政治操作的機動性將大大減弱，甚至因此可能再次喪失執政權。部分國民黨成員認為，中國內戰是蔣介石與毛澤東的個人恩怨，兩岸雙方不要糾結於歷史，要向前看。如果說國民黨在這一問題上可能還存在著有條件鬆動的空間，那麼對民進黨而言，其對此一問題則採取絲毫不予合作的反對態度。民進黨認為，內戰是國共之間的事情，民進黨與內戰毫無瓜葛。「民進黨根本不會接受兩岸政治協商的起點或議題是討論自1949年之後兩岸因內戰而遺留的問題，包括臺北可能被定位為交戰團體的定位」。262

國民黨和民進黨對兩岸政治協商起點的立場，固然反映了臺灣島內兩大政黨自身的政黨私利。然而，從現代政黨理論來考察，臺灣島內兩大政黨的此種態度，卻也折射了臺灣民眾對當前兩岸政治關係的基本政治傾向。政黨作為一種社會的政治組織，有著特定的政治理念，通常也有特定的政治目標和意識形態，針對社會問題有各自的主張。政黨主要的作用在於「爭取並運用政治權力，以維護成員的政治理想和增進成員的共同利益」。263在現代政黨政治中，一個社會的主要政黨通常得到眾多民眾的政治支持從而具有相當的民意基礎。從這個意義上來說，作為臺灣兩大主要政黨的國民黨和民進黨對兩岸政治協商起點的立場，可能代表了臺灣島內相當部分民眾的立場。那麼，臺灣島內對兩岸政治協商起點的此種民意分布，是否意味著兩岸政治協商大門將長期緊閉呢？回答是不一定。境界決定思路。以中國內戰及其延續作為兩岸政治協商的起點，雖然正確，但過於籠統，周延不足，在當前階段，對爭取臺灣民眾的普遍支持仍然欠缺說服力。但是，當我們提升自身境界、開拓思考兩岸政治關係問題的新視界時，我們或許可以找到關於兩岸政治協商起點的巨大分歧的癥結所在，並可能在不必作出實質讓步的條件下選擇雙贏的策略，使兩岸順利展開正式政治協商。

二、問題的癥結：一種人本主義哲學詮釋學的解釋

那麼，我們怎樣提升自身境界、開拓思考兩岸政治關係問題的新視界從而找到關於兩岸政治協商起點的巨大分歧的癥結所在呢？透過引入德國哲學家伽達默爾的人本主義哲學詮釋學的理論，或許可以給我們提供一些有益的啟示。

就認識論意義上而言，部分臺灣民眾對兩岸政治協商起點的認識存在種種認識分歧，是多重因素造成的。一方面，部分臺灣民眾由於在理解發生於1940年代中後期的中國內戰歷史存在著類似伽達默爾所稱的「效果歷史意識」，264因而對歷史造成了不同的理解；另一方面，部分臺灣民眾對自身在中國歷史方位中的位置認識不清；再一方面，也不排除部分臺灣民眾（比如「臺獨基本教義派」）受特定意識形態綁架，而蓄意為之。為服務於本文的主旨，本文著重論述前兩個方面的因素，對民進黨的分析，主要聚焦於民進黨成員的主要部分，排除民進黨內「臺獨基本教義派」。

作為西方現代人本主義哲學詮釋學大師，伽達默爾在其《真理與方法》一書中提出了人們理解歷史的前見、時間距離、效果歷史、視域融合等詮釋學的基本概念和原則，為我們研究歷史事件提供了新的理論視角。伽達默爾對理解的歷史性、創造性、開放性作了深入研究，認為歷史是主客觀視域的交融或統一。伽達默爾認為，不同的人，對待相同的事物甚至對待相同的歷史本文，由於視域的不同，能夠產生不同的「效果歷史意識」。「真正的歷史對象根本就不是對象，而是自身和他者的統一物，是一種關係。在此關係中同時存在著歷史的實在和歷史理解的實在」。265這樣的歷史，就既有歷史事件的真實，又有理解歷史事件的真實：兩者的結合就是歷史的真實，就是真實的歷史。這也就是所謂「效果歷史」。266對當代兩岸中國人來說，我們認識和理解中國內戰的歷史，一方面，我們要盡力忠實於中國內戰真實的情景，另一方面，我們在理解這段歷史情景時，我們自身必然對這段歷史帶著某種「前見」。「真前見」使理解得以進行，而「假前見」卻使人誤解歷史。

對於發生在1940年代中後期的中國內戰，當代兩岸中國人無法還原現場感受當時的真實情景——實際上也永遠不可能。對於兩岸中國人來說，不同的人群由於其所持的「視域」有所不同，其對歷史的理解也自然不同。「視域概念本質上就屬於處境概念。視域就是看視的區域，這個區域囊括和包容了從某個立足之點出發所能看到的一切。」267此處的「視域」同「處境」相關聯。在伽達默爾看來，「視域」即「地平線」，268既表示一個人視力所能達到的範圍和界限，同時又表明這種範圍和界限是不固定的。隨著看視主體的運動，視域可以不斷地向前延伸。這體現了對歷史事件理解的創造性和開放性。中國內戰歷史的真實與對中國內戰歷史理解的真實的辯證統一，這就成了兩岸中國人理解這段歷史而產生的所謂「效果歷史」。歷史總是離不開當代理解者自身的理解從而對歷史進行賦值，它不是對過去的一種空洞的回聲。這也是義大利歷史哲學家克羅齊關於「一切歷史都是當代史」命題的基本含義之一。歷史並不是客觀事件的連續，它是解釋者對歷史事件的理解的產物。解釋的對象不可能是真正客觀的、獨立的。解釋者的「前見」269

總要與其它的視域相融合，從而產生新的統一的視域。對於臺灣部分民眾來說，由於臺灣在近代以來既遭受了外國侵略者的殖民統治，又被迫接受了因中國內戰戰敗而遷徙到臺灣的所謂「中華民國」政府數十年的威權高壓統治，其對中國內戰有著不同的理解也是很正常的。因為臺灣民眾在理解這段歷史時就已經預先持有某種「前見」。這種前見是理解一個歷史事件所不可或缺的。理解一個歷史事件，需要理解者把自身置入一種處境裡，理解者必須首先具有一種視域。270它一方面為理解提供理解的條件，另一方面又為理解造成某種可能的困難。在理解歷史的過程中存在著兩種不同的視域。一種是歷史自己的歷史視域，它是在特定的歷史條件下，由特定歷史存在的個人（比如撰寫歷史史籍的作者等。對歷史的理解，人們往往是透過特定的媒介，比如史籍、影像、遺蹟等。這些媒介都打上了存在於歷史上的個人的印記。）所創造出來的。另一種是理解者的視域，這種視域是由他自己的歷史境遇所賦予的。這樣，兩種視域就可能存在落差，並進而構成對歷史理解的內在矛盾。在伽達默爾看來，這個矛盾可以藉助「時間距離」來求得更完整地解釋。

那麼，什麼是時間距離呢？時間距離意味著理解者在理解歷史事件的過程中，「時間不再主要是一種由於其分開和遠離而必須被溝通的鴻溝，時間其實乃是現在根植於其中的事件的根本基礎」。271時間距離為理解的建設性和產生性提供了可能。也就是說，對於發生於60多年前中國內戰的這段歷史，人們既可能因為長期的時間洗禮而生疏甚至忘卻歷史事實，但也可能因為時間的延續而使人們對歷史意義有了更深刻更貼切的理解。「時間距離不是一個張著大口的鴻溝，而是由習俗和傳統的連續性所填滿」。272時間距離表達著某種歷史連續性，透過這種連續性，一切歷史事件的意義才向我們呈現出來。「每一個人都知道，在時間距離沒有給我們確定的尺度時，我們的判斷是出奇的無能」。273通常而言，當代史之所以比古代史更難寫，其重要原因之一不在於史實本身的複雜程度，而在於作者同它之間的時間距離太近，很多意義呈現不出來。因此，對歷史的把握必須依賴「時間距離」。「伴隨著時間距離造成的過濾過程的這種消極方面，同時也出現它對理解所具有的積極方面。它不僅使那些具有特殊性的『前見』消失，而且也使那些促成真實理解的『前見』浮現出來。」274只有時間距離，才能將理解得以進行理解的「真前見」與產生誤解的「假前見」區別開來。275兩岸分隔60年，兩岸人民對中國內戰歷史的理解沒有因為60年的時間距離而對歷史產生生疏，相反，還可能由此對同一歷史事件的意義產生新的認識。2005年4月29日，國民黨主席連戰和中共中央總書記胡錦濤相聚在北京，就發展兩岸關係和國共兩黨交往重大問題開誠布公地進行對話交流。這是國共兩黨為了中華民族的根本利益和兩岸同胞的福祉，正視現實、開創未來的重要歷史性事件。可以說，這是國共兩黨對發生於1940年代中後期的國共內戰的歷史排除誤解與誤會、消弭內心隔閡並有了新的認識與理解的結果。這體現了時間距離的神奇妙效。所以，胡錦濤指出：「兩岸應該本著建設性態度，積極面向未來，共同努力，創造條件，透過平等協商，逐步解決兩岸關係中歷史遺留的問題和發展過程中產生的新問題。」276兩岸只有攜手向前，不沉湎於舊的歷史格局，才能解決新老問題。兩岸摒棄意識形態之爭，意義也在於此。兩岸關於政治協商起點產生理解分歧的癥結，與時間距離這個因素是分不開的。一方面，關於中國內戰，由於60多年的時間距離，兩岸對歷史可能有了不同的認識；另一方面，兩岸對歷史也可能有些相同的認識。也許60年太短，短得讓歷史事件的意義未能向我們全部呈現出來。也許60年太長，長得讓人們對歷史真實產生生疏。也許60年正好，好得讓歷史事件的真實意義呈現在人們面前，使人耳聰目明。也許60年勉勉強強，它讓人們對歷史事件霧裡看花。總而言之，60年的時間距離，它構成了兩岸對政治協商起點持不同觀點的癥結之一。

就民進黨人士來說，為維護其「去中國化」的意識形態，以「缺場」中國內戰為理由，拒絕接受關於兩岸政治關係現狀是由於中國內戰以及由此延續的兩岸政治對立的論述。以如此理由推卸應當承擔的歷史與現實責任在理論邏輯上是站不住腳的。民進黨人士並不是從石頭裡蹦出來的。他們在當代臺灣所從事的政治活動是在「給定」的社會環境中進行的。不管自己是否承認，在現實生活中人們總是無法擺脫歷史對自己的條件約束。現實是即將過去的歷史。歷史是人們自己創造的，「人們自己創造自己的歷史，但是他們並不是隨心所欲地創造，並不是在他們自己選定的條件下創造，而是在直接碰到的、既定的、從過去繼承下來的條件下創造。」277從這個意義上理解，民進黨人士儘管主觀意圖上試圖撇清自己不想承擔的歷史責任，然而在客觀上，他們卻時時刻刻生活在歷史「給定」的社會環境當中。民進黨人士以「缺場」中國內戰為理由，拒絕接受關於兩岸政治關係現狀是由於中國內戰以及由此延續的兩岸政治對立的論述在邏輯上是行不通的。

上述論述表明，臺灣民眾對兩岸政治協商起點的不同看法既存在歷史理解方面的原因，也存在認識主體對自身認識不清的因素。由於兩岸在近代以來的種種特殊遭遇，對於中國內戰這段不幸的歷史進程有著不同看法，我們要全面辯證分析，接受其合理之處，剔除其不合理成分。對臺灣民眾心裡的某些特殊歷史情結我們也可以採取某種程度的「同情的理解」，並因勢利導，以求得對這種特殊歷史情結的化解。

以上分析了兩岸雙方對政治協商起點產生分歧的認識論因素。透過借鑑伽達默爾哲學詮釋學的視域、前見、效果歷史、時間距離等概念，可以看出，兩岸對歷史認識產生分歧的癥結之一就是雙方或一方總是對歷史採取向後看的態度，缺乏有利於前瞻的寬廣視域，從而雙方未能對兩岸政治協商起點的問題形成「視域融合」。278當前兩岸雙方要堅持以人為本理念，對兩岸政治協商起點的判定，應從國家本位轉換為社會本位，落腳於人民幸福和民族復興。可以認為，以「中國內戰及其延續中的兩岸政治關係」作為兩岸政治協商的起點，在歷史長河中格局太小，未必經得起時間距離的檢驗。當前，兩岸應進一步解放思想、開拓思考問題的新視界、達到兩岸雙方的視域融合，尋求對兩岸政治協商起點的「重疊共識」（overlappingconsensus）。279

三、解開問題的癥結：尋求「視域融合」與「重疊共識」

約翰·羅爾斯（John Rawls）提出「重疊共識」概念，是為了處理當今社會如何在多樣性的基礎上達成一致的意見、協調的行動和穩定的秩序的問題。「重疊共識」具有幾個不同的層次（本文借鑑羅爾斯重疊共識概念，主要採納其第三層次的含義）：持不同觀點的人們都以合理的態度彼此相待；不同價值的人們從各自角度出發或透過採納彼此視角而支持共同的規範；以及，目前持有不同觀點和立場的人們，努力尋求未來的彼此理解乃至視域融合。羅爾斯認為，重要的不僅是在政治哲學中討論重疊共識，而且是在政治文化中尋找重疊共識，尤其是在政治實踐中構建重疊共識。兩岸進行政治協商，是一個有意義的政治實踐。由於雙方對同一歷史事件產生理解分歧，這是非常正常的事情。但是，如果雙方在理解中國內戰這一相同歷史事件的過程中秉持一種開放的、向前看的態度，並由此產生視域融合，將給我們提供在未來政治協商的政治實踐過程中求得重疊共識的契機，使我們可能在政治協商的起點問題上取得一致意見。這需要具備一定的條件：一是兩岸雙方要更新自己的視域；二是兩岸雙方拓展理解中國內戰歷史並由此獲得關於該歷史事件的意義的視界。「『視域』這一概念本身表達了進行理解的人必須要有卓越的寬廣視界。獲得一個視域，這總是意味著，我們學會了超出近在咫尺的東西去觀看，但這不是為了避而不見這種東西，而是為了在一個更大的整體中按照一個更正確的尺度去更好地觀看這種東西。」280更新視域是為了拓展視界，拓展視界是為了「在一個更大的整體中按照一個更正確的尺度去更好地觀看這種東西」。對中國內戰這段歷史，兩岸政治家更應該站在全民族的高度，把自己置於自1840年鴉片戰爭以來中華民族救亡圖存、振興中華的時間跨度，進行理解和反思。這呼喚兩岸政治家能夠登高望遠。對包括中國內戰在內的中華民族的艱難歷程，大陸要採取一種與時俱進的態度，並不把自己拘泥於國共兩黨的歷史恩怨，不把自己封閉在一個無法攀越的柵欄當中。

胡錦濤在「六點意見」中指出：「回顧近代民族之艱難奮鬥歷程，展望未來民族之光明發展前景，我們應該登高望遠、審時度勢，本著對歷史、對人民負責的態度，站在全民族發展的高度，以更遠大的目光、更豐富的智慧、更堅毅的勇氣、更務實的思路，認真思考和務實解決兩岸關係發展的重大問題」。281這體現了大陸更新視域、拓展視界的豪邁與勇氣。我們期望臺灣島內有思想的政治家也能更新視域、拓展視界，對中國內戰的認識與理解與大陸達到視域融合。

當然，要使兩岸雙方達到視域的融合還面臨一定挑戰，但仍然充滿希望。對大陸來說，需要堅持以人為本理念，相信人民、為了人民。對中國內戰的理解，著眼點要立足於有利於兩岸政治和解，出發點和落腳點要立足於兩岸中國人民的幸福生活和中華民族的偉大復興。政治的出發點應該是追尋幸福、實踐正義。中國內戰固然是兩黨恩怨，但如果把目光投射至從1840年—2050年的時光隧道，中國內戰只不過是中國人民為實現兩大歷史任務：民族獨立與人民解放以及國家發展與社會現代化——而進行的政治路線之爭。這個路線之爭，其最終歸宿，都應落腳於中國境內兩大政治勢力分別代表部分中國人民謀求實現全體中國人美好生活（亞里士多德式語言）的過程。中國內戰，應理解為主要由中國境內兩大政治勢力（應該還包括其他政黨和民主黨派、非黨派人士）為國家的發展與社會現代化道路選擇而展開的非和平競爭。

對民進黨而言，當前要努力擺脫自我設限的思維。「人類此在的歷史運動在於：它不具有任何絕對的立足點限制，因而它也從不會具有一種真正封閉的視域。」282民進黨目前自我設限，導致其在兩岸政治關係中格局太小。民進黨未參與國共內戰，這是符合歷史事實的。但是，民進黨自身可能沒有意識到，在中國歷史的脈動中，民進黨客觀上也以一種特殊的方式實踐從1840年來中國人民追求美好生活的理想。「歷史是這樣創造的：最終的結果總是從許多單個的意志的相互衝突中產生出來的，而其中每一個意志，又是由許多特殊的生活條件，才成為它所成為的那樣。」283人們創造歷史的活動是由許多不同的主體按照各自的需要、利益和價值取向去改造歷史客體的活動匯合而成的。284由於複雜的歷史際遇，民進黨以「自由、民主、正義」旗幟反抗國民黨威權統治，但是卻犯了「把嬰兒與洗澡水一起倒掉」的錯誤（嬰兒是中國、洗澡水是威權）。民進黨以「臺灣獨立」作為武器實現臺灣政治的民主化擺脫國民黨威權統治，其本意也在於為臺灣人民謀幸福生活，本質上也在於在中國這個廣闊的大地上（中國的局部地區——臺灣）實踐讓人民過美好生活的理想。民進黨其實也在創造歷史。如果我們肯定臺灣社會在1980年代末以來取得一定的社會發展成就，那麼沒有人能懷疑民進黨在其中所扮演著某種具有一定積極意義的歷史角色。「其實歷史並不隸屬於我們，而是我們隸屬於歷史。早在我們透過自我反思理解我們自己之前，我們就以某種明顯的方式在我們所生活的家庭、社會和國家中理解了我們自己。」285如果我們把視域拓展，把臺灣人民作為整個中華民族的一部分、把臺灣作為整個中國的一部分，民進黨實際上在無意識抑或不自覺中扮演了中華民族或者整個中國歷史進步的推動者角色（民進黨在兩岸關係中的負面角色另當別論）。

當然，民進黨在扮演著中華民族或者整個中國歷史進步的推動者角色的同時，也同時扮演了阻滯中華民族歷史進步的負面角色。這個務須全面辯證地看待。如果說大陸和民進黨之間存在歷史視域上的障礙的話，那麼，這個障礙就是民進黨的「臺獨」主張與「臺獨」活動。雖然從1986年到2000年間，民進黨快速成長並走上在臺灣執政的道路，可能是適應了臺灣社會環境變遷的某種需求，其提出的政治主張也可能有著某種「時代的合理性」。286但是，隨著中國內外形勢的重大變化和兩岸關係和平發展的穩步推進，民進黨的兩岸政策日益表現出左右支絀的態勢，呈現逆歷史潮流的性質。在這種背景下，近期民進黨內出現了新的政策調整跡象，正在重新思考如何調整自己的大陸政策，以提升民進黨適應環境變化的能力。民進黨內也有人主張將「臺獨」黨綱進行廣義解釋，將各種可能的「國體形態」都考慮進去，使民進黨在統「獨」的光譜上，發展出更靈活的競爭優勢。287大陸和民進黨之間存在的歷史視域上的障礙有可能在更寬廣的視界內得以克服。

對大陸和民進黨來說，要使雙方能達到視域融合必須具備兩個條件。一是在主觀努力上，大陸能更新視域、拓展視界；二是民進黨能隨著周圍社會環境的快速變化調整意識形態，提升自身的格局，匡正自己在中國歷史進程中的歷史方位。這就要求雙方要設身處地，為別人著想，也為自己著想，把自己置入對方的處境思考和理解問題。這樣，對方的意識、對方的真實想法才能真正被把握住。這並不是要求任何一方完全放棄自己的全部思想和主張。相反，雙方對中國內戰的歷史的理解，只要做出某些技術性的視域調整，就可能達到雙方視域融合的目標。「這樣一種自身置入，既不是一個個性移入另一個個體中，也不是使另一個人受制於我們自己的標準，而總是意味著向一個更高的普遍性的提升，這種普遍性不僅克服了我們自己的個別性，而且也克服了那個他人的個別性。」288那麼，大陸和民進黨對中國內戰的理解怎樣才能「向一個更高的普遍性的提升」呢？換句話說，如何獲得兩岸雙方對一段歷史的理解產生視域融合呢？這要求雙方觀看歷史的視域得到拓展和延長：向前到2050年，向後至1920年代甚至更遠至1840年。要肯定對方的正麵價值，尋找共同的歷史使命。鄧小平首倡的「一國兩制」，其偉大意義正在於這種制度設計超越了歷史的前見，拓展了視域，開拓了視界。這意味著在兩岸之間不再搞意識型態之爭、社會制度之爭，而是謀求雙方和平相處、兩岸共同發展。歸結起來，實行「一國兩制」根本目的就是實現近代以來中國人的奮鬥目標，實現中華民族的偉大復興。相信隨著時間距離的進一步延續，

「一國兩制」必將體現其應有的價值。民進黨和大陸未來可以透過一國兩制的制度框架展開和平合作、求得共創雙贏，共同為中華民族的復興貢獻自己的力量。

這樣，對中國內戰的理解過程中，雙方產生了視域融合：肇始於1920年代中國境內兩大政治勢力為中國的國家發展和社會現代化路線展開激烈競爭，並在1940年代中後期，兩大政治勢力最終選擇以戰爭作為衝突的解決方式。但是，中國內戰不僅僅是國共雙方的事實。實際上，國共雙方只是分別代表了中國不同的民眾，這場內戰並非國共之間的內部爭端。它是中國境內不同民眾、不同政黨之間的爭端。例如，在1946年1月11日至31日召開的政治協商會議就說明了這一點。「對於這次會議，如果說不是兩大對立黨派，那麼至少所有其他有關黨派都寄予厚望。」本次政治協商會議的參加者，儘管並非民主選舉產生，但「得到所有代表中國政治舞臺上各主要和次要政治團體的人士的承認」。289實際上，在中國內戰前後，中國境內不同民眾、不同政黨從來就沒有缺席過中國內戰的爭端，獨善其身是不可能的。也正是從這個意義上來說，不管民進黨願不願意，它自己無法擺脫歷史「給定」的社會條件，再重複一遍：「人們自己創造自己的歷史，但是他們並不是隨心所欲地創造，並不是在他們自己選定的條件下創造，而是在直接碰到的、既定的、從過去繼承下來的條件下創造。」290因此，民進黨要撇清其在中國內戰歷史中不得不承受的歷史責任是不可能實現的。承擔這種歷史責任是每一個中國人不得不接受的宿命。

當前，兩岸長期以來不同的發展道路出現全新的交集，面臨著匯聚到實現國家發展和社會現代化並實現中華民族復興的共同大道上來的重要契機。291從這個意義上說，今天臺灣與大陸的關係，將有機會站在新的歷史起點上。60多年來，兩岸走過了不同的發展道路。就大陸來說，這是歷經艱辛探索而開創出一條全新發展道路歷程。60多年來，雖然臺灣社會面對「歷史大變局」的整體轉型尚未完成，但臺灣的經濟和社會發展也取得了重要成就。海峽兩岸60多年的發展歷史奠定了兩岸和平合作、實現中華民族復興的制度和物質基礎。

今天，當我們看到黃花崗烈士陵園，孫中山先生手植青松依然挺立在烈士的英靈旁邊；當我們看見國民黨領導人和中共領導人一同前往祭掃烈士墓……我們要問自己：從甲午割臺始，110多年過去了，兩岸的中國人領悟到了甚麼？60多年一甲子過去了，我們能超越自我，為了國家和民族的利益，建立起我們共同的價值嗎？292相信只要兩岸超越自身既有的前見，堅持以人為本理念，為了國家、民族和最廣大民眾的根本利益，更新視域、開拓視界，就能求得對中國內戰歷史理解的視域融合，從而在兩岸視域融合的基礎上獲得關於兩岸政治協商起點的重疊共識。

四、結論

透過借鑑伽達默爾的人本主義哲學詮釋學和馬克思主義歷史哲學的思想，以上分析了對兩岸政治協商起點產生分歧的認識論原因。馬克思主義與西方的人本主義對「人」的本質理解儘管存在歧義，但是仍然可以認為「人本主義就是以人為本思想」。293

以人為本理念在兩岸政治協商中的理論指導意義，首先在於在價值層面上科學確定兩岸政治協商的起點。實踐以人為本理念，要求在兩岸政治協商的活動中，一切活動的邏輯出發點要秉持以人民最大利益和根本利益的實現作為基本的價值，拋棄那種拘泥於政黨爭執或純粹權力鬥爭的思維邏輯。伽達默爾的人本主義哲學詮釋學和馬克思主義歷史哲學啟發我們：明確兩岸政治協商的起點，一方面要尊重歷史事實，但另一方面，也要觀照現實狀況，要觀照兩岸政治協商的著眼點和落腳點的問題。

因此，筆者認為，對兩岸政治協商起點的判定，不應是一個時間節點，而應是一個時間段。兩岸政治協商的起點應是：1920年代至40年代中後期，中國境內不同政治勢力展開政治路線競爭，由此而形成非和平的政治競爭延續的兩岸政治對立關係。

上述對兩岸政治協商起點的重新判定表達了以下涵義：1920年代以來，中國境內主要政治勢力為實現國家發展和社會現代化展開了激烈的競爭，目前，這種競爭仍然沒有結束。但是透過一國兩制的制度設計，今後將有條件接納包括民進黨多數成員在內的臺灣絕大多數民眾以特殊的方式參與到建設中華民族美好大家庭的團隊中來，回應兩岸人民對美好生活的期待。

肇始於上世紀不同政治勢力之間對國家發展和社會現代化的路線之爭，是造成當代海峽兩岸人民對兩岸政治協商起點認識分歧的客觀原因之一。值得慶幸的是，當前海峽兩岸正擺脫成王敗寇的邏輯，堅持以人為本理念。對兩岸政治協商起點的重新判定，將達成這樣一種效果，即在一國兩制框架內兩岸求得視域融合併獲得重疊共識，從而促成兩岸正式開展政治協商以結束政治對立、終止內戰狀態。筆者樂觀地相信，隨著一國兩制在時間距離中獲得新的生命力，兩岸人民的美好生活夢想和中華民族的偉大復興大業必將實現。

（會議論文，原文印發，文中用語和觀點係作者個人意見）

增進兩岸政治互信

蔡瑋（蔡逸儒）294

一、前言

二〇〇五年，在馬英九贏得大選，國民黨奪回政權之後，臺灣採取一系列政策，改善和中國大陸之間的關係；2008年12月31日，胡錦濤主席在既有的政策基礎上，發表了對臺政策的六點最新主張，北京也展現相當的誠意與善意。兩年來兩岸雙邊關係已有大幅改善，顯見雙方在主觀上都有意願、客觀上也有需要、在實踐上更有能力，能為兩岸關係的進一步發展做出具體的貢獻。一般以為，如果善用兩岸中國人特有的建設性思維和創造性的模糊，未來的兩岸關係將有無限的可能，更大的空間。

既然兩岸領導人都曾多次提及，共同努力、正視現實、擱置爭議、建立互信、相互尊重、逐步解決，295過這裡值得特別強調的是，大陸方面總將是建立互信擺在前面，而臺灣方面則一貫將正視現實放在第一，這意味著雙方仍然各有堅持。最典型的是臺灣的「正視現實，開創未來，擱置爭議，追求雙贏。」大陸方面則是「建立互信，擱置爭議，求同存異，共創雙贏。」296除了發展經貿關係、強化文化血緣的努力之外，雙方甚至間或表示，願就結束敵對狀態、軍事互信、國際活動空間、和平協議等問題進行磋商，顯然增加政治互信已為當務之急。如何加強兩岸政治互信的討論雖然已經汗牛充棟，但本文除了一些基本的背景說明之外，也希望從不同的面向和角度，提出一些或許值得大家思考的建議，期望能對兩岸關係的進一步良性發展發揮一些作用。

二、近期有關兩岸政治互信的文獻探討

2005年3月，胡錦濤先是發表四點聲明，提出兩岸可以就建立軍事互信、和平穩定發展框架進行協商，接著在四、五月的連、胡，宋、胡會中，胡錦濤代表中共再次提出，希望在九二共識的基礎上，儘速恢復兩岸平等協商，其中包括正式結束敵對狀態、建立軍事互信、達成和平協定等等，297但此時仍在民進黨主政期間，兩岸關係停滯不前，遑論建立政治與軍事互信。

2008年5月，國民黨重新執政。選前、選後，馬英九一再表示，希望兩岸外交休兵，主張互不否認，提出暫行架構概念，強調臺灣不但不會成為國際社會、兩岸關係的麻煩製造者，甚至還要成為一個和平締造者。他主張不獨、不統、不武的三不政策，要在九二共識的基礎上恢復兩岸協商。改善兩岸關係成了新政府的政策主軸。

2008年4月初，副總統當選人蕭萬長在博鰲論壇中與胡錦濤會晤時，受馬英九之託，強調兩岸應「正視現實，開創未來；擱置爭議，追求雙贏」十六字訣。4月29日，在辜汪會談十五週年及第一次連胡會三週年紀念日，中共總書記胡錦濤在北京會見國民黨榮譽主席連戰時表示，兩岸應「建立互信，擱置爭議；求同存異，共創雙贏」，算是對臺灣方面做出了正式的回應。

2008年12月底，胡錦濤主席再度發表重要對臺政策聲明。胡六點中的第一點是堅持一個中國，結束兩岸政治對立；二是推動兩岸經濟合作，促進共同發展；三是兩岸共同努力弘揚中國文化，加強精神關係；四為加強兩岸人員往來，擴大各界交流；五是務實協商，處理臺灣的國際活動空間問題；六為結束兩岸敵對狀態，簽署和平協議等

等。298北京顯然也有意積極把握兩岸間的戰略機遇期。

2009年4月，臺灣兩岸共同市場基金會最高顧問錢復在博鰲論壇與溫家寶總理會晤時，錢復帶來馬英九的新十六字訣「同舟共濟，相互扶持；深化合作，開創未來」。北京當即予以回應，並稱「面向未來，捐棄前嫌；密切合作，攜手前進」。部分人士甚至以為，兩岸關係經過一年多的磨合、摸索，似乎已經漸入佳境，「更上層樓」，兩岸間對推動兩岸關係和平發展，已從當初的「試探」、「拓荒」晉升到「定調」、「深耕」階段。299

隨後，在和平發展的戰略思想指導之下，總理溫家寶、國臺辦主任王毅分別指示所屬，要積極從不同面向、多層次、多角度的推動兩岸關係。持平而論，兩岸雙方領導人多次提及改善雙邊關係的所謂十六字訣，但不同的順序意味著不同的重點和堅持。就北京言，建立互信代表反對臺灣的法理獨立；在臺北看，正視現實則是意謂著對「中華民國」的堅持。雙方仍有重大、根本的差異。

後來的發展顯示，臺北迴到九二共識的基礎，兩會開始恢復磋商，解決技術性的問題，馬英九先用不統、不獨、不武穩住現狀，使大陸不致動武，以降低兩岸及區域緊張，滿足美國、日本及歐盟的關切，但另一方面則是改善兩岸關係，在以臺灣為主、對人民有利的基礎上，加強兩岸經貿往來，為臺灣經濟找到出路，同時又再輔以互不否認，要求北京在外交及國際活動空間上表現善意。

話雖如此，但是問題的癥結仍在，目前只是在雙方領導人的自我克制、隱忍，以大局為重，在和平發展的政策指導之下，暫時轉移了爭議的焦點，但造成衝突、引發危機的誤解、誤判的可能仍然存在，未來只要雙方內政發生變化、臺灣再度出現政權輪替，或是領導人出現了不同的政策思維，兩岸關係仍有急轉直下的可能。如何使兩岸政治互信更為機制化應為當前努力的目標。

除了政治人物的政策性言論之外，兩岸學者對此也有不少建議，大陸方面近有廈大臺灣研究院劉國深的球體理論，主張領土主權一體、政權差序併存，300臺研所的修春萍，全國臺灣研究會的楊立憲分別指出，兩岸關係和平發展的初級階段，雙方的政治互信並不牢固，當前這種經濟和文化的交流是不夠的，兩岸必須就增進互信、務實合作做出努力。301三人都提到實事求是、思想解放、循序漸進。

另一引起臺灣各方重視的是，一向被認為是中國大陸溫和派、政府重要智囊的上海東亞所章念馳所提出的一些看法，把和平發展與和平統一期都視為一個期程，兩者都是一個很長的歷史階段與過程，而要建立新的相互認同不是立即可以奏效的，他主張大陸尤其不可有急功好利思想，不可簡單化和急躁化，做了幾天善事就要回報，因為那就是對「和平發展」的膚淺認識。302

此外，章念馳引用聯電名譽董事長曹興誠的觀點首次提出，北京應該正視中華民國存在的問題，強調「兩岸要和平統一，必須由尊重中華民國開始」，因為在臺灣贊成統一、反對臺獨的民眾，其中相當多的人也認同中華民國，中華民國是統一前臺灣的國號，也是身分的代表，尊重中華民國就是尊重統一前臺灣的地位，否則統一無從談起。大陸不承認中華民國，好比砍了頭，那麼留下四肢五臟還有什麼用？303所言甚是，但如何轉化為具體行動與政策仍然付諸闕如。

臺灣方面除了臺大張亞中一直堅持的一中三憲、兩岸統合，一中兩國主張之外，還強調兩岸應該一中同表，文化大學蔡瑋所提出的一箇中國、主權共享、兩岸分治概念，邱進益提出的兩岸和平協定，鄭安國所強調的兩岸互信應該在互動過程中逐漸累積。基本上，前述各人都看出當前兩岸和平發展的侷限性，有人想要釜底抽薪，在一中問題上求得突破，但也有人強調正視現實及過程的重要。304究竟如何在實踐的過程，把互信的概念落實、深化成為具體行動仍然有待思考。

整體而言，贊成追求國家統一、民族富強的兩岸學者，在研究如何增強雙方政治互信的問題上，有的尋求由高層次的認同及一中原則來解決問題，有的則是嘗試從現實及過程中尋找藥方，值得肯定的是，大家多半出於善意與務實的心態，同意解放思想及實事求是的重要，不要揠苗助長，不要有急功近利、急於求成的心理，不但要在適當的時候做適當的事，而且要確保能把事情做好。光此心態的轉變就是兩岸交流多年的一大成就。

三、增進政治互信的學術研究

根據東西方的實証研究，兩岸學者早已瞭解，誤解、誤判是造成衝突的主要原因，增進兩岸政治互信，消極的可以避免誤會，積極的還可以的增加瞭解。對此，我們其實可以借用國際關係中的一些理論，其中可從宏觀、微觀的角度切入，只有對症下藥才能真正解決問題。

舉例說來，微觀的理論認為，國家不過是個人的擴大，國家與國家、社會與社會之間的衝突（包括兩岸之間的磨擦）都可以由個人的因素中找到根源和起因，所以人的因素極為重要。但若由宏觀的角度出發，人類社會的衝突有其複雜的深層因素，大家應該對集團、群體、社會制度與結構、民族國家以及文化體系進行研究，如此才能增加互信，解構衝突的根源。增加互信必須多管齊下方能奏效。

西方心理學者提出一種所謂鏡像（mirror-image）的概念，認為當不同地區的人民長期處於具有強烈敵意的對抗狀態中，就會形成一種固定和歪曲的觀念，在雙方疑心極重的情況下，一方所採取的防禦性行動在他方可能視為挑釁行為，從而引起後者的進一步防禦性反應，而此一反應又恰恰証實前者的猜忌，於是雙方關係陷入惡性循環之中，無法自拔。305

舉例來說，在兩岸關係方面，由於雙方對峙數十年，彼此均缺乏互信的基礎，北京不肯宣布放棄使用武力，臺北認為北京缺乏起碼的善意，其外交上的封鎖行動也說明大陸的不可輕信，因此臺灣迫切的需要強化國防，並以務實外交來突破中共的封鎖，但是臺北的行動卻又增加了北京的猜忌，認為臺北正在漸行漸遠，背棄國家統一的理想，証明了北京外交打壓的合理性和迫切性。306

對兩岸而言，彼此不但應該明確界定自己的核心價值，理解那些是基本價值，那些是高優先性價值，而且也應當認清對方的核心價值、基本價值，理解那些是不可讓渡，無由放棄，不應碰觸，那些是可以妥協、讓步，能夠商量的。雙方都應儘量避免原則面的對立，以及衝擊對方的核心利益。當然，對中共而言，這裡所謂的核心利益是國家統一，就中華民國來說，則應該是臺灣的永續生存與發展。

過去幾十年來，北京一直把避居臺灣的中華民國政府視為尚未「解放」，或拒絕臣服的地方政權，中共已在一九四九年成功的取得天命，繼承了中國的全部主權，成為中國的唯一合法代表，臺灣並無主權可言。因此，北京自然無法公開「承認」主權分裂的說法，全然接受中華民國為一「對等」政治實體，臺北當然也就沒有理由以國家名義參加聯合國等以主權國家為原則的國際組織。307這就是現實。

但就臺北的立場而言，雖然國際社會或有不同見解，但中華民國並未滅亡也是事實，它仍然是一個不折不扣的主權國家，與在北京的中華人民共和國在國際社會中仍然應該是平等，而且可以共存的，中國的主權是重疊而共享的。在中國統一之前，為了臺灣的生存與發展，臺北必須踏入國際社會，與北京競爭。換句話說，臺灣認為，兩岸關係的正常化，與國家的未來統一必須由承認中華民國的存在，再走向主權統一。308

其實，學者費雪（Roger Fisher）及波普（KarlPopper）主張，涉案各方其實不妨把衝突的原因先行細膩的分為最小的組成部分（fractionate the contents ofconflict），309然後再逐一的加以處理，這或許不失為有效增加互信、解決衝突的可行方法之一。如果兩岸政府全在原則、理念的層面不斷糾纏，事情終究不易解決，與其猜測對方是否可信，不如將可能引發衝突、增加猜忌的問題加以細部分解，由簡單、容易解決的部分先行逐一加以處理，然後再隨著互信的增長，再處理較為困難、龐大、不易處理的部分。

比如說，如果兩岸能夠一方面在原則、概念層次有些基本的共識，體認、接受對方的核心利益，但又預留雙方各自表述的空間（如九二共識），避免大動作的衝撞既有體制及現況（statusquo），另一方面再將爭執、衝突的內容予以進一步的分類，由簡單、容易解決的問題先行著手，用齊頭併進的方式嘗試解決困難，或許是一個增加互信的正確方法。

另外，學者博頓（John Burton）曾經指出，衝突的解決和危機處理其實是一種控制下的溝通（controlled communication），應由有經驗的專家在控制下嘗試對問題進行解構，其成功與否在很大程度上取決於事前準備的程度，雙方專家的經驗水平及涉案各方對解決問題的主觀意願等等。310而杜意志（KarlDeutsch）則主張，為瞭解決衝突，控制危機發展，涉案各方首先應該做到對抗利益的緩解，接著才是和諧利益的鞏固。311解決衝突、危機管理固然如此，增加互信同樣如是。

所以，兩岸當前尤其應對如何進行控制下的溝通，以及緩解對抗性的利益痛下工夫。在兩岸關係上，除非雙方有意激化衝突，北京與臺北首先都應透過有經驗、高水準的專家、學者、官員進行公開，或私下的溝通，一方面傳達正確的訊息，另一方面則要避免誤判與誤解，對有關情事進行事前的精密準備、幕僚作業，不管是要求同存異，或存同化異，總以先行降低、化解兩岸對抗性的利益為主要工作重點，然後再追求、鞏固雙方可能存在的共同利益，這才是解決問題之道。

關於緩解對抗性的利益，除了前面所談過的基本利益、核心利益之外，兩岸雙方首先必須理解對抗性的利益究竟所指為何，然後才能採取措施加以緩解。根據理解，兩岸過去最重大的對抗性利益及問題顯然出在臺灣的務實外交，以及國際活動空間問題上，只要一觸及臺灣的國際活動空間，北京是嚴厲打壓，臺北則力圖抗拒，難怪馬英九上臺後一再建議雙方儘早外交休兵，認為唯有如此才能緩解兩岸的緊張關係，然後再徐圖改善。問題已有轉機。

更進一步來看，過去西方的實証經驗也顯示出，在增加互信及和解的過程中，涉案雙方必須要有一個共同而且是可以達成的（mutualandattainable goals）目標，雙方高層的溝通管道必須維持暢通，以避免衝突誤會和危機的發生，彼此都要有同理心，理解對方的困難所在，不要強人所難，彼此都要進行社會各階層的內部整合工作，整合成高度的社會共識，雖然某種程度的外部壓力或能迫使緊爭雙方必須信守和平承諾，但共同的統一戰線也可以將雙方綁在一起，共同對付來自外界的政治、經濟及軍事或社會壓力。這些經驗看來也值得大家思考。

在許多西方文獻中，其中尤其聯合國政治事務政策計畫小組負責的聯合國維護和平資料庫中的和平協議（PeaceAgreementsinUNPeacemakerDa-tabank， Policy PlanningUnit，Department of Political Affairs， UnitedNa-tions），及以色列臺拉維夫的全球危機解決中心（Global Crisis SolutionCen-ter）所編撰之和平協議及其失敗（Peace Agreement sand Their Failures：Factors Affecting the Processplus Negotiation Checklist）的研究成果雖然並未直接觸及如何增

加互信，但有關結論仍然具有參考價值。

其研究成果顯示，一，沒有和平是不經妥協的；二，和平必須是社會大多數成員的共識；三，和平必須能夠帶來好處；四，和平所帶來的利得必須能夠讓社會接受；五，要達成和平必須要有決心和意願；六，和平雖然不保証未來的互動，但良性的互動有助於維護脆弱的和平；七，和平通常必須受到第三者所支持，即使這種支持有時只是形式上的；八，停火期間越長，緊爭雙方越難進入和平，因為這種暫時的狀態已經成為一種穩定的生活方式（用來解釋兩岸現況再恰當不過了）；九，越多人參與的和平過程，這種和平越為堅固；十，社會上不同階層越多的溝通與合作，將使得和平越為穩固；十一，和平必須是被社會各界視為公正的；十二，和平也必須看鷹派分子願意讓步的程度而定。312

這裡，我們只要把和平二字改為互信即可，事情顯然相當的複雜。

當然，在實務上這既不意味滿足了上述所有條件就能維持和平（互信），也不表示缺乏了其中的一或二項就無法實現和平，因為反過來看，我們也發現，過去有太多的例子証明，雖然鬥爭雙方都表示有意追求和平，想要增加互信，但由於缺乏溝通，彼此都出於本位思考，認為自己站在歷史正確的一方，只看到有利於己的事實，相信對方得寸進尺，而自我克制又可能被對方視為軟弱，加強自衛的結果又被對方視為挑釁，由於對方的所做所為（如中國大陸一致堅持統一、臺灣部分人士主張獨立），所以不能讓對方有獲勝的感覺，堅不讓步，只要求對方讓步、道歉，而沒有適當的回餽等等，終於導致互信無法建立、和平無望。

另外，除了缺乏內部共識，彼此猜忌之外，可能使情況更糟的是，政治精英既可能因為準備不足、認識不清、資源分配失當，而錯失了和平（互信）的機會，也有可能因為個人或自以為是的集體利益，透過不實的指控來破壞和平。過去確實有許多衝突往往被用來做為解決、轉移內部的政治、社會、經濟矛盾的工具，把許多關鍵問題懸而不決也可能為未來的衝突埋下伏筆，有些政治人物或社會特定組成分子為了掌握、操控政治、經濟權力，而刻意公開或隱晦的透過各種方法，如洗腦、宣傳、教育、拖延、煽動、結盟、栽贓，製造猜疑來鼓動衝突。

或許有些人並不認為西方解決衝突，增強互信、尋求和平的經驗必然、或全然適用於兩岸之間，但其中恐怕仍有一些普世標準可供學習、參照。比如說，從學理和實務經驗上看來，兩岸在和平發展的過程中所要追求的政治互信應該是多樣性的發展過程，如果能夠達成有助互信的協議當然會有幫助，其中有些內容可能重疊，成為引導對抗雙方達到最終解決的重要步驟。再比如說，協議的內容必須是務實、可以執行的，而雙方都應該承諾、保証和平，遵守國際行為規範，獎勵和平進展，處罰非和平的舉措，以和平理性方式處理潛在的威脅等等。這些都是不錯的主張。

用西方的術語來說，兩岸當前首要工作應是維護和平（peace-keeping），在此階段最重要的是要防止衝突（conflictavoidance），要達成此一目標必須透過信心建立（confidence-building）的過程，然後才是建構和平（peace-building），最後則是落實和平（peace-enforcement），此一階段也就是建立機制（mechanism-building）的時期。就目前看來，和平發展已成兩岸共識，防止兩岸衝突已經基本實現，眼下重點工作就就是落實信心建立的機制。

總的來說，互信是一個長期發展的過程，需要耐心、智慧與毅力。就積極面言，雙方都要多面向、多管道、多層面的交往，通婚、旅遊、體育、宗教、藝術、教育、學術交流、會議都應持續進行，短期內看來或與增加政治互信似無直接關係，但長久下來終將發生作用，增加彼此官民瞭解，就消極面來看，兩岸雙方都不可急於求成，不應強求對方表態，而要好事多做、好話多說，如果彼此因為內部政治需要必須講些官話，應該事先有所溝通，因此第二、第三軌道對話極為重要。目前的ECFA、兩軍退役將領的互動都可以視為有助於增強政治互信的重要組成部分。

四、代結論

一九四九年以來，兩岸分治超過半個世紀之久，經過多年對抗轉折，雙方幾度瀕臨衝突，臺海問題一度被視為亞太地區最大的熱點。如今隨著胡錦濤主政，馬英九在職，兩岸當局都用新的思維，來處理歷史遺留的問題，抓住難得的歷史機遇。臺北要重振經濟榮景，發揮本身的民主優勢，無意採取挑釁的行動，北京也希望維持一個安定的中國、國際環境，為中華民族的復興騰飛而努力。難怪增進互信之議提到日程表上來，雙方在主觀上都希望，從此以後兩岸關係能夠進入良性互動，全面正常化的新的歷史階段。

行文至此，筆者歸納出一些看法，首先，兩岸當局既然強調要增加互信，這就意味著臺海兩岸當前雖然並無戰爭發生，但也並不是完全無事或絕對安全，兩岸根深蒂固的互不信任問題仍然必須想方設法加以克服，否則任何一方因為誤判、誤解，不經意的某些行動或談話，衝擊到對方的核心利益，臺海局勢還是會有惡化，往衝突發展的可能。兩岸當前雖然處於一個自我克制，由低度往中度發展的冷和狀態，這種現況是有風險、不確定的，要不然就沒有討論增加互信的必要。

其次，雖然雙方都有意願降低緊張，增加互信，甚至簽署協議，但是一如前述，由於兩岸不同的發展階段、不同的歷史經驗、不同的思維邏輯，不同的堅持和立場，雖說國際對於和平的研究成果不無參考價值，但外國模式卻又未必適合兩岸現況（所謂的主權重疊、治權分立為其一，兩岸中國人對於抽象原則的堅持重於實質的利益為其二，中共的辯証邏輯，如結束內戰和結束敵對有廣義和狹意之別為其三，而和平統一及一國兩制的手段和目標可以是不同的概念為其四），目前雙方所主張的求同存異、互不否認固然有其作用，但仍然不能解決問題。

西方的研究成果有其參考價值之處者，兩岸不妨深入加以探討，如設定有限的目標，控制型的溝通方法、將原則和利益區別處理，讓更多的人民參與、易位思考等等都頗有見地，大陸方面尤其要體認，臺灣必須受到民眾及民意機關嚴格監督和參與的事實，短期內這會對兩岸關係造成困難，甚至有些波折，但長期而言，沒有民意的支持，兩岸高層的互信很容易出現問題。戒之慎之。

如今之計，與其猜測對方的動機或政策，上策是為增加政治互信設計出一套機制，避免誤解、誤判，但這有相當的難度，中策則是摸著石頭過河，透過實踐、多管道、多面向、多層次，點點滴滴的增加互信，先易後難，先經濟後政治，由低階政治往高階政治發展，以漸進的方式，從澄清概念、說明立場、建立（加強）互信著手，先行就建立軍事互信、結束敵對狀態、外交休兵、和平協議等議題分門別類擬出腹案，進行二軌對話，不要急於求成。

（會議論文，原文印發，文中用語和觀點係作者個人意見）

認識爭點，增進兩岸政治互信

紀欣[313]

自2008年4月29日胡錦濤會見國民黨榮譽主席連戰時，首度提出「建立互信、擱置爭議、求同存異、共創雙贏」16字箴言（本文以下稱16字箴言）後，胡錦濤一年多來不斷提到「建立互信」四個字，並總是放在16字箴言的首位，顯示它在兩岸關係發展上的重要性。2010年4月29日，胡連首會滿五週年，胡錦濤在上海會見出席世博會開幕式的臺灣各界人士時，針對兩岸關係和平發展發表了四點新的看法，第一點也正是「要繼續增進兩岸政治互信，不斷增強兩岸關係和平發展的推動力」，再度點出增進兩岸政治互信是兩岸關係發展的核心。

2008年5月3日，馬英九就任前，即公開肯定16字箴言，並表示它是開啟兩岸關係新頁極為重要的方針。[314]009年7月27日馬英九再度當選國民黨主席，在覆胡錦濤賀電之回函中，也寫了「正視現實、建立互信、擱置爭議、共創雙贏」16字，其中除「正視現實」外，其餘12字皆與16字箴言相同，被解讀為對16字箴言的善意回應。但當時國民黨黨政高層就表示，馬英九刻意把「正視現實」排在第一，表達兩岸是兩個不同的政治實體，各自統治，互不隸屬，大陸正視這個現實，兩岸關係才能往良性方向發展。[315]果不其然，兩年來，馬英九一再強調「正視現實」，「九二共識就是一中各表」，「中華民國是一個主權獨立的國家」，又於去年8月同意達賴來臺，今年1月底向美國購買64億美元的武器，重創兩岸政治互信。

增進兩岸政治互信才能持續與深化兩岸和平發展，開啟政治對話，最終結束兩岸政治對立，而首要工作必須先瞭解兩岸究竟有哪些方面無法「求同存異」、「擱置爭議」，以至於影響到甚至破壞彼此之間的政治互信。瞭解這些阻礙互信的爭點，應有助於兩岸政治互信的增進，並可望及早找到化解爭議之道。

一、「一中各表」vs.「一中原則」

2008年3月23日，馬英九在當選總統的第二天國際記者會上說，要在「九二共識，一中各表」的基礎上重開兩岸對話。316兩年以來，馬英九一再表明，「『九二共識』就是『一中各表』，而依據中華民國憲法，『一中』就是中華民國；「『九二共識』的精神就是『求同存異』，對方不會否定我方說『一中』就是中華民國」。他甚至說過：「中共近六十年來，現在是最熱愛中華民國的時候！」此些論調，加上他的「不統不獨不武」，「終其一生也不會見到統一」、「堅持臺灣主體性」，使「九二共識」的焦點成為「各自表述」，也使過去兩年臺灣社會對於「大陸與臺灣同屬於一箇中國」的認同並未增強。

馬上臺後，「一中各表」、「一中原則」的討論也成了藍營學界的顯學。去年11月的「兩岸一甲子」研討會，以及今年4月初的「本棲會談」上，大部分臺灣學者要求大陸「淡化一中原則，接受一中各表」、「正視中華民國存在的現實」。渠等措詞之強烈，令與會的大陸學者感嘆良多。臺灣學者王曉波解釋馬英九的「各表」，是因為在國家統一前，臺灣的「一中」表述只能是中華民國，大陸方面也只能是中華人民共和國；「一中各表」是各自表述，不是「一中互表」相互表述；相互承認是「兩國論」，相互否認只能老死不相往來，要和解交流只能「互不承認，互不否認」，大陸沒有必要質疑或否定「一中各表」。317臺灣學者邵宗海認為「一中原則」在臺灣已逐漸被妖魔化，兩岸當局應以「領土和主權完整的說辭」來取代「一中原則」，這既符合臺北的「憲法一中」立場，也不違反北京的「一中原則」。318臺灣學者張亞中則認為「一中各表」形同「偏安自保」，兩岸應「一中同表」，以「一中三憲」走向兩岸統合。319

綠營至今不承認「九二共識」，不接受「一中原則」。但為向選民表達民進黨非「逢中必反、鐵板一塊」，民進黨主席蔡英文5月2日在「十年政綱研討會」中拋出：「民進黨不排除在不預設政治前提下，與中國進行直接並實質的對話」。此不許別人預設前提，自己卻先預設前提的要求，已遭國臺辦鄭重駁斥。320主張「民共兩黨應儘快展開會談」的民進黨前主席許信良則堅持：民進黨的臺獨主張與中國大陸的「一中」原則都只是「圖騰」；如果中國大陸同意把「一中原則」交由臺灣2300萬人公投決定，其結果民進黨就必須接受。321

綜上，兩岸當局對於「九二共識」內容仍有歧見，但都承認該共識的核心是「海峽兩岸均堅持一個中國原則」，也正因此，國民黨重新執政後，兩岸能重新展開對話，兩岸關係能和平發展。兩年來，大陸絕少提「一中」是中華人民共和國，臺灣卻把「『一中』就是中華民國」、「中華民國是一個主權國家」、「臺灣是中華民國」掛在口上。322臺灣有人說，這是因為國際上普遍認定「一中」指的就是中華人民共和國，臺灣不得不強調中華民國的存在與其主權獨立。也有人抱怨，中共打壓中華民國。其實，根據國際法，世界上只有一個「中國」（stateofChina），認定1949年成立的中華人民共和國政府代表「中國」，享有國際法上的權利，負擔國際法上的責任，係兩岸國際勢力消長所致，也是國際法終於正常「運作」（practice）的結果，並非出於大陸蓄意打壓或否認中華民國。

臺灣應可看見，過去兩年，大陸以行動證明「內外有別」，不僅配合馬政府的「外交休兵」，也對臺灣在參與國際活動上釋出極大善意。筆者以為，隨著中國國際地位大幅提升，國際上的「一中共識」已然堅固不搖，中國大陸已無需過分擔心臺灣在國際上與之競爭「中國代表權」，這應有助於未來解決「中華民國定位」的問題。

歷史昭示我們，「一中原則」是決定兩岸關係的根本因素。有它，中國的領土與主權才從未分裂，臺灣才能保留「一中憲法」，兩岸關係也才能走向和平發展。筆者以為，16字箴言中的「擱置爭議、求同存異」，其實就是願意也已經「正視現實」。臺灣既也同意「擱置爭議、建立互信」，就應該站在中國歷史傳承、中華民族的至高點上，坦然接受「一中原則」，早日在「一中」的框架下解決兩岸爭議。

二、「中華民國定位」vs.「結束政治對立」

5月15日，「中華民國建國百年慶祝活動籌委會」鄭重宣布，政府將召集學界撰寫「中華民國百年發展史」，建立「中華民國在地化」的「轉型史觀」。《聯合晚報》稱「這項計畫似乎標誌中華民國與臺灣本土更深的連結，在政治上更意味馬英九有意在政治論述上，更強化中華民國植基於臺灣而非對岸大陸的明確立場。」323《自由時報》則直指「中華民國在地化」是要「表現『中華民國在臺灣』中心理念」。324看來，「中華民國在地化」是否能拉抬國民黨的聲勢與選票，尚不可知，已再度令人懷疑馬英九把中華民國當作「獨臺」、「和平分立」的取巧工具，一步步走上李登輝的路線。

5月25日，民進黨主席蔡英文在深綠的臺灣教授協會舉辦之「中華民國流亡臺灣六十年暨戰後臺灣國際處境新書發表會」上表示，「中華民國是一個流亡政府」、「是威權性與中國性的綜合體」，引起社會一片譁然。國民黨府院黨譴責「流亡政府論」是「矮化國格，自我否定」，325綠營有政治人物及《自由時報》出面相挺，但投身於五都選舉的高雄市長陳菊說：「中華民國現在不是流亡政府」，「目前臺灣正式名稱是中華民國」。326

藍營媒體紛紛以中華民國早已直接民選，建立堅強政權主體性；民進黨從建黨參與選舉開始，即已進入中華民國體制；民進黨年底要競逐五都等等為由，反駁「流亡政府論」。《中國時報》社論也指出，即使國民政府1949年「流亡」來臺，但當時仍為多數國際社會所承認，並未「亡國」。327同一天《聯合報》社論在痛斥蔡英文之際，居然指稱「『流亡政府論』必然掉入『中共同路人』的統一戰線，不啻搶在北京前頭否定了中華民國」。328

蔡英文此時此刻提出「流亡政府論」，當然是刻意製造省籍對立，並想鼓吹選民（包括外省人第二代第三代）唾棄具「威權性與中國性」的國民黨，以取得五都選舉的勝利。但該論調更想突出獨派長期以來宣稱的「臺灣地位未定論」，讓李扁的「去中國化」延續下去，也希望藉此吸納外省人，逐步走向臺獨。蔡之動機及目的，的確應該大批特批，只是藍營種種對「流亡政府論」的駁斥本身有不少問題。筆者以下試舉幾例，謹供參考指正。

首先，「流亡政府」（government-in-exile）通常是指流亡至他國的政府，而臺灣在1945年就回到中國的懷抱，國民政府1949年遷到中國的領土臺灣時，並未流亡至外國，因此不是「流亡政府」。但有些國際法學者認為，當絕大部分中國領土在1949年已被中華人民共和國新政府統治，國民政府遷臺後，僅在臺澎金馬產生「效力」（effectiveness），又始終未放棄對於全中國的「權利主張」（claim ofright），中華民國政府可歸類為「流亡政府」。329

其次，一個地區所採取的政治體制或其經濟狀況，與其是否構成「國家」（state）沒有任何關係，換言之，直接民選與經濟起飛不會改變中華民國是不是流亡政府的本質。

再者，《聯合報》稱「臺獨得以滋長的根本原因，就是北京不承認中華民國」，[330]這種論調不僅漠視事實，缺乏對國際法的認識，也有刻意製造「仇中」之嫌，完全無助於解決中華民國定位的問題。

依筆者看，中華民國確曾是臺灣的最大公約數，但歷經李登輝的「兩國論」、陳水扁的「一中一臺」，中華民國早已變質。尤其，卸任後的李登輝2003年8月23日公開表示「中華民國已不存在」、「中華民國只是個名字，不是一個國家」。[331]而陳水扁雖表示在他任內要正名制憲「做不到就是做不到」，但他仍於2005年6月第七次修憲廢除國民大會後，展開長達兩年的「第二階段憲改」，希望「正名制憲」，正式終結中華民國。陳水扁2007年8月31日問「中華民國是什麼碗糕？」[332]2009年在收押期間，還曾以「前任中華民國流亡政府總統」的名義，向美國華盛頓軍事法庭告狀。

李扁兩位總統先後將中華民國視為一個道具或空殼子，才是真正否定中華民國，讓人認為它隨時會消失或被拋棄。對於不少原本就認為國民黨是「外來政權」的人而言，他們本來就沒有「中華民國情結」，自然不必「捍衛中華民國」，他們較容易聽信綠營政治人物宣傳的「馬英九傾中賣臺」。對於因家庭背景或受中華文化薰陶，而有民族感情或中國思想者，或從小習慣於中華民國作為國號者，或擔心自己做不成中國人者，在臺灣社會長久缺乏統一論述的情況下，他們確實難以接受中華民國消失，也因此較容易接受「中共打壓中華民國論」。不過，依筆者之見，不論是以上哪一種人，恐怕都不會滿意「中華民國在地化」，因為它不可能從根本上改變中華民國的困境。

就國際法（係國家與國家之間的法律）而言，臺灣海峽兩岸的問題，從來不是「中華民國vs.中華人民共和國」兩個國家之間的問題。具有幾千年歷史的中國，儘管朝代政權更替，一直是延續的，也始終是同一的國際法主體。中華人民共和國的成立，既沒有消滅舊的國際法主體，也沒有產生新的國際法主體，也就是說絲毫不影響中國的國際法主體地位，至於兩岸的分立對峙，只是中國的內政範疇。基上，臺獨確實有必要終結中華民國，與「中國」脫離關係，統一則只要解決「胡六點」中的「1940年代中後期中中國戰延續的政治對立」，無需「砍中華民國的頭」。333

大陸學者對「中華民國定位問題」相當理解，也已著手研究化解中華民國難題的各種可能性。例如上海學者章念馳在〈創條件解「中華民國」難題〉一文中表示，「面對中華民國是需要條件的」、「支持兩岸和平發展，就會給雙方創造這樣的條件」。334該文雖未提出具體解決方案，但已表明只要兩岸關係和平發展繼續深化，兩岸政治互信不斷增強，必可創造出解決難題的條件。提出「國家球體理論」的廈門學者劉國深強調「加強政治互信不只是雙方在既有的互信基礎上，繼續擴大兩岸領土和主權一體性的認知交集，也該默認或接受『一箇中國境內兩個競爭中國代表權的政權差序並存』的現實。」335該主張建議，只要臺灣堅守「一箇中國」與「領土和主權從未分裂」基本立場，中華民國政府應被認可為有效治理臺灣的「政權」，兩岸可以在那個基礎上展開平等協商。此論述是否能被臺灣接受，並在兩岸展開政治對話時，有益於化解中華民國定位問題，值得期待。

三、「擱置統一」vs.「復歸統一」

馬英九5月7日接受《華盛頓郵報》專訪時語出驚人，「大陸在口頭上擱置對統一的要求，臺灣淡化獨立主張，彼此致力於維護和平」336該「擱置統一論」遭國臺辦鄭重否認，337但5月19日馬英九舉行就職兩週年中外記者會再次強調，他任內不論四年、八年，都不會與中國大陸談判任何有關統一的問題，他還把兩岸關係定位成「和平護國」，不會讓中華民國主權、尊嚴受到影響和傷害。338同一天，《自由時報》首頁登出〈王曉波：馬的方向是終極統一〉，使馬英九的統獨立場再次成為社會焦點。339

馬英九的統獨立場始終受人關注。2005年底，時任國民黨主席的馬英九對美國《新聞週刊》說，「對我們的政黨而言，終極的目標是統一」；340次年2月14日國民黨在《自由時報》刊登「尊重臺獨選項」廣告；3月底在美國說「中華民國是一個主權獨立的國家」、「臺灣不需要獨立兩次」；2007年競選總統期間，提出「不統不獨不武」、「臺灣就是中華民國」，並宣示在其任內絕不推動統一，在其一生之內也見不到「統一談判」；341008年就職前接受日本《產經新聞》專訪時稱，「臺灣作為東亞一個國家，歡迎一切有助於區域穩定及繁榮之事」；342008年就職前夕，對媒體公開稱「中華民國主權屬於全體國民，臺灣就是中華民國」。343

王曉波認為中華民國的「一中憲法」大方向是「終極統一」，馬英九既遵守憲法，其大方向只能是「終極統一」；而馬所說的「不統」是治權的「不統」，「不獨」才是針對主權。344政論家南方朔則說馬「是一個萬花筒式的人，獨派可以把他看成是獨派，統派可以把他看成是統派，這是馬英九的過人之處，什麼都沾到一點，什麼都不是。」345

依筆者看，即使馬英九只重複說「臺灣就是中華民國」，而從未說過「中華民國就是臺灣」，但他經常把「中華民國」與「臺灣」畫上等號，又曾表示要「堅持中華民國臺灣的現狀」，346上海學者倪永傑所稱：馬英九「心存臺灣就是『主權獨立的國家』之念，其後果與民進黨的主張有相似之處或者就是一種異曲同工之妙」，347不無道理。而且，且不論馬英九的真心實意為何，其「不統不獨」、「堅持臺灣主體性」與「臺灣前途由2300萬臺灣人決定」，確實使得李扁刻意營造的「拒統」氛圍繼續在臺灣蔓延，令人不得不感到遺憾。

儘管和平發展是當前兩岸關係的主軸，儘管大陸對臺工作始終抱持「先易後難、先經後政、把握節奏、循序漸進」立場，「爭取實現祖國和平統一」是大陸「一貫的立場和明確的目標」。348而16字箴言中的「求同存異」指的是擱置爭議，決非擱置統一。和平發展也因此被解讀為和平統一的「初期階段」、「基礎階段」、「過渡階段」或「社會準備階段」。至於何為「統一」，「胡六點」已表明「1949年以來，大陸和臺灣儘管尚未統一，但不是中國領土和主權的分裂，而是1940年代中後期中國戰遺留並延續的政治對立，這沒有改變大陸和臺灣同屬一箇中國的事實」，「兩岸復歸統一，不是主權和領土再造，而是結束政治對立」。海峽兩岸關係協會副會長張銘清近日就指出：「胡六點」準確界定了兩岸關係的本質屬性和政治定位，吾人應當按照結束兩岸的政治對立的定位，思考破解政治難題的方向，解決兩岸問題。349

依筆者之見，「兩岸復歸統一」必然是「實力統一」。一方面，中國必須在改革開放30年的基礎上繼續發展建設，使統一的物質基礎、必要條件更加堅實，讓臺灣民眾不僅現在就能得到「和平紅利」，統一後能享有更大的利益。另一方面，大陸必須快速有效爭取到臺灣同胞感情上的認同，並使其對於共同實現中華民族復興產生榮譽感，持續強化統一的充分條件。有關後者，要如何讓臺灣民眾恢復「祖國意識」，知道「結束政治對立」沒有「消滅中華民國」的問題，反而可以讓臺灣人民享有全中國的領土和主權，的確需要時間，需要努力，更需要在國民兩黨，藍綠之外，民間社會有一股支持統一的聲音與勢力。筆者期望，在艱困環境中始終能堅持立場，愈挫愈勇的臺灣自發性統派團體，今後能更團結一致，擴大統一戰線，增加社會的能見度，建立統一的話語權，使統一成為更多臺灣人的選項。

四、「威脅論」vs.「不允許他國干涉內

政」

從今年3月31日陸委會副主委趙建民在淡江大學發表《當前政府的大陸政策與兩岸關係》演講時指稱：「大陸對臺灣永遠是威脅」、「臺灣與美國關係優於兩岸關係」，350到臺灣駐日代表馮寄臺近一個多月來兩度在日本公開呼籲日本朝野瞭解馬政府「反共和中」的方針，並說「臺灣不會屈服於中國大陸」，351再到國防部副部長楊念祖5月底在美國華府直指，大陸對臺灣構成「明顯而立即的威脅」，請求美國儘速出售F-16，352可知兩岸關係雖已走向和平發展，馬政府官員仍把大陸視為「威脅」，而這些論調已嚴重傷害兩岸政治互信。

有人質疑上述言論是否代表馬政府立場，這顯然低估了馬政府官員的「服從性」。馬英九確曾於2008年1月初接受《聯合報》專訪時說，「未來兩岸協商不需要、更不必要美方介入，兩岸可以自己解決自己的問題」；「臺灣的事情我們要自己做主」，353也在就任後決定兩岸之間「外交休兵」。不過，馬英九也毫不掩飾，他認為大陸是臺灣的威脅。除不斷強烈要求大陸撤飛彈外，他也一再表達，只有向美國採購防禦性武器，才能「更有信心保衛臺灣」，「以免兩岸政治談判時，臺灣處於不利地位」。4月底他對CNN記者說「永遠不會要求美國人民為臺灣而戰」，此說遭人質疑後，他立即並多次澄清，他是要表達「我們會繼續向美國採購武器」、「展現身為一個主權國家應有的自我防衛決心」。5月19日就職兩週年記者會時再次強調，臺灣要採防衛部署、有效嚇阻，現在還不到建立兩岸軍事互信機制的時候。

「中國威脅論」自美英兩國人士在1990年代初期提出至今將近二十年，而這段期間，世界局勢發生翻天覆地的變化，中國也已和平崛起，中美外交關係更是日益密切，美國卻始終未放棄「中國威脅論」。美國表面上樂見兩岸和解合作，暗中卻繼續「以臺制中」；表面上說絕不介入兩岸政治協商，卻在幕後下指導棋；不顧大陸抗議，繼續對臺軍售，卻說這有助兩岸關係。美國之目的不難瞭解，除想以臺灣問題「圍堵中國」，也為維護它在西太平洋的戰略地位與國家利益。比較令人不解的是，馬英九明明知道，這兩年來臺灣能保住23個邦交國，連續兩年出席WHA，完全是因為他承認「九二共識」，大陸釋出善意的結果，那他又為何頻頻拋出「威脅論」？對此，筆者臆測如下：

其一，馬英九相信，美國是盟邦，維持良好的臺美關係，才能保障臺灣的安全及自主權；臺灣靠美國提供的防禦性武器，可增強自我防衛能力，未來和大陸政治談判時能處於較有利地位。馬有此想法，當然與其「反共情結」、長期被「美化」有關。對此，馮寄臺的「反共和中說」表達得很清楚。

其二，深刻瞭解臺灣朝野都是親美派，以為必須在兩岸政策與對外關係之間「採取平衡原則」，才能擺脫綠營的「傾中」指控，也才能在推動兩岸政策時減少阻力。馬的動機或許沒錯，但從各種統計資料看來，若要實現「以臺灣為主，對人民有利」政策，兩岸關係的位階本來就必須高於對外關係。

其三，擔心臺美關係不好，或其兩岸政策不符合美國的期待，可能影響2012年連任。對此，學者王曉波建議，為避免美國介入兩岸政治對話，或在2012年大選時搞「顏色革命」，馬英九不宜在第一任期內開啟兩岸政治性對話，或簽訂和平協議。筆者以為，不斷增進政治互信，才有條件開啟政治對話，馬政府應停止不利兩岸政治互信的「威脅論」。

「胡六點」明確指出「解決臺灣問題、實現國家完全統一是中中國部事務，不受任何外國勢力干涉」。世界上沒有任何一個國家允許他國干涉自己的內政，正在走向富強的中國曆經一百多年列強的侵略，再也不容許外國勢力染指中國人自己的事情。馬政府應該認清，只要臺灣誠心誠意與大陸休戚與共，與大陸建立兩岸共同家園，大陸絕非臺灣的「威脅」，而是絕佳的「機會」。

五、結語

兩年來，兩岸在四次「江陳會」，各界全方位交流下，已產生初步的政治互信。但若想深化兩岸關係和平發展，開啟兩岸政治對話，簽訂兩岸和平協議，以至於最終「結束政治對立」，兩岸政治互信都必須大幅度增強，而認識當前存在於兩岸之間的基本爭點，將有助於加強政治互信，早日找出化解爭議之道。除此，為避免破壞政治互信，臺灣應破除凡事要求大陸「有同理心」、「自制」、「體諒」的心態，尤其五都選舉在即，馬政府應避免不必要的「選舉語言」，以免讓兩岸關係淪為選舉的「祭品」。

（會議論文，原文印發，文中用語和觀點係作者個人意見）

「一中三憲，兩岸統合」與兩岸互信之道

謝大寧[354]

一、前言

兩岸整整一甲子的分隔，其間歷經了內戰與三四十年的武裝對峙，即使後來短暫的融冰，但數十年的互相醜化與仇視，又豈是短時間內所可化解。再加上近十幾年李登輝與陳水扁對臺獨議題的操弄，兩岸的互信自然更是雪上加霜。從前國共只有「左與右之意識形態的對峙」，可是現在兩岸則更增添了「統獨的對峙」，而當這兩種對峙在臺灣政治裡被相互運用時，也就是「右」成為「獨」的論述工具時，要談兩岸的互信，那就幾乎是緣木求魚了！

然而這兩年隨著國民黨在臺灣重新取得執政權，兩岸的交流卻有一日千里之勢，這現象意味著什麼呢？究竟是什麼因素促成了兩岸得以突破原來的瓶頸呢？是兩岸已經擁有了完整的互信了嗎？底下我即想約略分析一下其中的關鍵因素。

二、維持目前兩岸交流狀態的互信基礎

就我的觀察，兩岸之所以能從複雜的對立因素中，快速地進入目前的全面交流狀態，除了有各自內部發展上的需要之外，還有幾項足以促進雙方互信的政治基礎：

1.鄧小平先生的「和平統一，一國兩制」的主張：鄧小平先生的主張無疑是兩岸得以有今天局面的最重要基礎，正是這個主張，為大陸解放了思想，也為兩岸之間創造了已出臺或者未來將出臺的所有可能性。而且它也具體地在港澳經驗中，展現了成效。雖然說，這個主張從出臺以來，它在臺灣一直就沒有很高的評價，但是它至少解開了兩岸屬於「左右」這一意識形態上的對峙。大陸不只以一套新的論述，也同時以它在港澳的成功實踐，讓臺灣很難再單純地以左右的問題來阻擋大陸的和平攻勢。我以為，正是由於這樣一個主張，讓兩岸的鬥爭轉向到「統獨」的問題上，也就是說，左右的問題從此退居到次要的，戰術性的戰場上，統獨的對峙不只在臺灣內部，也在兩岸的戰線上，成為了主要的問題。我始終覺得這一轉換是具有關鍵歷史意義的。

這也就是說，從最直接的角度上說，鄧小平先生的主張也許並未能立即促進兩岸的互信，但它卻是催化目前全面交流之關鍵性鎖鑰。換言之，在拉開了一定的時間跨距後，我們的確看到了「和平統一，一國兩制」之主張的重要功能。

2.九二年國民黨透過的「國統綱領」：國統綱領無疑是另一個具有關鍵性的歷史文件。這個文件論其本身的內在結構，其實是充滿矛盾與妥協意味的，所以有人常戲稱它乃是「國家不統一綱領」。然而無論如何，這份文件確立了幾個關鍵性的兩岸定位問題。首先，它的名稱確定了國家統一仍然是國民黨政府追求的目標；其二，它確立了中華民國仍在一中憲法的架構下；其三，國民黨政府仍然確立了它在中國主權範圍內的正統地位，它不是一個偏安的政權，只是一個暫時僻處一隅的政權而已。這樣的定位無論其誠意如何，至少在形式上，它讓兩岸仍然回歸到「左右」的問題上，而避免了統獨的對峙。如此一來，結合了鄧小平先生「和平統一，一國兩制」的主張，基於此一主張給了左右並存的空間，兩岸就立刻從「敵我矛盾」轉成了「人民內部矛盾」，這就避免了你死我活的鬥爭。

3.連戰先生的破冰之旅：國統綱領制定後，中間曾經整整出現了超過十年的曲折，這曲折總括來說，就是第一，中華民國已經從追求國家統一的總目標上漂移開了；其二，一中憲法的架構也逐漸遭到侵蝕；其三，國民黨政府已經逐步轉變成了從偏安到獨臺的政權，其後的民進黨政府則更是從獨臺逐步滑向了臺獨。於是兩岸遂又進入了完全的「敵我矛盾」之中。二〇〇五年連戰先生以在野黨主席的身分，冒險往訪大陸，才終於重新為兩岸啟動了一條關係。從現在的角度看，連戰先生的訪問，事實上達成的關鍵任務，就是讓國民黨重新回到了國統綱領之上，並讓大陸充分相信至少國民黨會充分奉行國統綱領的基本原則，這點乃讓兩岸又有了轉進到內部矛盾的空間。

4.國民黨的重新取得政權：這點當然已經沒有必要申論，然而也必須在此強調的是，當馬英九先生當選總統，原則上就代表了國統綱領重新成為中華民國政府的論述基礎。雖然說馬政府成立以來，事實上並未恢復國統會的運作，但馬政府在所有兩岸定位的論述上，的確是依照國統綱領的邏輯在陳述的，只是它一直將之稱為「一中各表」而已。

三、對目前兩岸互信基礎的評價

以上我簡單歸納了幾項促成兩岸目前交流狀態的互信基礎，綜合來說，也許可以將之濃縮成為這樣一句話，就是「基於『和平統一，一國兩制』與『國統綱領』所存在的交集，使得兩岸找到了某些共同的政治基礎，以推動雙方的各項交流」。這個交集也可以簡單表示為「主權重疊，治權分立，終極統一」，基於主權重疊，所以兩岸現階段仍然無法互相承認；但基於治權分立，所以兩岸實質上也互不否定。這裡當然必須強調清楚的是，雙方互不承認的是對代表中國主權的各自主張，互不否認的則是對雙方各自管轄範圍的有效治理能力。而這種互不否認的默契，則是來自於「和平統一，一國兩制」的政治宣示，與國統綱領所內含的「中國終將統一」的保證。

而我們現在可以問的問題是，這樣的互信基礎是否足夠強固？此一基礎能夠將兩岸的交流推進到多遠？在我看來，就上述基礎而言，只要國民黨仍然掌握臺灣的執政權，其基礎在可預見的時間內，還是強固的，特別是馬英九先生守法的特質，讓他完全無法逃避憲法一中的規範，所以我們將很難想像在法律面馬政府有動搖其基本立場的可能。然而也正因為如此，所以這樣的互信基礎，其功能至多只能推動兩岸在經貿文化等層面的交流，而不可能僅憑這樣的互信就能跨越鴻溝，而進入政治層次的協商。這道理是很簡單的，任何政治的協商都不能避免要問來談的人「你是誰」的問題，而只要兩岸仍只在「互不否認」的階段，真正的政治協商就不太可能展開。這樣說當然不是說兩岸只有進到可以互相承認了，才有進入政治協商的可能；由於兩岸的主權是重疊的，所以它根本就沒有任何互相承認的可能性，因為一旦承認了對方，自己也就喪失了存在的合法性。但雖說如此，思考某種比治權上互不否認這樣的政治基礎還要更進一步的可能性，仍是可能的，只是國統綱領並沒有給出這樣的可能空間，一國兩制的主張對這個問題而言，其內涵也依然是模糊的，所以這就造就了目前這種有侷限性的交流狀況。

於是，這就形成了一個非常詭異的局面，也就是某種「互信超載」的情況似乎正在發生，因而有可能為兩岸帶來重大的危機。怎麼說呢？其實這也是很好想像的。我所謂的互信超載，所意指的乃是兩岸目前其實只有「低度」的互信，可是由於交流的速度和廣度太大太快了，由之而引生了過高的互信期望值，而由此一期望值使我們常會忽略了許多仍然存在的困難與阻力，因而當任何挫折發生時，都可能返回來挫傷了原本就已經只是低度的互信，從而促成了危機。因此，為了避免這種互信超載的現象，我們乃有必要先來看看目前兩岸互信中所存在的隱憂。

四、兩岸現階段互信基礎中的隱憂

此處我想談的隱憂，並不包括臺灣所存在的臺獨思想與勢力，因為這已經不是隱憂，而是顯性的威脅，這一面向已經不必再做任何申論了。我想談的乃是另外幾個面向：

1.臺灣的逐步偏安化：這是一個很人性化，也極難處理的問題。偏安幾乎是中國歷史上所有相同處境之朝廷的共同宿命，之所以會如此，乃是有著幾個基本共同成素的。其一是「暖風薰得遊人醉，直把杭州作汴州」。我們看東漢竇憲北征以後，南匈奴南遷內地，遷進來就不想回去了，為什麼呢？因為南邊舒服，何必再去忍受塞外風寒呢？同樣的，東晉南遷，不到百年，王羲之之類的北方士族，就完全忘了故國河山，南宋不也是如此？這原因很簡單，南方膏腴之地，何苦只為了回到故鄉而拚命？而且另一個面向也更現實，那就是兩三個世代以後，究竟何處是故鄉呢？連馬英九都曾公開說，親人埋骨處就是故鄉了，這不就是「心理上的土斷」嗎？這個後現代的時代，原本就有文化斷裂的問題，再加上這十幾年臺灣教育上刻意的去中國化，這些都讓臺灣與大陸的文化關係有種難以接續之感。現在臺灣的年輕人，已經很難再有對中國發展的使命感了，這如何能不成偏安的溫床呢？而偏安心理最嚴重的影響，就是認同的加速撕裂。事實上今天很多人都意識到了臺灣在認同上與大陸的撕裂現象，這是所有民調一致的結論，而且這現象越來越讓人覺得，如果沒有突破性的作為，已經難有逆轉的可能。

2.臺灣對兩岸政治關係不切實際的期待：這種期待是和偏安心理密切相關的，從偏安的心態導致了某種消極的「維持現狀」的想法。臺灣的歷次民調，在兩岸關係上主張維持現狀者，穩定地超過八成。但是我們都知道，現實的政治場域，現狀永遠都是動態的，因此我們如果掌握不住動態的關鍵因素，沒有現狀是維持得住的。可是在臺灣，非常奇怪的是，在公共論域裡，幾乎沒有人在談應該如何才能維持住現狀，相反的，它只是要求大陸必須要尊重現狀，不能侵犯到任何的現狀。這其中最典型的講法就是「一中各表」的說法。

一中各表如果就「國統綱領」來說，是沒有問題的。國統綱領制定的時期，兩岸正處於將接觸未接觸的狀態，那時當然只能以互不承認，各說各話的方式處理。而以目前的狀態來說，如果兩岸還沒有意願進入政治協商，那就也只能還是各說各話。然而現在的問題是臺灣頗有要將一中各表設定為政治談判之底線的企圖，除此之外，就視之為是對臺灣（中華民國）主權的傷害，也視之為是大陸對臺灣不尊重、不體諒的表現。這樣的想法姑且不論大陸能否接受，如果推究其基本思維，就是一種「將現狀固定化」的企圖。換句話說，臺灣並不想去考慮如何處理動態的現狀，而是只想靜態地將現狀凍結在某個結構裡，如此臺灣就可以自己過自己的日子了。此所以我說它是一種「消極」的維持現狀的策略之故。

其實如果我們對歷史熟悉的話，當年鄭克塽和康熙談判的過程，是不是和目前的狀況有些似曾相識呢？

3.大陸以類比港澳的模式來思考兩岸統一的問題：大陸當然十分清楚，港澳的問題和臺灣不同，所以在技術層次，絕對不會以類比的方式來處理兩岸問題，這是可以確知的，但是很難保證大陸不會在思維習慣上，仍以某種「回歸」的方式在思考整個問題。在我看來，這樣的思維模式確實存在。如果我們姑且不管臺灣是不是「應該回歸祖國」的問題，而純論這樣一種思維背後的心理認知的話，它就不容易有一種「遠人不服，則修文德以來之」的寬容與自省的心態，也不容易以一種開放這個大家庭的方式，來歡迎、邀請那個在外的遊子來共同參與這個家庭的經營。它比較像是一種照顧式的家長心態，布置好一個溫暖舒適的房間，來「安排」遊子回到家中。而這樣的「照顧」看在遊子的眼中，卻很可能只會覺得「不自在」，也不容易「有回家的感覺」，於是結果就只是讓雙方覺得尷尬而已。這樣的尷尬很容易讓大陸覺得臺灣「不知好歹」，因而無法體會臺灣的某種不知道該如何融入這個家的「彆扭」之感，這就容易衍生誤會，從而導致互信的崩潰，以至釀成危機了。

綜括來看，兩岸由「和平統一，一國兩制」與「國統綱領」架構起來的交集所營造出來的互信氛圍，如果一旦面臨上述所說的幾個隱憂的話，我們都將很容易感受到目前雙方互信基礎的脆弱，比如說馬英九先生採取了國統綱領的論述，卻根本不敢恢復國統會的運作，與其說是因為臺獨陣營的牽制，還不如說是偏安氛圍的影響所致。這也是我一直以為現在兩岸蓬勃的交流，其地基並不是一個穩固的岩盤，而只是個浮游的沙灘的緣故。然則我們該如何來建立一個比較穩固的互信基礎呢？

五、「一中三憲，兩岸統合」的主張與兩岸互信

兩岸統合學會這一年多來，不斷透過各種管道來說明我們所提出來的「一中三憲，兩岸統合」的主張。關於這個主張本身，此處就不多介紹了，如果讀者有興趣，可以參考統合學會剛出版的《兩岸統合方略》與《兩岸政治定位》這兩本書。對本文而言，我也許可以簡單

如此說，這個主張正是針對上述兩岸互信的幾個隱憂而發，並試圖提出解決之道，怎麼說呢？

首先，我們認為兩岸問題中一個最根本而棘手的問題，還未必是政治談判的問題，而是認同的問題。在臺灣，如前所述，認同的斷裂現象，已經幾乎到了積重難返的地步了，所以我們乃想到了兩岸不只是需要交流而已，還必須在兩岸儘可能地創造各種「共同體」式的機制，也就是不只是交流與整合，還要更積極地尋求「統合」之道。因為許多研究都顯示，交流對促進認同，其成效是相當有限的，而歐盟這幾十年來的經驗告訴我們，共同體式的機制確實有助於促進歐洲各國人民對歐洲的認同，所以我們應當借鑑此一經驗，以重新彌縫那已經瀕臨崩毀的兩岸認同。在我們看來，這才是現階段兩岸最急迫的工作。

而我們覺得，共同體的設置，還有一個同樣重要的考慮，那就是既讓臺灣與大陸重新取得聯結，也讓大陸把整箇中國崛起的目標與過程同時開放給臺灣，讓臺灣同時擁有對中國的話語權。這也就是說臺灣這個遊子不是「回家作客」，而是兩岸一起當中國的主人。如此一來，當兩岸可以從一些低度政治性的共同體開始，逐步累積了彼此的共事經驗，培養了共同為中國崛起而奮鬥的感情，也許才能真正為統一鋪平道路。這也就是說，「兩岸統合」作為我們主張的最核心部分，也是我們最要去實踐的面向，正是針對我上述所說的第一個和第三個隱憂而發，這兩個隱憂解除了，才能消除掉影響兩岸互信的心理障礙。

然而，如果要想在兩岸間推動各種共同體，就不可能不先解決一些政治難題，特別是那最核心的兩岸定位問題，兩岸一定要尋求某種彼此皆可以接受的，但必須是「共同表述」的中國概念，否則所有的合作都將不可能展開。而如所周知的是，這是一個最需要創意的地方。而我認為「一中三憲」可能是迄今為止出臺的所有兩岸定位主張中，最明確、具體而又有可操作性的主張。它不像一中各表的只企圖固定現狀，也不是屋頂理論之缺乏拘束力。此一主張的核心精神，乃是將兩岸定位在「由兩岸加起來所構成的『整箇中國』下的兩個平等的憲政實體」這樣的基礎上，這就維持了現狀，但又超越了現狀。其維持現狀的面向是兩岸的憲法架構不變，彼此尊重對方的治權；其超越現狀的是兩岸都從屬到整箇中國的架構之下，中國的主權得到了完整的保障。然而光是如此說是不夠的，為了使整箇中國的概念不至於虛化，不會只是個屋頂，一中三憲的主張引進了第三憲的概念。這第三憲並不直接是一部完整的憲法，它是在既存的兩個憲政實體的架構下，透過諸如兩岸和平協議來確認彼此對整箇中國的權利與義務，並以之為樑柱；再透過各種共同體協議的堆疊，而逐步架構起來的兩岸統合模式。如此一來，整箇中國就成為一個可以與兩岸現行架構並行，並且實體運作的概念。而且，在這第三憲運作成熟完整後，它也可以在兩岸的協議之下，轉成為最高的憲法，到那時，當然也就是中國統一水到渠成的時候了。

關於這樣的想法，我們也可以說，它正是將鄧小平先生「和平統一，一國兩制」的創見轉個方向的實踐。因為「和平統一，一國兩制」的想法是兩岸先和平統一以後，再以一國兩制的方式安排兩岸。可是以兩岸目前的狀況來說，要想直接先進入和平統一的狀況，是有實質困難的；而若我們先以整箇中國之下的兩個憲政實體這樣的一國兩制出發，經過上述第三憲的轉接，再逐步過渡到一中（整箇中國）一憲，這不就正是「一國兩制，和平統一」嗎？因此，我以為「一中三憲，兩岸統合」的主張乃是平穩過渡到「和平統一，一國兩制」的最好方法，也是對鄧小平先生之創見的合理補充。

而對本文言，最重要的一點是，透過「一中三憲，兩岸統合」，我們才能消除掉兩岸互信中的所有隱憂，並引導兩岸來共同創造整箇中國的未來。所以說，兩岸若是依照一中三憲來定位彼此，並將實踐重點放到兩岸的統合上，便將可以將兩岸從目前的低度互信，過渡到高度的互信，這應該是本文的合理結論。

六、結語

兩岸這兩年的和平發展，的確讓人看到了重大的希望，雖然整部中國的歷史還不曾有過以和平方式從分裂走向統一的例子，但它仍然是一條值得我們去努力的道路。坦白說，如上所述，我對迄今為止兩岸發展的前途，仍然抱持著戒慎恐懼的態度，兩岸的互信真是太脆弱了，更何況在臺灣還有綠營人士不斷在兩岸的傷口灑鹽，因此我們一直在謹慎地評估形勢的發展，也在謹慎地思考最可行的對策，「一中三憲，兩岸統合」就是在這謹慎與反覆辯證中，我們所認為最妥適的架構。但是我們也充分瞭解，這樣的想法在現實上若要尋求實踐的機會，將很可能落入一種「循環式的困境」，怎麼說呢？

目前我以為最大的困局，就在臺灣的選舉體制上。由於臺灣選舉的高度民粹性，經常讓一個重要的議題講不清楚，理性常無法顯現到具體的政治場域之中。一個很顯著的事實就是，臺灣目前的政治生態，讓「一中」與「統」等等字眼根本被妖魔化了，整個社會很難有平心靜氣的空間去瞭解一些重要有創意之構想的內容，因此它就很可能造成一個惡性循環的狀況，那就是讓一個有可能解決困局的構想先妖魔化之後，再去批判說沒有任何構想可以解決問題，因而就更拒斥任何新的構想。然則我們究竟該如何謹慎地讓「一中三憲，兩岸統合」的主張，避開這樣的循環式困局，這仍然在考驗著我們的智慧。而這也就是我想要藉此機會再次提出此一構想，以就教於各位先進的另一個原因。尚盼各位先進除了能再次針對我們的構想提出批評指教，也希望集思廣益，共同思考突破此一困局之道，以使兩岸和平發展的格局能夠越走越穩，越走越大！

（會議論文，原文印發，文中用語和觀點係作者個人意見）

後ECFA時代之變化蠡測

楊開煌[355]

一、三大作為

自去（2009）年11月以來中共對臺政策出現了明顯的變化，先是大陸地方領導人密集赴臺訪問，計有四川省委書記劉奇葆、廣西自治區黨委書記郭聲琨、湖北省委書記羅清泉；而省（市）長則包括上海市市長韓正、福建省省長黃小晶、廣東省省長黃華華、浙江省省長呂祖善、陝西省省長袁純清、河南省人大常委會主任徐光春、湖南省委副書記梅克葆、山東省副省長才利民、陝西省副省長景俊海、北京市副市長吉林、青海省副省長王令浚、貴州省副省長謝慶生、廣州市副市長李榮燦陸續訪臺，在臺灣這成一波波的震動。國臺辦的發言人稱「去年以來，大陸多個省區市主要負責人分別率團訪臺提高了兩岸交往的水準和層次，進一步深化了兩岸經濟合作，擴大了兩岸文化交流。目的是實現互利雙贏、共同發展。」[356]這些大陸省市長率團來臺，直接而且大量地對臺採購，自然有助於臺灣緩解這一段時期的經濟困難，為臺灣的產業注入新生機，同時有些的省市長人在臺也宣傳該省市的惠臺新措施，這說明他們的行程中也有招商的意味，所以不是片面的「灑錢、讓利」；同時在行程中，有些省市長人也安排和臺灣民眾的直接互動，我們相信大陸的地方領導人訪臺，除了兩岸經濟、文化、城市的交流大大提升之外，應該也有助於地方領導知臺、對臺的感性經驗。有媒體指出「這些官員親身、第一手觀察臺灣政經社會，接觸臺灣各方面人才，能從不同角度思考，將有助於形塑更完整的對臺思維；而不是像過去一樣，交由學術單位，從資料、時事、人物中研究臺灣。」357地方一、二把手訪臺實際接觸，建立地方的「臺灣觀」必然對未來中共對臺政策的制定與執行，特別是地方的對臺工作，必將從工作作風到工作方法，都將發生深遠的影響。

其次是國務院國發〔2009〕24號文件，明確通過「關於支援福建省加快建設海峽西岸經濟區的若干意見」，顯然中共中央確立了「海西區東與臺灣地區一水相隔，北承長江三角洲，南接珠江三角洲，是中國沿海經濟帶的重要組成部分，在全國區域經濟發展布局中處於重要位置。福建省在海西區中居主體地位，具有對臺交往的獨特優勢。」358特別是在當前兩岸關係出現重大積極變化的新形勢下，中央和福建都應採取更加有力的措施，進一步發揮福建省比較優勢，建設兩岸經貿合作的緊密區域，推動建立兩岸產業優勢互補的合作機制，促進兩岸經濟共同發展。因此，賦予福建可以「先行先試」的政策，加快建設海峽西岸經濟區，359促進兩岸更大，更快的經濟社會的融合及發展。福建省長黃小晶於今（2010）年5月5日訪臺，甫一抵臺，開門見山地說「先行先試，不是一個口號說說而已，必須切實給大家走親訪友以幫助，給大家做生意以便利，給兩岸同胞帶來實實在在的好處。」之後，他又向臺灣介紹了福建將採取的十個先行先試政策，涉及農業、產業、金融、用地、旅遊和交通等領域。360而福建省委書記孫春蘭在今年的「海峽論壇」上也宣布「福建將繼續著力先行先試，密切閩臺交流合作，積極探索促進兩岸關係和平發展的有益經驗。福建省還將安排15個事業單位職位聘用臺灣專才，擔任高等學校、科學研究院所和臺灣農民創業園等機構的管理職務，促進閩臺人才在更高層次、更大範圍交流合作。」361打開兩岸共治的新領域。大陸官方也不諱言，「支持福建省加快海峽西岸經濟區建設，是進一步發揮福建省比較優勢，實現又好又快發展的迫切需要；是完善沿海地區經濟布局，推動海峽西岸其他地區和臺商投資相對集中地區發展的重大舉措；也是加強兩岸交流合作，推進祖國和平統一大業的戰略部署，具有重大的經濟意義和政治意義。」362換言之，中共對海峽西岸經濟區建設是著眼整箇中華民族的經濟圈的繁榮，而此一經濟區建設是跨臺海兩岸的，中共從吸收臺商登陸投資，到主動規劃跨海的經濟發展，無疑中共希望在新的世紀裡，在中國的沿海打造四大經濟發達區：環渤海、長三角、海西區、珠三角，以帶動大陸中部地區的崛起。所以海西的發展是面對臺灣，背靠贛、湘的經濟區，此一設想，也代表了北京，第一次以實際行動向臺灣展示了不會動武的信號，否則所有對福建的投資就失去意義，由此一角度來看，海峽西岸經濟區的大力建設是為和平發展的兩岸關係奠定最為堅實的物質基礎。

其三是兩岸ECFA的協商：對臺灣而言，兩岸ECFA的簽訂是臺灣經濟的必由之路，這是臺灣人民也已經逐步認清的事實，因為簽訂經濟協議是雙方經貿往來正常化（而非特殊化）與規範化（而非任意化）的重要步驟。363透過此一步驟反而確立臺灣與大陸平等的經濟地位，和正常化的經貿關係。國務院總理溫家寶在今年「兩會」答記者問中，他表示，協議是一個綜合性的、具有兩岸特色的協議。商簽這個協議應該把握好三個原則：第一，平等協商；第二，互利雙贏；第三，彼此照顧對方的關切。他說，在商簽協議時要充分考慮兩岸經濟規模和市場條件的不同，關心臺灣中小企業和廣大基層民眾的利益，特別要照顧臺灣農民的利益。364由是觀之，ECFA的簽訂不會傷害臺灣的經濟，但必然改變臺灣的經濟，未來臺灣的經濟發展中，必然有更多大陸因素必須考慮，在臺灣兩岸合作經濟實體也會大大增加，因此，臺灣倘能加速改善自身的投資環境，加上籤訂ECFA的紅利，就有可能使得臺灣在區域經濟的競爭中，創造另一個經濟起飛的可能性。反之，如果仍然陷在政爭之中，蹉跎時間，也就蹉跎掉機會，則臺灣仍然有邊緣化的危機。

二、對臺政策之調整

以上三大作為，使我們感到北京的對臺政策，在和平發展的戰略方針指導下，已經出現了顯著的調整。

「歷史關係生活化」：中共的「一中」原則論述中，以往一直存在兩個核心的依據，即一是臺灣屬於中國，甲午戰後為日本所強佔，抗戰勝利之後回歸中國；二是當今兩岸分治的局面主因之國共內戰。對中共而言，這兩大論述是法理，也是事實；然而在臺灣經過政治生態的轉變之後，這兩大論述對臺灣而言，縱使是事實，也只是臺灣歷史的一部份，而且兩岸分離60年已經是二個世代，所以歷史上有關係，未必可以成為當今兩岸關係的制約，總之，中共的「一中」原則論述雖有法理的背書，有國際社會的不同程度的背書，但是，民主政治後的臺灣則不認同，特別在馬總統執政兩年後的臺灣，在民調上更張顯了這一點。依據陸委會的民調，臺灣的民意為：主張廣義維持現狀（包括「維持現狀，看情形再決定獨立或統一」、「維持現狀，以後走向統一」、「維持現狀，以後走向獨立」、「永遠維持現狀」）的民眾占絕大多數（88%）。其中以主張「維持現狀，看情形再決定獨立或統一」是六種意見裡的最大多數（38.7%），其次是主張「永遠維持現狀」（25%）。365對北京而言，如果在思路不作調整，則不但「和平統一」的終極目標只是緣木求魚的幻想，連「和平發展」的戰略目標也將深受衝擊。因此，讓臺灣同胞重新生活在緊密的兩岸關係之中，直觀地感受到兩岸關係對臺灣生存與發展的重要性和關鍵性，便是極其重要的政策思路。以往的思路只是片面的讓利，如今在大陸越來越市場化的趨勢下，物質的利益能讓的也越來越有限，故而「和平發展」戰略下的對臺政策的思路，應該是在物質讓利的基礎上，深化兩岸的社會交流和文化交流。提供更多、更大量、更方便的交流平臺，以便使兩岸同胞同時感受到：生活中的兩岸關係和生活化的兩岸關係。從此一關係中建立兩岸新的關係，新的關係。因此，未來不但在落地簽證的港口越來越多，而且有可能放寬臺胞多次入境的簽證，以方便臺灣同胞的大陸出入，當然對臺灣對大陸同胞的訪臺行政手續的簡化，也構成相同的壓力。

「經貿關係制度化」：經貿關係一直是兩岸關係中的極重要的組成部份，這一部份的兩岸關係是有變化的，在上一世紀的經貿關係表現為臺灣去大陸，到了新世紀兩岸的經貿關係逐步平衡化，特別在全球金融危機之後，兩岸經貿關係的發展臺灣的需求趨勢越來越明確，而崛起的大陸，也樂於提供臺灣經濟的協助，建立兩岸經貿上更密切的關係，加上，「東協+1」的生效，特別是2012年東協與日、韓經貿自由區的生效，因此，馬政府加快了雙方簽訂ECFA（兩岸經濟協議）的談判，促使臺灣趕在日、韓之前，使得兩岸經貿關係朝市場化、正常化和制度化的方向發展，此一「兩岸經濟協議」的簽訂和執行，不僅僅是好處有多大的問題，而是阻止臺灣經濟惡化的續命丹。林祖嘉教授就表示「在兩岸簽署ECFA的情況下，臺灣產品得以免稅進入較大的大陸市場，甚至是東南亞的市場，相對而言大陸產品得以免稅進入一個較小的市場，所以臺灣產品受惠較多，這是可以理解的。」366當然，其後的發展仍然有賴臺灣自己的努力；而且在大陸區域內的經濟發展也同樣趨向市場化的同時，「ECFA的簽署絕不是臺灣的經濟因而受惠，中國大陸的總體經濟一樣會得到好處。」367所以大陸商務部所做的研究顯示，「兩岸如果簽署ECFA，中國大陸的經濟成長率可以增加約0.36%到0.40%之間。」368至於在兩岸簽署ECFA之後，臺灣與其他國家的經貿關係的安排，其實是另一套經濟邊邏輯，關鍵在於臺灣和他國之間的供需關係。

除了經濟之外，大家也都看到ECFA的簽訂，對於兩岸關係的影響絕對不止是經貿而已，透過ECFA簽署，兩岸更多城市的直航，更多兩岸金融業的合作，也將大大牽動兩岸以至外國企業在兩岸的投資布局，形成不同以往的兩岸產業的分工，這些變化，必然會是兩岸社會關係、文化關係以至政治關係變化的物質基礎，從利益方面看，「制度化」的兩岸經貿關係，如果能夠真正加惠臺灣的廣大的三中（中小企業、中低收入、中南部民眾）民眾，則有可能挑戰臺灣民眾傳統的「大陸觀」「反共觀」，增進兩岸民眾的真正理解；因此，促使兩岸關係的發展有可能逐步超越臺灣島內的藍綠政爭，此一結果，將為兩岸關係的「和平發展」奠定堅實的物質基礎和社會基礎。更有甚者，兩岸的ECFA簽署之後，將在兩岸兩會下成立「兩岸經濟合作委員會」369以及分別設立「辦事處」這是兩岸經貿的機制化的時代的開啟，而機制化的合作就是行政磨合的第一步，「行政關係」的建立更將大大有助於相互的政治理解，以及兩岸政治互信的建立。

「政治互信增量化」：政治協商簽署兩岸的「和平協議」，是兩岸「和平發展」的必經之路，然而由於兩岸複雜的歷史和現實的原因，兩岸之間目前並無政治協商的可能，是以培養「政治互信」，便是當前兩岸兩會協商、兩岸經貿協商的政治目的，「政治互信」包括兩大內涵，一是「政治」，在此所謂的「政治」可以指政治價值，政治意識形態的部份，雙方在這一部份相同，則比較容易建立互信，但在兩岸之間，則主要是指兩岸的政府之間，特別是代表政府的領導人及相關官員其具體的言、行，政策措施作為的表現，是否具有邏輯的一貫性、一致性；如果在政治上是完全敵對，則不可能有互信；因為另一內涵是「互信」，即互相信任，互相相信對方的作為，「互信」可以被視是一種知曉對方的行為邏輯為基礎，到信任對方的作為，不會刻意為害我方；所以「政治互信」包括了兩大部份：誠意和善意，誠意代表了行動邏輯的可預測性，善意代表行動結果的互利的可能性。對兩岸關係而言，政治互信時時表現為一種不言而喻的政治默契，因此有時這是非常堅固信任感，例如，毛蔣之間視若寇讎，毛相信蔣不會尋求國家分裂，所以60年代之後就不急於「解放臺灣」，370

但有的時候又是十分脆弱，李登輝派密使與北京密商時，雙方也有一定的政治互信，但是1994年的「生為臺灣人的悲哀」訪問稿一出，雙方的互信就大大降低。之後的兩岸關係逐步走上猜忌式對抗，到了陳水扁時期兩岸在政治目標完全對抗性的，加上某些個人因素，特別在陳水扁完全否認「九二共識」之後，推翻雙方原本可以維繫往來的模糊的默契，之後雙方政府之間就只剩下互不信任的對抗，兩岸關係也走到危險期。到了馬英九總統主政之後，雙方在「九二共識」的基礎，重啟了兩岸兩會的談判，而且達成多項協議，有此基礎；然而單以經濟互利，仍不足以確保兩岸的和平發展，必須在此基礎上重建兩岸的「政治互信」，兩岸關係才能穩妥地往前發展。目前的情勢是國、共兩黨是有政治互信的，但是雖然國共兩黨在兩岸均為執政黨，而國共兩黨的政治互信卻無轉為兩岸政權的政治互信，主要的原因當然由於臺灣比較特別的政治生態，因此國、共兩黨的政治互信就更不可能轉為兩岸的政治互信，然而「政治互信」在兩岸關係又存在一定的重要性，胡和馬先後都提到「建立互信」。371所以兩岸協商先經後政，先易後難，先簡後繁的順序，其實也就是兩岸積累互信過程，從無到有，由少而多互信增量的過程，在過程中，北京讓臺北相信，北京說的和作的是一致的，說到一定做到，有了此一互信，則臺北同意北京的「一中」框架也就不會失自己的主體性；反之，臺北讓北京相信大多數的臺灣人民追求自己的主體性，其實是一箇中性意義的政治價值，表現在兩岸關係的民調中，就是維持現狀，「主體性」的追求固然存有某種對抗被「統」的因素，但也包含了自主自願統合的可能性，主要的關鍵在北京的作為，所以胡錦濤很早就講過「三個凡是」372其目標應該就是希望化解分裂力量，擴大島內「合」的力量。而兩岸政治互信的增加，肯定是兩岸關係全面正常化的基石，雙方均應善加維護。

三、結論

兩岸關係近60年來，從以往的全面對抗到近20年的經濟、社會交流發展再到今天的經濟合作，社會交流，但是政治的猜疑軍事對抗則一直沒有停止過，其關鍵就在於雙方的隔閡太久，猜忌太深，全無信任。如今我們看到北京的對臺政策已經朝著建立互信作努力，特別是海西區的平潭島共治和ECFA的「兩岸經濟合作委員會」的設立，可以說是兩岸共治時代的開啟。所以在後ECFA時代，我們將迎接一個相當不一樣的兩岸關係，現在的問題在臺灣內部是繼續以分裂、惡鬥的臺灣去面對兩岸的新時代，或是大家願意坐下來，一齊商量出共同面對新局面的對策。如果是前者，則臺灣雖然簽署ECFA，仍有可能自我邊緣化，而且反對者還會把「帳」算在簽署ECFA的政策上。反之，臺灣是有機會藉ECFA之翼，開創臺灣的新奇績。

在後ECFA的時代，逐漸會浮現出立體的兩岸關係，在此關係中不僅僅表現為多層次、多渠道的兩岸交流，而且其複雜性將遠大於現今。

第一，兩岸一日生活圈正式浮現，特別是臺北和上海之間，將尤其明顯。

第二，兩岸通勤族也可能出現，而且逐步增加，這將有力促使兩岸的交通、通信需求大大增加，兩岸的資訊落差逐步縮小。

第三，由於人員交流的頻繁，兩岸的法域衝突也越來越突出，這將迫使兩岸法治需求大大增加，兩岸司法和偵防的機制建立必要性，日益突出。

兩岸治理將成為兩岸城市管理的新探索，這將有力促進兩岸社科人才，行政人才的逐步平等的交流。

總之，ECFA的時代開啟之後，兩岸關係必然更加密切，以往被扭曲的關係將逐步正常化。此一趨勢將引起美、日及週邊國家也必需從政治、經濟、週邊安全、合作等議題上重作評估，制訂新策，從而影響到比一區域的布局。

（會議論文，原文印發，文中用語和觀點係作者個人意見）

當前兩岸關係若干重大問題的探討

潘錫堂373

近來兩岸問題中，諸如兩岸經濟合作框架協議（ECFA）第2次正式協商、「雙英辯」ECFA的意涵、上海世博會有利兩岸互利雙贏、如何看待陸生來臺、以及馬英九主政兩年來的意涵與成果等議題，在在均值得探討與省思，因其全然體現兩岸逐漸走向和平發展的深層意涵。

一、兩岸ECFA桃園協商獲多項共識

兩岸經濟合作框架協議（ECFA）第2次正式協商於3月31日及4月1日在桃園舉行一天半後，已圓滿落幕。374雙方代表經過充分的溝通討論之後，部分項目已獲得具體結論，尚有爭議的部份亦已建立「快、易、少」的處理共識，整體協商確有不少實質進展，使得ECFA的簽署又往前邁進了一大步，在此穩固的基礎上，今後雙方必能加速協商進程早日完成簽署。

此次兩岸協商內容，主要包括貨品貿易、服務貿易及協商文本等3大部分。經過一天半的密集協商，雙方達成以下諸項共識：一、雙方同意納入「早收清單」的產品項目和服務業別，應考慮彼此之關切，以及急迫性、必要性及較易達成協議等原則；二、大陸方面表示充分瞭解臺灣農民的關切，未要求臺灣進一步開放大陸農產品輸臺，在其「早收」要價中亦不含農產品；三、大陸方面願在「早收清單」中盡力不影響臺灣的弱勢產業和中小企業；四、雙方就協議文本充分交換意見，已有初步共識；五、雙方決定啟動原產地規則小組的協商工

作，並就工作機制和商談時間表達共識；六、EC-FA第一次正式協商1月下旬在北京舉行時，大陸提議將「兩岸經貿正常化」詞句寫入協議文本，此次桃園協商時大陸同意不納入協議文本。

儘管如此，未來一旦進入涉及兩岸各自利益的協議內容之實質談判，困難度必然會急遽升高，但只要雙方均能遵循彼此「擱置爭議」的共識，秉持歷次協商「優勢互補、創造雙贏」的精神，依據此次談判縝密規劃的框架穩健前進，必然可以縮小彼此的歧見，盡速完成ECFA的簽署。因此，儘管此次協商的過程並不能盡如人意，但兩岸協商代表均能兼顧各自利益與共同利益，逐步排除簽署的障礙，充分體現「讓利」「釋出善意」及「互惠互利」的精神，猶值得高度肯定。

回顧往昔一年間，馬當局為了增加臺灣方面談判的籌碼與彈性，只能說明ECFA的概況，不方便向外界公開詳述ECFA的協議內容，這雖是維護臺灣利益不得不然的權宜之計，卻給部分反對者有政治操作的空間，也大大扭曲協議的原意。經過兩次的正式協商後，ECFA的輪廓日益清晰，內容證實純為經濟性，無論是貨品貿易、服務貿易，臺灣均能堅守「對人民有利」之基本立場，適足破解不實傳聞的謬誤，有效消除部份反對者所持「對臺不利」的疑慮。

尤有進者，既是談判，當然會有相互讓步妥協的地方，因此實際上也不可能完全按照單方面的「劇本」來進行，因此提早公布己方的方案細節，意義其實也不大。

總之，ECFA的簽署，將是臺灣走向東亞區域經濟整合的第一步。由於近期臺灣與東亞經貿往來日趨緊密，大陸、日本、南韓及東盟等合計占臺灣出口總額比重高達65%，超過美國的12%，由此可見東亞地區已成為未來臺灣出口的主力市場，而大陸為臺灣最大的貿易夥伴，又是各國積極搶進的市場，若加入東盟的國家之間享有關稅優惠，但臺灣卻被排除在外，一定會面臨邊緣化的困境，所以簽署ECFA才能保障臺灣與大陸及與東盟國家的經貿往來成果，進而提昇臺灣的區域及全球競爭力。因此，ECFA能否如預期在6月第5次江陳會談完成簽署，不僅有賴兩岸談判人員繼續努力，更需臺灣全體人民給予最大的關注與支持。

二、「雙英辯」ECFA的意涵

馬英九與民進黨主席蔡英文於4月25日上電視公開辯論兩岸經濟合作框架協議（ECFA），針對簽署ECFA的必要性、急迫性、ECFA「早期收穫清單」到底何時公布，及簽署後的正負面效應、配套措施等議題，進行對話。375基本上，此次辯論是臺灣民主政治史上，朝野兩大政黨領導人首度針對重大政策議題，進行公開辯論，已獲得國際社會高度的重視與肯定。

「雙英辯」，就馬英九而言，作為「完全執政，完全負責」的舵手，或許不必有「予豈好辯哉？予不得已也」的想法，因為這場辯論經電視實況轉播，勝過下鄉舉行千百場說明會。就蔡英文來說，不啻是為民進黨陳明「不是為反對而反對」的大好時機。

由於ECFA攸關未來長期的兩岸經貿關係架構，此次辯論可視為臺灣朝野對兩岸關係與大陸政策的總體說明，能讓社會大眾對於未來兩岸經貿關係與臺灣經濟的長程發展，有理性的判斷。

雙方顯然都有備而來，蔡英文採取「仰攻」之勢，饒是她頗具論述能力，火力也不可謂不強，惟對於為何堅決反對ECFA，乃至ECFA之於臺灣有多大風險，進而提出足以讓多數臺灣人民可以信其「不可行、不能行」的結論，似乎力有未逮。

反觀馬英九，全程站在既是臺灣領導人，又是國民黨主席的高度，針對兩岸何以必須推動ECFA，並就不從速簽訂勢必時不我待、坐使臺灣徹底被邊緣化，做了最有力的闡述。更令人印象深刻的是，馬英九守中有攻，攻中有守，攻守自如，時而娓娓道來，時而咄咄逼人，溫良恭儉但不輕易退讓，顯得氣定神閒，理直氣壯。

其次，馬英九一再強調，「如果ECFA談判，不能使臺灣整體經濟獲益，我不能接受，我們寧可破局也在所不惜」，充分說明馬英九對ECFA必能「有利臺灣」充滿信心。至於受ECFA衝擊較大的17項弱勢傳統產業，馬當局首波將提撥960億元基金作為因應。蔡英文一反ECFA到底，卻提不出不簽ECFA有何有效的替代方案。

「雙英辯」之後各種民調顯示，有六成到八成的人，因為聽了雙方辯論而瞭解ECFA，因此從原來的質疑、保留轉為支持。尤其各界普遍認為馬英九表現超過預期，有助於民眾對ECFA的認識與支持，對ECFA的推動也就取得莫大的正面效益。

要言之，「理不辯則不明」，這場海內外矚目的辯論會，從雙方激烈攻防中，大家應可深切體悟：兩岸簽訂ECFA，對臺灣的機會絕對大於風險，簽訂時程已不容再蹉跎。

再者，尤其值得注意的是，「雙英辯」之後，多家民調都顯示馬贏蔡輸，馬英九的支持度還因此上升了好幾個百分點。民進黨為此體現出「心不甘、情不願」的態度，蔡英文也緊接著「跟進」加入「不甘心」的行列。

「雙英辯」中的蔡英文，儘管見解不符臺灣社會的期待，但言談仍圍繞在主題上，鮮少使用政治語言。然而，那位理性的蔡英文，下了辯論臺就消失了，緊接著出現的蔡英文，滿口政治語言，成為不折不扣的民進黨意識形態框架下的蔡英文。

「雙英辯」後，蔡英文先是說，2012年若民進黨執政，將以公投方式廢止ECFA，隨後又加碼為「民進黨執政後，將單方面廢止

ECFA」。她還要發動遊行，反對兩岸在6月間簽訂ECFA，也將責令「立法院」民進黨團強勢杯葛。蔡英文為何有如此大的變化？主因是她在「雙英辯」中不夠政治的態度，引起綠營反感，對她首當其衝的影響，是不利她5月23日競選連任黨主席。既然民進黨基層黨員普遍對她不滿，她續任黨主席就岌岌可危。所以「雙英辯」後，她「緊急調兵回防」，乃出現「變臉式」的辛辣發言，又使中間選民感到錯愕。左支右絀，進退維谷，這是蔡英文當前處境的寫照。

三、上海世博會再創兩岸互利雙贏

全球矚目的上海世界博覽會於5月1日盛大開幕，不僅凸顯現代「城市之窗」，也體現各國最現代化的科技文明，在184天的展期猜想將有7千萬人參觀，可匯成龐大的「世博效應」。376這場全球性的嘉年華，是中國大陸國力的綜合體現。其中代表臺灣的元素無所不在，為臺灣帶來不少商機，也成為臺灣發光發亮的最佳平臺，有利兩岸再創互利雙贏。

古代人類為慶祝豐收，會舉辦盛大交易活動，後來逐漸發展成大型的博覽會，第一屆世博會於1851年在英國倫敦舉行。此次上海世博會的舉辦，使中國大陸大大站上了世界舞臺的前沿，不僅因它是首度在開發中國家舉辦，也是歐盟第1次參與歐盟以外舉辦的世博會。上海世博會共有來自全球189個國家和58個國際組織參加，計有208個展館，各具特色，宛如世界建築精品展，展出內容更是爭奇鬥豔，大展前衛。尤其展區總面積5.28平方公里，各類型節目平均每天推出100場，規模之大與活動之多，堪稱歷屆之最；復以耗資人民幣4千億元，號稱史上最貴的世博會。

顯然上海世博會充分體現中國大陸已躋身世界強國之列，其可預見的實質效益則為歷屆之最。由於兩岸關係已大幅改善，近在咫尺的臺灣自能獲益良多。

放眼所及，上海世博會充滿著臺灣元素，「參展三館」——臺灣館、臺北館、震旦館，將數位化的「臺灣味」體現得淋漓盡致；此外，世博文化中心屋頂的LED燈、中國館的「清明上河圖」的動畫人物、埃及館的數位家具等，出自臺灣人的產品不計其數，世博最夯的紀念品「海寶」娃娃，亦為臺灣設計師的作品。島內的食品、旅遊、綠能、電動車等產業，也都能在世博會獲得大好商機。

尤其大陸近年積極發展綠能，上海世博會不但有許多綠色產品，也有若干最先進的綠能技術。臺灣許多高科技廠商，也在世博會一展身手，未來極可能成為大陸綠能產業的合作夥伴。

再者，在核心區的世博軸區餐飲店，有近8成來自臺灣，包括85度C、克莉絲汀、老董牛肉麵等，都極具號召力，半年展期，營業額必然相當可觀。此外，商業貿易、交通運輸、食品飲料與百貨通路等，只要是臺灣布局大陸內需產業，都可連帶受惠，旅遊業更是長紅。

臺灣曾在日本大阪世博會參展，距今已睽違40年，如今臺灣又重回世博，與大陸平和地矗立於黃浦江畔，欣然參展。臺灣館主題曲「臺灣心跳聲」迴盪著「少一點仇恨，多一點我們；少一點戰爭，多一點單純」，聽了無人不為之動容。

上海世博會是有史以來，距離臺灣最近的世博會，也是臺灣商機最大的一次世博會，臺灣在此難得的機遇應可獲致無限的機會，包括臺北將自11月起舉辦世界花卉博覽會，可共創世博與花博合作互利雙贏。對此，上海世博的成功，臺灣與有榮焉。

四、正面看待陸生來臺的意涵

開放陸生來臺就讀與大陸學歷採證，已成兩岸教育交流之勢所必然，為此必須修正「兩岸人民關係條例」、「大學法」及「專科學校教育法」，因其賦予陸生來臺就讀及大陸學歷採證之法源，被稱為「陸生三法」。然而，開放陸生來臺及承認大陸學歷，討論兩年，全臺灣公私立大學都做好準備，就是卡在立法院無法放行。

先是行政院送請立法院審議「大學法」、「專科學校教育法」等陸生來臺二法修正草案，初審議程排了18次都遭遇民進黨強力杯葛，甚至演出全武行，後來在立法院長王金平調解協商下，藍綠雙方各讓一步重新提案交付委員會審查，再走一次初審程序。國民黨的新提案，內容和教育部版本一樣，民進黨則是黨團提案，將教育部配套方案「三限六不」（即：限校、限量及限域，不加分、不影響招生名額、不提供獎助學金、不允許校外打工、不可考照、不可續留臺灣就業）納入「大學法」與「專科學校教育法」之中，才願意讓法案過關。

民進黨向來堅決反對開放陸生來臺，如今黨團提案開放陸生，儘管民進黨人士承認會有如此重大的妥協，是因實力太弱、抵擋不住，然而實際上5月10日立法院的委員會初審，藍綠黨團仍在不斷衝突中完成「兩岸人民關係條例」修正草案的初審。其後立法院審另「陸生二法」修正草案，要期待過程理性和諧，應不可太樂觀。

民進黨為何堅持反對開放陸生來臺？主因之一是他們擔心臺灣的教育資源遭到排擠。其實，這樣的反對完全沒有道理。由於開放陸生來臺就讀，可舒緩臺灣若干大學招生嚴重不足的問題。何況，經由教育部「三限六不」，應已可消弭某些不放心的疑慮，再加上陸生來臺就讀之學費為臺灣學生兩倍以上，何愁瓜分臺灣的教育資源？

前不久，前中研院長李遠哲公開表示「臺灣社會應該歡迎陸生」。李遠哲是李登輝主政時期的教育改革召集人，他認同臺灣，卻從不排斥大陸。他為何贊成陸生來臺？因為「對教育有益的社會，應該是多元化的環境，存在不同階層的人。」

臺灣既自視為民主社會，就應該接納、甚至歡迎多元環境，更重要的，因為他對臺灣的民主，愈來愈有信心！對自己有信心的人，不會迴避開放，遑論拒絕。對於開放陸生來臺這件事，沒有人比大學校長們更清楚、更深入，當全臺灣大學院校做好一切利弊得失評估後，大多贊成並準備好迎接陸生，民進黨實在沒道理阻擋此事。

民進黨曾執政8年，「積極管理」式的「戒急用忍」讓臺灣經濟競爭力停滯了8年，難不成現在還要搞教育交流的「戒急用忍」？臺灣可以接受全球人才，為何要排斥來自大陸的人才？尤其兩岸交流，已是檔不住的歷史潮流，就要正視、處理各種類型的兩岸關係，教育當然是無法迴避的一環。

尤有甚者，對陸生來臺，民進黨立院黨團提案要將「三限六不」入法，但三大校長協會均表示反對，因「三限六不」是階段性做法，現階段可以接受，但未來要不斷調整修正，法律沒有必要訂死。臺大副校長陳泰然也指出，限來限去沒有意義，「三限六不」還不到法的層次，只是行政處理問題，且若限制太多，會讓臺灣的大學喪失競爭力。

平實而論，開放陸生來臺，設限太多並無意義，尤其「三限六不」若入法，則開放陸生等於「名存實亡」。例如：陸生既然採外加名額，實在不需要「限量」，因教育部每年會核定各大學的招生總量，招生不足的才可招收陸生，且不可超過總量，如此即可解決「量」的問題。又如「限域」，陸生來臺可以到處查資料和修課或旁聽，他們要學習哪種領域很難控制，「限域」的效果只是讓他們拿不到這個領域的文憑，並無法真的限制他們不要學習。再如「六不」中的「第一不」沒啥道理，因只要不影響本地生錄取的機會，讓陸生考試不是更好，更可以測出他們的程度，而收到更好的學生。

總之，臺灣不但不必拒絕陸生來臺，還要發揮臺灣的光與熱，吸引大陸學子接受臺灣、喜歡臺灣，把臺灣的好處帶回大陸。

五、馬英九主政兩年來的兩岸關係與經濟發展

馬英九就職滿2週年，兩年來，不僅營造出兩岸關係和平共榮的景象，也逐漸有效降低國際金融風暴對臺灣經濟的衝擊，整體經濟表現普獲各方肯定。如520前夕，瑞士洛桑管理學院（IMD）發表「世界競爭力報告」，臺灣從前一年的23名，一舉躍升到第8名，躍升速度之快前所未見。377也誠如馬英九舉行記者會談施政成果與未來願景時，宣示打造臺灣未來黃金10年，希望以和平建立臺海秩序與經濟繁榮，他有信心將這和平與繁榮繼續發展下去。

前述瑞士洛桑管理學院公布2010年全球競爭力排名，臺灣創下史無前例驟升15名的佳績，並首度擠進前10名，該學院副主任蘿思蕾分析其中原因，指向兩岸關係上，臺灣採取一連串有利於經濟發展的措施，使臺灣與中國大陸之間的經貿更為密切。此外，根據彭博社最新調查，臺灣2010年第1季GDP成長率可能衝到11%，臺灣的主計處也上修臺灣的經濟成長率到5%以上，可望使臺灣重回「亞洲四小龍」之首。這些數字是馬英九當局主政兩年來最具體的成績單。這些成績稱之為「大步向前」當之無愧，在此基礎上，馬英九宣示「開創黃金10年」，這個目標能否達成並持續，兩岸關係絕對是最大關鍵。

馬英九自主政以來，在持續推動溫和務實、和平雙贏的兩岸政策後，兩岸得以建立互信基礎，緩和多年來緊張對立的狀態，同時，在此項雙邊互信的基礎之下，恢復兩岸制度化協商。過去2年，兩岸先後

舉辦了4次「江陳會談」，簽署了12項協議及發布1項共同聲明。這些協議與聲明，都對改善兩岸經濟、民生問題有莫大的助益。例如：兩岸大三通，大幅減少民眾在兩岸往返的時間與金錢；大陸觀光客來臺，則是帶動臺灣觀光產業的繁榮；兩岸金融合作監理備忘錄（MOU）的簽訂，讓臺灣的金融業能夠赴大陸市場開疆闢土；而即將簽訂的ECFA更讓臺灣能夠吸納大陸經濟發展能量，促進臺灣經濟快速步入「黃金10年」的願景。

此外，由於兩岸關係的改善，讓兩岸經貿、人員往來趨向正常化，而兩岸民眾也在交往中增進瞭解、消弭誤會、步向融合，無形中更加穩定未來兩岸關係和平發展的局面。這也使馬英九在兩岸政策上的表現，獲得絕大多數民眾和輿論的支持與肯定。

尤有甚者，兩年來，馬當局無畏全世界經濟景氣的低迷。將外部壓力轉換為大刀闊斧改革內部的動力，讓臺灣經濟結構、人民生活品質，以及政府效能脫胎換骨。易言之，馬當局深知臺灣經濟的發展，除了努力擴展兩岸及其他海外市場商機外，尚必須靠己力擴大島內需求。尤其從前面亮眼的數據，不只顯示臺灣經濟正逐漸回溫，投資環境不斷改善，各項景氣指標都持續在好轉中，更充分體現馬當局這兩年來所採取的各項振興經濟措施確已發揮預期的效益，可望加速脫離國際金融風暴的陰霾。

總之，當前兩岸關係正走向「大和平、大交流、大合作」的黃金機遇期。展望未來，處在島內、外經濟回穩，兩岸經貿關係改善之際，臺灣經濟發展前景應可樂觀期待，而臺灣欲達「開展黃金10年」願景，必可水到渠成。

（會議論文，原文印發，文中用語和觀點係作者個人意見）

兩岸和平協定：臺灣可能的觀點與爭點（節選）378

蘇嘉宏379

一、前言：兩岸關係維持現狀的中華民國憲法框架（略）

二、兩岸和平協定雙方當事人的臺灣定位（略）

三、臺灣方面提議「簽署和平協定」的過程

（一）兩岸關係已由「國共內戰」轉變為「脫離內戰化」的格局

二次世界大戰之後的五十年中，臺灣海峽兩岸已從實質的武力對峙，逐漸地轉變為政治上的低盪互動；尤其，臺灣首先進入終止動員戡亂時期、廢止動員戡亂時期臨時條款之「正式而且率先片面放棄以武力方式追求國家統一」的階段380。相對於臺灣方面逐步放棄在國際上與中國大陸就「一箇中國」的「國家合法性的競爭」、「國際上爭取合法性的競爭」，臺灣方面對兩岸關係已由「國共內戰」轉變為「脫離內戰化」的格局。381對此，大陸方面對臺灣問題一方面堅持：「臺灣問題純屬中中國政，臺灣是中國的一個省，中國的主權和領土

完整是不容分割的；雖然，海峽兩岸尚未統一，但臺灣是中國領土一部分的地位並沒有變。中國擁有對臺灣的主權沒有變，海峽兩岸絕非兩個國家。」382，另外一方面始終不宣布「放棄以武力侵犯臺灣」，而且對「涉臺外交」，採取各種孤立臺灣的「臺灣問題國際化應變措施（國際上圍堵中華民國）」，至今雖稍有緩解，但改變有限。

一九九四至九八年間，一九九六年臺灣舉行第一次直接民選的總統選舉前後，發生了多次的中國大陸在臺灣海峽附近實施導彈試射演習，引發了美國派遣航空母艦戰鬥群巡弋臺海的對峙型的中美軍事間接衝突，兩岸曾經一度持續開展的對話因之而中止；也在這次軍演之後，臺灣方面政學界開始出現關注「兩岸和平協定」與「軍事互信機制（CBMs）」的評論或學術論文。383一九九七年，李登輝在其廢止動員戡亂時期臨時條款之六週年時主動發出新聞稿，呼籲大陸當局：「站到全中華民族發展的歷史高度上，停止在國際上孤立中華民國的行徑，互示真誠，藉此促成兩岸和平協議的簽署，共同為亞太地區和平、繁榮做出貢獻。」384兩千年，時任副總統的連戰先生也在當時的選前正式呼籲：「協商建立兩岸軍事互信機制，推動軍事相關人員交流互訪，以及演習通報、查證與互派觀察員，並建立雙方領導人『熱線』。」、「簽署兩岸和平協定，以正式結束敵對狀態，創建『臺海和平區』，確保兩岸繁榮發展及亞太安全。」385從這些談話中可以看出，在第一次政黨輪替以前過去臺灣方面的設想中，簽署兩岸和平協議一直是發展兩岸關係的重要目標。386

在第一次政黨輪替以後，陳水扁主政期間對於兩岸和平協定雖也曾經多次提及，但是迄無深入的實質內容。在第二次政黨輪替以後，臺灣方面的提法和思路，並沒有與前一次執政期間有過更新的公開的、正式的說法。以一九九一年三月一日，臺灣當時的行政院長郝柏村在立法院答覆立法委員質詢時的繼續補充表示，當時臺灣還在主流派、非主流派爭執之際，事隔雖久，然其內容可說是臺灣方面迄今為止的最正式、公開立場，茲將其答詢內容分述如下：

1.「不能接受『兩黨對談』，談判需由『對等地位的兩個政府』來談」：目前兩岸簽訂停戰協議還不可能，因為我們不能接受兩黨對談，談判需由對等地位的兩個政府來談，目前時機還未成熟。

2.「訂定停戰協定後仍不能鬆懈國防軍備」：即使將來和中共訂定停戰協定，我們仍不能鬆懈國防軍備，因為如要停戰協議對中共有約束力，主要在於自己的力量。將來即使兩岸能三通，海防、空防仍不可廢。如果我們和中共訂定停戰協定，也不表示我們解除武裝，我們對軍備、戰備的警覺還是一樣。

3.「終止動員戡亂時期後中共的定位仍然未定」：終止動員戡亂時期後，並不表示中共就不是叛亂團體，中共雖非法律上的當然叛亂團體，但也不是法律上的當然不是叛亂團體。

4.「目前兩岸仍處於交戰狀態」：目前兩岸仍處於交戰狀態，如何終止，則有賴雙方的自制，這是不成文的。

5.「兩岸承認是相互的（互不否認）」：有關兩岸承認是相互的，我們不否認對方，但對方否認我們，我們仍不能承認對方。目前對中共的地位不適用國際法。只要信奉共產主義的人，就不能認為是我們的朋友。387

另外，臺灣方面認為和平協定應包含臺灣的對等外交空間在內，當時的行政院大陸委員會主任委員張京育於一九九七年八月十六日表示：「兩年來李登輝總統及連戰副總統一再呼籲恢復兩岸協商，目前兩岸關係漸驅緩和，我方樂見中共隨時派人前來討論政治性談判的先期作業；而政治性談判最優先的應是談解除敵對狀態，簽署和平協定，談判不拘過去形式，可由官方直接接觸，簽署者應是比海基會更高層及的政府代表。重要的是，和平協議中必須承認我方具有對等的外交空間。」雖然事隔久遠，但是對於談判的規劃腹案，張京育當時的主張仍然很難被忽視，他所提到的「討論政治性談判的先期作業」、「談解除敵對狀態，簽署和平協定」、「談判不拘過去形式，可由官方直接接觸」、「簽署者應是比海基會更高層級的政府代表」、「和平協議中必須承認我方具有對等的外交空間」。

（二）「兩岸和平協定」應該要取得最高層次的「憲法位階」

其後，一九九二年時任總統府副祕書長兼發言人的邱進益先生，也提出相似主張，但名稱則由郝柏村院長所提的「停戰協議」改稱為「和平協定」388，並一直在臺灣方面被沿用至今；雖然邱進益強調這是「個人的」389看法，但這項「兩岸簽署和平協定」的看法，一直是其後至今臺灣執政當局再三所提及的，目前看來也已經是兩岸雙方共同接受的用詞。邱進益的看法見諸報端之後不久，大陸方面即由當時的國家主席楊尚昆出面拒絕，楊尚昆稱：「簽定互不侵犯條約，將等於承認兩個政府；中共不接受兩個政府的談判，只能由兩黨談判，因為『中央政府在北京』。」390大陸學者陳孔立指出這個提議被拒絕的關鍵是：「提出了要中共視對方為對等政治實體的要求！」391但是，當時臺灣朝野立委的反應相當熱烈，一個在立法院舉辦的「兩岸簽署和平協定評估公聽會」中，包括時任立法委員的陳水扁、康寧祥等人也提出了許多版本的「中華民國與中華人民共和國關係基礎條約」。392綜上所述，海峽兩岸、臺灣朝野的爭點全在於兩岸和平協定的簽署雙方當事人的身分、地位問題。

東西德和平統一的經驗一直對臺灣有深刻影響，尤其兩德統一前，在一九七二年十二月二十一日所簽訂的「基礎條約」及其他多項國際條約，經常在相關的討論中被提及。393證諸後來臺灣在這項議題的說法，都一直是用與歷次辜汪會談、海協會與海基會所訂定的各項協定一致的「協議」一辭，而不是「條約」，這是大陸方面不可能接受的「締結國與國之間的條約」，這應該是大陸方面不可能妥協的底線的。394用非「條約」的「協議」或「協定」等名辭應可為中國大陸所接受，本文亦依此而以「兩岸和平協定」為名。395對臺灣方面而言，未來「兩岸和平協定」還必須取得更高於「送立法院備查」的「法規位階（協議）」的法律位階，即使是經過公投，也只是啟動「創制」的程序，最終取得「立法院通過」的「法律位階」。為能凝聚臺灣內部的高度共識，「兩岸和平協定」應該要取得最高層次的「憲法位階」；觀察「兩岸和平協定」的內容可能仍是「綱領性」、「框架性」的，所以「兩岸和平協定」入憲以後，取得了憲法法源基礎，行政部門才能據以推動衍生的相關法律草案草擬與推動立法工作，並在實務層面的執行，而不管臺灣將來發生幾次政黨輪替，「兩岸和平協定」具有憲法位階的合法性，在剛性憲法的增修程序規定下，甚難撼動。

（三）「和平原則（臺海安全）」是臺灣歷屆政府處理兩岸關係的根本原則

從臺灣方面歷任總統的多次講話內容可以看出，「和平原則」是臺灣處理兩岸關係的根本原則；臺灣方面決定放棄以武力作為解決兩岸關係的手段，而臺海安全則是最重要的考量。

江澤民早在一九九五年一月卅日提出「為促進祖國統一大業的完成而繼續奮鬥」講話，建議兩岸就「正式結束敵對狀態，逐步實現和平統一」（「江八點」的第三點）進行談判之後，李總統登輝先生一九九五年四月八日在主持國家統一委員會第十次全體委員會議致詞時，曾經提出著名的「李六條」，其中除了重申他在第八任總統就職演講時所提出的，「當此全人類都在祈求和平、謀求和解的時刻，所有中國人也應共謀以和平與民主的方式，達成國家統一的共同目標」；為了「彙集國人的智慧，發揮我們的特長，以積極務實的作為，掌握民心的歸趨，主導兩岸關係的發展，早日達成國家統一的目標」。當時，臺灣第一次直接民選出來的政府在「國家統一」的基本立場是「首應尊重臺灣地區人民的權益並維護其安全與福祉，在理性、和平、對等、互惠的原則下，分階段逐步達成。」396此後的一九九八年七月二十二日，李登輝以總統身分主持國家統一委員會第十三次委員會議、一九九九年三月，國家統一委員會第十四次會議都反覆重申了類似觀點。另外，臺灣方面官方對此事的著重點：「一、兩岸和平協定的簽署，必需在雙方捐棄敵意，並體現對等與共存共榮關係下進行才有意義。而兩岸關係要持續發展，必須是互動的，徒有我方單方面的善意與誠意，並無法促進雙方關係的改善。兩岸現狀及未來協商或談判，必須在相互尊重，對等情況下才有辦法順利進行。政府對於兩岸和平協定的規劃以『和平』為基調，並朝『開放式』的設計，俾容納中國不同的意見，以隨時因應兩岸情勢變化，研擬較具體可行的方案。二、維護臺海局勢的和諧與安定，對我們的安全與福祉可提供最有利的保障。因此，面對中共所製造出來的惡劣氣氛，我們一方面除應展現最大的耐心與誠意，俾使兩岸關係趨向和緩，並朝良性發展外；另一方面則繼續凝聚中國共識、鞏固國防力量，這才是當前處理兩岸關係的正確作法。」397

在兩千年臺灣大選期間，連戰公開表示，中共的一中白皮書在臺灣與世界各地引起強烈反應，因為中共試圖在總統大選前夕，威脅臺灣人民的安全。他認為要解決兩岸紛爭與衝突，可以歸納出四點原則：「相互尊重原則（連戰以「中華人民共和國」稱呼大陸，表示PRC雖有廣大的領土與人口優勢，且為全球多數國家所承認，但ROC也是一個成功的國家，這是有根據的事實，因此中共單方面的統一構想，如「一國兩制」，並非推動統一的公平與妥適的方式。）」、「良性循環的原則（連戰表示，海峽兩岸存有許多歧見，例如雙方對所謂的「一箇中國」原則有不同的定義，為解決問題，他建議雙方擱置爭議，以便解決彼此關切的議題，例如：迫切的三通問題，雙方或可發現，經由此良性循環的過程，可逐步建立互信與瞭解，以利未來解決更棘手的問題。）」、「和平原則（連戰重申，雙方朝簽署和平協定的方向努力，成立臺海和平區及兩岸軍事互信的機制，包括雙方領導人『熱線』的設立。臺海曾數度成為潛在火藥庫，令許多國家感到憂慮，他認為此一發展實在不幸，在進入新世紀之初，他希望雙方的領導人與人民應有智慧與決心拋開戰爭的陰影。）」、「定期的公開交流（礙於雙方現存的歧見，海基會與海協會有一段時間不能執行既定的任務，他期盼此一交流管道能再度啟動，因此在當選後，他將邀請海協會長汪道涵訪臺，再促成兩岸政府領導人互訪，藉以安排定期的高峰會議。）」398

兩千年三月十八日當天晚上，陳水扁代表民進黨當選中華民國第十任總統，陳總統發表當選感言時說：「臺海的和平與穩定，是雙方人民共同的期待。未來，我們願意以最大的善意與決心，進行全方位、建設性的溝通與對話。在確保國家安全與人民利益的前提之下，我們願意就兩岸直接通航、通商、投資、和平協定、軍事互信機制等各項議題進行協商。我們也誠摯的歡迎江澤民先生、朱鎔基先生以及汪道涵先生能夠來臺灣訪問。阿扁與呂秀蓮也願意在就職之前，前往中國大陸進行和解與溝通之旅。我們相信雙方的領導人均能為彼此關係未來的良性發展，竭盡智慧與勇氣，邁向『善意和解、積極合作、永久和平』的永久目標。」可見，關於「和平協定」、「軍事互信機制」等各項議題進行協商，仍是陳水扁、民進黨執政之初關切的重中之重。399

綜上所述，臺灣方面強調「在現實基礎上，協商並簽署兩岸和平協定，結束敵對狀態」；大陸方面則強調兩岸應討論「正式結束敵對狀態，逐步實現和平統一」問題，先談「一箇中國原則下正式結束兩岸敵對狀態」，就政治談判議題、代表名義、方式等程序性問題進行商談。儘管兩岸各有自己的堅持，兩岸雙方到目前為止仍然都一致地表達了「談判」與「維護和平」的意願。這兩任總統之後，中國國民黨在連戰擔任黨主席後與胡錦濤達成「五點共同願景」，之後的2005年7月，馬英九當選國民黨主席，旋即在國民黨的十七全將「五點共同願景」列為中國國民黨的政綱，國共論壇繼續的多次交流，「兩岸和平協定」已是國共兩黨的共同主張，馬英九從競選期間至今對於兩岸結束敵對狀態、簽訂和平協定的問題也反覆多次重申。最近，馬英九接受外國媒體專訪時表示，願努力「在任期內」完成與北京簽署和平協定。400

四、兩岸和平協定應以「信心建立措施」為核心

（一）「衝突預防」累積互信

過去十多年來，臺灣方面有關「信心建立措施」的討論已經越來越多。聯合國祕書長在1990年的「防禦性安全概念及其政策研究」報告中指出，「信心建立措施」的方式可分為五種：

1.資訊性措施：各國家加強軍事資訊（指揮體係、兵力部署、武器系統、國防預算、軍事採購）的公布與交換，以化解鄰國的猜忌與敵意。

2.溝通性措施：軍事互信機制最早可溯及1963年美國與蘇聯之間建立的「熱線」制度，藉由白宮與克里姆林宮之間專線電話的聯絡，兩國領袖得以直接建立聯絡溝通管道，化解彼此歧見，減少因誤解而副生之危機。

3.接觸性措施：直接建立管道，鄰國得以直接觀察演習，或當場

查證軍事活動。

4.通知性措施：相關軍事活動訊息提前宣布，鄰近國家得以因應準備。

5.限制性措施：將軍事活動與演習的規模、次數與時間加以限制，以降低衝突的可能性。

這些形成一個新的「衝突預防」研究領域，愈來愈多國家和機構正視之為外交和衡量國外援助的重心。現階段兩岸關係發展的重點應該是在建構「兩岸和平協定」，在多項「信心建立措施」（ConfidenceBuilding Measures， CBMs）401中互動，藉由「資訊性措施」、「溝通性措施」、「接觸性措施」、「通知性措施」和「限制性措施」等來增加「臺海安全」、「和平發展」的互信，這些措施將可以成為進一步「未來兩岸整和或一箇中國之談判」的基礎，「兩岸和平協定」的可能內容。402

（二）「兩岸和平協定」之目的單純化

「兩岸和平協定」應以「信心建立措施」為核心，目的在於「結束兩岸敵對狀態」的「兩岸和平協定」不會跳躍式地成為一個「統一協定」；但是，「兩岸和平協定」以「信心建立措施」為核心，長期和平發展兩岸關係，積累互信，「兩岸和平協定」會使一個未來的「統一協定」成為可能。

大陸方面的政學界越來越多過於樂觀猜想牽涉到美國、兩岸三方關係現實的意見，意欲將「兩岸和平協定」與「統一協定」兩者混為一談，其實「兩岸和平協定」只是完成「結束敵對狀態」的兩岸關係階段性發展，從「結束敵對狀態」到「統一」必定還有一個長遠的過程。對臺灣方面而言，試圖將「兩岸和平協定」同時乘載過多的「統一（例如：『兩岸同屬一中』法制化）」或是其他目的，都會讓「結束敵對狀態」的「兩岸和平協定」，因為「吃緊弄破碗」而使這個推進兩岸關係和平發展階段性重要進展的努力成為泡影。

兩岸在「九二共識」的基礎所研議的「兩岸和平協定」這種在臺灣具有法律位階與拘束力的文件上一次到位地寫下「一箇中國」的原則，勢將無法繞過兩岸雙方、臺灣朝野多年來的爭議，未能「先易後難」，恐怕不盡適當。除了「九二共識」之外，「兩岸和平協定」從研議伊始就必須保證目的單純化，故本文所試擬草案於此先暫時將「一箇中國」之爭議予以擱置，以免使「兩岸和平協定」的研議、簽署，橫生枝節。所以，雙方理當首先透過政學界在幾輪學術性場合公開討論「兩岸和平協定」的各自先行草擬的一份理想中的協定內容，再行透過制度化協商管道，甚至提升到官方層級的對話進行「政治談判的預備性磋商」，交換彼此意見，以建立協定的架構之共識。總結第二次世界大戰至今超過五十年的兩岸關係，臺海和平的基礎首重於「臺海兩岸的軍備管制」，而「軍備管制」的實行主要的目地是在減少彼此的敵對衝突發生的可能性，以避免戰爭危機的發生。故以「信心建立措施」中的「限制性措施」，也就是「軍備管制」為首要內容的「兩岸和平協定」，應較諸過去曾見過的「兩岸共同防禦南海協定」、香港回歸模式的訂立「臺灣基本法」的設想，在兩岸與臺灣的政治現實上方有被考慮的價值。

（三）威脅臺海和平的一些可能因素

第二次政黨輪替以後，威脅臺海和平的一些可能因素仍然存在，分述如下：

1.意外可能性：因兩岸領導人互信上、技術上、情報及其判斷上等錯誤而引致戰戰爭的突然爆發，尤其是大陸方面政治權力移轉欠缺制度化運作機制，在一些歷史的情況中，曾經發生過動亂，如此或將使得因意外而導致錯誤的可能性升高；反之，在臺灣任何一個政黨長期執政的可能性越來越低，目前國共之間的「黨對黨」對話關係可以爲兩岸關係造成支撐力量，未來政黨輪替終究會是常態，如何正確評估對方內部政情，並使臺海雙方溝通管道明確暢通，應為「兩岸和平協定」研議之首要列入考慮的課題。

2.戰爭可能性：由於參加信心建立措施的兩岸，皆具有發動戰爭之能力與傾向，臺灣在臺海防衛實力藉由美國對臺軍售不斷提昇，國際輿論始終高度肯定臺灣民主化成就等因素，臺灣擁有「軟實力」、「巧實力」，過去至今大陸方面始終不放棄武力解決臺灣問題、多次進行持續性的軍演，臺灣基層社會對此負面情緒極高；但是，國際政局已逐漸走向和平、區域整合之勢，臺海兩岸應逐步地和對方討論軍備管制問題，以使有用的資源用於國家目標之實現，讓兩岸關係歸於和平發展。

3.戰爭願望性：指故意而非意外性的戰爭，在雙方擁有良好的積極防衛能力（例如：反彈道飛彈能力），或消極的能力防衛（例如：堅固地下掩體、國際軍事奧援），以及其先發制人的能力時，類此因素便更加大戰爭的願望。目前，大陸方面在中國崛起後更有實力在區域與國際事務上展現實力，南海問題很難與臺海問題完全切割之下，無人樂見複雜性、不確定性提高。

4.戰爭接受力：當一方發動戰爭時，另一方具有接受戰爭的傾向與能力，以作為其達成國家目標的必要代價。臺灣目前沒有任何承受戰爭的社會人心，除了減少戰爭危機外，信心建立措施能協助臺灣與大陸同時在外交上達到國際政治上的目標（提升國際形象、威望或迎合國際政治現勢以換得利益條件）或達到加強經濟發展、民主政治等中國目標。當然，潛在性的效用，諸如鼓勵進一步的其他協定（政治或軍事）、減輕戰爭爆發下的破壞程度等等，亦為考量條件之一。

（四）試擬兩岸和平協定之基本條款

茲試擬兩岸和平協定之具體基本條款如下403

條文編號	試擬具體之基本條款	說明
前言	台灣地區和大陸地區雙方當局，依據中華人民共和憲法、中華民國憲法本文前言暨增修條文前言與第十一條之規定，為以下目的訂定兩岸和平協定（以下簡稱本協定），並願誠意遵守：	一、兩岸和平協定雙方當事人以「台灣地區」和「大陸地區」雙方當局互稱對方。 二、明列法源依據為「依據中華人民共和憲法、中華民國憲法本文前言暨增修條文前言與第十一條之規定」所訂定。
	一、海峽兩岸為維持現狀與和平發展，換取未來二十年國家整合之可能，改善彼此關係和增加互信與了解，尋求避免危險的軍事活動及引發武力衝突事件，藉此雙方正式宣布終止敵對狀態，並放棄以武力解決雙方一切爭端。	一、「海峽兩岸為維持和平與現狀，換取未來二十年國家整合之可能」的用語，除了避免在「一個中國」的定義上爭議不休，但因為雙方已有追求「維持現狀，國家整合」的共識在先，故在解釋上，認為上述共識下彼此願意放棄使用武力。 二、這與所謂「中國統一的時間表」不同之處，在於雖定有一定期限，保障了一段時間的海峽和平，當然有助於「中國統一」；但是，「未來二十年」意味著本協定唯一項具有「期限」的協定，將來「期限」屆滿將需換約，根據新的現實另議新協定。
	二、海峽兩岸依九二共識追求民族和解，以解決所有偶發、不可抗力因素所可能導致危險衝突的軍事事件，全力阻止臺海兩岸發生任何全面或局部衝突的戰爭或武力衝突，並停止一切破壞顛覆等不友善行為，和平發展兩岸關係。	一、為求避免「一個中國各自表述」，或是「各自表述一個中國」的無止境爭議，藉此「一個中國，各自『不表述』其內容」的文字安排，和平協定內容中以「依九二共識追求民族和解」的精神進一步保障同時居住在台海兩岸中國人之間的和平。 二、簽署和平協定固然並不能保證衝突不再發生，但至少可加重雙方訴諸武力的顧忌，同時也可藉此表現出對對方的一些善意。 三、將「和平發展兩岸關係」這項兩岸雙方的一致用語載於前言中，故另於協定前言中加入「誠意遵守」的字句，以強化協議的可信度與公信力。

條文編號	試擬具體之基本條款	說明
第一條 （名詞定義）	本協定中所使用之下列名詞，其意義如左： 一、軍事武力：指包含兩岸一切的陸軍、海軍、海軍陸戰隊及空軍等軍事人員及其所使用之軍事設備，亦含台灣地區的海岸巡防署及警察，大陸地區的非正規軍隊之民兵、武警及公安等相關單位。 二、軍事人員：包括現役軍人及兩岸當局所僱用從事與軍事有關工作或於第一款所列舉相關單位中任職之個人、法人或團體。 三、軍事設備：包含船艦（包括水面上、下之作戰艦艇、船隻）、飛機（包括作戰飛機及任何指定軍事用途之航空、飛彈和地面上作戰武力所使用之所有各式硬體設備及人造衛星等）。 四、緩衝中間地帶：由兩岸政府於兩岸當面地區，決定某區域為一軍事緩衝區，在此區域內，兩岸的軍事布署和活動，均應經由事先的調度與管制。 五、視察暨仲裁委員會：由兩岸當局指派的官方人員、中立的民間團體或雙方學者專家、海外華僑等組成，以定期或不定期方式，來往或常駐兩岸所協定的軍事緩衝區中對其中之設施、人員及其佈署進行視察，並對兩岸任何一方的違反協定，實施仲裁。	

條文編號	試擬具體之基本條款	說明
第二條	兩岸當局互不侵犯對方所轄土地及其空域與海域、互不干預對方內部事務，並應避免一切可能引致破壞和平的軍事活動，包括靠近台灣海峽兩岸的任何軍事演習、對另一方指揮及管制系統及網路的干擾、派遣軍事人員的滲透、顛覆及其他以軍事武力入侵另一方領域之一切行為。	一、基於「主權分享」的原則，大陸方面和台灣方面分別承認各自所有效管轄的現有領土範圍。兩岸由於非屬國際關係，故協定中有關「領土」的用語均以「所轄土地」代之。 二、「限制性措施」之宣示與概括規定。
第三條	為避免兩岸持續進行軍事對峙，由大陸地區之沿海和台灣地區之金門、馬祖之當面起，至浙江省南部、福建省、廣東省北部等內陸五百公里，劃定緩衝中間地帶；在此緩衝中間地帶內，兩岸當局得對彼此的軍事武力、設備及人員之數量及所有軍事活動等，進行協調管制。	一、劃定「緩衝中間地帶」，此為「限制性措施」之列舉規定，目的在於軍備管制、軍事活動與演習的規模、次數與時間加以限制，以降低衝突的可能性。 二、一九九〇年五月二十二日，李登輝的第八任總統就職記者會中說：希望中國能在台灣申請加入 GATT 方面給予善意的回應，並且從福建沿海撤兵三百公里。一般評論認為此說在政治意義上應遠勝於軍事意義，具有「台海非軍事化」的隱含安定功能。（相關報導、評論見聯合報，1990 年 5 月 23 日，第 3 版）。 三、和平協定的主要內容以「軍備管制」議題為主，雙方明言放棄對對方使用武力，規範在台海及附近海域之兵力佈署。 四、唯鑑於台灣本島欠缺戰略縱深，加上與金、馬、澎湖僅有一水之隔，故不能同意從金馬南海諸島撤軍，以免破壞台海均勢。

條文編號	試擬具體之基本條款	說明
第四條	為避免對兩岸人民生命、身體、財產造成毀滅性永久傷害，兩岸當局應互相保證永久不率先使用核子武器、生物化學武器及中子彈攻擊對方。	一、兩岸當局相互保證永久「不率先」使用核生化武器攻擊對方。 二、台灣海峽非核武化為東亞西太平洋地區區域安全與穩定邁開重要一步。
第五條	兩岸當局應逐步按一定比例或數量裁減南京軍區、廣州軍區、濟南軍區和金馬地區之飛彈等軍事武力、設備與人員，以維持台海軍事均勢。（第一項） 兩岸當局在第一項的基礎上，應逐年逐步按一定比例，在一定時間裁減國防預算至一定標準為止。（第二項）	一、裁減軍事武力，此為「限制性措施」之列舉規定。 二、裁減軍事武力以「撤彈」與「維持台海軍事均勢」為標準。
第六條	台灣地區和大陸地區南京軍區、廣州軍區、濟南軍區之軍事武力、設備及人員，包含軍事人員結構、軍事設備數量與布署，應維持公開既定的標準，任何因急遽的兵力改變或擴增，可能引起對方的疑慮者，應予絕對避免。	一、兩岸雙方加強軍事資訊公開，化解猜忌與敵意，此為兼具「溝通性措施」性質的「資訊性措施」之列舉。 二、相關軍事活動訊息提前宣佈，對方得以因應準備。
第七條	為避免情報判斷錯誤或偶發性事件所導致的軍事衝突，兩岸當局領導人得裝置「熱線」，以利即時溝通，避免戰爭的發生。（第一項） 為增加彼此的了解與互信，兩岸當局應定期或不定期舉行裁軍座談會，對任何彼此軍事上的疑慮、偶發的軍事事件，或其他重要之應討論的軍事性問題，進行溝通。（第二項）	一、建立的「熱線」制度，藉由兩岸雙方最高領導人之間專線電話的聯絡，領袖直接建立聯絡溝通管道，化解歧見、誤解與危機。 二、雙方軍事防衛人員的定期或不定期溝通平台的建立。 三、本條為「溝通性措施」之列舉。

條文編號	試擬具體之基本條款	說明
第八條	兩岸當局共同設置視察暨仲裁委員會，對本協定所規範兩岸當局應遵守的事項，進行考察與驗證，以處置兩岸當局違反本協定之事宜。(第一項) 兩岸當局得以人造衛星偵察對方之結果，對彼此所共同規範的緩衝中間地帶之軍事武力及其爭議，進行視察與仲裁。(第二項) 為處理平常非軍事性之的漁事糾紛、偷渡、走私、遣返等的偶發事件引發軍事衝突，另由兩岸當局共同成立衝突防範機構處理之。(第三項)	一、「視察暨仲裁委員會」是由兩岸當局共同設置，兩岸雙方得以直接觀察彼此演習或當場查證軍事活動。 二、非軍事性事件引發軍事衝突的避免，另行設置專責機構。 三、本條為「接觸性措施」、「通知性措施」之列舉。
第九條	本協定之訂定，應在尊重兩岸當局立場及準用國際法的原則下進行，並不得影響兩岸當局各自與其他政治實體之關係及其統治權所及範圍內行使治權行為。	一、明定兩岸關係「準用」國際法原則處理協定衍生之問題。 二、互不干涉對方內政。
第十條	本協定自雙方各自均完成法定程序後，經雙方代表同時公布後，開始生效，有效期限二十年。如有任何一方不願續約時，應於協定中止前三年告知對方。	一、台灣方面可能有「公投」、「入憲」的政治需要。 二、協定定有期限，試擬以二十年為期。過去，時任陸委會主委的蘇起引述當時蕭萬長院長曾說，「兩岸有協議比沒有協議好，多協議比少協議好，簽署協議越多，兩岸關係越穩定，如果想以『一次性協議』涵蓋兩岸的問題，意圖一步跳到中程，或如李侃如建議兩岸維持『五十年不變』，這根本是緣木求魚的想法。他說，兩岸互信不足，不要好高騖遠，唯有信守並履行現有談判協議，建立互信，屆時簽署『一次性協議』比較可能。」（中國時報，1999 年 5 月 1 日，焦點新聞版）。

五、結論（略）

（會議論文，原文印發，文中用語和觀點係作者個人意見）

南臺灣大學生對兩岸關係認知態度之研究

晏揚清404 王天津405

一、前言

臺灣海峽阻隔了臺灣與大陸的連結，中國古代方士雖早就到過臺灣，但僅止於探查而已。中國曆代各個政權並未考慮到統治的問題。406大概認為相對於大陸而言，此處只是一個偏處東南一隅孤懸海上的一個小島而已；兼以數千年來佔有大陸的統治者均認為「普天之下莫非王土，率土之濱莫非王臣」，其以君臨天下，四海八荒再無統治者，因此，不甚重視。直到南明，鄭成功父子以之為根據地，成功對抗大陸的中央統治者，臺灣的地位方才引起內陸大一統政權掌握者的注意。即使如此，以消滅明朝的康熙皇帝仍言：「臺灣屬海外地方，無甚關係；因從未嚮化，肆行騷擾濱海居民迄無寧日，故興師進剿。即臺灣未順，亦不足為治道之缺，……臺灣僅彈丸之地，得之無所加，不得無所損。」「……海外丸泥，不足為中國之廣，裸體文身，不足共守。日費天府金錢而無益，不如徙其人而空其地矣。」407

殆至近代，西洋人荷、西分別入據臺灣，並以之為與中國交涉之前進基地，清政府始漸重視。一八九五年，老大的中國天朝遭受到來自新時代的東方蕞爾小國——日本的挑戰與衝擊，甲午戰敗，馬關議和，臺灣這個海外彈丸之地被清政府「割讓」給日本，從此展開了現代臺灣與大陸錯綜複雜的關係。一方面，許多臺灣人不甘心受治於倭人，而紛紛內渡大陸；另一方面，又有人企圖以自己的力量強要脫離外來（包括大陸的清政府及日本政府）政權的統治。經過日本五十年的統治，在其有計劃的殖民策略下，又培養出另一批心向日本的臺灣人。一九四五年第二次世界大戰結束，日本放棄在臺灣的權利，臺灣重又入於中國。不過不及數載，因為國共內戰，一九四九年國民黨代表的中華民國政府在臺灣建立政權，而共產黨則宣布在大陸另建政權。隨著國際政治的發展，臺灣海峽兩岸兩個政府分別治裡各自的「領土」，同時又分別主張大陸與臺灣是不能分割的領土。

自一九四九年迄今已六十年，這一甲子的歲月裡，前半段海峽兩岸經歷嚴峻的軍事對峙，及在國際間互爭正統的外交零和戰爭，而又在各自的內部經歷不同的發展道路，致使兩岸的距離愈行愈遠。一九七八年，大陸在總設計師鄧小平的領導下，一改過去以政治為主的中國發展道路，展開一系列的改革，把經濟擺到政治之前，同時降低兩岸之間的緊張關係。十年之後，臺灣在經濟發展取得重大成就後，在蔣經國的主導下，解除行之四十年的戒嚴，並隨之進行政治改革，同時開放四十年的禁錮，讓老兵回大陸探親；此後兩岸關係的發展如春江水暖，日趨和緩。

不過，臺灣在李登輝執政的後期，以臺灣主體性之不能失落而提出戒急用忍政策，試圖剎住正熱烈的臺商赴大陸投資潮，其後更進而提出「兩國論」。到陳水扁執政時期，他首先否認「九二共識」的存在（2001.11.02），進而提出「一邊一國」（2002.08.03），其後更搞「外館正名、國營事業正名」（2004.12.05），2006年甚而廢棄僅具有像徵意義的「國統綱領」（03.14），2007年中以後更是如火如荼的在全臺灣推動「入聯公投」。李登輝及陳水扁在十年間的一系列舉措，使得表面已和緩的兩岸關係，實際潛藏危機的暗潮洶湧。

二〇〇八年，臺灣的政治又有重大轉變，年初，國民黨首先在立法委員的選舉上大獲全勝，過了二個月後又乘勝追擊，馬英九一舉擊敗謝長廷，而在總統選舉中脫穎而出。這兩次的選舉勝利，使得過去數年陰霾罩頂的兩岸關係倏忽如雨過天青，一片光明，正所謂是「歷史機遇期」。事實上自馬英九上任後，停止十餘年的海基會——海協會兩會立刻恢復會談，在國際社會上採取外交休兵，這一連串的措施，使得劍拔弩張的兩岸關係，重又恢復正常。

不可否認，做為大陸大國的中國，中央統治者並不是這麼重視海疆，尤以臺灣相對於九州大陸而言，實在是「彈丸之地」。為此，雖然千百年來有許多方土造訪臺灣，而東南沿海各省亦有入臺墾殖、貿易者，但終究還是不能引起大陸「中央政府」的興趣。故自臺灣之開發迄今，「臺灣」的這個概念具有相當的自我意識，而有別於中國。而中國近代的悲慘對外歷史，使「臺灣人」更往「臺灣意識」傾斜。

今日的中國，由於在國際社會上已經是一個具有相當影響力的大國，她不管是從中國政治或是國際戰略上的考慮，都必須要解決「臺灣問題」——也就是統一的問題，尋求臺灣納入中國的版圖。然而臺灣做為具有獨立自主的國家法人資格，千百年來建立起的臺灣自我意識，使得統一併不是那麼容易的事。

儘管臺灣目前是由國民黨的馬英九執政，一般認為他們將比較傾向臺灣與中國統一的立場。不過自馬英九上任以來，多次重申「不統、不獨、不武」的三不立場，同時又強調，人民不想統一，不能強迫他們統一。408因此今日欲談中國統一者，則不能不尋求民心之向背，而民心向背，必以科學方法探究之。

二、研究動機

為了探求民意的趨向，問卷調查統計往往是政府或是研究者採取的最有效工具。兩岸關係這個議題，因為牽涉到國家主權，全體臺灣人民的利益，甚至國際關係的穩定，因此可以說是一個當前及影響中國未來發展最重要的議題。為此，目前政府把這個問題當作首要的施政目標之一，而研究者，甚至一般人民也應該都重視這個問題。

有鑑於此，中國的大陸委員會為了制定政策的需要，對人民在兩岸關係的態度及看法上長期持續不斷的對其間現狀的各種問題（如外交、統獨、民眾的認知、大陸政策等）、交流衍生的問題（如直航、經貿協議、走私等）、重大事件立即處理問題（如張銘清事件、三聚氰氨事件、貓熊來臺、天災等）等等諸種問題，或委託學術研究機構、或專業民意調查機構，從事民意調查以尋求瞭解人民的態度，作為制定適當或調整政策之依據。此外，民間基於報導（如各種傳播媒體）的需要，政黨為了政治需要，學者為了理論興趣的需要，也都對兩岸的問題做出各種各樣的民意調查。根據大陸委員會的統計，2008年一整年，有關兩岸問題的相關民意調查總共有108項之多，2009年則有81項。409

從這些的調查中可以看出主持調查的機構都是非常的專業，而調查的對象則以全臺灣的民眾做抽樣，這樣嚴謹的調查當然非常有價值而值得政府參考。然而就長期關心兩岸關係及其發展的角度而言，吾人總是覺得意猶未盡而仍有一些研究的空間。

首先，對於這些研究，雖然以全臺灣的民眾做調查對象，但是吾人不能得知抽樣地區有沒有差別。提出這一個問題的核心乃在於，臺灣民眾對中國大陸的想像，一般認為南北有別，南臺灣的民眾相較於北臺灣的民眾兩岸關係的態度上是比較保守而激烈的。造成這個印象的原因，大概與南臺灣最近一、二十年來皆為民進黨執政有關，同時由於經濟發展，造成傳統產業出走，前往更低成本的大陸發展，以致於勞工失業，很不幸的這些出走的產業很大比例是在南臺灣地區。

其次，從調查的資料來看，大多數都註明了以20歲以上的民眾為調查對象。但是吾人認為這樣的年齡層範圍太大，無法更精細的探查民意的趨向。同時本研究更發現迄今為止，都沒有學者專門針對大學生對於兩岸關係發展的態度的研究。410吾人認為兩岸關係的發展及演變將是一個長期的過程，現在的大學生未來將要面對或處理這個問題，因此瞭解目前大學生的態度，或可一窺未來發展的趨向。

基於前述兩個原因，本研究乃以南臺灣地區的五所大學（臺南的立德大學、高雄義守大學、樹德科技大學、實踐大學高雄校區及屏東的美和科技大學）的在學生做為調查的對象，並依據學校的規模，選取適當的學生人數，其抽樣及相關人數資料如表一。

表一：問卷人數統計表

學校、人數、年級	大一生	大二生	大三生	大四生	研究所	在職生
義守大學	48	39	61	65	8	2
立德大學	36	53	39	4	0	0
樹德科大	0	61	100	50	1	1
實踐大學（高雄校區）	18	54	0	1	0	3
美和科大	23	13	6	1	0	0

三、研究方法與限制

（一）研究方法

本研究以「問卷調查表」的方式收集資料，問卷則以封閉式問答方式，使受測者從問卷之問題中送出適合答案。為便於分析，給予每題1～5分之量表。本研究採現場發放、作答、回收之方式進行蒐集問卷資料，總共發出900份，回收780份，扣除93份無效問卷，有效問卷計有687份。

本研究所設計的問題，參考了陸委會及其他民意調查機構所做過調查的問題，加以綜合整理，而分成七大問題411。其中第一大題有關於對兩岸當前問題的整體看法，其中又包括了六個小題；第二大題則是對兩岸交流的看法，其中有包括了八個小題；第三大題是對兩岸協商的態度，其中有包括四小題；第四大題則是問學生大陸對臺灣的政策，其中也有四個小題。第五題是問學生對兩岸交流開放速度的看法。第六題是針對兩岸協商的模式。第七題則是針對兩岸的未來發展。

（二）研究限制

本研究問捲發放的對象，僅以初略的概估學校的規模以選取受測學生，並未更精細的計算取樣。同時，也沒有更仔細的區分學生原始居住地，僅以學校處於南臺灣，即概括學生亦出身南臺灣，為此研究所得容或有所偏差。

四、資料分析與研究結果

（一）基本資料分析

根據回收的問卷（687份）統計，各年級人數、性別人數、黨派、認同人數，整理如下：

表二：性別與各年級人數統計表

年級	一	二	三	四	研究所	在職	總和
男	84	87	116	93	8	4	392
女	41	133	90	28	1	2	295
總和	125	220	206	121	9	6	687

表三：性別與黨派認同人數統計表

黨派	泛藍（國、親、新）	泛綠（民、台、建）	無	總和
男	73	35	284	392
女	60	25	210	295
總和	133	60	494	687

（二）問卷一～四題之「平均數」、「標準差」分析

表四：一～四題每小題之「平均數」、「標準差」

題號	1～1	1～2	1～3	1～4	1～5	1～6	2～1	2～2	2～3	2～4	2～5
平均數	3.48	3.35	3.24	3.20	3.09	2.71	2.66	3.42	3.58	3.76	3.64
標準差	0.850	0.930	0.901	0.986	0.890	1.047	0.856	0.888	0.869	0.792	0.852
題號	2～6	2～7	2～8	3～1	3～2	3～3	3～4	4～1	4～2	4～3	4～4
平均數	3.64	3.07	2.95	3.22	3.76	3.49	3.76	2.88	2.89	3.67	3.15
標準差	0.927	1.047	1.111	0.788	0.883	0.944	0.905	1.002	1.011	0.938	1.135

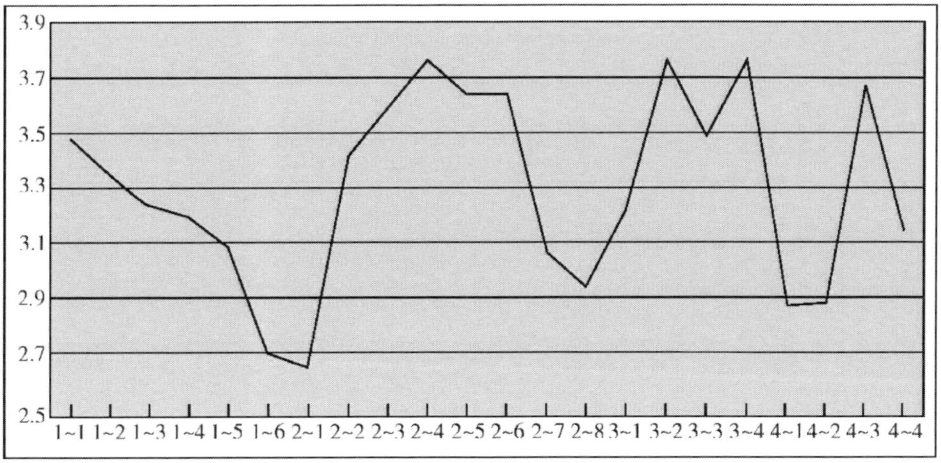

圖一：第一題至第四題之各問項平均數

其中同意度最低之前五項分別為：問項2-1「政府的大陸政策令人滿意」之平均數（2.66）最低，其次為問項1-6「臺灣意識就是臺獨意識」（2.71），第3為問項4-1「大陸目前的政策對臺灣政府是友善的」（2.88），第4為問項4-2「大陸目前的政策對臺灣人民是友善的」（2.89），第5為問項2-8「開放大陸學生來臺有助於臺灣的大學發展」（2.95）。

「性別」對第一題至第四題之各問項做T檢定分析，分別為：一、對兩岸關係的整體看法（6題）、二、對兩岸交流的看法（8題）、三、兩岸協商（4題）、四、大陸對臺灣的政策（4題）。

表五：「性別」對第一題至第四題之各問項T檢定

題號	性別	平均數	標準差	T	顯著性（雙尾）
1～1	1 2	3.55 3.38	0.863 0.823	2.719	0.007***
1～2	1 2	3.38 3.32	0.963 0.884	0.905	0.366
1～3	1 2	3.32 3.13	0.889 0.906	2.751	0.006***
1～4	1 2	3.26 3.12	1.001 0.962	1.911	0.056*
1～5	1 2	3.11 3.05	0.927 0.840	0.981	0.327
1～6	1 2	2.65 2.78	1.070 1.014	−1.676	0.094*
2～1	1 2	2.71 2.59	0.909 0.777	1.824	0.069*
2～2	1 2	3.47 3.36	0.915 0.848	1.622	0.105
2～3	1 2	3.59 3.56	0.900 0.826	0.359	0.720
2～4	1 2	3.82 3.69	0.808 0.763	2.191	0.029**
2～5	1 2	3.64 3.65	0.900 0.784	−0.290	0.772
2～6	1 2	3.61 3.69	0.982 0.848	−1.062	0.288
2～7	1 2	3.10 3.02	1.066 1.022	1.002	0.317

題號	性別	平均數	標準差	T	顯著性（雙尾）
2～8	1 2	3.02 2.85	1.124 1.087	1.985	0.048**
3～1	1 2	3.21 3.24	0.824 0.738	−0.477	0.634
3～2	1 2	3.75 3.78	0.943 0.796	−0.523	0.601
3～3	1 2	3.46 3.53	0.990 0.880	−0.840	0.401
3～4	1 2	3.78 3.73	0.917 0.889	0.779	0.436
4～1	1 2	2.91 2.84	1.017 0.981	0.830	0.407
4～2	1 2	2.92 2.86	1.045 0.964	0.736	0.462
4～3	1 2	3.62 3.74	0.968 0.894	−1.684	0.093*
4～4	1 2	3.11 3.19	1.180 1.072	−0.955	0.340

性別：1=男，2=女***：p＜0.01，**：p＜0.05*：p＜0.1

根據表五，性別因素在第一題至第四題的分析顯示：對1-4題「未來四年內兩岸的經濟發展具有信心」1-6題「臺灣意識就是臺獨意識」，2-1題「政府的大陸政策令人滿意」，4-3題「臺灣政府如果宣布獨立將會引起戰爭」男女不同的看法；對2-4題「兩岸直航對兩岸關係的發展具有正面的意義」、2-8題「開放大陸學生來臺有助於臺灣的大學發展」男女看法有顯著的不同；在1-1題「目前兩岸關係是呈現緩和趨勢」男女不同的看法極為顯著。

（三）第五題「對兩岸交流開放速度的看法」百分比如表六，經卡方檢定結果顯示，以「目前兩岸交流的速度剛剛好」顯著比較高。

表六：「對兩岸交流開放速度的看法」之卡方檢定

五、對兩岸交流開放速度的看法	次數	百分比
1. 目前兩岸交流的速度太快	122	17.8
2. 目前兩岸交流的速度太慢	159	23.1
3. 目前兩岸交流的速度剛剛好	203	29.5
4. 目前兩岸交流的速度無意見	203	29.5
總和	687	100.0

「性別」在第五題「對兩岸交流開放速度的看法」，經卡方檢定結果顯示如表七，其結果並無顯著差異。

表七：「對兩岸交流開放速度的看法」之卡方檢定

	1. 目前兩岸交流的速度太快	2. 目前兩岸交流的速度太慢	3. 目前兩岸交流的速度剛剛好	4. 目前兩岸交流的速度無意見
男	79	92	103	118
女	43	67	100	85
總和	122	159	203	203

「黨派認同」在第五題「對兩岸交流開放速度的看法」，經卡方檢定結果顯示，其結果有顯著差異，如表八。黨派為泛藍（國、親、新）者認為「3.目前兩岸交流的速度剛剛好」為多數，泛綠（民、臺、建）者認為「1.目前兩岸交流的速度太快」為多數，無黨派者認為「4.目前兩岸交流的速度無意見」為多數。

表八：「黨派認同」對「兩岸交流開放速度的看法」之卡方檢定

	1. 目前兩岸交流的速度太快	2. 目前兩岸交流的速度太慢	3. 目前兩岸交流的速度剛剛好	4. 目前兩岸交流的速度無意見
泛藍（國、親、新）	11	39	59	24
泛綠（民、台、建）	23	8	12	17
無	88	112	132	162
總和	122	239	203	203

（四）在第六題「兩岸協商模式」百分比如表九，經卡方檢定結果顯示，以「兩岸協商談判應該採取目前的兩會模式」顯著比較高，為36.0%，其次有33.9%認為兩岸協商模式應該採取「政府對政府」。

表九：「兩岸協商模式」之卡方檢定

「性別」在第六題「兩岸協商模式」，經卡方檢定結果顯示，其結果有顯著差異如表十，兩岸協商模式男性主張採取「政府對政府」為多數，女性以採取「目前的兩會模式」為多數。

六、兩岸協商模式	次數	百分比
1. 兩岸協商談判應該採取目前的兩會模式	247	36.0
2. 兩岸協商談判應該採取政府對政府	233	33.9
3. 兩岸協商談判應該採取政黨對政黨	19	2.8
4. 對兩岸協商談判應該採取的方式無意見	171	24.9
5. 其他	17	2.5
總和	687	100.0

表十：「性別」對「兩岸協商模式」之卡方檢定

	1. 兩岸協商談判應該採取目前的兩會模式	2. 兩岸協商談判應該採取政府對政府	3. 兩岸協商談判應該採取政黨對政黨	4. 對兩岸協商談判應該採取的方式無意見	5. 其他
男	123	155	13	89	12
女	124	78	6	82	5
總和	247	233	19	171	17

「黨派認同」在第六題「兩岸協商模式」交叉列表如表十一：

表十一：「黨派認同」對「兩岸協商模式」交叉列表

	1. 兩岸協商談判應該採取目前的兩會模式	2. 兩岸協商談判應該採取政府對政府	3. 兩岸協商談判應該採取政黨對政黨	4. 對兩岸協商談判應該採取的方式無意見	5. 其他
泛藍（國、親、新）	61	48	4	18	2
泛綠（民、台、建）	15	30	3	8	4
無	171	155	12	145	11
總和	247	233	19	171	17

黨派為泛藍（國、親、新）者認為「1.兩岸協商談判應該採取目前的兩會模式」為多數，泛綠（民、臺、建）者認為「2.兩岸協商談判應該採取政府對政府」為多數，無黨派者認為「1.兩岸協商談判應該採取目前的兩會模式」為多數。

（五）在第七題「兩岸的前途」百分比如表十二，經卡方檢定結果顯示，以「維持現狀看情形再決定統一或獨立」顯著比較高，為40.3%，其次有21.4%認為兩岸應該「永遠維持現狀」，再次為20.7%認為「維持現狀再朝向獨立」。

表十二：「兩岸的前途」之卡方檢定

七、兩岸的前途	次數	百分比
1. 永遠維持現狀	147	21.4
2. 維持現狀再朝向統一	43	6.3
3. 維持現狀再朝向獨立	142	20.7
4. 維持現狀看情形再決定統一或獨立	277	40.3
5. 無意見	78	11.4
總和	687	100.0

「性別」在第七題「兩岸的前途」，經卡方檢定結果顯示，其結果並無顯著差異如表十三。

表十三：「性別」對「兩岸的前途」之卡方檢定

	1. 永遠維持現狀	2. 維持現狀再朝向統一	3. 維持現狀再朝向獨立	4. 維持現狀看情形再決定統一或獨立	5. 無意見
男	93	23	75	156	45
女	54	20	67	121	33
總和	147	43	142	277	78

「黨派認同」在第七題「兩岸的前途」交叉列表如表十四：

表十四：「黨派認同」對「兩岸的前途」交叉列表

	1. 永遠維持現狀	2. 維持現狀再朝向統一	3. 維持現狀再朝向獨立	4. 維持現狀看情形再決定統一或獨立	5. 無意見
泛藍（國、親、新）	37	11	17	56	12
泛綠（民、台、建）	8	1	29	21	1
無	102	31	96	200	65
總和	147	43	142	277	78

黨派為泛藍（國、親、新）者認為「4.維持現狀看情形再決定統一或獨立」為多數，泛綠（民、臺、建）者認為「3.維持現狀再朝向獨立」為多數，無黨派者認為「4.維持現狀看情形再決定統一或獨立」為多數。

「黨派認同」對第一題至第四題之各問項ANOVA分析，其結果如下表所示。其中有顯著差異者，再經由PostHoc檢定之Scheffe法，有顯著差異者標示在表格最右欄。

表十五：「黨派認同」對第一題至第四題之各問項ANOVA分析

題號	黨派認同	平均數	標準差	F	顯著性	Post Hoc 檢定 Scheffe 法
1～1	12 3	3.86 3.28 3.40	0.726 0.940 0.840	18.497	0.000＊＊＊	(2, 3) ＜ (1)
1～2	1 2 3	3.84 3.00 3.26	0.806 1.105 0.891	26.938	0.000＊＊＊	(2, 3) ＜ (1)
1～3	1 2 3	3.71 3.08 3.13	0.858 1.030 0.853	24.814	0.000＊＊＊	(2, 3) ＜ (1)
1～4	1 2 3	3.67 2.70 3.13	0.868 1.030 0.964	25.677	0.000＊＊＊	(2) ＜ (3) ＜ (1)
1～5	1 2 3	3.48 2.55 3.04	0.831 0.928 0.858	26.313	0.000＊＊＊	(2) ＜ (3) ＜ (1)
1～6	1 2 3	2.41 2.98 2.75	1.066 1.127 1.017	8.226	0.000＊＊＊	(1) ＜ (2, 3)
2～1	1 2 3	3.04 2.17 2.61	0.811 0.847 0.830	25.343	0.000＊＊＊	(2) ＜ (3) ＜ (1)
2～2	1 2 3	3.84 3.00 3.36	0.695 0.957 0.886	24.575	0.000＊＊＊	(2) ＜ (3) ＜ (1)
2～3	1 2 3	3.92 3.35 3.51	0.759 1.039 0.851	14.150	0.000＊＊＊	(2, 3) ＜ (1)

題號	黨派認同	平均數	標準差	F	顯著性	Post Hoc 檢定 Scheffe 法
	1	4.08	0.647			
2～4	2	3.43	0.851	17.014	0.000＊＊＊	(2)＜(3)＜(1)
	3	3.72	0.795			
	1	3.99	0.691			
2～5	2	3.43	0.981	15.198	0.000＊＊＊	(2, 3)＜(1)
	3	3.57	0.851			
	1	4.00	0.769			
2～6	2	3.18	1.066	18.555	0.000＊＊＊	(2)＜(3)＜(1)
	3	3.61	0.916			
	1	3.32	0.981			
2～7	2	2.75	1.174	7.006	0.001＊＊＊	(2)＜(1)
	3	3.04	1.036			
	1	3.27	1.045			
2～8	2	2.27	1.071	17.734	0.000＊＊＊	(2)＜(1, 3)
	3	2.94	1.096			
	1	3.43	0.741			
3～1	2	3.12	1.075	5.821	0.003＊＊＊	(2)＜(1)
	3	3.18	0.750			
	1	3.77	0.831			
3～2	2	3.90	0.877	0.862	0.423	
	3	3.74	0.897			
	1	3.41	0.913			
3～3	2	3.80	0.971	3.847	0.022＊＊	(1, 3)＜(2)
	3	3.48	0.944			
	1		4.02	0.863		
3～4	2	3.76		0.892	2.724	0.066
	3		3.73	0.914		
	1	3.20	1.013			
4～1	2	2.43	0.998	13.614	0.000＊＊＊	(2)＜(3)＜(1)
	3	2.85	0.974			

題號	黨派認同	平均數	標準差	F	顯著性	Post Hoc 檢定 Scheffe 法
4～2	1	3.27	1.031	18.648	0.000＊＊＊	(2) < (3) < (1)
	2	2.37	0.920			
	3	2.86	0.981			
4～3	1	3.74	1.065	1.444	0.237	
	2	3.82	0.854			
	3	3.63	0.910			
4～4	1	3.24	1.122	0.808	0.446	
	2	3.22	1.209			
	3	3.11	1.129			

黨派認同：1=泛藍（國、親、新），2=泛綠（民、臺、建），3=無。***：p＜0.01，**：p＜0.05，*：p＜0.1

根據表十五所示，學生的黨派認同對於問卷一至四題之各問項有相當大的差異。對1-1題「目前兩岸關係是呈現緩和趨勢」，1-2題「現在的政府能夠維持兩岸的和平穩定」，1-3題「未來四年內對兩岸在政治關係上是穩定」，2-3題「為了提升臺灣的競爭力政府有必要與大陸簽訂經貿協議」，2-5「兩岸直航有助於臺灣的競爭力提升」等五題的態度上，民進黨及無黨派認同的學生沒有顯著差異，但是明顯的與認同國民黨的學生有很大差異。認同國民黨的學生對這些題目都表示相當肯定的態度，而民進黨及無黨派認同的學生，則持負面的看法。

在1-4題「未來四年內兩岸的經濟發展具有信心」，1-5題「兩岸關係未來發展非常樂觀」，2-1題「政府的大陸政策令人滿意」，2-2題「政府推動兩岸經貿鬆綁的方向是正確的」，2-4題「兩岸直航對兩岸關係的發展具有正面的意義」，2-6題「大陸觀光客來臺有助於臺灣的經濟發展」，4-1題「大陸目前的政策對臺灣政府是友善的」，4-2題「大陸目前的政策對臺灣人民是友善的」，等題項上民進黨的認同者、無黨派認同者，與國民黨的認同者在認知態度上具有明顯的差異，民進黨的認同者最為否定，而國民黨的最肯定。

在2-7題「承認大陸學歷會促使臺灣大學生到大陸就學」和3-1題「兩岸協商談判必須在九二共識的基礎（一中各表）上進行」兩題上，國民黨的認同者在認知態度上和民進黨的認同者明顯不同。

2-8題「開放大陸學生來臺有助於臺灣的大學發展」，民進黨的認同者與無黨派及國民黨的認同者在認知態度上具有明顯的差異，民進黨的認同者持否定的態度。3-3題「兩岸協商談判最終仍要觸及主權問題」，民進黨的認同者同樣與另二者認知態度上具有明顯的差異，民進黨的認同者認為兩岸協商談判最終仍要觸及主權問題。

在3-2題「兩岸協商談判不應觸及政治意識」，3-4題「兩岸協商談判的前提是中國必須撤除飛彈」，4-3題「臺灣政府如果宣布獨立將會引起戰爭」，4-4題「中國撤除飛彈，臺灣的安全就有保障」等四個題項上各黨的認同者均無顯著差異。

伍、結論

本研究係針對臺灣南部大學生，調查其對兩岸關係認知態度。其中包括了普通大學的義守大學、實踐大學高雄校區、立德大學；科技大學的樹德科技大學、美和技術學院。對於選取的樣本是否足以代表一般學生的看法，容或有值得再進一步討論的空間，但是吾人儘量避免特別具有針對性的族群而發放問卷，使研究具有最大的客觀性。根據上節問卷所得結果分析如下：

1.對兩岸前途的看法，以認為臺灣應該獨立的學生比較多，在五個選項中選擇永遠維持現狀的有21.4%，而事實上，現狀就是海峽兩岸各自有一個合法的政府，也就是互相獨立的政府，因此，永遠維持現狀意味著獨立。選擇維持現狀再朝向獨立的有20.7%，兩者合起來為42.1%。遠遠高於明確要統一的6.3%。

2.對於兩岸協商談判，學生多數認為應該維持目前的形式（36%），或是以政府對政府（33.9%）的形式，黨對黨談判其實是沒有市場的。臺灣團結聯盟曾就兩岸協商應否採取政府對政府的單選題詢問民眾（2009.04.14～17），有將近2/3的民眾（62.51%）同意應採政府對政府的方式，19.31%的民眾則不同意，而18.18%的民眾則沒有意見。民進黨則曾以政黨對政黨談判模式的單選題調查民眾的意見（2008.12），有55.80%的民眾認為不適合由黨對政黨談判，但有34.60%的民眾則接受黨對政黨的談判模式，9.60%的人則沒有意見。為此，大陸當局每年大張旗鼓的舉辦國共論壇，其效果頗值懷疑，甚至會不會造成負面的效果，值得思考。

3.對於目前熱絡的兩岸交流節奏，學生們認為可以稍微再快一點，（認為目前速度剛剛好的有29.5%，認為太慢的有23.1%，兩者合起來超過一半以上）。

參考文獻

1.李筱峰，《臺灣史100件大事（上）》，臺北，玉山社出版，1999。

2.蘇繼廎，《島夷誌略校譯》，北京，中華書局，2009重印。

3.陸委會網站http：//www.mac.gov.tw/np.asp？ctNode=6331&mp=1。

4.2008　.7.15《聯合報》A14版。

兩岸關係發展的現況與展望——兼論兩岸政治協商

蔡昌言412

自2008年5月第二次政黨輪替新政府執政以後，初始兩年的兩岸關係發展，可以說朝向穩健成長的正面趨勢持續發展。整體而言，儘管有達賴訪臺、熱比婭電影事件等若干因素，對兩岸關係可能造成某種程度的負面影響，但在大方向上兩岸關係仍和緩發展，在此一良好氣氛下，兩岸實有許多未來可進一步深化合作的契機與面向。例如：截至6月中旬為止，兩岸官員正就兩岸經濟協議ECFA進行最後的文本協商談判，內容主要針對早收清單的項目與數目，進行最後的協商與確定。此外，兩岸互設旅遊辦事處已獲得初步落實，但是除了旅遊諮商的功能外，未來是否能有其他功能的推動，值得令人關注。以上所提兩年來兩岸關係的具體發展，多有正面令人鼓舞的重大進展。本文擬先就過去兩年來兩岸關係發展的現況與展望，做重要事件影響的分析評估。其次，兩岸政治協商的未來可能發展，將是影響兩岸關係的重要因素，本文將提出分析。第三，未來兩岸關係互動之展望，本文將提出具體看法。最後，作者提出三項兩岸和平發展的新思維，做為本文結論。

一、兩岸關係發展重要事件的影響分析：以高雄世運、88水災、達賴訪臺、以及拒絕熱比婭入境為例

自2009年6月以來，臺灣有一連串的重要事件陸續發生，包括七月份由民進黨執政的高雄市舉辦世界運動會、88水災、達賴來臺、熱比婭電影事件，以及臺北市所舉辦之聽障奧運。在這一系列事件與重要活動中，有若乾發展尤其值得觀察與注意。首先，世運會主辦城市首長陳菊，曾為宣傳高雄世運赴中訪問，作為臺灣在野黨人物中擁有最高民選行政職務者，且其過去的經歷和立場亦受到各界矚目，故使這次世運會上中國隊的表現與動向成為臺灣各界關注的焦點，因為它可以相當程度的反應中國對民進黨人物採取的態度和立場。

在高雄世運進行時，中國隊避開開幕式，但不抵制出場競賽，這項作法相較於以往中國隊動輒抵制抗議的強硬作為，實有明顯的差異。質言之，中國此舉有助於舒緩臺灣人民對中國過往採取「徹底抵制」作法引起的心理反彈。而在九月份所舉辦的聽障奧運上，中國隊再次展現一定程度的善意並參加閉幕式，並且手持為88水災難民祈福的標語表達對災民的關懷，更受到各界肯定。簡言之，中國試圖讓臺灣人民感受：「若兩岸關係互動良好，中國願意把體育和政治分開」這一重要的發展與進步，而非一味無視於臺灣人民的情感與需要，進行強硬打壓。

另一方面，莫拉克颱風造成南臺灣人民生命財產的嚴重損失，而中國與港澳方面亦積極發起協助救災物資與募款，儘管臺灣內部因政府救災遲緩而招致批評，進而導致內閣改組，但新任閣揆吳敦義表示兩岸關係發展進度不變，並將繼續推動ECFA的簽定事宜，故基本上兩岸關係並未因本次風災後續事件與內閣改組而受到太大的影響。

然而，民進黨縣市首長於88風災後以祈福為名義邀請達賴訪臺，則掀起一場不小的政治風暴-不僅在於兩岸關係上，也在於民進黨內部的中國政策上。首先，在達賴抵臺前，民進黨內部對此產生許多不同意見，即可說明此時民進黨甘冒政治風險邀請達賴訪臺，在內部的確是有不同觀點存在。其次，達賴曾於2008年11月表示希望第三度造訪臺灣，惟當時馬英九總統認為時機不宜。然而，有鑑於風災過後來自各界的政治壓力與政府聲望下降，馬總統最後決定在維持兩岸默契與諒解的基調上，准許達賴以低調方式訪臺，並維持府院黨不接觸達賴的原則，儘管中國經濟部官員認為該事件或多或少對ECFA的談判進度造成影響，但整體而言並未造成兩岸關係太大的實質後退。舉例來說，媒體調查有高達六成的民眾對達賴來臺祈福一事表示肯定，有相反意見的不到三成，並讓馬總統就職以來被批評凡事遷就中國，也透過批准達賴來臺得到具體澄清效果，有助於馬政府建立在風災危機後的領導威信，同時也有助於臺灣內部化解對於國民黨政府在兩岸政策立場上的疑慮。此外，馬政府拒絕熱比婭來臺，透過積極的政策說明達賴與熱比婭兩者間的差異，成功化解中國政府之疑慮。整體來說，儘管近期兩岸關係略生風波，但在兩岸各自克制下，此類政治議題最終均能將緊張消彌於無形，持續維持兩岸正面的互動發展。

二、兩岸政治協商的未來可能發展

大陸中國社會科學院臺灣研究所所長余克禮，於2009年8月4日曾發表專文指出：「兩岸應把握兩岸關係……應儘早著手就正式結束兩岸敵對狀況、簽訂兩岸和平協定的協商談判進行準備。」。作為中共涉臺重要智囊機構，余克禮的發言突顯了兩個重要面向：第一個面向是兩岸在談完經濟議題後，大陸方面希望緊接著進入相關政治協商；第二個面向是對於任期至2012年將屆滿並逐漸退出政治舞臺的胡錦濤而言，現階段兩岸關係的進展，要在其任期內有進一步的突破，有時間上的急迫性。

但是兩岸進入政治協商階段的條件成熟了嗎？以下試就臺灣目前的內外環境因素來審視，藉由對脈絡的梳理，來尋求答案。

（一）內部環境因素

（1）臺灣的民意：

臺灣的民意嚴格而言，對於經濟貿易議題與文化交流的協商談判，其實問題不大。可能會產生問題，在於政治議題的談判，例如臺灣民眾對臺灣定位的認同、臺灣的國際參與和國際空間、對於臺灣作為政治實體的認知等。換言之，如果兩岸在政治協商過程中，對於臺灣的主權有所損害，可能會把本來主張與大陸緩和關係的國民黨，也往民進黨的政策方向推移傾斜，屆時，本為改善兩岸關係推力的民意，將變成反作用力。

（2）臺灣內部朝野嚴重對立：

在野黨現階段並沒有明確的中國政策，常會因議題與對象的不同而產生搖擺，這使得朝野政黨沒有對話所需的文本，當然也使得朝野在兩岸政治協商上沒有共識，而這也會造成在協商時存在著代表性不足與協商結果，在事後如何獲得制度與民意的追認。

（二）外部環境因素

（1）美國因素

美國在未來的兩岸政治談判中的角色，可以預期並歸綸如下：

（a）不管是現在或可預見的未來，美國不會有意願在兩岸政治談判中扮中扮演兩岸之間的調和者（mediator）

（b）美國為了維護臺海的和平與穩定，將會繼續扮演兩岸之間平衡（balancer）的角色，主要是美國在兩岸之間扮演平衡者角色，期能沖淡任何一方冒進的色彩。

（c）另外，基於保護自己在西太平洋地區的利益，美國還會扮演監督者（watcher）的角色，主要是維持臺海地區的穩定與和平，其實臺海的穩定與和平正是美國在這個地區戰略布局的最要因素之一。

（2）中國大陸國際政治經濟地位的轉變

隨著中國大陸經濟實力與總體國力的提升，國際政治經濟結構也隨之相應改變，中國大陸對區域事務的發言權也隨之日增，美日兩國對中國大陸的國力的急速膨脹，基於自身國家利益的考量，目前是採取交往多於圍堵，而臺灣在這個國際政治經濟架構下，所能掌握的主動權並不多，因此比較值得擔心的是，大陸會因為國際政治經濟地位的不斷提升，而變得越有越有自信，因而加速對臺灣統一的進度，追求急功，當其慢慢失去耐心的時候，大陸反而會對兩岸的穩定情勢產生不利的影響。

上述內外環境因素是衡量臺灣進入政治協商時機與途徑的標準，以下試加以分析闡述：

1.從馬總統與胡錦濤的任期來看，普遍認為2012年3月至9月間將是兩岸進行政治協商的第一個時機，茲分析如下

（1）有利之處：對馬總統第一任的兩岸開放政策作總結，並前瞻未來4年之政策方向。

（2）不利之處：

（a）ECFA簽定後的效果未明，具體效應可能在2012年才會呈現出來，如果效應不如預期，則兩岸要進入政治協商，勢必難得到民意支持，而屆時又與總統大選掛勾，對於執政黨不利。

（b）國民黨在五都與立法委員選舉能否獲得優勢，關係著兩岸政治協商中，國民黨的代表性與民意支持，如果五都與立法委員選舉無法取得優勢，則執政黨在推動兩岸政治協商上缺乏動力。

（c）兩岸互信仍需培養，一旦進入政治協商，就不是單方面讓利

可以獲得結果的，因為談的是兩岸的政治定位，具敏感性與脆弱性，一旦雙方沒有互信，倉促進入談判，反而會產生反效果。

（d）兩岸在4年內分別在經濟上與政治上有了重大突破，對美國與日本而言，會對臺灣產生懷疑，認為臺灣正在快速傾向大陸，這反而會影響臺灣與美國和日本在經濟與安全上的合作。

2.馬總統若於2012年順利連任，其第二任的後2年（2014-2016）為可能時機，因此時中國大陸新的領導人的權力地位逐漸鞏固，故此可視為第二個時機點，茲分析如下：

（1）有利之處：

（a）ECFA效應已現，而民眾仍支持馬總統連任，代表民意對其兩岸政策的肯定，並且在大選中，在野黨對於其維護主權意願的挑戰，也隨連任而煙消雲散，要進入政治協商有更多的民意支持。

（b）國際的觀感上，歷經了六年的時間，臺灣兩岸政策呈現了穩定與不躁進的狀況，美日兩國才能對臺灣是否快速傾向中國釋疑，進入兩岸協商才不會危及現有與兩國在經濟上與安全上的合作。

（c）民進黨中國政策屆時會更加明朗，相對於現在的搖擺不定，到了2014年，考量到其未來執政的可能性與內部的壓力，民進黨的中國政策會加以明確化，甚而文字化，或者對臺獨黨綱做處理，這對於朝野對於大陸政策的對話是有幫助的，而朝野的對話，有助於在進入政治協商時獲得對於主權與名稱上的共識。

（d）兩岸互信藉由近年的智庫對話與事務協商，慢慢的培養出默契，有助於在進入政治協商時，對於較具敏感性議題，作出彈性的作為。

（2）不利之處：

中國大陸新的領導人對於臺灣問題的作法與前任是否相同，尚屬未知數。另外，中國大陸內部對於進入政治協商是否有時間表，或是否因此失去耐心，在相關重要議題上施加過大的壓力於臺灣，這些都是值得關注的。

綜合上述二個時機點，筆者以為理想的兩岸政治協商進程可分析如下：

2010～2012 擴大戰果深化經貿穩固民意
即在 ECFA 簽定後，應針對相關經濟議題與中國大陸訂定協議，例如保護智慧財產權與保資保障協定，應繼續加以深化，唯有 ECFA 對台灣產生正面效應，才能獲得民意支持，進行下一階段協商。

2010～2012 智囊團先行由低而高釋疑國際
兩岸可先由智囊團或專家學者,先從政治協商中較低階的技術性議題開始討論，與此同時我執政黨應考量將國共平台加以轉化為兩岸平台，嘗試納入在野黨的智囊團與學者,以增加協商的代表性，對於國際也可經由智囊團的對話，使友邦了解兩岸關係的進展無損其區域利益。

2012～2014 凝聚共識培養互信 兩岸要進入政治協商，進而要獲得具體成果，沒有在台灣獲得共識及與對岸產生互信，是不可能達到的，因為舉凡兩岸敵對狀態的處理、會談身份、政治定位等，甚至是飛彈撤不撤，都需要有互信與共識才能有雙贏的結果。

2014～2016 以九二共識為基礎簽定兩岸和平協定 在經歷前三階段後，兩岸政治協商才能進入最後的階段，也就是說唯有在國內外環境因素的負面影響降至最低時，才能水到渠成，完成政治協商的階段任務，也唯有如此才能使政治協商朝向制度化落實。

三、未來兩岸關係互動之展望

在未來數年，兩岸間最為重要的議題，就是兩岸經濟協議（ECFA）在簽署後，其落實成果是否達到預期。儘管臺灣內部對ECFA仍存有若干爭議，有經濟因素、社會因素、以及政治因素，但整體而言的大方嚮應是正確的。從務實的角度觀之，在2010年「東協加一（中國大陸）」及2011年「東協加三（中國大陸、韓國、日本）」成形後，勢必將對臺灣經濟競爭力造成相當衝擊，進而使臺灣的國際經貿環境更為艱困。若臺灣能與中國簽署兩岸經濟協議，有效推動兩岸經貿關係正常化，並與多數臺灣人民感受到正向的影響，如此將可使臺灣在全球經濟整合中不致被邊緣化，也可促進臺灣產業的升級。

臺灣與中國進行「ECFA」的簽署與落實過程中，臺灣方面的兩項原則是秉持「不進一步開放中國大陸農產品進口」及「不開放大陸勞工來臺」，希望能降低對臺灣部份產業的負面衝擊，進而為臺灣創造更多就業機會。與中國簽署經濟協定，不僅有助於解決臺灣經濟邊緣化的危機，擴大兩岸貿易及投資，也能為兩岸創造更優質的貿易經營環境，故總體而言，ECFA應可以同時提升兩岸的經濟競爭力，並為下一波的經濟成長，注入源源不絕的活水。

儘管如此，臺灣內部各界在討論ECFA議題時，一直有若干疑慮和反彈。政府應透過多管道的溝通與討論，積極尋求達成中國共識，以化解民間的疑慮，而這項工作是長期、不可間斷的工作。政府必須坦誠的是，兩岸間若簽訂ECFA，各產業都會受到不同程度的影響，對部份產業產生有利影響的同時，也可能會對另外一些產業產生負面影響。因此，政府要用心去瞭解各種可能影響，然後再向人民說明。在臺灣代表團與中國簽署協議前後，臺灣政府可以多舉辦公聽會，聽聽各產業的不同處境。殷鑑於此，兩岸經濟協議簽署後，臺灣政府的當務之急，應由政府邀集朝野，共同針對ECFA議題的落實與衝擊進行廣泛與公開的討論，在針對相關資訊與發展作出縝密的評估與瞭解後，有效提出因應的配套措施。立法院也應努力凝聚共識，進而以法律條文規範協助受到衝擊的產業，如此對於臺灣人民與產業發展才是有利的。同時也唯有如此，才能在民意的共識基礎下，讓臺灣能與中國就相關議題進行實質性的協商與互動，共創兩岸雙贏、朝野雙贏，這才是最具智慧的圓滿處理方式。

最後，兩岸關係的順利開展，兩岸政府的攜手努力絕對是關鍵。質言之，唯有代表民意機關的事前授權與事後監督，方能在兩岸交流協商中，維護臺灣人民的最大利益，同時也追求兩岸交流法制化工作的保障。因此，新任行政院吳敦義院長也多次公開宣示，兩岸ECFA等重大協議必須經由國會監督。筆者淺見以為，在監督政府施政的職責下，立法院在兩岸事務的角色，可藉由成立兩岸事務因應小組，來瞭解、確認兩會談判與協商的成果，這樣才能落實民主的基本原則。立法院基於權責分立，應在行政部門處理兩岸談判時，就兩岸協商的議題、內容與成果，使民意機關有恰如其分的授權與同意，相信對人民疑慮的根除與兩岸關係進程的平穩推展，絕對有積極而正面的高度意義。

四、結論——兩岸和平發展的新思維

回顧過去，展望將來，兩岸在「擱置爭議，合作雙贏」的共識下，應當積極推動相關領域與議題的交流及談判。為推動長期的和平發展，筆者提出三項新思維，或值兩岸領導人與各界先進進一步思考。

首先，中國大陸應當正視臺灣社會民主價值的多元性。

臺灣自1989年解嚴後，順利轉型成為民主社會，並在2000年及2008年經由選舉而促成政黨輪替。政黨輪替的真正意義不在於一個政黨的成與敗，而是透過選舉來檢視政府施政是否符合人民需求。因此，唯有人民才是真正的贏家，也只有人民擁有權力，能以投票決定政府施政成果。

雖然如此，但民主價值的多元性，正反應在在野黨所提出的不同觀點與意見上。作為制衡、監督政府施政的最主要成員。在野黨以豐富的各種方式，表達臺灣民間對於兩岸事務發展上可能存在的疑慮和不同意見。儘管並非多數，但仍應給予積極的包容與聆聽。同時，這一多元性也反應在兩會談判的場域之外，臺灣的政治制度仍要求政府將所有細節予以公布，經由相關法律機制的運作、審議和公開討論後作成決議，這才真正符合臺灣社會已根深柢固的多元民主價值。對中國而言，這不僅不會傷害中國的利益，反而更有助於長期兩岸關係的正面氣氛與實質互動，在未來更多議題的互動上，才能達成最大程度的共識與合作。

第二，中國宜持續對臺灣的國際參與表達具體善意，將有助於維持臺海兩岸的良好互動與長期對話。

多數臺灣的有識之士充分的瞭解中國對「一箇中國」原則的堅持，但正如中國國家主席胡錦濤先生於「胡六點」中所表達的，『未來兩岸政治關係發展可以務實探討之精神』，便已充分說明，兩岸可在不碰觸彼此底線的默契之下，達成具體的建設性合作。舉例來說，日前臺灣已加入WHA世衛大會觀察員一事，儘管內部有部份不同意見，但在各方正面看待的務實態度下，並未造成臺灣內部與兩岸關係的緊張與僵化。這一案例足以說明，透過兩岸擱置主權爭議務實交流的作法，擴大臺灣的國際參與，將有助於臺灣人民累積、改善對中國以往強硬作風的反感和負面印象。也唯有如此，才能使兩岸在未來長期合作發展的道路上，更加深厚的累積正面觀感和友好氣氛，並進一步為未來可能的各種協議與議題，凝聚良好的共識基礎。展望未來，筆者認為臺灣是否能以觀察員身分參與「國際民航組織（ICAO）」及「聯合國氣候變化鋼要公約（UNFCCC）」等國際組織及活動，將是臺灣政府與人民評估兩岸關係是否持續良好互動的重要指標。

第三，臺灣立法機關在兩岸關係發展的過程中，如何更適度有效參與，將是未來兩岸關係是否能持續正常化的關鍵。

無論是國會、在野黨、或臺灣人民，民調顯示多數都認為立法院應對兩岸協商機制與談判，有適度的瞭解、參與以及監督，如此才能確保兩岸互動與發展進程，真正符合臺灣人民利益，而這樣的參與，亦將有助於中國瞭解臺灣人民的意向和多元民主精神價值。兩岸經濟協議通過後，臺灣立法院將進行審議，而這是無前例可循的審查工作，審查過程是否平順，審查結果是否能為兩岸各界利益攸關者都滿意，無疑將對兩岸關係投下新的變數，而此領域的討論過去在兩岸間智庫與學者對話可謂極為稀少。筆者以為這項史無先例的法案審查過程與影響，實值得所有兩岸關係研究者密切關注。

總而言之，兩岸唯有誠懇透過彼此密切的交流與溝通，方能更加消除敵意，同時增加對彼此的善意、瞭解與互動。臺灣政府與各政黨均應以務實態度，提出有效的對策與作為來降低對立、促進和諧，才是臺灣人民的福祉。這不僅考驗著兩岸政府領導人的智慧與決策能力，也需要兩岸從官方到民間各界的協助，方能具體落實。

臺灣「立法院國會助理」政治公關角色與功能之研究

林立生[413]

一、前言

筆者長期於臺灣立法院從事政治公關工作，身為當事人（insider）的角度，有感於當代國會助理議題研究的不足，人們的目光常集中在立法委員個人，而忽略了國會助理所扮演的重要角色。

所謂政治公關工作，實際上決定了一個委員的政治實力；不論是議題操作、募款、選民服務、遊說、記者採訪等等，幾乎是每天都要面對及處理的業務。絕大多數的立法委員研究較專注於「法案」或「選舉」上，針對幾乎沒有法規制度的政治公關工作上，卻是國會助理的重要工作，但一般政治或媒體研究學者較難以深入瞭解與研究。因此，從一位當事人的角度出發，希望藉由此篇研究能夠為其他更多的外人（outsider）介紹國會助理在政治公關活動上的互動關係。並以此針對國會助理制度的改革與發展，提出研究心得。

二、研究背景

1999年新修訂的「立法院組織法」其中第三十二條規定：「立法委員每人得設置公費助理六至十人，由委員任免；立法院應每年編列每一立法委員一定數額之助理費及其辦公事項預算。公費助理均採聘用制，與委員同進退；其依勞動基準法所規定之相關費用，均由立法院編列預算支應之」。所以現行制度的立委每月有三十萬的薪資總額可僱用六到十人的彈性員額。

至此，除了最基本的薪資、勞基法保障之外，並無任何專屬於國會助理的職能訓練、培訓等正式機關存在。而專屬國會助理最重要的組織，就是1993年成立的「臺北市中央公職人員助理職業工會」，也就是大家簡稱的國會助理工會。但是對於會員的服務，該工會一直無具體計畫，只有固定於每年七月休會時，與行政單位聯合辦理出遊活動、聯誼聚餐等。且工會會員們的參與程度也很有限，畢竟這都屬於「閒暇」性質的活動。直到1996年，該助理工會始有較為具體的方針，擬定了「國會助理法草案」，其主要的目的是希望將國會助理比照公務員制度，必須經過國家考試合格，由立法委員遴選，以立法院的名義聘任。如此一來，國會助理成為立法院編制下的「國會幕僚」，與現今的「祕書處」與「立法院圖書館」等單位之公職人員相當。但此議案或使立法委員們無法掌握控制國會助理，因此一直未受到委員們的支持。

而CarlChelf曾說過：「國會這個組織所以能夠延續，功能得以運轉，並非民選議員之功勞，乃是專業助理、行政助理等大小助理所為，使之能生生不息。」414這算是對國會助理的功能做最正面的肯定。在議會民主體制下，國家為了增進國民福利，導致政府職能不斷擴大，加上委任立法的發達、行政權不斷地擴張；相對的立法權逐漸萎縮。為了要強化立法權之功能，避免立法權與行政權產生失衡現象，就有必要增列輔佐立法者的助理人員，來協助國會議員處理與國會職權相關的事務。

其次，儘管民意代表具有民意基礎，其個人之專業背景有限，難以全面地對政府之各項施政加以監督或參與立法，例如選民服務、預算審查、法律案審查、對政府官員質詢等事務，單憑國會議員一己之力，不容易處理得面面俱到。唯有增設助理人員，才能替立法者分憂解勞，幫助立法委員增加各方面事務的處理能力，這便是國會助理的源流。

助理在國會扮演的角色，除了處理議員身旁的大小事務、提供議員問政資訊外，還要能充份與政府部門溝通，解決選民服務問題；而在議員問政過程中，助理除提供問政資料，也要與媒體聯絡並提供新聞資訊，增加議員與議題的曝光度；許多資深的國會助理更要扮演選民與政府之間的利益調解角色。整體而言，國會助理是要協助委員問政，幫助委員獲得連任或更上一層樓；如此看來，他不僅是一個單純的辦公室祕書，更扮演著政策的建言人、新聞訊息的傳播者與利益的調節分配者。

助理工作中，除了協助辦公室行政事務、提供政策建言與選區選民服務外，最大的部分還是在政治公關的操作與運作，才能幫助委員奠定更好的基礎，因此一個好的國會助理不只是一個政策建言者，更是一個積極的議題挖掘者與操作者，讓公共議題得以充分呈現於媒體，並引起人民的重視，這樣不僅增加立法委員的曝光度，也促進媒體與公共領域對於該議題的充分討論，讓議題能夠浮上檯面，以獲得行政部門的完善解決，促進委員問政的效果。但是關於國會助理在政治公關的討論部分，雖然實質上運作很久，卻一直缺乏完整且嚴謹的學術研究。

本文藉由國會助理在媒體公關、行政與立法部門的連結三部份，以及國會助理在政治公關中的角色進行研究。相關資料將以問卷調查方式進行研究，輔以深入訪談的結果，進而瞭解國會助理如何在政策議題上發揮影響力。就理論層面而言，本文希望能夠對於國會助理在政治公關的角色進行深入淺出的探討，提供對國會研究有興趣的政治參與者一個初步的研究成果。然後進一步討論國會助理在政治公關的角色扮演中如何定位自己？筆者企圖以「微觀」的個人研究，進一步對「宏觀」的制度面提出不同的見解。

三、研究框架

本研究範圍為本屆2008年剛上任之國會議員與助理，並非做整體歷史性的政治文化研究。其研究價值在於當今的時代性意義，尤其當立法院委員的選舉制度與組織大幅調整之後，第一手的問卷資訊可作為未來相關研究的前導性資料整理。

新國會剛剛成立，助理人事多有變動，產生許多新科助理或是轉任的助理，真正的國會運作才剛開始；因此在問卷與訪談的過程中，會有許多對辦公室業務不熟悉的狀況，並且對於「執政黨」與「在野黨」所反映出來可能的不同點，也不顯著。以助理個人而言，或許本屆服務的立委與前屆並不相同；甚至所屬政黨亦不同，因此在新國會剛開始運作的狀況下，實際上該助理還是以過去的認知來處理現今的問題。而在選民、媒體、企業、政府等相關政治公關活動而言，整個人際網絡的互動，都還在摸索中。且政治公關的特色即在於各種活動、案件的實際處理活動，以新國會運作如此短的時間之內，實難以累積足夠的研究資訊。這是本研究時間點上的困境；是故在資料蒐集時特別著重於有經驗的助理，並在分析時加強處理。

同時，本研究以委員的政治公關事務為核心，探討的重點在於立法院辦公室，兼論服務處的一些具體政治活動。實際上，委員除了立法院相關立法程序之外，包括了許多各式各樣的半正式或非正式活動，比方說政黨層級的公關形象與黨員互動等。因本研究範圍限定於有國會助理參與的部分，其他委員私人、政黨或祕密活動，凡是非經由辦公室體系處理的皆非本研究所及之處。

其實政治公關功能的形成，國會議員與助理是雙向相互影響的，本研究強調助理的單方麵價值認知與政治公關角色。而來自國會議員的影響與互動，僅透過非正式訪談的瞭解作為背景，或許未來可以國會政策網絡的形成更深入探討此辯證關係。

本研究包括了訪談與問卷調查，因此兩者可能會有的相關缺點都是此研究的盲點。做深度訪談時，受限於受訪者的表達方式及主觀認知，或對某些利益相關的問題採取迴避。當然不排除，受訪者可能會儘量塑造其個人或國會助理的正面評價，這是很難避免的狀況。其次，問卷調查是以隨機抽樣的形式進行，並不是以全部母體為研究範本；可能仍存在許多其他變因來影響研究之客觀性。

本文旨在探究國會助理在面對各種政治公關對象時，其具體的工作內容與目的。除了立委私下非透過助理的政治工作之外，國會助理介於委員與政治公關對象之間的關係，可參考圖1-1。

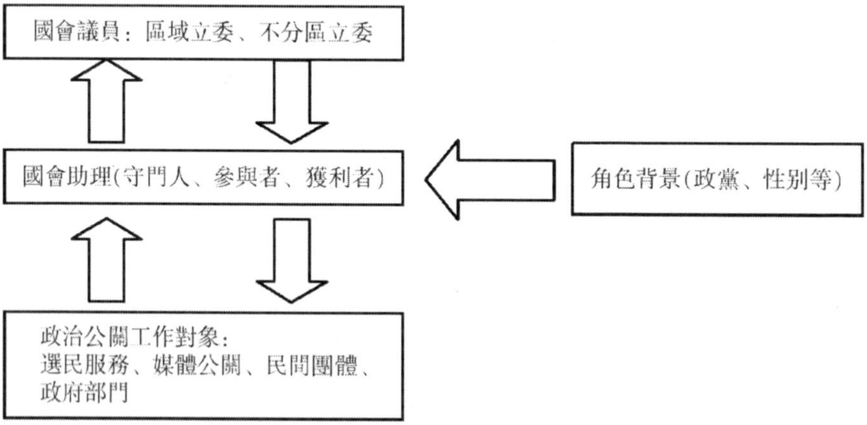

圖1-1：立委、助理、政治公關對象的關係架構圖

資料來源：作者自繪

本文以國會助理在政治公關工作所扮演的角色為主題，而立委的

產生方式直接影響到實際公關活動的需求，故以分區與不分區立委作為劃分標準。兩者因其權力來源的差異，對於政治公關的需求可能有所不同。一般而言，前者多注重於選區服務與民間團體，尤其是企業組織之間的互動。後者則較重形象，強調與媒體及非營利之民間弱勢團體互動，或者是重專業，幾乎不需要政黨以外的政治公關工作。也有理論認為不分區立委較為重視在法案層面，問政的空間會較為單純；而政治公關活動的對象上，偏重在政府部門，比較沒有選民服務的壓力。分區立委則是直接面臨選區壓力，選區的選民服務及形象塑造就極為重要，因此政治公關的運作上，選民服務與媒體關係就扮演著關鍵性的角色。而這些基本的假設，將會在後續的實證研究中受到檢驗。

國會助理在臺灣如此特別的政治文化之中，其角色身分也相當多元。依照鄭貞銘的整理，公共關係有「訊息、參謀、宣傳、協調、服務、決策」等六大功能。415透過國會助理扮演的角色來劃分這些功能，有別於以往只關注「外在職務」及「非依據公共關係」的角色分類。

若依照介入公關活動的程度，其行動者至少可以區分為「守門人」、「參與者」、「獲利者」等三類。此三種助理角色，背後各有理性的邏輯支持著，在一次的政治公關工作中，三種角色或有重疊，或有轉變，此為本文理論部份主要的分析框架，可見圖1-1。

此處使用的「守門人」概念，源自新聞學中的守門人理論（gatekeep-er）。從傳播的觀點而言，事件的發生，會經由多重的傳遞、轉述，最後才是閱聽人的訊息接收，關於守門人在事件傳播中所扮演的角色，最早的討論是在KurtLewink〈ChannelofGroupLife〉416一文中，使用了「守門行為」一詞。他認為當訊息通過各種關卡，其中最為重要的是負責篩選、容許訊息通過的守門人。比如：在一個報社裡，守門人包括了：記者、採訪主任、編輯、編輯主任、社長等等417。在報社中守門人的篩選新聞原則，主要是分辨資訊的真偽，更進一步是分析其中是否有報導價值。在新聞的處理中，篩選標準是來自組織的壓力、或是以守門人個人的觀點出發，這是傳統上新聞傳播學者所討論的焦點之一。418然而在討論國會政治的議題時，相對而言較少使用這樣的語詞。

本文將此一觀念運用於分析國會議員與服務對象的互動上。在政治公關活動中的資訊流通，國會助理、辦公室或服務處主任等同於新聞傳播中守門人的角色。與新聞工作者不同之處在於國會助理的守門人角色較為單純，其並無具體的組織壓力。因此，主要是以個人觀點出發，來評估收到的訊息是否可通過，需不需要整理或轉達給立法委員。

「參與者」的角色，就是所謂「代理人」的功能。由於國會議員事務繁忙，在必要出面的場合之外，絕大多數的選民服務及遊說活動都委由國會助理代為處理。這也讓國會助理擁有分享委員權力、擔任委員分身的重要角色。尤其針對遊說等選民服務時，或者委員不方便直接參與的場合，這些國會助理就不只是一個「幕僚」身分，也代表委員擁有相當的能動性。而「獲利者」的角色，代表在經驗、收益上，甚至是心靈上的滿足與增加。

表1-1：國會助理從事政治公關工作的層次表

Weimer & Vining① 研究分類（助理角色分析）	本研究分類（凸顯政治公關工作的助理角色分析）	價值核心	參與程度
客觀的技術員（真實為核心價值）	守門人	立法委員（老闆）。辨別資訊真偽及是否適合	為委員初步篩選公關對象或議題，基本上以委員的利益為考量。
顧客的擁護者（責任為核心價值）	參與（執行）者	公關對象。承擔起運作、聯繫該案件之責任。	在委員的同意下，協助公關對象的政治要求。或是主動策劃、或是被動配合、持續追蹤發展等，皆為委員的主要代理人。其主要的價值在於回應或者刺激政治公關對象。
議題的倡導者（核心價值是自身的實踐）	獲利者	助理自身。關於自身可學習、成長或實踐的目標，這包括了金錢、關係、人脈、議題成就等不同價值。	在參與政治公關工作之餘，助理本身或可得到相關利益，不論是直接、間接的報酬或是知識、人際關係的擴充皆可視為一種獲利。

資料來源：作者自製

①Weimer， DavidLeo&R.AidanVining（1992）.Policyanalysis：conceptsand practice， Wise-man， J.P.（1970）.Stations of the Lost.EnglewoodCliffs， NJ：Prentice-Hall.

本研究的設計在自變項部份有兩個層次：委員方面，包含委員的類型（分區、不分區）和所屬政黨；助理個人方面，包含年資與性別。依變項一：個人在政治公關活動中所扮演的「守門人」、「執行者」與「獲利者」等單一或多重身分，藉此來凸顯國會助理的參與程度與能動性。依變項二：政治公關活動的比重分配，據此來解釋國會助理在選區服務、媒體記者、民間團體、政府部門等四大活動範圍，其主要處理的對象及相關情形。

根據Hon所指出：「所謂公關效益，與其探討傳播效果，還不如探討價值所在。」419因此本研究以微觀的個人角色認同出發，透過個人價值，採取接受受訪者主觀之詮釋，來說明個人之角色認知是推動其政治公關工作的原動力，並在不同的個案與環境中，國會助理會有不同的角色認知。其次，比對國會助理之個別背景與工作環境，企圖從個人的差異中，歸納比較出在哪些個人背景或工作環境之中，國會助理會有什麼樣的角色認知。進而歸納四種政治公關對像在國會助理工作中的比重，探究國會助理政治公關工作的全貌。以透過的參與觀察經驗與訪談者的視野，來描繪出委員、助理與政治公關對象間的相互運作關係。

本次問卷共計有54份有效問卷，其基本資料大致如下：

（1）八位無黨團結聯盟國會助理，女性一位、男性七位，皆屬於區域立委；年齡三十歲以下有五位，助理年資都低於兩年、三十一到四十歲之間有兩位，年資分別是三年與七年、年齡在四十一到五十歲之間有一位，助理年資十年。

（2）二十七位國民黨籍立委的國會助理，十七位女性、十位男性。其中十八位屬於區域立委，九位屬於不分區立委。年齡三十歲以下的有七位，年齡在三十一到四十歲的有十五位、四十一到五十歲的有三位，五十歲以上的有兩位。

（3）十八位民進黨籍立委的國會助理，其中十三位女性、五位男性。區域立委助理有十一位、不分區立委助理有七位。年齡在三十歲以下的有十一位、年齡在三十一到四十歲之間的有五位、年齡在四十一到五十歲之間的有兩位。

就學歷背景而言：八位無黨團結聯盟的國會助理，有六位具碩士學位，兩位具大學學歷，整體而言是學歷平均較高的黨團，但因樣本數較少可能不足就下此定論。國民黨的國會助理中，有三位不願意回答學歷問題，具有專科學歷的有四位，大學學歷的有十五位，碩士學歷的有五位，學歷範圍較廣，由此可見學歷或許並非該政黨聘用助理的關鍵。民主進步黨的國會助理中，具大學學歷者十四人，碩士學位者三人、博士一人，平均學歷較國民黨助理高；該位具博士學位的助理是男性、年紀小於三十歲、年資約兩年，擔任法案助理，據推測是因其專業能力而勝出受聘任，但政治公關能力方面，就值得深入作個案瞭解。

以黨籍來看，可以反應出國會助理與委員之間的「忠誠問題」，無黨團結聯盟的國會助理，全部為無黨籍。國民黨的助理中，有六位無黨籍，甚至有三位屬民進黨籍。六位無黨籍的國會助理，有一位是所謂的特別助理420，屬於不分區立委；此案例特殊之處在於不分區立委的選民服務比重應該是較低的，大部分以執行「黨意」為主要問政策略，然而此位委員卻設有特別助理，來幫助他處理選民服務等政治公關工作，值得深入探討原因。民進黨籍的助理中，有一位法案助理年資高達十年，也是因其專業能力而獲得青睞。民主進步黨籍委員的助理，五位無任何黨籍，三位有國民黨籍。其中亦有一位無黨籍的助理，屬於不分區立委。

由此可見，多數助理與所屬立委屬相同政黨；亦可反映出政黨忠誠度並非檢視助理能力的唯一標準。部分助理的能力或特色可以超越黨派色彩獲得聘任時，表示出國會助理的專業能力才是勝任職位的重點。

就年資來看，全部施測的五十四位助理中，有十九位擁有五年以上的助理資歷，大多數屬於法案助理；但也有某位年資十六年的特別助理。由此可知國會助理的專業性可能與其不可替代性成正比，尤其特別助理的政治公關活動更強調「關係」持續的重要性。

關於所屬委員服務處的狀況，除兩位助理拒絕作答外，全部受測助理有十六位表示不瞭解該所屬委員選區服務處的助理人事狀況。其餘作答知道選區服務處狀況的答案中，反映了各委員間的嚴重差異，人數由一人至三十人不等。最可能的解釋是，實際上各位助理的掌握狀況及對於「專任助理」的定義不同，也許有人包括了義工、樁腳等。或者反映了委員對於選區重視程度的不同，這需要進一步確認。然而。最有趣的現像是，本研究顯示不分區的立法委員依然有服務處的設置，甚至平均起來所僱用的專任助理超過一般的區域立委。國民黨籍的某位助理就回答：該委員的選區服務處有三十名助理；同樣的案例，在民進黨也有兩位助理回答：所屬不分區委員的選區服務處有十三位助理。其實這部份也值得進一步探究，既然為不分區，那所謂的服務處到底應設置在哪裡？要向哪些選民服務？可能這樣的服務處是與政黨系統放在一起。

在辦公室助理配置方面，無黨團結聯盟的助理中多為一名行政助理，沒有或只有一名特別助理，至少都有三至八名法案助理，法案助理在人數需求顯示出該黨委員的重視方向。國民黨籍方面，行政、法案、特別助理一般都各約有一至三名，其中有三人反應該辦公室的特別助理超過五位，且令人咋舌的是，有兩位屬於不分區委員的助理。民進黨籍方面，一半以上的助理反應並無設置特別助理，行政助理約一至三名；法案助理略多，往往超過三名，甚至不分區立委有高達十名的法案助理。

四、選民服務

討論到辦公室有否一貫的選民服務流程時，無黨團結聯盟的助理皆表示有一貫的作業流程。國民黨的助理，有十二名反應並無一貫的作業流程，其中，屬於不分區委員的有四名，區域立委有八名，這些委員大多數也沒有設置特別助理來專門處理選民服務。民進黨方面，有九名助理反應無一貫的選民服務作業流程。

除了八位表示沒有參與過選民服務經驗的助理之外，在選民服務的項目方面，案件陳情及委託委員向政府部門溝通，這兩項經驗幾乎是所有助理都有接觸過的，分別高達93.4%與91.3%。由此可知案件陳情與請委員仲裁、協調是民眾對立委最主要的期待。

就個人經驗上，所有施測助理中，73%曾經負責接聽電話，50%的助理曾經負責篩選案例，71%協助轉介其他單位，71%曾與委員或相關負責人報告討論案件。僅有一人表示有其他的選民服務案例。這反映了某種程度對於「篩選案例」一職的重視性，並非大多數助理都可處理，守門人的角色有其重要性。

在角色認同方面，依照黨籍來區分，將非常不認同、不太認同、普通、認同、非常認同換算為數字的強度量表，由1～5來表示對於角色認同的強度，並以各政黨為單位加以平均，只取到小數點後兩位。各黨對於角色認知的分配結果如下表4-1：

表4-1　以政黨分析選民服務角色認知的強度

	有選民服務經驗人數	守門人	參與者	獲益者
無黨團結聯盟	5	2.6	3	2.6
中國國民黨	25	3.68	3.5	3.16
民主進步黨	15	3.93	3.86	3.46

資料來源：作者自繪

表4-1數據顯示，無黨團結聯盟的助理普遍對於角色認同較低，中國國民黨稍強，而民主進步黨籍立委的助理很明顯的角色認同度很強。無黨團結聯盟的助理，較注重的是參與者的角色，甚至對於守門人及獲益者的角色是出現負面的認同。另外兩黨最高都是守門人，其次則是參與者及獲益者。

表4-2　以性別分析選民服務角色認知的強度

	有選民服務經驗人數	守門人	參與者	獲益者
女性	26	3.73	3.8	3.26
男性	19	3.52	3.47	3.10
總計	45	3.64	3.57	3.2

資料來源：作者自繪

表4-2數據顯示，就選民服務來說，女性助理的角色認同強於男性助理。女性助理認同度最高的是參與者角色，男性助理則是守門人的角色；兩者對於獲益者的角色認同度都是最低的。

在有選民服務經驗的助理中，僅有兩位表示不太適合該項工作，一位助理屬於國民黨籍的不分區立委，另一位屬於民進黨籍的不分區立委。這跟一般認知對區域立委或許較有選民壓力的普遍想法有些差距。當然，這也有可能是個人對於角色期待差距所造成的；比方說，自己就是為了不想參與選民服務工作才到不分區立委處工作，結果卻又面臨同樣的工作需求。

整體而言，在角色認知上：守門人最高、參與者其次、獲益者最低。就政黨為主的分析來說：無黨團結聯盟的助理在角色認知上都相對薄弱於其他兩個政黨，甚至時常出現低於普通的角色認知。同時本問卷也反映了男性角色認同皆低於女性；所以這樣的現象，可能真的是該黨團因素造成，或是因為技術上該黨團的受訪助理多為男性，有待進一步研究確認。

民進黨的助理在角色認知上都明顯高於其他兩黨，只有在與政府單位的互動關係中，有較不同的角色認同差異。就守門人來看，國民黨籍立委的助理最高，民進黨委員次之，而無黨的甚至出現了2.8這樣負面的認同。而民進黨的助理對於參與者及獲益者角色認同度都是最高，甚至在獲益者的角色認知上遠遠超過了其他兩黨；如果參考學歷標準，無黨聯盟的學歷最高，民進黨次之，因此可能不是主要的變因；而在年資與年齡的分配上，民進黨與無黨聯盟的比例非常接近，但卻在分配上往兩個極端發展，可推測出此因素的影響較小。較合理的解釋方式是性別差距或是政黨內部的政治文化所致。在性別分類上，女性的政治公關角色認同多高於男性，換句話說，女性比男性更能融入於政治公關的互動中。

大多數的助理都表示對於政治公關工作能夠勝任或不曾感到無法勝任，僅少數反應有無法勝任的情形。弔詭的是這種情形皆出現在不分區立委的助理身上，反映了不分區立委所承擔的政治公關壓力，並且這幾個案例都出現在處理選民服務及媒體公關的互動中。

至於政治公關活動是否可以增進委員的政治資源，助理們的看法都趨於保守，各項互動最多只有六成左右的助理認同。一般來說，還是認為著重立法功能可以增進委員的政治資源，可以說是滾木立法的想法。而在各種與媒體的公關活動中，以電視媒體為重要的指標，比如：報紙的新聞稿所看重的比例就遠比委員接受電視訪問之類的低。而事實上有不少助理都有協助委員蒐集專訪資料的經驗，這也證明了委員方面對這部份的重視程度。

當然由於目前國民黨政府執政時間並不長，在與民間團體的互動中，仍舊看不出來身為執政黨的優勢，或有任何特別之處。

五、政治公關

表5-1　國會助理的政治公關經驗

	選民服務	媒體公關	民間團體	政府部門
助理擁有相關經驗的比例	84.9%	86.7%	69.8%	90.5%

資料來源：作者自繪

表5-1顯示絕大多數的助理都參與過選民服務、媒體公關與政府部門的互動，然而與民間團體的互動相對來說少很多。可能是就助理們的認知上，民間團體會併入選民服務之中，或是多委由專人處理這樣的利益問題。

第33題是就工作比重的分配上，各位助理認為所佔比重多寡來決定排序，如果一樣的話，以1作代表。數字越小表示該項政治公關活動比重越大，結果統計如下表5-2。

表5-2　政治公關的在工作比重上的分配順序-政黨

	選民服務	媒體記者	民間團體	政府部門
無黨團結聯盟	1	3.5	2.5	1
中國國民黨	1.4	3.33	2.55	1.92
民主進步黨	1.94	3	3	1.88
總平均	1.52	3.24	2.69	2.18

資料來源：作者自繪

由表5-2顯示，選民服務在工作比重分配順序上最重要，其次為政府部門，最後才是民間團體與媒體記者。第34題，依照助理所感受到委員對這些政治公關活動的重視程度，結果統計如下表5-3，其計量的方法，同第33題：

表5-3　各政治公關活動受委員的重視程度-政黨

	選民服務	媒體記者	民間團體	政府部門
無黨團結聯盟	1	2.875	2.375	2.25
中國國民黨	1.92	2.29	2.55	2.62
民主進步黨	1.88	2.61	2.83	2.33
總平均	1.77	2.56	2.62	2.47

資料來源：作者自繪

表5-3對比表5-2，可以比對出工作分配比重與助理感到委員重視程度的差異。尤其是國民黨籍的助理，結果顯示對媒體記者重視程度相當大，其對於民間團體的看重度也高於對政府部門的重視。整體平均

而言，與媒體記者的互動雖然在工作比重上較輕，但委員仍頗為重視。

第35題，助理制度的替代性，透過受訪助理所認知的工作難易度來看，結果如下表5-4：

表5-4　國會助理與政治公關難易度

	工作簡單的百分比	工作複雜、我要離職，誰敢接？的百分比
女	22.5%	77.4%
男	18.1%	81.8%
總計	20.1%	79.9%

資料來源：作者自繪

由表5-4，可見對於工作難易度在性別上沒有明顯的差距，因此政治公關的問題點應該在於經驗，而非性別。

除了以上統計結果之外，接下來是立委本身的訪談結果。國民黨籍的區域立委A表示，助理在選民服務部份的工作可分為兩個層面，一是接聽電話，二是進而衡量是否需要報告委員，可見委員所需要的是一個守門人的角色。一般來說，小規模的選民服務中包含：人事升遷的關切、調動、房屋拆遷、協助進出口報關等等。民進黨籍的區域立委B則表示，助理會先在接案之後評估適法性，然後再看如何處理，很多事情其實在助理的層級就能獲得解決，不必再呈報到委員的層次。同時立委B也特別強調，他本人都有安排特定時間，在服務處接受選民諮詢與接選民服務的案子，並且直接與選民接觸、評估如何處理。民進黨某區域立委C也反映了類似的選民服務流程，通常助理會先接案子，然後再判斷是否可以自行處理，必要請委員出面與部會主管、主持協調等等時，才呈報委員處理。由此可見，委員A、C所屬的助理其守門人的角色比較完整，而立委B因有一定程度自己接案件的管道，所以所謂助理守門人的角色較為弱一些，是故助理的守門人角色會因委員的影響而有不同的參與度。

媒體公關的部分，立委A表示，委員本身的因素佔有相當重要的成份。因為立委A具有相當知名度的，媒體自然會刻意挖掘與其相關的議題，有時甚至需要迴避媒體。因此媒體操作的要求就必須分成兩個面向，一方面與媒體接洽等相關的事務工作會透過助理來聯繫，如此一來立委可以間接擁有政治公關的主導權。另一方面，像立委A這樣具有形象優勢、政治公關能力強的委員，與行政單位部門的聯繫時，較深入的部分就由委員親自處理，助理參與度相對大幅降低，只負責初期的聯繫與選民服務；後半與國會聯絡人的互動或私人往來則視立委的態度而定。立委B特別強調在與媒體互動過程中的「地點」因素，區域性的聯合服務處會交由地方議員協助與媒體互動，而自己本身長期在臺北，與此地媒體記者的互動關係較能掌握。而立委C則表示他直接與媒體記者公關往來的機會很少；但是他提到了與政府的「公事拜會」形式，也就是由首長宴請委員們，基本上都是以委員會或是黨籍為單位，甚少是單獨會面、更少是立委與國會聯絡人互動。

立委A在思考與民間、利益團體合作時，特別重視所謂的「利益輸送」，即政治獻金的問題。雖然利益團體在公關互動中的比重不高，只有當委員平時就提供服務，選舉時才會容易募款；除非不希冀連任，否則與相關利益團體的互動就顯得相對重要。不過其中適法性的問題也是關鍵點，要避免牽扯進非法的政商勾結案件，以免導致身敗名裂的後果。而立委B則強調沒有設置特別助理，與民間社團的互動就如同一般選民服務一樣的模式來處理。立委B相當重視所有案件的合法性，要為民喉舌，伸張正義，這是委員的「義務」。以上顯示出立委A與立委B強調的地方有所不同：前者重視的是所謂利益輸送問題，避免牽涉到無謂的利益糾紛中；而後者可能以立委形象與義務為考量，一但民間團體或選民真有委屈，可藉由為其出頭增加媒體的曝光率。

絕大部分的分配比例上，立委A認為還是以選民服務為重心，利益團體的話僅佔一成左右。最主要的還是在立法功能、對於法案的掌握及運作部份。這點與前研究成果相呼應；多數助理也認為立法功能仍舊是委員工作的重心，這可能與滾木立法的利益偏好問題有關。而立委B則表示，立法問政工作還是他主要的職務，選民服務等政治公關大概只佔了四成的業務量，且多由行政或法務助理處理，並無特別專人來處理政治公關事務。同樣的立委C也沒有設置特別助理，也極少與企業或利益團體互動，主要的選民服務應該就是地方婚喪喜慶的邀約等場合的互動。

有位民進黨區域立委的助理D指出也有所謂「行程助理」的職務存在，其實就是跨行政、選民服務這種特殊選舉生態下的產物。主要任務是代替委員關心地方的大小事務，遇到需要服務的案件就直接處理、甚至進一步主辦協調會等等。實際上就是針對選區的「公關助理」，在角色扮演上守門人、參與者與獲益者都有相當的比重。

且在處理選民服務時，除了守門人與參與者的角色外，助理D也特別強調兩種獲益的價值，其一、是幫助民眾解決問題所回饋到的感激之心，這種心靈的價值是無價的；其二、就是如果這樣能讓選民對委員有更好的印象、能在未來的選舉上產生效果；甚至可能有政治獻金的回饋，對委員連任來說是有正面幫助。

至於媒體記者方面，助理D提出了一個本研究忽略的重要因素，就是立法院黨團本身所主導的媒體公關。助理D所服務的委員是該政黨黨團幹部，多數的政治公關活動是以黨團為核心來運作，委員會安排固定時間與媒體記者見面，交換黨務相關意見。在這個過程中，辦公室助理幾乎不會有參與空間，甚至是聯繫工作、守門人都算不上，因為委員會直接面對記者；只有委員不方便直接向記者媒體說明的內容，才改由助理代為表達，因此助理只有部分的參與感而已。

就比重而言，助理D認為在有限的時間下，有六成屬於選民服務案件、媒體互動約佔了兩成、而政府與企業、社團的互動只佔了一成左右。

助理E所屬委員的服務處有高達十三位專任助理，遠遠勝過立院辦公室僅設置四位專任助理。其主要的選民服務，根據專任助理的數據推測應該是由服務處來處理，而較少由委員親自處理。至於在立院辦公室，比較著重的仍是選民服務，只有少數的民間與企業互動，而媒體記者方面，就沒有特別經營了。

助理E認為在選民服務中，最突出的角色就是獲益者；他認為可以由選民身上獲得最多當今社會的動態；除了與政府部門互動之外，這就是最重要的民意來源。這個說法完全呼應了「資訊補貼」的概念，政治公關的收益也包含民意的「資訊」。助理E認為由於委員與媒體記者沒有直接的往來或聯繫，助理在這方面必須站在第一線守門人的角色。至於民間社團，目前還是歸類在選民服務工作中，沒有特別不同。比重上最多是選民服務、其次是媒體記者，最後才是民間團體和政府部門。

國民黨籍的資深助理F指出，在選民服務與媒體記者的互動上，參與者的角色佔最大比例；而對於民間團體、政府部門則是獲益者的角色居多。比如：他個人可以藉由服務選民加入某些民間團體，分享一些資源。而且助理F也指出與助理D相呼應的觀點，認為因為以政黨為主的一些遊戲規則、政治文化，使得委員必須要去經營政黨、組織、黨代表、黨員等這些特定的族群，所探討的範圍應該會超過目前所定義的四大領域。在比例分配上，助理F所提供的經驗與前述幾位助理非常不同，他認為服務民間團體佔了所有工作的五成、選民服務約兩成、政府部門佔兩成、媒體記者只有一成，當然也有可能是因為該助理所屬委員是經濟委員，直接關係到政府與企業之間的利害關係，所以會有一定的比例來處理這些事務。

屬於民進黨區域立委的助理G，就是擔任公關助理的工作，其在選民服務與民間團體的互動中，特別強調了獲益者的角色。認為可以分為三個部分來討論，包括了助理D所提的自己心裡的成就感及對委員在選舉時的幫助之外，還能獲得一個「名聲」，是民喉舌的機會，反映民意給政府機關，同時也給予小市民抒發的管道。

助理G則認為選舉時與平常時期工作內容會有所不同，平常就是單純的寫新聞稿、召開記者會等，但是在選舉時為了爭取版面，必須每天將新聞消息交給地方性的新聞、報紙，因此與媒體互動的強度就大大提升。而面對民間利益團體時，助理G認為只能作一個守門的角色。至於分配比重，必須考量選舉因素，如果在選舉的前一年內，會比較著重在民間利益團體的互動，包括募款、宣傳與媒體公關方面。而一般非選舉時期，大多數花費的時間則是以選民服務居多。

六、選舉制度之改變

立委A表示，整個政治公關環境因選區改制而產生改變，過去在大選區環境下，政治公關的重要性在與地區的特定對象長期互動。而採單一選區之後，每一個環節必須重視，包含接觸地方的利益團體、媒體、社團等等。乍看之下，這個說法與黃秀端421的主張剛好相反，黃主張在大選區的制度下，同黨籍委員因為相互競爭，所以委員個人選舉時的政治公關活動將是重要關鍵，必須掌握各種機會。我們也可以發現，立委A所謂特定對象的政治公關指得應該是「樁腳」與地方的特定人脈關係。這也是黃秀端所謂激烈政治公關競爭下的產物；而在小選區制度之下，舊有的樁腳體系或許受到某些影響，甚至政黨型態對委員形象的影響也變大了。因此立委A會強調各種其他的環節問題，因為現在跟過去相比，並沒有任何可以寡佔性的政治公關互動，而必須面面俱到才能順利連任。

委員B認為他一直沒有強調選民服務以外的政治公關互動，所以針對單一選民服務來講，現在一個選區只有一個立委，不同於以往一個選區有多個立委的狀況，選民服務就顯得相當重要。委員C提供了一個很有趣的想法，他認為，選區改革之後，委員將會專注於地方化、利益化，至於全國性議題並非和個人息息相關，這將會給遊說者很大的政治運作空間。換句話說，小選區制將導致委員利益綁在地方性事務上，而讓全國性事務可以有相對靈活的空間，可能就會受到遊說者關說等影響，這是未來需要防範注意的重點。

助理D的看法則是隨著選區的改變，本來委員是跟藝人一樣的經營；現在必須直接與里長層級互動，活動規模趨向地方化，因此，在地方上與同黨委員、地方縣市議員、民意代表合作建立聯合服務處將成為組織上的新方向。

助理E認為，現在選民服務比重的增加就是來自於選區的改變，本來四種政治公關活動比重差不多，但是現在必須要把選區經營好，才有機會連任，所以有五、六成的業務都在處理選民服務。

助理F認為小選區制可以讓責任政治在立委身上更為實踐。一個區域只有一名立委，就不能再像過去一樣，某些委員混淆視聽說自己都有為地方爭取福利，反之，選區立委是否有認真為地方爭取福利很容易就檢視出來。

助理G也認為選區中只有一名立委，勢必會增加負擔。他還進一步提出執政黨與在野黨的不同點，如果處理的案件是無法與政府部門協調時，往往會請在野黨的立委處理；而當還有斡旋空間時，會傾向找執政黨的立委。

七、國會助理制度建立

立委A表示，助理的公關能力可由選舉期間和平時的地方選民服務來檢視，而在法案處理的能力則是可以再加強的。不過立委A個人認為法案部分還是親自處理比較恰當。在任用助理的偏好，則是以重「情」為主，也就是懂得因事制宜，行政庶務助理要另外要重視能力與忠誠度，法案助理的部份學經歷背景是重點。公關助理主要會委由親戚擔任，因為對於忠誠度的要求最高。

立委A也提出，培養助理不容易，連任的立委可以沿用本來有經驗的助理，但是新上任的立委要聘用助理，或是助理離職要找新助理，就容易完全沒有頭緒。依照立委中心的觀點出發，當然想降低聘任助理所付出的心力與風險，所以提出若採用證照制度，讓考試方式來篩選助理，至少能在專業能力上有一定的把關。事實上這也是一種矛盾，一方面需要助理能重情、知變通；另一方面又需要相當的專業能力，甚至要專業考照，反映出立委對助理要求的兩面性以及助理公關工作的複雜度。

立委B表示因為所屬助理都是長期任用，所以學、經歷與表現都很稱職，在待遇方面，臺北辦公室會優於在選區服務處；在地方選區服務處的助理中，負責處理選民服務的又會比只在辦公室處理行政事務的好一點。針對現在的助理制度，立委B強調留住「人才」，來解決高流動率的問題，或許類似公務員的法治化過程，讓助理覺得未來有保障，才願意留下來，經驗豐富的助理對委員有非常直接的幫助。立委C對於國會助理法制化尚有疑慮，認為重要的是職養學能問題，比方說可能有些助理得薪水會比委員還多，因為他對各部會事務處理上，都有很好的成熟度，並有相當推動法案的能力等等。

其他的反對助理法制化的聲浪如：助理D直接指出，國會助理法制化的困難與不妥。首先，立法委員雖然是由政府支薪，仍舊不屬於行政事務單位，委員是有民意基礎的民意代表。因此委員的助理的地位，應該類似政府部門中的「機要」職務，應以委員需求為主來任用，若要進一步建立等同公務員的規範與制度，並非必要。加上每個委員對於助理的要求各有不同，無法用一致的標準來檢視助理能力。真正重要的是助理是否會利用委員名義從事不法勾當，這方面委員也應該負擔部份責任，在任用時更注重品行上的考量。

助理E認為國外的助理制度是相對健全很多的，至少趨向法制化、議題專業化，而臺灣的發展傾向卻不同，目前主要都以照顧委員選區為主要任務。

助理F則認為若能比照日本的特別公務員制度，由國家考試授與專門職業資格，對國會助理有一定的評斷標準，即使無法一時之間全部達成，但可以逐步的增加這樣的名額，透過國家考試保障助理的職能與工作，才能降低助理的流動率。與助理F相比較，因為助理E年資較淺，對於制度要求不高；而對年資超過十年的助理F而言，長久的保障就顯得相當重要了。

助理G對於建立助理制度的態度，與助理D相近，他們皆認為助理應屬機要職，雖然由政府支薪，但是應該完全交由委員來負責聘任與評鑑，這是委員應有的權利。

由此可知，目前對於助理制度的發展與改善，大家仍然沒有共識。而問題的核心在於國會助理的定位何在？是公務員？或是祕書？還是法案的專業人員？選務人員？這都可能會導向不同的制度發展方向。目前爭議最大的，仍在於是否要採認公務員或是由國家考試來認可其能力；實際上這個主張應該會受到絕大多數委員和助理的支持，因為這樣一來，一方面對助理工作有保障，另一方面又可轉嫁委員對助理支出及訓練等人力成本。當然也有人指出國會助理有本質上的定位問題，不應如此運作。

八、小結

綜合以上所述，在討論選民服務時，可以發現所謂的「資訊補貼」也是一個重要民意來源。就媒體公關而言，是依照黨團機制或是委員有固定的運作方式，此時助理的守門角色是相對低的。在國會助理制度的想法，則有相當大的歧異，至少就包含公務員化與非公務員化的兩個發展方向。整體而言，國會的政治公關活動看重度依序是選民服務、政府部門、媒體記者、民間團體，當然也有中國國民黨的助理反映，對媒體記者的重視程度遠高於平均值。

在辦公室與服務處之間常有互補的關係，一方會以法案及媒體、政府部門為主，而另一方以地方選區服務為主。在角色認知上，選民服務方面國會助理主要是扮演守門人的角色；但是有深入參與經驗的助理則表示，也有相當的獲益結果，這點應該是助理工作的重要角色認同。而媒體記者與民間團體的部份就不太一定，當委員選擇直接面對記者或利益團體，助理所扮演的角色就相當有限。當然針對這方面，本研究設計忽略了政黨所扮演的關鍵性角色，是委員的一個重要政治公關場域。

至於因為選區變革所帶來的影響，大多認為會加重委員與地方事務關係，一方面選區中只有一個委員，因此必須注意每個細節，以求取連任。但是另一方面，舊有的樁腳系統會改變，甚至造成在全國性的議題上更無主見的情況等，這部份是我們可以持續觀察的重點。

國會助理制度的發展上，委員們的想法都是以希望把培養、訓練助理的成本轉嫁出去。因此，制度化、考試化、職能培養等都是可行的方式。但是助理們本身的想法就較為深入，因為會牽涉到自我定位的問題，助理到底應該是政務的機要職？還是類似行政體系的公務員？這兩個方向都有助理提出見解。如果考量委員的差異性，並且對個人能力有相當把握的人，可能會傾向機要職的意見；反之，重視助理保障問題的人，則會傾向於公務員制度的發展。

本研究之目的，在於由國會助理的角色認知，及具體的政治公關參與經驗，來反映政黨、性別是否可能影響其角色認知，目前研究結果顯示，國民黨的委員雖然執政不久，除了重視媒體記者之外，尚未有明顯與其他政黨有不同之處；雖然女性的角色認知較強，但表現在各政治公關的具體活動中並無明顯差異。其中所描繪出來的政治公關互動議題，包括了助理制度問題、選區改制問題、政治公關互動的詳細方式，都是希望可以拋磚引玉，為未來更進一步以國會為主的政治研究，提供一定的參考資料。

基於前述之研究成果，本研究未來可發展的方向建議如下。首先，是針對執政黨政治公關活動的持續關心與研究，可使我們進一步理解執政黨委員與一般立法委員之異同；本研究因時間點上適逢新政府上臺，因此比較後的顯著性會不足。其次，助理的薪資以及該政治公關工作的評價是否可以反應在角色的認識上？薪資越多的助理，是否越認同該項角色？或者越受委員與民眾肯定的助理，對於該項政治公關工作的角色認同越強？甚至也可以進一步探討三種角色認同之相互關係。

以政黨、黨團為運作核心的政治公關互動，並沒有在本研究的框架中突顯出來。但是在相關的研究成果顯示，委員個人的政治公關成本，是可以轉嫁到以政黨為主的運作方式中；這樣就跳過了委員個人助理的中介角色，以黨團助理或是委員個人相對於政黨的政治公關互動模式，將是另一種可行的研究途徑。

選區制度與政治公關之間的互動關係，從立委與助理們的反應，都與學者本來的預設有落差。而各位委員與助理對於改變之後政治公關活動的內涵、強度也有完全不同角度的見解，這其實是一個新制度論可以切入的研究方向。就是制度改變與人們之間的關係到底會產生什麼樣的轉變？是對於「如何連任」的不同想像？或是對於「服務對象」範圍的改變？抑或是對「政黨組織」或「個人名聲」運作經營方式的改變？這都可以成為進一步理論探究內容。

政治公關活動，以立法委員的立法職能為核心來探討，就如同前述「資訊補貼」的民意基礎來源；實際上這就是一個以立法委員為核心的「政策網絡」形成體系。由此觀點來看，立法委員、國會助理的政治公關活動會有一個非常重要的獨特性，那就是反應「民意」在「政策形成」中的價值互動與傳播；傳統以「政府」、「企業」等政治經濟學為核心的政策網絡研究，將可以得到更進一步與民主政治、政治傳播的互動成果。僅以此研究成果，獻給未來繼續在公共行政研究的同伴們一個踏腳石，希望能在學術的大海中留下一點指引方向的線索。

（會議論文，原文印發，文中用語和觀點係作者個人意見）

戰後日本共產黨的民族論述——一個葛蘭西學派的觀點

周德望422

一、前言

作為當代日本的政治現實，共產黨等左翼政黨當今的立場是捍衛現在的和平憲法堅持「和平」路線，並於經濟與外交政策上反對美國及世界資本主義。甚至如知識左翼學者子安宣邦所示，在國家論的立場上希望同時打倒天皇制及民族國家這兩概念423。但在剛戰敗時，共產黨在理論及實踐上卻並非如此面貌。

戰後的著名馬克斯理論家葛蘭西提供了一個新基點，避免落入傳統的歷史結構主義。他重新連結了資本主義下個人和國家間的關係；不僅要探究國家的本質，更要納入社會力量以及個人主觀的思慮，為歷史唯物論提供了一個系統性的辯證解釋概念。本文以葛蘭西學派的歷史統治集團論述來解釋為何日本共產黨戰後初期對於「民族主義」之重視遠勝於當代。雖然當初並非視葛蘭西理論為指導方針；但可透過葛蘭西的分析方法，理解日本共產黨正是為了建立歷史集團而發展民族主義論述。以日本為例，可以具體地以個別的歷史事實來深入描繪為了建立歷史集團，其與上層的霸權、鎮壓，以及下層的經濟力量之間的辯證關係。

一直到一九七三年葛蘭西學派對於「霸權」、「歷史統治集團」和「市民社會」等概念之運用。使得其分析方法更為深入，更能去理解社會秩序架構的組成。而在此基礎之上，新葛蘭西學派以公民社會概念為基礎，提出了一種世界公民的秩序觀。而當時共產黨民族主義的建立，僅提及霸權、歷史統治集團；而沒有發展出世界市民社會的概念。

葛蘭西認為，歷史集團是透過國家和社會共同建立一種結構，當中的革命性結構必須夠強大才能夠取代原有的歷史集團。如此歷史集團必須要有具備在霸權社會階級存在的條件才能成功。霸權階級在國家或社會形式中，屬於支配性的階級；國家則透過宣揚共同文化，來維持歷史集團的凝聚力與認同。因此在西方國家的陣地戰策略中，共產黨應該扮演著領導、加強與發展對話的角色；此包含了勞工階級內部及對其他各階級之對話。在建構歷史集團的過程中，知識份子扮演了關鍵角色，發揮領導社會發展的功能，並維持了印象、技術與組織，透過共同認同將階級成員與歷史集團連結在一起。

而由勞工階級發展的有機知識份子，如欲建立勞工階級霸權的新歷史集團，則必須扮演著類似的角色，便必發發展一個與資產階級霸權具有清楚區隔的文化、組織和技術，並於新集團中與成員持續互動已達成此目標。對葛蘭西而言，任何人都是知識份子，而欲建立新集團的政黨則為「集體知識份子」。424

本文依循著葛蘭西的社會分析，下層由經濟力量，上層是文化霸權跟鎮壓。以此觀點來研究戰後初期最重要的歷史集團「日本共產黨」所扮演的角色，並以此解釋其民族主義論述之形成。本研究對像是作為歷史集團為「日本共產黨」，及以此為目標所建立的民族主義論述之歷史過程及內涵。

在資料上，本文以當代日本思想史研究者小熊英二425所著《民主與愛國》一書的資料整理為主。該書以社會分析方法解析日本戰後思想史，企圖探究戰後日本知識份子與社會大眾所受到的戰爭與各種思想體系之影響。在其中所謂的左派與進步系統的知識份子是有其共同的知識背景。其中是以歷史發展為分析脈絡，先後以國際方面共產國際背景之相關指令以及國際情勢之影響；另方面是中國的經濟、社會與政治狀態之變革為重要之轉折。以此來檢視其共產黨在組織歷史集團中與其他相關概念之辯證關係，並在理論層次則分析書中提及的戰後中世紀馬克斯主義歷史學者石母田正之理論及實踐活動。

二、戰後日本的社會基礎

戰前大日本帝國的社會狀態，是以天皇制度為中心的歷史統治集團掌控了文化霸權與鎮壓，並壓制經濟力量投入戰爭；戰敗後如此的法西斯體系就遭到徹底的瓦解。文化霸權方面，戰前那些共產黨及各進步系統的知識份子等反對天皇制的人，因勇敢反對統治集團，且並沒有轉而放棄支持而造就了所謂的「獄中非轉向」神話，這成為了戰後的主要社會力量之一。除了這種針對特殊的英雄神話之外，根據小熊英二的研究，從一九四五年戰敗一直到一九五零年代中期以前，整個日本共產黨在社會上的影響力與地位，可以說就跟神一樣。其大致上可以分為三個理由：

第一是社會的，日本在戰後的高度經濟成長之前，有著非常嚴重的貧富差距。戰後的現實社會狀態中，都市與農村、上層階級與下層民眾之間的文化與經濟差距非常大。戰敗後街上到處都是孤兒與戰亂影響下的受害者。如此的社會基礎，共產黨的發展是可以想像的。426

第二是精神上的，共產黨是戰爭期間唯一公開反對過戰爭的政黨。戰前那些非共產黨系統的無產階級及相關社會主義政黨，後來都多少支持了戰爭。戰後，這些非共產黨系統的社會主義者結合成為社會黨；而共產黨因為沒有協助戰爭的汙點，在精神價值上擁有優越地位。427

第三是知識份子的心理層面，這應是知識份子們的悔恨。小熊英二特別指出，這並非支持發動戰爭或是左右戰爭政策之類的問題；而是知識份子們在戰爭中所處的位置及所作所為的倫理問題。這讓知識份子自覺孤立於民眾，而且會有著企圖融入社會整體的心理。

因此，共產黨實際上成為了戰後最具有文化霸權的知識份子。知識份子們有著以悔恨為精神動力；因此為了擁抱民眾及填補天皇制國家解除之後所留下的空洞體制這兩個目的，各種不同的派別的知識份子都企圖在理論及實踐上可以建立包括國家與社會的歷史集團。戰後初期知識份子們大多居住在都市，事實上掌握了西洋知識與自由、民主等反戰意識的文化優勢；但因為前述社會與鄉村的貧富、文化差距因此知識份子們內部有著結構上的嚴重斷裂。換言之，當時可以說有共產黨系、所謂的進步系自由主義者以及傳統自由主義者至少三大系統在競爭著填補過去天皇制國家所象徵的歷史統治集團。他們一方面要結合代表經濟力量的鄉村；另一方面要面對代表鎮壓軍事力量的美國及其後來的親美政權。一言以蔽之，民族主義論述有其歷史環境的需要，亦發生在共產黨想要建立歷史集團的論述中。

三、一九四五年的戰敗

一九四五年十月十日，靠著盟軍佔領軍命令而被釋放出來的共產黨幹部們，發表了「對人民訴說」的宣言。當時日共歡迎「以解放世界為目的的聯合國軍隊進駐日本」，並同時運作打倒天皇制以建立人民共和國政府的路線。這點除了與戰後蘇聯為主的共產國際與美國對抗的路線完全不同，亦與馬克斯主義反對帝國主義的基本主張有相當的差距。把象徵資本主義的「美國」視為「解放軍」，這種共黨立場可能只有日本才有；這應是日共相對於其他共黨國家在民族主義與共產主義路線之間最大的差距。因此當時日本國家「鎮壓」的力量，指的是美軍；但就最初的和平路線而言，美軍是被當作支持共產黨建立歷史集團的一個外在因素。所以這「鎮壓」是雙重性的，一方面是來自外國勢力，另一方面是支持內部革命的。

原本日共的主張是傳統二階段革命論的，首先要執行類似法國大革命那樣先打倒封建君主制度的「布爾喬亞民主革命」，再來才是社會主義革命。但是，作為一種特殊的「戰爭經驗」以透過被佔領軍解放的經驗中，美軍得以被視為「解放軍」而出現在歷史進程上。或許有著對於戰爭經歷的厭惡，導致日本共產黨有所謂「和平路線」之論述：相信在美軍佔領下得以「和平手段」達到民主革命。且當時的文化思想霸權是反法西斯的社會主義或共產主義論述，整個上層結構似乎是非常適合產生以共產黨領導的歷史集團，這讓人們得以期待和平革命的發生。簡單而言，就「階級革命」的立場而言，這個時候「和平路線」似乎是壓過「二階段革命論」的。

正如葛蘭西所提，國家是透過宣揚共同文化，來維持歷史集團的凝聚力與認同。在前述「對人民述說」的宣言中，可見日共亦進一步主張「掃除軍國主義與警察政治，是日本民族從死滅中解放以及確立世界和平的前提要件」。這所謂的「日本民族」是被形容為「軍國主義」與「警察政治」的受害者。換言之，這個論述中包含了對於民族的承認，甚至是要解救日本民族的「愛國心」。換言之，日共建立了其愛國的「國家論述」作為歷史集團的範圍及歷史基礎。

這「民族獨立」的立場則是延續了當時國際共產主義運動的官方路線。當時為了對抗法西斯主義，共產國際主張各中國以共產黨為主來結合各種勢力構成「人民戰線」。這種革命戰術在一九五三年第三國際的第七回大會中被採用；並被具體應用在二次大戰的中國共產黨及歐洲戰場對抗納粹的戰爭中。特別是中國共產黨在抗日的過程中，所主張的就是一種由殖民地狀態下的民族解放。這殖民地「民族解放戰線」，亦是符合二階段革命論的。因為在殖民支配之下，打倒封建傳統勢力與民族獨立被視為是一體的。中國共產黨批判舊勢力為協助外國的「買辦勢力」；這此論述之下，得以同時進行「愛國」的對外抗日戰爭以及「解放」的對內社會主義革命。

1946年3月，於日本共產黨雜誌「前衛」第二號，刊載了論文「關於愛國主義」，再次確定了這樣的愛國路線。該文是翻譯自1945年六月時刊載於蘇聯的全聯邦勞動組合之中央評議會官方雜誌之上之文章，其可說是二戰戰後共產黨系理論者愛國論之基礎。其主要的貢獻在於區別了「真正的愛國主義」及「布爾喬亞民族主義」。後者那種民族主義是有害於世界和平的，那是主張「自己民族的自我優越性」，這會導致民族偏見以及帝國主義的慾望。所謂「真正的愛國主義」指的是如同殖民地的獨立運動及法國大革命那樣，是為了自己民族自由而戰的意志及尊重他民族平等的權利。

四、一九四六年對新憲法的戰爭觀

戰敗後，以天皇制為中心的法西斯體制瞬間崩解；而隨之重新匡定這個國家架構的就是日本國憲法。於1946年開始的針對日本新憲法之爭論，導致了戰後社會主義者的大分裂。支持憲法草案的社會黨及堅持打倒天皇制的共產黨，陷入了嚴重的對立危機。但就日本的中國及國際的現實而言，保守勢力與美國都支持這憲法草案。新憲法對共產黨而言有兩個特別重要的意義，其一是象徵天皇制，其二就是放棄戰爭的憲法第九條。當時的立場與現在日共堅守憲法第九條的態度不同；戰後初期的日共是全面反對新憲法，包括了對天皇制及放棄戰爭的第九條。如在1946年的憲法改正審議中，那時共產黨眾議員野坂參三428就主張「隨著自衛權的放棄，中國會有危及民族獨立的危險。」來反對憲法第九條的和平主張。

當時共產黨將戰爭區分為為了人民而戰的「解放戰爭」，以及與資本主義、帝國主義之間的「侵略戰爭」。換言之，並不是全面反對戰爭；且更進一步，否定了所謂「和平中立」的概念。因戰後初期所謂的「中立」，指的是在世界的兩大陣營中，不打算加入社會主義這一方。以日共的立場來說，正如中野重治429所提倡，戰後的日本不能只是追求消極的和平；而是必須加入國際社會主義的陣營；如果不為世界和平做出積極貢獻的話，是不能抵銷這個發動戰爭的罪過的。如果接受了憲法第九條的放棄武力就是放棄了積極貢獻的機會。

就馬克斯理論來說，真正要廢止戰爭，當然不是僅以單方面的口號就可達成的，因戰爭是資本主義及其末期之帝國主義所必然發生的事情。所以當時的共產黨員的基本共識是：「這個世界只要有資本主義存在，就一定有戰爭的危險」。德田球一430在憲法改正會議中明白指出放棄戰爭是不行的，他指出：「戰爭實際上是由資本主義的內部矛盾而起的，如果拋棄了這種必然戰爭的話，那怎麼處理資本主義問題？」換言之，在無產階級革命成功之前，一國社會主義431是不可能的。那時共產黨所設想的是將日本作為一個共產黨所領導的國家，認為這必須擁有獨立的軍事與鎮壓力量來對抗資本主義。這種戰爭觀與前者將美軍視為解放軍之間是互為矛盾的；可以說這為後來兩者間衝突埋下了理論上的依據。

五、當時知識份子民族主義論述下的民眾觀

戰後日本社會有著非常嚴重的社會差距存在。接受所謂西洋文化

及對於知識的享受，都是被視為是都市中產階級以上的特權。換言之，知識份子是獨立於民眾而存在的；而戰後日共基本上就是以知識份子們為核心所建立的。在這些知識份子之間，黑格爾或馬克斯主義都是被當作常識的。主張進步的非共黨知識份子如丸山真男432等新自由主義者433，就是傾向黑格爾路線，而傾向馬克斯主義路線的就是本文所提共產黨及相關左派知識份子。

據1948年的調查，當時能夠完全閱讀新聞程度文章的人僅有4.4%。如此落差之大，足見當時知識份子間「民族」與「民眾」的論述，實際上是面對了一個認知分裂、非均質的日本而言，然後試圖去「創造」一個不同於以天皇為中心的共同體。一般來說，現在所知均質的日本社會基礎，那是指地方開發後，把都市與農村視為同一個日本，這都是一九六零年代之後的事了。

日本戰後著名政治思想家丸山真男就是知識份子最重要的代表。他於一九五一年一月的《中央公論》一月號發表了論文「關於日本的國族主義」。提出了屬於日本的民族路線，認為日本的超國家主義不同於西洋與亞洲各國的國族主義。以丸山的說法，西洋各國可以法國大革命為代表，國族主義是以打倒舊體制而與革命結合在一起。而如中國等亞洲各國，是以「愛國」為名來推翻舊有的王朝、地主階級等被西洋殖民地資本主義所支配的買辦勢力。換言之，西洋國族主義是在打倒封建階級時伴隨著資本主義同時出現；而亞洲各國則是在資本主義發展到殖民帝國主義之後，一次打倒封建與資本兩個階級而出現國族主義。但是，日本的歷史脈絡並不屬於這兩種。丸山指出，戰前日本並沒有完成國族主義的合理化，只是大量生產「忠實且卑屈的僕奴」，因此戰後的日本一瞬間就失去了過去那種表面的愛國心。而左派知識份子們就是在這個背景下，與所謂進步系、保守系的自由主義知識份子競爭著這個不同於戰前法西斯體制的新民族論述。

一九五0年代的左派知識份子們，常常提及「單一不可分的日本民族」並以「單一民族國家」為其建立歷史集團之號召。這「單一不可分」的概念是翻譯自法國革命政權的標語「作為單一不可分的共和國」。其目的指要克服地方的分裂，而成為單一的「國民」。與「單一民族國家」相對的是「世界帝國」、「殖民地領有國家」、「多民族國家」等。如馬克斯主義中世紀史家藤谷俊雄434在一九五二年所提出：日本於戰敗前本來是擁有殖民地的，因此戰前的日本在本質上是一個「多民族國家」。而享受西洋文化就等同於中產階級的日本社會，所謂「世界市民」就是跨國企業資本家的代名詞。此所要建立的「單一民族」是相對於世界而言，指的是一般中國各地方的「民眾」。至此日本共產黨的論述發展有類似於葛蘭西的世界市民社會的概念；不過所謂的世界市民所指的是跨國資本統治集團及其所代表的文化意義，是作為革命的對象而存在。

那時所指的「民族」並非單純的「國家」概念。根據1954年十月以日本京都大學一年級學生為對象的調查中。回答愛「國家」的有25%，愛「國土」的有83%，愛「民族」的有61%。明顯反映所謂「國家」的概念也許受到了戰前的國家主義思潮影響，而受到的低評價。所以在戰後初期，「愛國」或「民族」主義，很明顯不是以「國家」為單位在思考的。這就是一個將歷史統治集團與傳統國家觀念相分離的契機，而是改以「民族」為號召，重新建立起新的國家與社會關係。

在如此的背景之下，作為文化霸權的知識份子們要如何達成其社會與國家間的整合呢？首先要面對的就是下層經濟力量與一般民眾。那些孤立於民眾的知識份子們在戰後開始了所謂「啟蒙路線」，陸續成立「廿世紀研究所」、「思想的科學研究會」、及以左派知識份子為主的「民主主義科學者協會」等。各類的知識份子集團，一方面推動社會科學的共同研究，另方面到各地方舉辦演講會或座談形式的

「啟蒙活動」。如同葛蘭西所談，必須有在勞動階級的「有機知識份子」才能達到其建立新歷史集團的可能性。但這種以上對下的「啟蒙」教育，實際上可能只是延續著過去天皇法西斯體制的老策略，很難達到階級間的具體交流。

如此啟蒙運動隱含了一個重要的問題，就是「民眾的啟蒙是否可能？」就這問題上，共產黨著名史學家石母田正435與戰後的進步系經濟學者大塚久雄436有著不同的想法。石母田根據其戰前參與勞動運動的經驗，認為民眾可以在具體的實踐中改變自己，是可能慢慢地覺醒的。而大塚則認為「日本勞動階級在思想上缺少了進步的要素；具體來說，日本的勞動階級是落後於俄國革命時的勞動者的。」換句話說，依照大塚的想法，在日本民眾擁有近代精神之前，就不算進入近代社會，且所有外在的努力都是沒有用的。

石母田與大塚兩人重視的都是如何改變人的「精神力量」，只是石母田依照的是列寧的菁英路線，以革命先鋒隊來教育、組織民眾；而大塚基本上是把「精神改造」視為是一種隨著社會結構自然發生的。換言之，大塚不相信人為教育、作為的可能性，這可以說是另一種極端的歷史必然論述。結果正如大塚所主張，這種由上往下的啟蒙活動並沒有成功，而且在一九五〇年代前後由於對近代化的反思受到了嚴重的批評。

六、國際文化與帝國主義的影響

前述戰後高舉「科學」或是「民主主義」的啟蒙運動，事實上是以西洋為模型的「近代化」發展路線。1949年中國革命對日本的衝擊，正是對這個近代化最大的反證。明治維新以來，日本的知識份子多以文明開化為方向，以西洋近代化的模型來蔑視中國。然而，歷史事實是中國共產黨成功地組織了遠比日本還落後的中國農民們打倒了由美國援助的買辦階級「國民黨」，一舉在社會主義的路程上超越了日本。於1940年代後半的印度與埃及等地，亦先後完成了殖民地獨立的目標。1950年十月，於印度Lucknow召開的國際會議「太平洋問題調查會」，對於民族自決與民族獨立、「西洋的支配」下之「東洋的抵抗」，以及所謂「亞洲人的亞洲」這樣的議題拉到國際層次上討論。作為具體的歷史事實及戰後的民族主體性發展，都再次刺激了日本戰前那種近代概念，使得戰後日本重新思索西洋近代的同時，亦同時重新評價了「亞洲」。

石母田正提出了屬於亞洲多線性的近代發展概念，指出「民主主義、社會主義、共產主義這些用語實際上不僅是屬於歐洲才有。亞細亞民族本身擁有不同於歐洲的法則，是可以由內部開始，以自身的努力來開創新的時代，而中國的革命正證明了這點。」這種對於中國觀的再評價，正直接衝擊著戰前主導的單線性近代觀念。

另一個重要的歷史事實，就是普遍存在於日本戰後左右派的反美情感。戰敗後的日本是非常貧窮的；相對地，美國的存在就是富有的象徵；而駐日美軍更被視為傲慢的勝利者。美軍在日本的暴行，僅以日本政府有支付慰問金的案件來算，1950年有1112件，而1952年甚至高達2374件之譜。當時因為佔領軍的新聞檢查，所以相關美軍暴行的消息是被封鎖的，包括關於原爆的後續報導，亦為被檢查的對象。而且佔領軍在日本擁有治外法權，日本警察是無法直接管理在日美軍。雖1952年的舊金山和約之後就結束佔領狀態，但在締結了美日安保條約後，美軍與其相關法律特權依然存續。就算美軍原本被視為解放軍，但在當時馬克斯歷史學者的觀點中，亦常把這狀況描繪成幕府末年簽訂不平等條約的狀況。1950年之後左派與美軍的對立日益嚴重，就依據美軍的具體佔領經驗逐漸發展為「把日本視為美國的殖民地」或是一種半殖民狀態。同時日共開始提倡應模仿中國共產黨進行民族獨立鬥爭。可以說，凸顯美軍在實質上就是作為「鎮壓」力量而存在，而且有其「資本主義」及「外國」之原罪。

第三個時間點1950年的コミンフォルム（Cominform）437批判。

原本在1940年代初期美軍剛到日本時是被視為和平解放路線。但隨著日本共產黨於1948年三月組成民主民族陣線，以及美蘇冷戰狀態升高的背景下。一直到1950年六月的韓戰爆發，日本政府開始排除內部的共產黨員，且禁止共黨相關文宣、雜誌的出版，於是共產黨與佔領軍的對立逐漸表面化。

而最關鍵的轉折是來自國際「Cominform批判」的衝擊。1950年十月共產國際的官方雜誌Cominform上發表了一篇批判了日本共產黨和平路線的文章。認為將美軍視為解放軍，並企求和平方法達到社會主義革命是錯誤的道路。主張必須對「殖民地的收穫者」、「美國帝國主義」發動鬥爭。該文章並沒有署名，但傳聞執筆者就是史達林。其目的很明確，就是面對即將發生的韓戰，希望日本共產黨與美國全面對決。至此就是將這個美軍的「鎮壓」力量認定為「非共產黨歷史集團的一部份」，為了與其決裂，訴諸「民族」就是一個好的運動方式。該聲明強調的並不是「階級」，而是一種極端的「民族」。將日本的現狀視為被美國帝國主義及資本主義所「殖民地化」或「軍事基地化」，都是日本「民族獨立的威脅」。想要打破這個狀態，民族獨立鬥爭就必須優先於階級鬥爭，並且聯合可對抗美國資本主義的在地「民族資本家」，將「全國的愛國者」結合為民族解放戰線。

該文同時提出「文化層面」的批判，認為在美國文化滲透之後，會壓迫到「健全、民主的日本民族文化」。在此方針指導之下，屬於共產黨主流派影響下的文化團體開始稱讚所謂的傳統「民族文化」，以批判迎合美國文化侵略的Cosmopolitanism世界市民主義及所謂的「近代主義」。所謂傳統文化包括了本來被視為封建象徵的茶道、插花、大佛等，甚至本來深受皇國史觀所提倡的「日本武尊」438亦被視為是「民族英雄」。在此同時，提倡對民謠、傳說等的再評價，以所謂描述民族（民眾）的「國民歷史學運動」席捲了整個日本的歷史學界。同樣地，發生在文學界的是重新檢視如《萬葉集》那樣傳統經典中的「民眾性」。這些重視民族文化的方針，實際上並不是僅發生於日本，如東德在1949年決定了「民主德國民族戰線」之決議後，亦重新開始檢視德國傳統文化中的民眾性。

在如此氣氛下，本來深受共產黨批判，那些做為中產階級的「市民」，以及被肯定的廣大「人民」，現在都被替換成「國民」或是「民族」。1951年十月，日本共產黨的第五回全國協議會，就決定將黨規約中所有的「人民」字眼都解釋為「國民」，以去除其社會階級的差異。

七、所感派與國際派的分裂及其結束

前述的Cominform批判對於日本共產黨最大的影響，就是直接導致了日共分裂為以德田球一為主的「所感派」及宮本顯治為主的「國際派」。「所感派」接受該文主張的立場，將民族鬥爭放在前面；而「國際派」則是繼續主張階級革命。兩派人馬在各支部展開權力鬥爭，並透過各自所屬的組織相互批評。最後「所感派」成為主流，徹底放棄了原來的和平路線，於1950年三月發出中央委員會的聲明「為了民族獨立而向全人民諸君訴說」，不久之後開始全面展開武裝鬥爭。

所謂的武裝鬥爭，是在作為美軍遠東要塞的日本內部，擔任擾亂美軍與政府的角色。為了這個目的，共產黨的青年們以「山村工作隊」為名，被組織送到日本各地，以燃燒彈、爆裂物等展開暴力革命。然而，結果不只是導致被警察鎮壓，日共更被視為恐怖激進團體而使得形象嚴重惡化，在一般大眾間的支持度大量下滑。本來在1949年還有35席的議會席次，到了1953年就僅剩下一席而已。

到了1955年，日共第六次全國代表大會決定停止如此武裝鬥爭路線，並同時結束了黨內的分裂狀態。隨著主流「所感派」的主角德田球一於1953年死於中國之後，宮本顯治及其原來的國際派幹部們陸續回到黨中央。於六全協的決議中，雖然放棄了武裝鬥爭路線的極左冒險主義，但是依然繼承了所謂「為了民族獨立而鬥爭」的方針。接替武裝鬥爭的是以「合唱」運動來增加支持者，改以選舉為方式，進入議會的和平路線。

事實上，日本共產黨這樣的改變，依然有其共產國際潮流的背景。因韓戰爆發武力衝突而情勢高漲的東西冷戰，隨著史達林的死亡及韓戰停止而冷靜了下來。新上臺的蘇聯領導人赫魯雪夫，改主張與資本主義「和平共存」的一國社會主義路線，這樣變化直接影響了日共之運動方針。而原本被動員參與武裝鬥爭的年輕人們不滿如此的改變，於是產生了所謂的「新左翼」。其立場為批判逐漸穩健化的日本共產黨；繼續主張激烈的直接鬥爭，尤其同樣地反對所謂的「民族戰線」，而與社會其他力量對立。結果這新左翼在日本社會一直是極少數的存在。

八、經濟層面的民族論述

作為歷史的事實，戰爭才是導致了日本社會嚴重貧窮的主要原因。本來視民主化為防止戰爭的最好手段；但在一九五0年前後所爆發的韓戰，卻發生令人矛盾的結果。因韓戰軍事需要的景氣力量，使日本經濟有了快速的成長，這大發戰爭財的現象導致所謂「更好的生活」就與「和平」之間出現了矛盾。這時日共亦提出了一種經濟上的「民族獨立」為論述，主張必須切斷日本在美國亞洲作戰而受益下的經濟從屬關係，進一步以日本自己的力量來恢復經濟，這才是採取守護和平的最好手段。

那個年代的社會主義是以「更好的生活」來爭取大家的支持。而在整體社會都非常貧窮的戰後初期，社會主義提出的具體方法就是以合理的計畫經濟來增加生產。而其最主要的歷史背景在於，相對於美國不久前才爆發的經濟大恐慌，蘇聯則以五年計畫等方式來提高生產與經濟力，這事實為日本的知識份子們留下了深刻的印象。

依照小熊英二的看法，社會主義思想的核心是指出，在社會整體都很貧窮的年代，僅以強迫自己「忍耐」、「勤勉」是無法達到個人利益的。在落後的社會倫理之中，農民們是孤立的，僅會服從階級上的壓迫而不會去探討這個結構上的問題。換言之，把貧窮視為「命運」，就是一種對社會整體絕望的道德觀。而社會主義所要建立的「新道德」，不僅是單純地否定「舊道德」那種隔絕式的社會關係，更有進一步「超越貧窮」的意義。經濟貧窮被定位為是迎合地主與資本家的控制所導致的。因此，貧窮這不僅是經濟問題，更是人們社會組成的關係以及精神層面的事物。

以馬克斯主義理論的角度而言，這有著葛蘭西的影子。但這基礎是建立在作為僅有「個人」而沒有「整體」的自我主義之上的。所謂的日本「新道德」實際上就是重新「建立社會中人際關係的倫理」。

九、理論層面的近代觀民族論述

原本戰前的馬克斯主義歷史學者，主要還是關注在資本主義發達的近代史研究。但在戰爭中，主流的馬克斯主義研究受到嚴重的壓制，到最後還能存留下來的僅是古代史與中世史研究。戰後馬克斯主義歷史學界的領導者，最為人知的是中世紀史家石母田正、松本新八郎及古代史家藤間生大等學者。他們於戰爭時期就發行了民間刊物《歷史學研究》，戰後復刊之後與《歷史評論》成為馬克斯主義歷史學論述的兩大重點刊物之一。

最具代表性的是在戰後出版了《中世世界的形成》一書的石母田正。該書以位於伊賀國439的莊園「黑田莊」為舞臺，描繪從「古代」結束到「中世」開始這樣的「歷史必然性」。其中用來像徵「古代」的是日本傳統寺廟「東大寺」，而像徵「中世」的是「黑田惡黨」。在這歷史故事中，應該體現「進步」的黑田惡黨最後失敗了。換言之，這歷史必然性並非「必然」的；石母田認為原因在於惡黨的「孤立性」。這孤立性就是指黑田惡黨不符合一般民眾的道德與倫理概念，僅能自成小團體以恐怖或武力等手段控制社會，卻不能真正與民眾站在一起。而以那時莊民的立場來說，是非常恐懼武士集團統治的，所以這些莊民本身就有違反「進步」或是恐懼「進步」的想法。而且，東大寺不僅是武力鎮壓而已，事實上所謂宗教支配的力量是超乎想像的。其結論就是，在如此社會關係與意識型態之下，想要以內部力量來使歷史進步是不可能的。

該書反射到戰後的日本，這孤立於民眾的黑田惡黨就是指進步的知識份子們；而封建、落後的代表就是天皇制。一言蔽之，戰後左派知識份子們就是要與那些深受天皇制思想與社會結構影響下的日本人民對決來推動歷史的進步。而依該書的結局來看，石母田應該是抱持著悲觀的態度。事實上，於戰爭時的知識份子們就有些人期待著由民眾起義來推翻天皇制。但是結果卻符合了石母田的推想，那就是連宣布投降都必須依靠天皇的命令；日本人民根本沒有由內部從戰爭中發展抵抗天皇制的歷史進步能力，期待民眾起義更是不可能的。換言之，石母田的歷史研究正好呼應了葛蘭西的社會分析，下層由經濟力量，上層是文化霸權跟鎮壓。那是一種辯證關係，而非單純馬克斯主義者單純經濟決定論的因果關係。

而保守系的知識份子們，則提出的是另一種「古老」的民族觀。石母田在1947年批判津田左右吉440為「市民的歷史學」，就是因其「民族觀」。津田雖然反對天皇神聖性及皇國史觀，但其將「民族」視為由書寫記紀神話的時代開始就存在的「文化共同體」；而作為這個文化象徵的天皇制，結果依然是受到支持。以石母田的角度來看，津田就是不理解民族是「近代的創造物」，所以無法正確地理解民族的意義。

在1948年「民族文化的問題」座談會時，石母田主張所謂的「民族文化」並不是尋求過去的傳統，而是「以勞動階級為中心創造新的文化」。並將其區分為「支配者文化」及「民眾文化」。前者是封建時期有統一意義的民族文化；而後者是在階級身分制度下，下層民眾真實生活的創作，如民俗與民謠等等。所謂的新文化就是要立基在這種民眾文化之上。這時石母田的觀點與葛蘭西對著新歷史集團的建立有著類似的見解。石母田視外來的西洋文化僅能只是少數人的「支配者文化」，這是無法建立起屬於日本民眾的主體性的。因此，為了從民眾中學習到真正的文化來開創未來，石母田在1950年代推動了國民歷史學運動。

十、一九五〇年代國民的歷史學運動

面對戰後日本的社會現實，知識份子必須要想辦法解決「孤立於民眾」這樣的狀態。當時解決這個問題的方法之一，就是前面提過的啟蒙運動。當時石母田曾在屬於社會主義陣營的「民主主義科學者協會」事務局從事著派遣知識份子到地方鄉村去從事啟蒙演講的工作。

但他卻發現這實際上是延續明治時代以來啟蒙活動，這些講師們並沒有由人民那邊學到什麼。雖然內容不同，但是這個就跟過去文明開化以及天皇制國家一樣，從事著是一種以上對下的教育方式。換言之，完全無法達到如葛蘭西所說以民眾為中心的有機知識份子來建構整體性的論述。

為了回應這個問題，石母田在一九四八年的《歷史評論》發表了「村的歷史、工廠的歷史」一文。後被收錄在一九五零年代國民的歷史學運動中的「聖經」《歷史與民族的發現》一書中，為後來的歷史學發展奠定了「知識份子必須向民眾學習」的基礎路線。該文指出，所謂的歷史通常是指由政府或知識份子這些所謂的文化權威所塑造並給予民眾的。相對於此，應該提出以民眾自身「自由的創意與興趣」來書寫的歷史，這就是最理想的「民族文化」。換句話說，這就是葛蘭西所謂歷史統治集團的社會文化基礎。

當然，真的要靠勞動階級自己來寫作歷史是有困難的。因此，這需要歷史學專家的合作。這些知識份子必須承認自己所知有限，應該慢慢地向人民學習，以此來確定自我成長並重新定義自己與他人的關係；歷史就不只是過去的事物而已，而是一種具體的歷史創作。換言之，這是一種主張把知識份子融入民眾之中，彼此學習達成共識的過程。

不過，國民歷史學運動面臨了兩個困難。首先是實踐上的，那就是知識份子對於農村知識的嚴重不足，導致具體成果都出了嚴重的問題。另一方面，是共產黨的民族主義理論方面。因石母田所主張的「民族」或「民族文化」，基本上是否定過去封建、資產階級的傳統文化，而指向一個立基於民眾文化的未來創造。如此觀點，實際上並非當時馬克斯主義歷史學界的定論。如羽仁五郎對於中世紀日本的自由都市「堺」之研究，及藤間生大對於日本建武中興之相關成果，這些都強調在過去民族發展史中革命與自治的歷史。以石母田的角度而言，前述兩人的研究成果都隱含了又回到以「血族」為中心民族觀的危險。

十一、一九五〇年國際共產路線影響下的新民族觀

一九五〇年代以前，馬克斯主義者強調「民族」是近代的產物。作為共產黨具體的指導方針，是來自於一九一三年史達林的論文〈馬克斯主義與民族問題〉。該文的立場是以馬克斯主義的發展階段論，認為在近代資本主義的發達所產生在市場、語言、文化等共通性之後，才開始有了「民族」。

不過隨著前述於一九五〇年六月的韓戰爆發，在十月的Cominform批判出現之前，就已經開始提出不同的民族論述作為基礎。刊載在日本共產黨機關誌《前衛》一九五〇年八月號關於史達林的語言學論文開始。該文認定近代的民族nation是在資本主義出現之後才形成的。但是作為其發展的歷史基礎，就應該重視其處於近代之前的「民族體folk」。原本主張民族是「未來」的石母田隨即改變了立場，並於一九五〇年九月卅日，在東京大學所召開的民主主義科學者協會，報告了該篇論文，並且大力鼓吹這種民族觀的轉變。

石母田這樣的轉變，亦是一種對自我的批判。他在介紹史達林的新論文之同時，強調了「大眾才是民族」、這是「將階段與階段、時代與時代慢慢地聯繫在一起的土地」。以此來說的話，先前他主張近代以前沒有「民族」存在的機械性的斷定，就是無視大眾存在的歷史事實。

這時同樣地有著亞洲再評價的影響。自中國革命以來，亞洲的殖

民地獨立運動一直受到注目。但是，如果以單向式地認定近代化之前沒有「民族」的話，那在資本主義不發達的地區，是否「民族獨立」亦是不可能的？這會造成殖民地獨立論述的矛盾。

石母田解釋原本史達林在一九一三年的論文主張階級鬥爭，是考慮到第一次世界大戰的主要戰場在歐洲，是為了批判那些煽動民族間對立的布爾喬亞民族主義所提出來的。但是到了二戰戰後，主要的「民族問題」並不是處於先進國家之中「布爾喬亞民族主義」的對立，而是轉變為帝國主義與民族解放鬥爭的對立。共產黨的方針一直是區別「布爾喬亞民族主義」以及無產階級的「真愛國」。依據石母田的看法，以「民族」為名來隱藏中國的階級對立，並且煽動民族之間仇恨的這些現象，都是「布爾喬亞民族主義」的弊端。而往「社會主義民族」階段邁進的蘇聯，就克服了這些現象。那是因為蘇聯直接組織了領域內落後地區的農民來支持革命，這代表了「一定程度的布爾喬亞民族主義，並不是通往社會主義民族階段發展的必要過程」。換言之，所謂社會主義民族主義的歷史集團並不必然依附於近代化的資本主義進程、布爾喬亞民族主義這個線性發展而來。

在如此內涵的民族國家概念下，所謂「國家」是有其重要的角色。石母田在一九五二年的文章中，批判了戰前幸德秋水441所提「對國家觀念的否定」。並進一步主張被壓迫的民族必須從外部的帝國主義者那裡取得權力，並以此確定自己的主權。也就是沒有形成民族國家的話，不只是民族解放無法成功，中國的進步與革命亦是辦不到的。

十二、一九五五年的合唱穩健路線

一九五五年，除了前述共產黨在路線上及組織上的改變外。日本政治亦有了新的面貌。本來因是否支持日本再度軍備化而分裂的左派社會黨與右派社會黨，結合成為了日本社會黨。與其對抗的是，保守方的自由黨及民主黨結合成為自由民主黨。這就是所謂戰後的「五五體制」。以這年為分界點，之前戰敗初期的十年，日本是整體貧窮、社會文化經濟差距很大且充滿共產黨的革命色彩。但到了這時，就是一般所理解的經濟高度成長、安定繁榮的「真正的戰後」。

社會亦有了顯著的改變，隨著電冰箱、電鍋、洗衣機等「三神器」的普及，大眾媒體如電視機也快速地成為國民的必需品。結果導致地方與階級的文化差異縮小了，社會開始真的成為「單一化」。值得注意的是，這裡對於「市民」的概念開始一般化，逐漸失去了原本作為「布爾喬亞」的階級意識。

在單一、均質化的日本社會建立之後，日共對於「民族」的論述就失去了社會背景的支持與動力。而隨之興起的「戰爭責任」論述，更衝擊著這些左派知識份子們。最後日本共產黨可說在戰後企圖推翻天皇制國家建立起社會主義的歷史統治集團是失敗的。

十三、結論

作為日本的特殊經驗，加上以葛蘭西的歷史集團理論。我們可以看到日本共產黨隨著中國社會狀況以及國際環境、共黨指導方針之變化下，為何需要建構民族論述？以葛蘭西觀點來檢視其代表文化霸權的知識份子、代表外國鎮壓的美軍及日本政府，以及作為一般民眾的經濟力量間，加上共產黨的內在理論與外在指導，可以看出作為一個歷史統治集團的實際辯證過程。

而作為一個縮影，共產黨史家石母田的理論建構，在策略上符合了葛蘭西的主張。他一方面相信民眾有改變的可能性；另一方面又認為上對下的教育是需要反省的。其最大的轉變即在於「民族觀」，由本來深深受「近代化」的經濟單向影響的邏輯，轉變為認同民族體的的辯證關係。

當時的日本實際上隨著戰爭論與世界觀的改變，逐漸走向了一國社會主義的道路。最好的例子就是原本反對和平憲法發展成為堅守和平憲法來作為一個「不正常的國家」。可說這憲法已經成為了「民族」的答案，然而這也失去了其具體的革命論述，到了今天實際上除了打倒天皇制這點以外，共產黨僅能作為一個社會主義政黨而存在議會之中。

小熊英二，2003，《民主と愛國》，東京：新曜社。

子安宣邦，董炳月譯，2007，《國家與祭祀》，北京：生活讀書新知三聯書店。

（會議論文，原文印發，文中用語和觀點係作者個人意見）

兩岸應開展各項交流以增進政治互信——以中國文化軟實力之運作為例

龔耀光[442]

一、前言

大陸於2010年1月28、29日在北京邀集黨政軍、各省市自治區對臺部門舉行「2010年對臺工作會議」，此一會議為年度例行會議，大陸各省市臺辦主任均到會，就作好今年對臺工作進行交流。會議指出，各部門要按照中央的要求切實做好今年的對臺工作，進一步全面深入貫徹胡錦濤總書記（胡6點）重要講話精神，堅持兩岸關係發展的正確方向，保持兩岸關係發展的良好情勢，推進兩岸交往制度化與機制化進程，深化國共兩黨和兩岸雙方政治互信，堅持貫徹寄希望於臺灣人民的方針，繼續反對「臺獨」分裂活動。要繼續按照先易後難、先經後政、循序漸進的步驟推進兩岸關係發展和兩岸制度化協商，全面協調有序地開展各項工作。要深化兩岸經濟合作，商簽兩岸經濟合作框架協議，積極擴大雙向投資，繼續扶持大陸臺資企業發展，做好臺商權益保障工作。要大力開展兩岸文化教育交流，進一步密切兩岸各界交往，鼓勵更多的臺灣同胞尤其是基層民眾參與兩岸交流合作，在兩岸關係和平發展進程中不斷增進福祉。[443]

會議強調，各級有關部門要高度重視並切實加強對臺工作的執行，為貫徹中央對臺方針政策提供有力保障。要樹立大局觀，增強責任感，把各項工作做實、做深、做細、做穩，更為有效地推進對臺工作，進一步開創兩岸關係和平發展的新局面。444

中共國家主席胡錦濤曾於今年元旦致詞表示：在兩岸關係方面，強調堅持「和平統一、一國兩制」方針，牢牢把握兩岸關係和平發展的主題，加強兩岸交流合作，更進一步造福兩岸同胞。由此可見，兩岸對加速推動和平發展、簽訂各項協議以作為規範機制的主軸，基本上是一致的。加以由此次大陸「年度對臺工作會議」所作的決議，更可以肯定這項事實。從「第4次江陳會」撤簽租稅合作協議，到ECFA拖延至今才展開正式協商，令人充分感受到兩岸交流及談判的腳步，似乎有遲滯的意味。445不容否認，兩岸在過去一年彼此互有讓步，甚至刻意「擱置爭議」來營造和緩氣氛。惟當互動過程逐步進入實質利益分配、甚至逼進主權堅持紅線後，2010年的兩岸關係勢將是彼此「互信」考驗的一年。446

然而有關「政治互信」的增進，兩岸領導人雖都經常強調，但實施起來彼此仍是有一段相當距離。如最常引用的「九二共識」，即「一箇中國，各自表述」。馬總統當選時就表明，未來兩岸關係要在「九二共識」基礎上發展。胡錦濤亦表示「祗要臺灣承認九二共識，兩岸對話和談判即可恢復，而且什麼問題都可以談」。然而在現實上，臺灣方面強調是下半截「各自表述」，而大陸方面則強調上半截「一箇中國」，真的是各取所需。如在臺灣2009年11月12日舉辦的「兩岸一甲子學術研討會」，大陸與臺灣學者專家的發言內容，都依舊停留在另一種層面的「各自表述」景況下暢談政治互信。2009年7月中，馬總統當選國民黨主席時，胡錦濤即來電致賀「由衷期望貴我兩黨繼續推動兩岸關係和平發展，進一步深化政治互信，不斷為兩岸同胞謀福祉，開創中華民族的偉大復興。」表明能「深化政治互信」為開創偉大復興的手段。對於中共強力要求政治對話之訊息，馬總統以國民黨主席當選人身分，發表「正視現實、建立互信、擱置爭議、共創雙贏」16字箴言，以回應胡錦濤於去年5月接見國民黨主席吳伯雄時提出「建立互信、擱置爭議、求同存異、共創雙贏」16字箴言。除了開頭的「正視現實」外，其餘內容雷同，其目的是希望表達兩岸是兩個不同的政治實體，各自統治互不隸屬，祇有正視現實，兩岸關係才能往良性方向繼續發展下去。447

二、中國軟實力的建構

（一）中國建構軟實力是基於全面認知國際環境的產物

從國際關係中相互競爭的觀點看，一個新興的大國崛起勢必對既有的強權以及其維持的世界秩序進行挑戰。從中國近十幾年來各方面的發展來看，其經濟、軍事實力突飛猛進，國際政治上的影響力也不斷的上升，許多跡象顯示中國正符合未來會是對美國產生威脅的新興強權。所以「中國威脅論」的論述因此也不斷興起。所以在「一超多強」的單極國際體系中，一個將要崛起的大國須更加審慎的處理國家的對外關係，除了要利用各種發展機遇外，最重要的是要避免與強國對抗，從而贏得國家發展所需要的時間，即將崛起的中國似乎亦不例外。448

從軟實力之文化吸引力發展來看，至90年代，中國發現教育的國際合作與交流，不僅可以為雙方帶來巨大的經濟效益，也能夠促進國家政治、外交、科技、經貿等發展。449因此積極強化教育的體質，提升文化面向的軟實力，企圖藉由學術與留學生的雙向交流，將中華文化向外傳播，建構世人對中國的文化認同，以樹立良好的國家形象。1992年中共在「十四大」明確提出：「必須把教育擺在優先發展的戰略地位，努力提高全民族的思想道德和科技文化水準，這是實現中國現代化的根本大計」後，450中國教育的國際化進程進入緊鑼密鼓的階段。中國現在擁有世界上規模最大的高等教育體制，它頒發的大學文憑比美國和印度加起來還要多，大學的錄取率也從1999年的10%激增到2006年的21%；在未來其教育部所設立的目標為高教之「航空母艦」計劃下亦將逐年增加錄取率；另在2009年最新公布的世界大學前100大中就佔了4所451，在2009年10月8日《泰晤士報高教增刊》公布的全球200所最佳大學中，中國有7所大學入選，452至2009年11月9日止中國也已在全球84個國家、地區設立了331所「孔子學院」，453這些跡象顯示中國在文化上的軟實力發展已呈現相當的成果。

（二）中國建構軟實力係自身實力漸趨成熟

中國軟實力發展的模式，並不是由本身的文化、政治價值所自然產生，而是中國自身實力漸趨成熟，藉由政府主導透過以道德訴求為主之「和平崛起、和平發展、和諧世界」的外交政策所形成的總體戰略。454當然中國軟實力的建構，對象雖不是臺灣，但因其軟實力的功能與手段所帶來的實質效益，455均有助於其獲得國家發展應得之國家利益與中國對兩岸關係既有處理模式的突破。

三、中國文化軟實力概覽

觀察中共從後冷戰時期開始的漢語傳播能力，由漢語水平的增長，孔子學院的設置、中國的奧運申辦表現、設立「大文化部」統籌文化軟實力及其教育發展等均可觀察出中國文化作為之軟實力運用。456

（一）孔子學院

從2004年3月，中國建立孔子學院後，不僅可以使中國立即獲得國際聲譽，還可以在其他國家的重要地區建立辦公室，與當地建立良好關係。從長遠來說，這對於建立中國的軟實力影響更是極為有利。中國教育部官員表示，依據最新資料統計，截至2009年11月止，在全球逾84個國家或地區啟動孔子學院（包括孔子學校、孔子課堂）共有331所，加大推廣漢語教學，積累其軟實力建設。就某種意義上說，孔子學院的建立，是中國對自身文化自信心的一種外在表現，也是軟實力最亮品牌。457

中國分布全球孔子學院數量表

地區	亞洲	歐洲	非洲	大洋洲	北美洲	南美洲	總計
國家數	27	26	17	2	7	5	84
設置數量	96	90	24	10	97	14	331

資料來源：「各地孔子學院」，（2009）國家漢辦網 http：//www.han-ban.edu.cn/kzxy__list.php？ithd=gzky

（二）漢語熱潮

進入21世紀後，中國綜合國力與國際地位日益提高也正為漢語的國際推廣提供了難得的戰略機遇。因中國的迅速發展，催生了前所未有的漢語熱。2002年到2005年，英國大學裡選漢語作為一門主課的學生數量超前。而目前學習漢語的外國人已達6000多萬；120多個國家的2300餘所大學裡開設了漢語課程；漢語已經進入美、英、日、韓等國的中小學課堂；依據北京語言大學考試中心資料顯示，HSK自1984年以來，參加考試的人數已經突破了百萬人，近年來還以每年50%左右的速度增長。458隨著漢語熱潮席捲全球，許多分析人士開始預測漢語未來成為「全球語言」。

（三）設立「大文化部」以提昇文化軟實力

2007年中共17大會議，擬議設立的「大文化部」，全面加強文化領域的社會管理和公共服務，實現職能有機統一為主要方向除將有關文化領域的部門統合起來，全面加強文化事務的建設和管理。其軟實力急遽又將提昇。

（四）申辦奧運，軟實力持續擴展

中國在2008年舉辦奧運，除向世界證明21世紀是中國的世紀外；同時也展現中國潛藏未來巨大能量，使得中國軟實力的行使更為便捷；對中國大陸經濟成功的加速、國際地位的提升、體育大國的確立、社會結構的轉型以及文化交流的開放，都必有助益。459

（五）教育發展

中國於1976年始從事教育改革與發展。直至90年代發現教育的國際合作與交流，不僅可為彼此帶來在經濟方面上的效益，亦能促進國家政治、經貿、外交、科技等發展。460因此積極強化教育的基礎工程以提昇文化的軟實力，希冀藉由學術與留學生的交流，將中華文化向世界傳播，建構世人對中國的文化認同，以樹立良好的國家形象；所以1992年江澤民在「十四大」即提出：「必須把教育擺在優先發展的戰略地位，努力提高全民族的思想道德和科技文化水準」後，461中國教育的國際化腳步亦從萌芽初期進入了成長時期。462

特別是在高等教育發展方面，中國的大學水準在經過「211」及「985」工程後，463在世界大學學術排行中的位置顯著提高，在世界前500大的排名中由2000年的4所提升到2006年的14所；大學的錄取率也從1999年的10%增加到2006年的21%；出國留學的人數，從2003年的不足12萬人，提升到2007年近15萬人。另據資料統計顯示，預計2008年中國出國留學人數將增長30%左右，有可能突破20萬人。464這些專業人才都是中國國家發展的基石，不容忽視。職是之故，由於中國高等教育的學術地位逐漸提高，因此到中國大陸的外國留學生也從2000年的52，150人增加到2005年的141，087人，成長了近三倍之多。465這些留學生在學習的過程中，多少會吸收中國的語言文化、意識型態和價值觀，自然地提升了中國的軟實力。2006年中國教育官員表示：「中國政府2007年將向外國留學生提供11，000個獎學金名額」。至目前是中國提供政府獎學金名額最多的一年，足見對教育國際交流的重視。其為加深教育在國際合作與交流方面的功能與持續提升文化吸引之軟實力；中國教育部在「2007年工作要點及要求」中即明確規範其工作要項，務求全方位、多層次教育合作交流，加強與鞏固各類型教育合作平臺建設以發揮在國際社會中其教育的作用和影響。[466]

四、中國賡續深化文化體制改革提增國家軟實力

2006年初，中共國務院發出「關於深化文化體制改革的若干意見」，並於該年3月召開「全國文化體制改革工作會議」，象徵文化體制改革工作由點到面逐步展開。自2009年迄今，在其中央領導明確提出「將文化體制改革與經濟體制改革放在同等重要的位置」政策背景下，更進一步要求充分利用文化發展反經濟週期特點，掌握世界金融危機與經濟衰退機遇，期透過深化文化體、產業逆勢而上。工作重點主要強調深化新的文化體制改革，推動文化事業。[467]

為加強公共文化服務體系建設，在「保增長、擴內需、調結構、促改革、惠民生」工作格局下，特加強公共服務體系建設，不僅於擴大內需10項措施中明確將文化發展作為重要內容。2008年第4季度增加安排的100億元中央投資中，亦分撥8億元用於鄉鎮文化站建設，文化部更強調力爭2009、2010兩年投入14億元實現鄉鄉有文化站目標。[468]

五、對兩岸政治互信的增進

「中國軟實力」文化面向的運作

（一）有關中國文化軟實力對臺灣影響的具體情況，依據臺灣陸委會公布民調資料顯示如附表。

中國軟實力核實指標-（文化吸引）問卷情形統計表

代號／年份	A	B	C	D	E	備註
1994	12％	31.2％	41％			編碼代號： A民眾認知大陸對我敵意 B民眾認知大陸政府對我態度 C對兩岸交流速度的看法 D兩岸週末包機、開放大陸地區人民來台觀光 E對「兩岸直航」看法
1995	23.9％	43.5％	55.2％			
1996	17.7％	47.4％	51.4％		21％	
1997	31.7％	48.8％	47.2％			
1998	11.5％	33.3％	49.4％		27.3％	
1999	23.5％	44.4％	50.9％		22％	
2000	29.3％	46.8％	38.6％		16.8％	
2001	36.3％	40.6％	37.7％		25.5％	
2002	29.3％	50.7％	32.1％		23.6％	
2003	20.6％	54.8％	35.8％	24.8％	23.6％	
2004	41.5％	45％	17.7％	22.6％	24％	
2005	38.6％	42.4％	36.2％	43.5％	29.7％	
2006	33.2％	50.6％	40.7％	22.6％		
2007	35.1％	46％	47.5％	11％		
2008	54.9％	38.7％	44.7％	41.6％		

資料來源：行政院大陸委員會資訊網，http：//www.mac.gov.tw/

依據臺灣陸委會公布民調資料顯示，觀察中國文化軟實力對臺灣影響的具體情況，其相關意涵：

1.民眾認知大陸對臺灣政府敵意

對於兩岸關係敵對或友善的看法，歷年來最高超過八成八（1994年占88%）的民眾認為大陸當局對我們政府的態度並不友善；認為友善者不到二成（1998年占11.5%）。值得注意的是，自2000年開始至

2007年幾乎六至八成的民眾認為大陸對我（政府）敵意未減，與2008年9月的調查結果比較，民眾感受到中國對我政府的敵意大幅降低近二成的比率（2008年45.1%）。此點可由中國「國臺辦」對外新聞發布獲得解讀，期間雖對臺灣的抨擊稍減，措辭亦較為溫和甚至有時還刻意迴避，但仍無法改善臺灣人民對中國政府的觀感。顯見中國軟實力之運用，特別是在文化吸引方面，由於操作不熟稔以致初期（2003年）在兩岸關係中中國實受限對臺工作基本原則的框架影響，至自去年發現其手段多元且靈活，顯示文化軟實力之運用漸具成效。

2.民眾認知大陸政府對臺灣人民態度

本項調查除1994、1998、2008年近三成八以上民眾認為是友善的以外；歷年來有近半數的民眾認為大陸政府對我人民是不友善的，但相較起來，民眾認知大陸政府對我人民不友善的程度，幾乎已逐年下降。從數據顯示中國對臺灣人民的態度已由中國軟實力之建構伊始全面改善，無論藉擴大民間各層面的交流以增進彼此的認知、構築政黨交流的平臺、主動積極的災害援助提供、「寄希望於臺灣人民」的宣示，脫離以往類似「中央對地方」的刻板印象，以實際行動與證明，企圖從「不友善」的態度提升至「友善」、「極為友善」，直至軟實力之文化吸引的「好感」理想尺度。正符軟實力創建者奈伊所言：「在評估軟實力時，『民調不失為一個粗估聲望的良方』，可藉以瞭解一個國家給人的好感，以及不受歡迎的政策可能招致的代價。469」，而中國對臺灣各方面的經營也能在一個愛恨錯綜複雜的關係中影響愛恨之間的比重。470

3.對兩岸交流速度的看法

關於政府開放兩岸民間交流的速度，歷年民眾認為「剛剛好」比例為三至五成仍居多數，認為兩岸交流速度「太快」或「太慢」的比例大致相當；增減均為1成左右。原則上此項民意調查與「對兩岸經貿交流速度的看法」民調（比率為六成四）有明顯差距，但對政府開放民間交流的速度仍持保守的態度頗為接近。可見在短期內中國軟實力之文化吸引乃至其他的軟實力行使與操作，想要達到中國的終極目標，仍有一段時間與距離。

4.兩岸週末包機、開放大陸地區人民來臺觀光

關於開放大陸觀光客每天1，000名來臺旅遊人數，有43.5%的民眾認為剛剛好，有23.2%的民眾認為太少，有17.5%的民眾認為太多。民眾認為開放大陸觀光客來臺旅遊具有可以帶動經濟、增加觀光收入，讓大陸人士親身體驗臺灣的民主自由，以及增加兩岸人民互相瞭解等正面意義。就中國軟實力之文化吸引操作面觀察，此項反映意涵其後者大於前者，藉著定期性的過程與定量的管制，對中國而言可有效進行所謂軟實力之「平日的溝通」與「策略性的溝通」等軟性行銷，471更藉著文化層面的各類接觸扭轉臺灣對中國的負面印象，如美國前總統艾森豪曾認為有需要「找出不只一種方法，而是好幾千種方法，人們藉此能慢慢對彼此知道更多一點。472」

5.對「兩岸直航」看法

有關兩岸直航問題，有75.6%的民眾贊成在包機運作順利後，參考這些包機經驗，以循序漸進的方式來推動兩岸直航。2000年時有83.2%的民眾認為應「有條件開放」（即應考慮中國家安全、尊嚴、對等的原則），只有8.9%的民眾認為應「無條件開放」。此外，對於開放兩岸直航會影響國家安全的說法，有53.6%的民眾表示同意，有36.9%的民眾表示不同意。從上述資料顯示就臺灣而言，民眾看待中國特別謹慎，內外兼顧且趨利而避害，對中國而言「兩岸直航」不僅創造了許多「和平紅利」更讓中國軟實力之文化吸引操作時效快速而且便捷，藉著「兩岸直航」使得中國軟實力管道更為寬闊暢通，兩岸交流的距離更為縮短、速度增快，而未來兩岸關係的發展將可能更密集頻繁。

（二）中國文化軟實力之運作對兩岸政治互信所呈貢獻，從文獻查考中特別援引中國「國臺辦」歷次新聞發布會之內容進行分析。

觀察其「文化交流」計153單元次，自2000至2008年成長幅度逐漸上升且為顯著，如附圖。

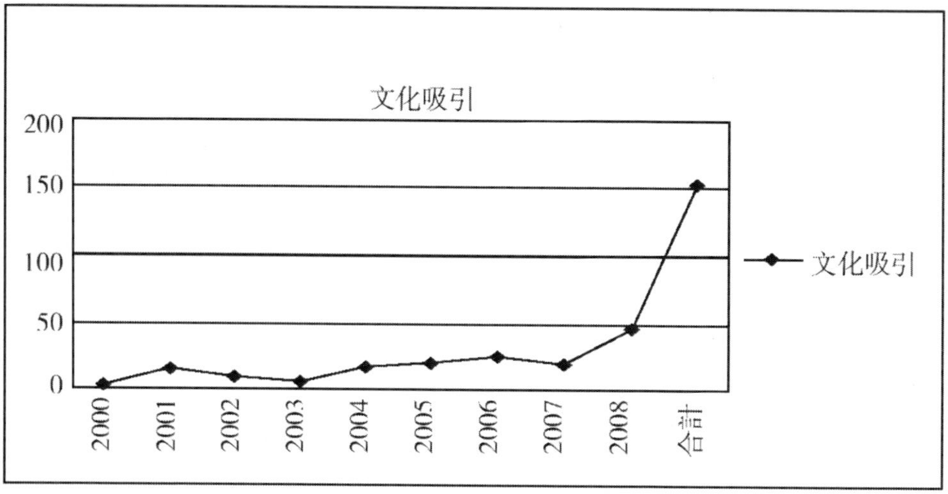

資料來源：「國臺辦」2000-2008年新聞發布會，「文化交流」統計（作者自繪）

1.顯示兩岸新聞交流（32次）：新聞交流的面向廣泛，包含指出中國繼續促進新聞交流的熱誠；中國於1996年開放臺灣記者至大陸採訪；希望大陸的報紙能在臺灣販售；表示兩岸新聞交流失衡並指出中國新華社及人民日報記者遭驅離等問題，感到無奈與失望；473顯示中國急於將傳播資源輸入臺灣，有利掌握資訊與兩岸互動；另辦理奧運會期間，是兩岸新聞交流的絕佳機會與大陸加強對採訪記者之安排服務。

2.對臺生在陸就學問題（23次）：臺生在大陸就學問題受到中國關注，包括歡迎臺灣學生到大陸校院就讀的一貫政策；大陸教育部門及地方主管機關服務臺灣學生求學；運用對臺灣學生同等收費措施以及獎學金辦法、大陸就業等方式，以吸引臺灣學生前往就學。中國至2008年對臺灣學生在中國就學提供相關優惠措施宣示即達17單位次。顯示中國長期對於臺灣學校招收大陸學生具有高度之支持程度，相較我政府尚不承認大陸高等學歷有極大落差；474從本單元數據激增顯見教育交流，預見是兩岸未來發展新熱點。

3.對「和平發展」理念、對臺灣民眾的承諾實踐、民族情誼、專業協商、災損慰問等，均予主動彈性之方式進行交流。

4.中國擴大運用奧運會舉辦之文化優勢（21次），包括前總統夫人吳淑珍女士並非臺灣參加世界殘障奧運會團長；將依國際奧運會章程規範兩岸在奧運會之地位；表示辦理奧運會是中華民族盛事；大陸提供奧運商機給臺灣民眾；歡迎臺灣民眾前往參加志工或觀賞等。顯示中國仍然在文化議題上，對我政治人物抱持警慎態度。特別注意的是，是中國明確以國際奧會規定，規範解釋兩岸間在奧運會中的地位；顯示中國在文化議題上，隨著參與國際活動增加，以軟實力吸引臺灣民眾目光，俾利其中華民族意識之推廣。475此正切合：「文化接觸、學術與科技的交流在增強軟實力上扮演了重要角色。」之軟實力要義。

5.強調「和平發展」理念（28次）：在「和平發展」方面，在歷次新聞發布會之先，必定先強調遏制「臺獨」的因素增加，「和平發展」趨勢增強之說法；重視以穩定兩岸關係及臺海及亞太地區和平為要項；強調兩岸交流是大趨勢；指出要牢牢把握住「和平發展」此一主題；將盡最大誠意與努力，朝和平穩定方向邁進；指大陸長久為促進兩岸關係發展，努力追求「和平統一」的誠意及善意不變。476

6.重視對臺灣民眾的承諾實踐（32次）：表示有關「連胡會」的共識，大陸方面一定會努力辦，而且辦好；有關對臺灣同胞應予兌現的承諾，不管任何狀況下，承諾不會改變。持續辦理有關國共等政黨交流所議之農、漁業、大陸居民來臺、就學、大陸就業等相關議題與措施。477

7.重視對臺工作中的民族情誼；以及強調兩岸同胞之手足之情，本項相關數據自2000年後分配平均。例如強調兩岸同胞對於「南京大屠殺」的歷史，絕不能忘；表示臺灣人民具有光榮的愛國主義，是發展兩岸關係的重要力量；醞釀兩岸是共同的家園應予維護。478

8.宣慰臺灣民眾之規劃，藉由捐贈醫療器材、提供必要資訊、進行專業交流、應急搶救措施等，表達善意與協助之意。例如2003年兩岸之非典型肺炎（SARS）之處理便出現30次，其作法是藉由醫療合作、邀請臺灣專家學者進行協商並辦理研討會等措施。另在2004年的禽流感疫情、2006年我旅客在吉林省發生重大車禍、華航班機澎湖空難事件、921大地震、颱風災害等，中國均表關注與協處意願。479日後每逢地震、颱風均在第一時間以發布會形式問候關切。

六、未來展望

當兩岸都為增進政治互信而積極努力並尋求、開闢嶄新道路的同時，除現有的兩岸之「兩會」協商模式外另將弘揚中華文化之具體實踐480，列為首要選項之合作機制以建構兩岸互動合作的新型典範，並從大力開展兩岸文化教育交流開始，再進一步密切兩岸各界交往，鼓勵更多的臺灣同胞尤其是基層民眾參與兩岸交流合作，在兩岸關係和平發展進程中實為不斷增進福祉的優先考量途徑。

就以中國在全球逾84個國家或地區所設置的孔子學院為例，加大推廣漢語教學，建立兩岸合作機制以臻「存異求同、共創雙贏」。因此就現有之中國國家漢辦章程內容中增列研製法案或修訂辦法有關優先在臺灣開放「漢語作為外語教學能力」、「漢語國際教育碩士專業學位考試」、「公派漢語教學顧問及漢語教師」、「國家漢語國際推廣基地」與「漢語國際推廣中小學基地建立」、「外國本土漢語教師培養獎學金提供」、「漢語國際推廣師資非英語語種外語」與「種子教師」培訓等，並賦予「標準」化481；藉以全面深入貫徹胡錦濤（胡6點）重要講話精神並擴大「全國文化體制改革工作會議」範圍與內涵、具體有效落實「2010年對臺工作會議」各工作要項、兼而厚植中國軟實力「磁吸效應」及擴展對外之影響與形象提昇，強化臺灣民眾對大陸當局的「好感與認同」482，建立兩岸關係發展的新契機，推進兩岸交往制度化與機制化進程，為國共兩黨和兩岸雙方政治互信奠基，按照先易後難、先經後政、循序漸進的步驟，共創兩岸關係全新的發展。

（會議論文，原文印發，文中用語和觀點係作者個人意見）

解析「臺灣意識」的政治光譜——兼論其對兩岸政治互信的影響

王炳忠483

一、前言

2008年12月31日，中共總書記、大陸國家主席胡錦濤在紀念《告臺灣同胞書》發表30週年座談會上發表重要講話，提出「臺灣同胞愛鄉愛土的臺灣意識不等於『臺獨』意識」的說法。484其後，中共政治局常委、大陸全國政協主席賈慶林在第五屆兩岸經貿文化論壇上，進一步將「臺灣意識」定位為「反映愛鄉愛土的炙熱情懷和自己當家作主的樸素願望的意識」。485由此，可知大陸當局已開始重視「臺灣意識」對兩岸關係的作用。

張亞中以為，兩岸談判要能朝「進」的方向前進，必定要建立在「共同願景」之上——它必須使兩岸人民在「相互接受」的條件下、共存共榮地發展彼此間的關係，並為彼此創造一個美好的生活。因此，中共單方面以「一國兩制」為統一的願景，或部分臺灣人民以追求「臺灣共和國」為願景，都只思及自己的願景，而非「共同」。張亞中並提出了建立「共同願景」的基本條件，即是創造一個彼此都能接受的認同對象與目標。486質言之，「共同願景」的基礎，就是兩岸的政治互信。

回顧過往，李登輝的「特殊國與國關係」，陳水扁的「一邊一國論」、「公投制憲」、「以臺灣名義加入聯合國」，皆直接打斷了兩岸談判的進程，凸顯了北京與臺北雙方政治互信的不足。馬英九執政迄今，兩岸談判雖快速開展，但馬英九的大陸政策已從「先經後政」轉移至「只經不政」，「一中各表」也漸滑向「淡化一中」。487以上種種，皆可視為「臺灣意識」對臺北大陸政策的作用，並從而對兩岸政治互信的建立產生影響。

評論「臺灣意識」對兩岸政治互信的影響之前，有必要先釐清「臺灣意識」的政治意涵。事實上，臺灣社會的「臺灣意識」經常在一條政治光譜上遊走，其政治成份時高時低，又可區分成不同的區塊與類型。本文將就此進行分析，並探討不同政治成份的「臺灣意識」對兩岸政治互信產生的正負作用。期盼透過這樣的研究，使各界能全面認識「臺灣意識」的本質，並為海峽兩岸提供一條可行的整合方向。

二、「臺灣意識」的幾大類型

十八世紀後，歐洲哲學家受科學思想的影響，發現大腦是思維的器官，而大腦之所以有思維的能力，與其內部的結構有關。他們逐漸指出：意識是人的主體對外在客體存在反映的作用結果。德國哲學家費爾巴克說：「僅靠個人的單獨活動不能產生意識，必須透過人與人的交往活動才能獲得觀念。」馬克思也說：「意識一開始就是社會的產物。」488

臺灣因特殊的歷史背景，歷經荷據、明鄭、清領、日據、民國政府多個統治時期，社會上逐漸形成本地特有的「臺灣意識」。日本殖民以前，臺灣因孤懸海外，特殊的風土民情孕育了有別於大陸其它地方的「臺灣意識」，但它仍是一種鄉土意識或地方意識，是中國範圍內的一部分，幾乎不帶現代國族意義的政治意涵。日本殖民臺灣，臺灣人對於「祖國」中國及「母國」日本開始產生政治及文化認同的矛盾。這種對祖國與母國認同的矛盾，並不存在於中國大陸的中國意識中，而只產生在殖民地臺灣的臺灣意識中。「臺灣意識」不再只是中國的一種地方意識。

鑒於意識是一種社會的產物，即便同樣身處臺灣的人們，也會因為各自不同的社會階級及歷史經驗，而產生不同政治意涵的臺灣意識。筆者綜合統派、獨派、左派、右派等各種政治立場的文獻，整理出以下幾種類別的臺灣意識：

（一）左派統一論者的「臺灣意識」

此派論者以王曉波為代表，從階級的觀點出發，反對將「臺灣意識」等同於主張與中國分離的「臺獨意識」或「分裂意識」。489其著重於「臺灣意識」中反帝國主義、反壓迫、反外來侵略的精神，依然認同自己是中國人，只是因過去被殖民的歷史經驗，特別要求自身「當家作主」的願望必須受到尊重。客觀而言，它們多半是帶有中國民族情懷、偏向支持國家統一的臺灣本省人（1949年中華民國中央政府遷臺前定居臺灣的住民及其後代），或者同樣帶有中國民族情懷、卻又對國民黨缺乏認同的外省人（1949年中華民國中央政府遷臺後定居臺灣的大陸各省移民及其後代）。

正如當年參與謝雪紅領導的二七部隊、在二二八事件中與國民黨軍進行作戰的臺灣人陳明忠所言，他反對日本，是因為其為外國人的政府，瞧不起包含臺灣人在內的中國人，使得臺灣人在日本統治下毫無尊嚴，是真正「臺灣人的悲情」；他反對國民黨，則是反對我們「自己」中國人的一個「不好的政府」，並不是反對所有大陸來的外省人。490這段話恰恰說明了此派人的觀點：沒有與「中國」對抗的問題，只有階級鬥爭的問題。

（二）右派獨立論者的「臺灣意識」

本以爭取民主自由、反對國民黨一黨專政為訴求的黨外運動及後來的民進黨，為能快速、有效地動員群眾，乃藉助此派的勢力，大大將此種臺灣意識散播開來。此派的特點，在於未必要堅持臺灣獨立，但卻始終維持在「臺灣獨立」的邊緣。對他們來說，要能成功地掌握群眾，「反中」、「去中國化」要比實際上的「臺灣獨立」更重要。事實上，此派「對內鬥爭」的傾向遠遠高於「對外」，包含國民黨、親民黨、新黨在內的「泛藍」才是他們攻擊的對象，「中國/中共」只是為鬥爭之便樹立的「外來敵人」。

2000年以前，民進黨很大程度上即藉助此種「意識」奪得執政權。民進黨取得執政權後，仍未放棄這派的論述，每每於選情告急時，便祭出這張「臺灣意識」的神主牌。2004年陳水扁尋求連任前夕，民進黨推出「公投制憲」的主張，並於二二八當天舉行「手牽手護臺灣」的造勢活動，刻意炒作本省、外省的族群對立升高至臺灣與中國的國族對立，便是此種「意識」的極致。

如今，民進黨既已失去執政權，面對即將到來的五都選舉，便更加擁抱此種「意識」以凝聚向心力、對抗國民黨。陳菊數度聲稱自己參選高雄市長是「一場捍衛臺灣意識之戰」，[491]蔡英文更提出「如今中國性與臺灣性、臺灣主體意識發生微妙關係，以前中國性是主體，臺灣性是客體，如今主客易位」、「中華民國是一個流亡政府」。[492]以上聲稱「臺灣意識」的政治語言，其實就是動員群眾、對抗國民黨的政治工具。

（三）左派獨立論者的「臺灣意識」

看在左派獨立論者史明的眼中，陳菊等民進黨高舉「臺灣意識」的人，卻是出賣臺灣人的叛徒。[493]962年，他以日文寫成的代表作《臺灣人四百年史》在日本出版。[494]這本書使用了左派的觀點，強調應該以臺灣人勞苦大眾的立場，來觀察臺灣社會各個階段的形成發展。他並運用社會主義及民族主義來建構他的臺灣民族論述，認為臺灣一直是個殖民地社會，荷蘭、西班牙、明鄭、清廷、日本、中華民國都是殖民政權，臺灣人在血緣上雖大多與中國有聯繫，卻是被中華民族主義殖民的大眾。因此，李登輝的「本土化」被他認為是包裝國民黨殖民統治的「假民主」；陳水扁奪得政權則是屈服於「中華民國殖民體制」下。[495]

不可否認地，以史明為首的這派人所擁有的「臺灣意識」，是真正的「臺獨意識」，比起右派獨立論者濃厚的政客性格，他們對於臺獨有著堅實的信仰。也許你我並不認同他們的論述，卻不得不尊敬他們對理念的堅持。

（四）「獨臺」論者的「臺灣意識」

「臺灣是個獨立的國家，她的名字叫中華民國」，這種「違反」中華民國憲法架構的陳述，便是目前臺灣社會的主流——「獨臺意識」。對於蔣經國時期「經濟奇蹟」後崛起的中產階級而言，他們希望社會安定，畏懼戰爭可能使他們過去的努力化為烏有，史明大聲疾呼的「武裝鬥爭」、「偶而重彈犧牲，但民族達成獨立的話，雖死猶榮吧」之類的論調，他們完全無法接受。[496]然而，由於長年與大陸隔閡，中華民族情感已淡，加上中共對臺時常採取強硬姿態，他們在心理上亦感覺到「與對岸是不同國的」。如此雙重感受的交疊，便是此種意識的主要來源。

筆者之所以稱其為「獨臺」，因為它既不等於「臺獨」（他們多不主張臺灣宣布法理獨立），卻也不明確主張「統一」。根據表1的調查報告顯示：1994～2009年間，臺灣民眾勇於表態支持獨立的比例有所上升，但始終在20%左右；主張維持現狀者亦升高，2010年已高達六成。值得注意的是：維持現狀某種程度也是一種「獨立」。

表1：臺灣民眾統獨立場趨勢圖（1994～2009）

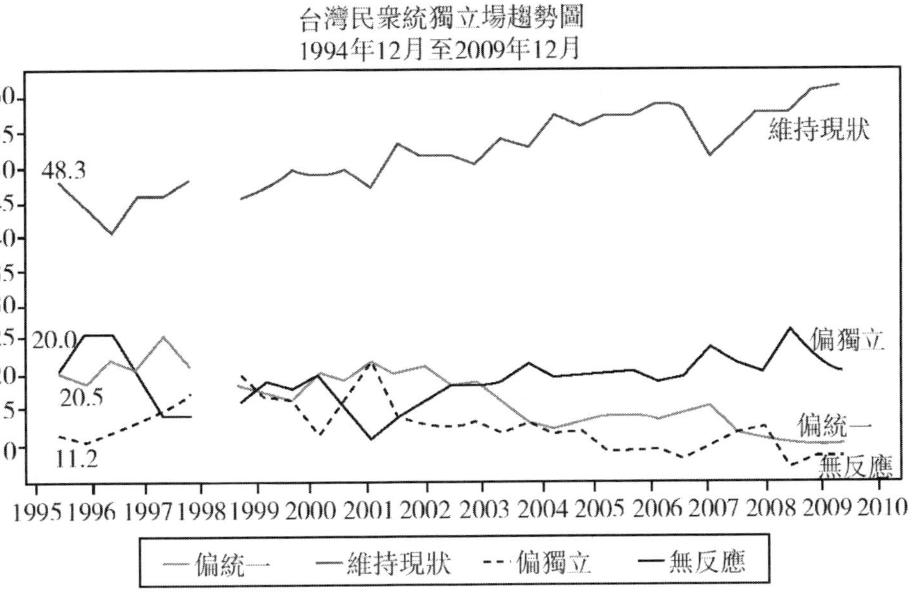

資料來源：政治大學選舉研究中心「重要政治態度趨勢分布」

虞義輝指出，1993～1994年正是國民黨黨內鬥爭白熱化的時期，李登輝即運用此種「臺灣意識」將林洋港、郝柏村、陳履安這些外省人打成「保守」的「非主流派」，從此「臺灣意識」中的政治成份高度升高。497民進黨從黨外時期到解嚴之後，其所高舉較帶有獨立色彩的「臺灣意識」，始終無法成為社會主流。但時為執政黨領袖的李登輝，卻利用官方資源提出了包含閩南人、客家人、外省人、原住民四大族群的「新臺灣人」概念，從而建構「中華民國在臺灣」的論述。這種筆者稱之為「獨臺」的「臺灣意識」，同時也拉抬了早先即以「臺灣意識」為基礎的民進黨，幫助民進黨在短短幾年間壯大，甚至在創黨未及十四年之際便取得執政權。

三、「臺灣意識」在臺北大陸政策中的作用

「臺灣意識」長期存在於臺灣社會，在近二十年內深深影響了臺灣政治。觀察兩岸談判的歷史，北京的對臺政策原則始終沒有太大改變，而臺北卻經常在大陸政策上搖擺不定。相對於北京一黨專政，臺北的大陸政策受到內部政黨政治的高度影響，「臺灣意識」即是其中的關鍵。李登輝、陳水扁、馬英九的大陸政策皆受「臺灣意識」的作用，而其作用的渠道，又可分作「由上而下」及「由下而上」兩種：

（一）由上而下的作用渠道：陳水扁、李登輝的大陸政策

所謂「由上而下」，即執政者的刻意操作，利用「臺灣意識」制定出對己權力有利的大陸政策。李登輝在2005年11月《臺灣不是中國的》新書發表會上，坦承當年提出「特殊國與國關係」的策略就是要阻止汪道涵前來臺灣。498「特殊國與國關係」形式上是希望賦予兩岸政治地位，但實際上就是要阻止兩岸的復談。邵宗海從權謀的角度思考，認為李登輝拋出這項主張，是在為2000年總統大選建立一個競選主軸，至少在他主導下，所有有意參選的候選人都必須被迫在這個問題上表態，而不論每個人的看法如何，只要不脫這個主軸範圍，李登輝就成為唯一也是最後的勝利者。499事實上，「特殊國與國關係」就是「獨臺論者的臺灣意識」的體現，在當時受到民意普遍的歡迎。500

陳水扁執政後，繼承了李登輝這套「由上而下」操弄「臺灣意識」的方式，將大陸政策作為對內鬥爭的工具。2002年，他拋出「一邊一國」論的動機，便充滿了對中國政治的權謀算計。當時，直轄市市長選舉接踵而至，經濟一片低迷，李登輝又帶頭組織了臺聯黨，提出2008年臺獨建國的時間表，大有與陳水扁爭「臺獨正統」之勢。陳水扁眼看虛有其名的中間政策不見得拉得住中間選民的票，於是選擇了穩固基本教義派的選戰策略。為了確保權力地位不墜，陳水扁在美中臺險惡的戰略三角關係中鋌而走險，兩岸談判進程為他一己之私而重挫，臺灣人民的安全與福祉為他一人之利而犧牲。

2003年民進黨十七週年的黨慶上，陳水扁又激情地拋出「在2006年前催生臺灣新憲」的主張，開啟了民進黨在2004年總統大選中的主旋律：「公投制憲」。張麟徵對此做出精闢的見解，認為此乃勝敗兼顧的選戰策略：鼓動「右派論者的臺灣意識」，可以成功地絆住泛藍，迫其對「一邊一國」、「公投」、「正名」、「臺灣新憲」等主張表態，使泛藍對陳水扁政績的批評被稀釋。假如陳水扁在2004年3月的總統選舉中仍舊敗給泛藍，他也能略去自己的施政成績不提，將敗選的理由定調成「因太過堅持民進黨的理念，不得中間選民的支持」。如此，他在泛綠的地位將得到穩固，民進黨難以對其深責，李登輝更難以超越。501

（二）由下而上的作用渠道：馬英九的大陸政策

相對於李登輝、陳水扁刻意操作「臺灣意識」，馬英九卻反被在野黨以「臺灣意識」牢牢制約。張亞中指出，馬英九的大陸政策，已從「先經後政」轉移到「只經不政」，「一中各表」也漸滑向「淡化一中」。502馬英九的轉變，正是向「臺灣意識」低頭。

面對在野黨利用「臺灣意識」攻擊其為「馬統」、「馬特首」，馬英九在大陸政策上顯得有所退縮。2008年5月15日，即就職總統前五天，馬英九在接受美聯社專訪時表示：兩岸統一，「我們這一生，不太可能發生。」503此外，從選前的電視辯論會到就職當天在臺北小巨蛋發表的就職演說，馬英九皆稱「兩岸同屬中華民族」，避免使用傳統國民黨所講的「中國人」一詞。比起1996年李登輝就職時大談「中國人必能完成和平統一的歷史大業」，504馬英九迴避「統一」及「中國人」的態度，顯然是向民進黨執政後熾盛的「臺灣意識」低頭。

馬英九就職後，任命獨派色彩濃厚的前臺聯黨立委賴幸媛為陸委會主委，主掌大陸事務，外界普遍相信是馬英九企圖拉攏李登輝的作法。馬英九每每在宣傳政府大陸政策時，必然強調「以臺灣為主，對人民有利」，更是討好大眾「臺灣意識」的說辭。面對即將到來的中華民國百年國慶，馬英九要求在歷史論述上體現「中華民國在地化的轉型史觀」，對於1949年以前的歷史，必須「兼顧大陸時期與日治時期臺灣之時代意義與貢獻」。政府將以「亞洲第一個民主共和國」作為開國一百週年慶典之主題，並以「臺灣經驗」為主要呈現對象。505這種「將中華民國與臺灣高度結合」的論述，正是今日多數人視為合理的「獨臺」意識。事實上，如果慶祝中華民國國慶卻淡化中華民國和大陸的連結，那不如改成紀念「遷臺六十年」更為名正言順。

香港評論家吳月評論馬英九的大陸政策，點出當中幾個根本的問題：沒能說明「臺灣」與「中華民族」、「臺灣意識」與「中華民族意識」的關係，沒能將「臺灣意識」與「臺灣主體意識」、「臺獨意識」做出明確區隔，沒能對兩岸政治關係做出明確的「兩岸同屬一箇中國」的論述。506以上種種，無一不是馬英九受在野黨操作的「臺灣意識」侷限的結果。

筆者以為，馬英九之所以會使自己的大陸政策反被「臺灣意識」所困，主要還是自身外省人身分的「原罪」感作祟。他誤信身邊一群自認瞭解本省人心理的本省人，以為「獨臺」的民意一定無法改變，不思以領袖之姿撥亂反正、重建屬於自己國民黨的價值觀。如此下去，馬英九將難免陷入左右失據、自失立場的境地。

四、「臺灣意識」對兩岸政治互信的影響

探討「臺灣意識」對兩岸政治互信的影響，有必要區分不同政治成份的「臺灣意識」產生的作用。虞義輝曾提出「臺灣意識」的政治光譜，最左邊是政治成份最低的「鄉土意識」，中間是政治成份次之

的「自主意識」，最右邊是政治成份最高的「獨立意識」。所謂的「政治成份」，其實也就是偏向「分離主義」或「民族主義」的程度。筆者結合此一光譜，將「鄉土意識」、「自主意識」、「獨立意識」視為三大區塊，在它們底下置入前文提及的四種「臺灣意識」，並與不同執政者的大陸政策做對應：

表2：「臺灣意識」的政治光譜與臺灣執政者的大陸政策

低	鄉土意識區塊	自主意識區塊	獨立意識區塊	高
【政治成份】	左派統一論者	台獨論者	右派獨立論者	左派獨立論者
	馬英九		李登輝	陳水扁

資料來源：筆者參照虞義輝《臺灣意識的多面相》一書自製

（一）「左派統一論者的臺灣意識」的作用

此派論者對中國仍有民族的認同，只是因臺灣有別於大陸的歷史經驗，要求得到特別的尊重。他們不否認自身是中國的一部分，甚至不堅持「中華民國」（此派對來自大陸的國民黨政權並無強烈認同），但要求高度自治。

此派與中共有共同的意識型態語言，諸如「反帝」、「反壓迫」等等，又由於他們對「中華民族」的認同超越「中華民國」，高度符合中共訴諸民族情懷的統一論述。質言之，其與北京有著高度的政治互信。

但此派經兩蔣政權的打壓、李登輝與民進黨的操弄，始終無法成為臺灣社會的主流，從而對臺北大陸政策的影響有限。其實馬英九在競選總統期間，為對抗民進黨的臺灣論述攻勢，曾藉重此派建構國民黨的臺灣論述，如將二二八事件定位為「官逼民反」而非「族群衝突」或「臺獨運動」。然此派畢竟與國民黨傳統意識型態相左，又因帶有左派色彩使臺灣朝野對之戒慎恐懼，故即便它對兩岸政治互信有正面的推「進」效果，卻很難引導臺北的大陸政策。

（二）「左派/右派獨立論者的臺灣意識」的作用

「左派獨立論者的臺灣意識」與「右派獨立論者的臺灣意識」在政治光譜上都是屬於「獨立意識區塊」，其政治成份（或稱分離意識）最高。其中，「左派獨立論者的臺灣意識」更強調建構一套「臺灣民族主義」，它與「中國民族主義」已經是包括國家與民族層級的對立；「右派獨立論者的臺灣意識」主要是藉反「中」來達成對內鬥爭的目標，故在光譜上仍較前者的政治成份略低。但「右派獨立論者的臺灣意識」大量吸取「左派獨立論者的臺灣意識」對「臺灣民族」的論述，以成功地遂行其對群眾「法西斯」式的煽動，卻是我們不可不察的。

兩岸分隔分治多年，彼此缺乏的正是政治互信與共同認同。本來在「獨立意識」尚未盛行之時，兩岸認同的主要差異是制度之爭，所謂「中華民國vs.中華人民共和國」的國號爭議，其實仍是「一個中國」底下對制度選擇的不同，終極目標都是「國家統一」。李登輝執政期間，雖不敢完全走到「獨立意識區塊」，但其「中華民國在臺灣」的「獨臺論述」，也助長了「獨立意識」的氣燄。李登輝下臺後籌組臺聯黨，執政十二年來「做不到」的臺獨成為他的主張，此時他已完全走入了「獨立意識區塊」。繼任的陳水扁為與李登輝爭「臺獨正統」，更是致力於鼓吹「右派獨立論者的臺灣意識」。其結果，「國家統一」成了民粹政治下的「票房毒藥」，國民黨為贏得選舉，既無能改變臺灣民意，只有避之唯恐不及。

「獨立意識」透過民進黨動用執政資源強勢宣傳的結果，最大的後遺症就是使得臺灣民眾在「國家認同」及「民族認同」上與大陸對立。對大陸民眾而言，或對共產黨有不滿之聲，但幾乎不會否定自己的國家是「中國」、自己是「中國人」的身分；反觀臺灣民眾，在

「獨立意識」長期籠罩之下，認同「中國人」的人數愈來愈少。根據行政院研究發展考核委員會在2009年5月發布的民調顯示，「自認是臺灣人」者佔64.6%，「自認是臺灣人、也是中國人」者佔18.1%，「自認是中國人」者僅佔11.5%。507當「臺灣」逐漸被當成是一個「國家」或「民族」，兩岸便很難建立政治互信，甚至增強了中共使用「非和平方式」完成中國統一的念頭。

當然，由於臺灣「獨立意識」日盛，促使了中共在「結合反獨勢力」的考量下與國民黨合作。假如2004年總統大選由連戰、宋楚瑜勝出，大概也就不會有之後2005年連戰訪問大陸的「和平之旅」及宋楚瑜的「搭橋之旅」。「獨立意識」亦使中共在「一箇中國」的政治意涵上做出了些許讓步，「一中新三段論」的提出便是明證，以此爭取臺灣內部「反獨但不親共」者的民心。508從此點觀之，「獨立意識」對兩岸政治互信也產生了正面的作用。

然而，無論中共再怎麼退讓，「一箇中國」的原則是其無可挑戰的底線，就邵宗海的觀察，其具體意涵就是「領土與主權的完整」，509而此正為「獨立意識」所直接挑戰。長遠而言，「獨立意識」既與中共界定的「核心利益」如此南轅北轍，在兩岸間缺乏一個「唯一合法的暴力壟斷者」主持大局的情形下，「獨立意識」仍將引領兩岸走向談判破裂的方向。

（三）「獨臺論者的臺灣意識」的作用

其實，「獨立意識」到一定程度便很難攀升。張麟徵指出，在李登輝執政之前，臺灣人民多數是支持統一的，直至解嚴後大鳴大放，大小選舉炒熱了統獨、省籍、族群等議題，才使得獨派支持率大幅上升。但是，到陳水扁2004年僥倖連任總統後，獨派的支持度也就達到了頂峰。因為臺灣人民是十分務實的，要他們真的為臺獨拋頭顱、灑熱血，顯然是做不到。說到底，臺灣人不像東南亞某些國家的人民那麼激情，動輒聚眾示威，傳統儒家溫良敦厚的性情仍是多數臺灣人的性格。再者，臺灣文化與大陸系出同源，生活習慣相近，又沒有種族、宗教的差異，即便「左派獨立論者的臺灣意識」長期進行「臺灣民族」的論述，但多數臺灣人仍不認為大陸是「外族」。[510]尤其在大陸改革開放後，經濟體制也向臺灣的資本主義靠攏，制度的差異僅在於「民主化」的程度高低。

然臺灣人雖不視大陸為「外族」，認同自身為「中國人」的比例卻也不高，這便是受了「獨臺意識」的影響而成。受到此派的衝擊，民進黨在國家定位的論述上亦一度朝中間靠攏。2000年總統大選時陳水扁提出的《跨世紀中國政策白皮書》，便主張「臺灣是一個主權獨立的國家，依目前憲法稱為中華民國」。[511]007年，學者陳明通草擬的「中華民國第二共和憲法草案」出爐，將中華民國與臺灣在憲法層次上作有力連結，認為在1996年臺灣人民直選總統之後，「中華民國第二共和」已在臺灣締建，有別於包含大陸及外蒙古在內的「中華民國第一共和」；[512]呂秀蓮則組織「九六共識推動聯盟」，以為經歷「中華民國到臺灣」及「中華民國在臺灣」之後，1996的總統直選已完成「中華民國是臺灣」。[513]以上種種，皆是民進黨不敢宣布「法理獨立」，而以中華民國「借殼上市」的臺獨變形。

不可否認地，「中華民國在臺灣」抑或「中華民國是臺灣」的「獨臺意識」，確實受到了多數臺灣人的支持，成為當今臺灣社會的主流。對他們來說，既然「中華民國等於臺灣」，「中國」便和「中共」畫上等號，「中國人」就是「中華人民共和國」國民。一定程度上，他們的「獨臺意識」受到中共文攻武嚇的推波助瀾。過去中共堅持舊版「一中三段論」，認定中國就是中華人民共和國，在國際社會上打壓中華民國，激發了臺灣人民對自身「尊嚴」的捍衛。雖然不須要立即宣布獨立，但「統一」也不見得就是唯一選項，臺灣人民多半視「臺灣前途由臺灣人民自己決定」為理所當然。既然立即「統一」

或「獨立」都不實際，不如就暫且選擇「維持現狀」吧。

「獨臺意識」作為當今臺灣社會的主流，深深影響著馬英九的大陸政策。究其內涵，「獨臺意識」的可塑性是十分高的。它既可能傾向於期待大陸逐漸變化，而使統一水到渠成；亦可能傾向於永遠維持現狀，與對岸「中國」和平相處。2009年正值兩岸分治一甲子，臺灣《遠見雜誌》一份《兩岸民眾互看價值觀關鍵調查》發現：臺灣人看大陸是生意夥伴，大陸人看臺灣則是家人親戚。這就有如中美兩國可以是「戰略夥伴關係」，但彼此絕對具有「你我之分」、互認「不是一家人」。如此看來，臺灣社會的「獨臺意識」正引領臺灣人傾向永遠維持現狀。

準此，則「獨臺意識」必然對兩岸的政治互信同時具有正反兩種的作用。正面來說，「獨臺意識」將促使中共更加顧全臺北在意的「對等與尊嚴」，甚至重新評估對「中華民國」的態度；反面來說，「獨臺意識」可能使得臺灣只思及自己的願景，而不願創造兩岸共同的願景，對兩岸走入高階政治的談判產生阻礙。尤其值得注意的是：「獨臺意識」容易使得臺灣與大陸進行「意氣之爭」，為掩飾因權力不對稱而生的自卑感，反而展現出一種輕視大陸的自傲，而對大陸的現況產生不正確的認識。

伍、結論

無疑地，「臺灣意識」中追求「自主」、「獨立」的意涵，「某種程度」上能促使中共在原先堅守的政策上做出退讓。不過，這種退讓也只限於「某種程度」，中共長期對「領土與主權的完整」的堅持是不容挑戰、無可退讓的。因此，「臺灣意識」的政治成份愈高，其對兩岸關係的正面作用便愈加侷限於低階政治的議題。質言之，當

「臺灣意識」趨向於「獨立意識」的區塊挪移，對「兩岸政治互信」此種高階政治的議題便愈不利。

該如何降低「臺灣意識」的政治成份、推進兩岸政治互信的建立呢？臺北與北京雙方顯然都有責任。如表3所示，「臺灣意識」對臺北/北京的大陸/對臺政策發生作用，並進一步牽動兩岸的政治互信：

表3：「臺灣意識」對「兩岸談判進程」的作用途徑

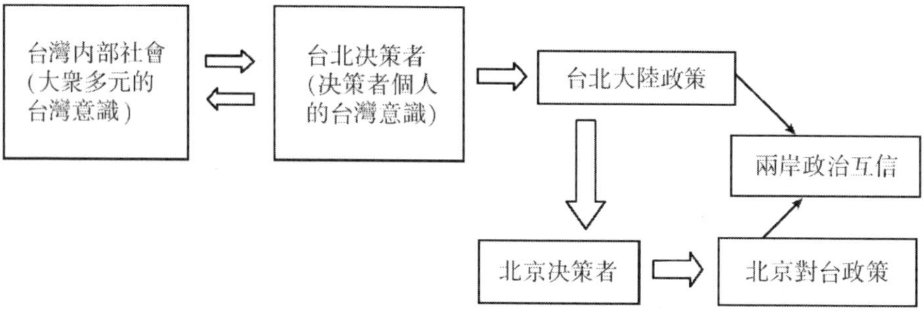

資料來源：筆者自製

從臺灣方面觀之，深層的問題在於朝野對「臺獨」的曖昧態度。許多人或許以為，主張「中華民國在臺澎金馬獨立，和中國大陸是兩個不同的國家」，並不能算是「臺獨」，只是「維持現狀」而已。但「分裂」與「分治」概念不同，無論從《中華民國憲法》或《中華人民共和國憲法》來看，中國的主權與領土都從未「分裂」，僅是因「分治」造成「國家尚未統一」而已。有學者以「主權在民」觀點出發，認為《中華民國憲法增修條文》已將中華民國主權侷限於臺灣人民，因此臺灣人民可跳脫原先憲法「一中」的架構，自決與「中華人民共和國」發展怎樣的關係，「統一」不能是唯一選項。筆者無意在此進行憲政辯論，只想提出一個擺在眼前的現實：「臺獨」也好，「獨臺也罷」，任何改變「一中」架構的嘗試就是破壞「領土與主權的完整」，就是中共界定「對臺動武」的時機。臺灣朝野既不敢真正落實「法理獨立」，卻又礙於民粹政治屈從於「中華民國等於臺灣」此等似是而非、自欺欺人的論調。長久以往，傾向「獨立」的論述似乎成了「政治正確」，而主張「統一」的就是「叛國」。這種不健康的思想氣氛，嚴重壓抑了臺灣人民理性研究「統一條件」的機會。

從大陸方面觀之，深層的問題則在於中共始終不願意「正視」中華民國存在的事實。早期中共視在臺灣的中華民國為「死亡政權」，認為1949年中華人民共和國既已成立，中華民國便已遭推翻而滅亡；1979年發表「告臺灣同胞書」之後，則趨向將臺灣視為「地方政府」，強調中央政府在北京，但允許臺灣在國家統一後設為特區。中共在取得聯合國中國代表權後，為穩固自身「中國正統」的地位，對「中華民國」的打壓可謂無所不用其極，而中華民國政府為參與國際社會，只得改用「中華臺北」、「臺灣」、「臺澎金馬」等名稱。1994年，臺北陸委會發表《臺海兩岸關係說明書》，宣稱「中華民國政府不再在國際上與中共競爭『中國代表權』」，臺北不再在意自己是否為「中國」，反而更樂於被世界認作是「臺灣」，以凸顯自身獨立於中共/中國之外。514中共對中華民國的打壓，給予了主張「臺灣正名」者看似合理的藉口：「既然『中華民國』走不出去，乾脆以『臺灣』取而代之。」舊版「一中三段論」將一箇中國與「中華人民共和國」劃上等號的說法，更造成了極大的後遺症：如果認同中國等於認同中共，那麼絕大多數的臺灣人都無法接受，「一箇中國」便很容易成為毒蛇猛獸。上海東亞研究所所長章念馳日前發表《中國必將走向最終統一——評曹興誠的〈兩岸和平共處法〉》一文，呼籲中共應正視「中華民國」、創造條件解決「中華民國」的難題，便是一個十分正確的態度。515須知：「中國」在臺北的代表就是「中華民國」，打壓中華民國，也等於為「臺獨」勢力製造氣燄。

可想而知，當兩岸涉及高階政治的談判，相互政治定位的問題就非解決不可，而這也正是「兩岸政治互信」的前提。當前中共的立場傾向將兩岸關係定位為「1940年代中中國戰的延續」，但仍未明確承認臺北的中華民國政權是一個「政治實體」。根據國際法的規定，或可將臺北/北京視為是「交戰團體」。然而，以目前盛行的「臺灣意識」政治成份之高，「內戰」模式或又會被炒作成一種「矮化」。其實談判本就是雙方各退一步的過程，對於中共來說，「內戰」模式又何嘗不是一種「退讓」？馬英九在總統就職演說中說：「以世界之大、中華民族智慧之高，臺灣與大陸一定可以找到和平共榮之道。」作為一個領導人，固然要尊重民意，但更須有恢宏的氣度及政治家的膽識，方能超脫民粹政治而建立歷史的功業。

臺灣的「臺灣意識」與對岸盛行的「愛國主義」，其實都蘊含了危險的法西斯成份。臺灣不少人總愛刻意在大陸人面前強調自由與民主，動輒將大陸的政治禁忌話題掛在嘴邊（有些在大陸根本也稱不上「禁忌」），以此來滿足內心的「尊嚴」，其實不過顯露了低俗的自大與無知。大陸亦有對歷史瞭解不清、心胸狹窄的「憤青」，每每在臺灣選手於國際賽事中持中華民國國旗領獎時，粗暴地將選手身上的國旗扯下，將所有關於中華民國的符號視為「臺獨分裂勢力」，嚴重地破壞兩岸人民的感情。海峽兩岸本屬一個民族，因為上世紀國共兩黨的對立而變得相互仇視，至今跳脫不出民粹法西斯的糾葛，實為中國人千百年來最大的悲劇。

張麟徵曾語重心長地指出：「處理兩岸關係，應該多一點感性，少一點理性。多一點經濟，少一點政治。多一點人文，少一點功利。多一點謙卑，少一點自傲。」[516]此「四十字箴言」，正是所有關心兩岸關係的人們該共同深思的。「臺灣意識」對兩岸政治互信而言，正是「水能載舟，亦能覆舟」。北京的執政者不妨想想：「寄希望於臺灣人民，更寄希望於大陸當局。」正如張麟徵所建議：大陸政府若能與人民齊心協力的努力，把大陸建設好，使大陸對於臺灣、乃至於全世界都散發一種「致命的吸引力」，則統一終究是「水到渠成」，又何須害怕務實的臺灣人不靠過去呢？517

（會議論文，原文印發，文中用語和觀點係作者個人意見）

跋

厦門大學臺灣研究院（臺灣研究所）成立30年來，先後在10週年慶典、20週年慶典、25週年慶典和30週年慶典之前出版《臺灣研究十年》、《臺灣研究論文集》、《臺灣研究25年精粹》和《臺灣研究新跨越》系列文集，在臺灣研究界產生了較好的反響。本書的出版，一方面是為了繼續厦門大學臺灣研究院的團隊精神，將研討會上較具學術創見的研究成果彙總起來，進行集中展示，以進一步瞭解當前臺灣研究的最新成果和思想前沿；另一方面則是希望藉此激勵全院師生在臺灣研究新的學術征程中確立新坐標，找到跨越研究難題新的著力點和方向。

多學科交叉融合是厦門大學臺灣研究院相對來說比較明顯的優勢。2006年12月24日，中共中央政治局常委、全國政協主席賈慶林一行前來觀察，在向他做簡報時，我談到了自己在研究中的一點感想：「對於我們這些研究臺灣問題的學者來說，如果不知道臺灣的歷史，我們的研究是不會有深度的；如果不知道臺灣的文學，我們的研究是缺少人文關懷的；如果不知道臺灣的經濟，我們的研究是不能說有深度的；如果不知道臺灣的政治，我們的研究是很難有高度的。」這段話是個人在對臺交流交往和研究工作中比較強烈的感受，對於任何研究者來說，要跨越這麼多學科去認識臺灣問題實屬不易。

1895年清政府被迫割讓臺灣，進一步激發了中國人變法圖強的堅定意志。100多年來，兩岸中國人為此不懈努力，經歷了無數的挫折，也走了許多彎路。回顧過去的歷史，我們可以總結出許多經驗和教訓，其中知識的偏頗和缺乏系統性的思維可能是值得檢討的眾多問題之一。作為政治精英個體，兩岸的許多前輩先賢，他們各自都有對國家和民族問題極其深刻的洞察和體會，他們提出的主張也都有一定的合理性。但是，在如何吸納其他人的觀點，在如何採納其他政黨的合理主張方面，我們太需要能夠調和鼎鼐、博採眾長的精英。學會欣賞對方的優點，真正做到有容乃大，其實並非易事，除了要有高尚的道德精神外，更需要有全面的知識和能力。這一點對於從事臺灣研究的專家學者來說同樣是適用的，當我們的國家擁有一大批知識淵博且胸懷寬廣的兩岸關係研究精英群體時，我們就有可能實現100多年來的夢想。

廈門大學臺灣研究院有30位研究人員，分別隸屬5個研究所和政治、經濟、歷史、文學、法律、教育6個不同學科。雖然平時有不少機會一起工作和生活，但跨學科知識整合和合作研究的機會仍然很有限。兩岸簽署ECFA後，民間關係發展更加迅速，涉及兩岸人民生活的研究領域已擴展到法律、教育、宗教、社會等學科，進行跨越學科學研究究已不僅是尋找學術增長點的問題，更是臺灣研究工作者無可迴避的挑戰。期待這一套會議論文集的出版，將進一步促動全體師生研究觀念的變革和研究視野的跨越，或許不久的將來，多學科的知識整合將給我們的研究帶來新的收穫和喜悅。

感謝所有關心廈門大學臺灣研究院的朋友們，同時也感謝全院教職工多年不懈的努力和奉獻！

廈門大學臺灣研究院院長　劉國深

[1]作者簡介：嚴安林，上海國際問題研究院臺港澳研究所所長、研究員。

[2]張榮恭：「構築兩岸雙贏新局：國民黨政府大陸政策的理念與實踐」，蔡朝明主編：《馬總統執政後的兩岸新局：論兩岸關係新路向》，第46-47頁，兩岸交流遠景基金會，2009年5月。

[3]臺灣《自由時報》，2008年11月20日。

[4]馬英九接受墨西哥太陽報系集團董事長巴斯克斯專訪，臺灣「中央社」，2008年9月3日臺北電。

[5]高長、王正旭：「兩岸關係的回顧、新情勢與前瞻」，臺灣《遠景基金會季刊》，第9卷第3期，第186頁，2008年7月。

[6]張榮恭：「構築兩岸雙贏新局：國民黨政府大陸政策的理念與實踐」，蔡朝明主編：《馬總統執政後的兩岸新局：論兩岸關係新路向》，第49頁，兩岸交流遠景基金會，2009年5月。

[7]張樹棣語，臺灣《中國時報》，2008年10月24日。

[8]蔡宏明：「兩岸關係的新情勢與新政府的新作為」，臺灣《遠景基金會季刊》，第9卷第3期，第199頁，2008年7月。

[9]香港《中國評論》，2008年9月號，第77頁。

[10]「兩岸愈走愈近是歷史趨勢——訪中國國民黨榮譽主席連戰」，香港《中國評論》，2008年9月號，第56頁。

[11]高孔廉：「未來四年是兩岸發展的關鍵期」，《臺商》月刊雜誌，2008年第9期，第23頁。

[12]「正確把握兩岸關係健康發展的基本原則——訪臺灣綜合研究院董事長黃輝珍」，香港《中國評論》，2009年9月號，第34頁。

[13]高長、王正旭：「兩岸關係的回顧、新情勢與前瞻」，臺灣《遠景基金會季刊》，第9卷第3期，第168頁，2008年7月。

[14]林碧炤：「共創兩岸和平共榮新路向的戰略思維」，蔡朝明主編：《馬總統執政後的兩岸新局：論兩岸關係新路向》，第25頁，兩岸交流遠景基金會，2009年5月。

[15]高長、王正旭：「兩岸關係的回顧、新情勢與前瞻」，臺灣《遠景基金會季刊》，第9卷第3期，第185頁，2008年7月。

[16]邵宗海：「馬英九大陸政策的『期中考』」，新加坡《聯合早報》，2010年5月22日。

[17]高長、王正旭：「兩岸關係的回顧、新情勢與前瞻」，臺灣《遠景基金會季刊》，第9卷第3

[18]高長、王正旭：「兩岸關係的回顧、新情勢與前瞻」，臺灣《遠景基金會季刊》，第9卷第3期，第187頁，2008年7月。

[19]「正確把握兩岸關係健康發展的基本原則——訪臺灣綜合研究院董事長黃輝珍」，香港《中國評論》，2009年9月號，第37頁。

[20]「正確把握兩岸關係健康發展的基本原則——訪臺灣綜合研究院董事長黃輝珍」，香港《中國評論》，2009年9月號，第34-35頁。

[21]「思想者論壇——認同與兩岸關係」，香港《中國評論》，2009年9月號，第63頁。

[22]「思想者論壇——認同與兩岸關係」，香港《中國評論》，2009年9月號，第57頁。

[23]「中央社」2009年10月10日臺北電。

[24]社論：「兩岸要增強共識基礎」，福建社會科學院《現代臺灣研究》，2009年第5期。

[25]高長、王正旭：「兩岸關係的回顧、新情勢與前瞻」，臺灣《遠景基金會季刊》，第9卷第3期，第190頁，2008年7月。

[26]盧卡爾：「目宇衡二十年內兩岸關係之大局」，香港《中國評論》，2009年9月號，第12頁。

[27]臺灣《聯合報》，2008年11月3日。

[28]臺灣《聯合報》，2008年11月10日。

[29]高長、王正旭：「兩岸關係的回顧、新情勢與前瞻」，臺灣《遠景基金會季刊》，第9卷第3期，第183頁，2008年7月。

[30]「思想者論壇——認同與兩岸關係」，香港《中國評論》，2009年9月號，第56頁。

[31]作者簡介：陳孔立，廈門大學臺灣研究院教授。

[32]顏建發：「建立兩岸軍事互信困難重重」，《玉山週報》第30期，2009年12月。

[33]李家泉：《兩岸政治互信是建立軍事互信基礎》，v.ifeng.com/news/taiwan/200809/281a56cf-1

[34]張文生：《兩岸政治互信的概念分析》，www.chbcnews.com/news/zjzl/2009-11/06/con

[35]楊念祖：《當前推動兩岸軍事互信研究》，蔡朝明主編：《論兩岸關係新路向》，遠景基金會，2009年，第176頁。

[36]劉國深：《加強兩岸政治互信ABC》，《中國評論》2009年12月號。

[37][澳]克雷格·斯奈特：《當代安全與戰略》，吉林人民出版社，2001年，142頁。

[38]Bonnie Glaser， Brad Glosserman：Promoting Confidence Buildingacross the Taiwan Strait，csis.org/event/military-confidence-building-measures-taiwan-strait

[39]趙春山：「祈福？藏獨：達賴激化危機或轉機」，《聯合報》2009年9月4日。

[40]陳孔立：「兩岸建立互信此其時也」，新加坡《聯合早報》2009年10月29日。

[41]作者簡介：劉國深，臺灣研究院院長，教授，博士生導師。國家「985工程」臺灣研究創新基地成員。

[42]參見中臺辦、國臺辦編：《中國臺灣問題》，九洲圖書出版社1998年版，第159-160頁。

[43]http：//www.chinareviewnews.com 2009-11-1500：23：34

[44]陳兵：《圓融精神在宗教對話中的意義》來源：四川大學道教與宗教文化研究所。

[45]參見楊澤偉：《主權論——國際法上的主權問題及其發展趨勢研究》，北京大學出版社2006年版，第9頁。

[46]章念馳：《創條件解「中華民國」難題》，http：//www.chinareviewnews.com 2010-05-1600：25：21。

[47]作者簡介：董玉洪，福建省臺灣研究會研究員。

[48]《人民日報》2008年5月29日。

[49]《人民日報》2009年1月1日。

[50]《人民日報》2009年5月27日。

[51]《人民日報》2009年1月1日。

[52]中評社臺北2009年7月20日電。

[53]臺海網2009年12月18日。

[54]作者簡介：陳星，北京聯合大學臺灣研究院副教授。

[55]喻紅陽、袁付禮、李海嬰：「合作關係中初始信任的建立研究」，《武漢理工大學學報（訊息與管理工程版）》，2005年4期，306-309頁。

[56][波蘭]彼得·什托姆普卡著，程勝利譯：《信任——一種社會學理論》，中華書局，2005年，23～33頁。轉引自李淑雲：《信任機制：構建東北亞區域安全的保障》，《世界政治與經濟》，2007年2期。

[57]Andrew H.Kydd， Trustand MistrustinInternationalRelations，Princeton：PrincetonUni-versityPress，2005，p6.

[58]如果這樣，合作就不可能進行下去。

[59]這種不確定性與傳統家庭結構遭到解構，以及傳統價值系統受到了相當大的衝擊有關，也與現代社會價值系統的多元化有關。

[60]B.Misztal， TrustinModernSocieties， Cambridge：PolityPress，1996，p.9.

[61]劉軍、蔡春：「風險社會、不確定性與信任機制研究」，《商業時代》，2007年10期。

[62]王濤、顧新：「基於社會資本的知識鏈成員間相互信任產生機制的博弈分析」，《科學學與科學技術管理》，2010年1期。

[63]最為典型者是對信任建立措施（ConfidenceBuilding Measures，簡稱CBMs）的研究。有學者概括出了CBMs的基本內容和特徵：建立信任措施重視的是治理信任，強調軍事領域的限制性措施和檢證性措

施，信任的來源主要體現在個體對合作機制的信任上，其手段同具體衝突的預防解決密切相關，重視的是信任的結果，是有針對性的合作方式。見牛仲君：《衝突預防》，世界知識出版社，2007年，71頁。

[64]牛仲君上引書，68頁。

[65]範海泉：「開啟兩岸互信對話的時代」，《南京理工大學學報（社會科學版）》，21卷3期，2008年6月。

[66]有學者在描述團隊的信任機制時，提出了信任的三個階段：基於威懾的（deterrent-based）信任、基於知識的（knowledge-based）信任、基於認同的（identification-based）信任。基於威懾的信任是成員的權威和團隊制度保證下的信任，它透過懲罰的威脅來維持；基於知識的信任建立在對成員能力、態度、信任傾向等認知的基礎上，它透過預測對方行為的能力來維持；基於認同的信任是由於認識到其他成員在價值觀和個性特徵上的相似性而建立的，它透過完全認同對方的願望和需求來維持。見王重鳴、鄧靖松：「虛擬團隊中的信任機制」，《心理科學》，2004年5期。不過在兩岸政治互信的語境中，這三個階段的信任更像是三種類型的信任，而且兩岸政治互信主要是基於知識的信任，中間摻雜了基於威懾和基於認同信任的成份。

[67]江若塵：《大企業利益相關者問題研究》，上海財經大學出版社，2004年，101頁。

[68]劉慶：「『戰略互信』概念辨析」，《國際論壇》，2008年1期。在這篇文章中作者主要討論的是戰略互信的問題，其概念內涵與政治互信有許多重合的地方。

[69]本文所指的「承諾」與法律上的「承諾」概念是有區別的。法律上的承諾是指「受要約人同意要約的意思表示」。見姚歡慶：《民法概論》，中國人民大學出版社，2003年，153頁。

[70]政治學理論中一般是在政治系統內部運行的語境下使用「政治溝通」概念。見劉振洪等主編：《政治學導論（下）》，內蒙古人民出版社，1988年，273-277頁。

[71]孔德元：《政治社會學導論》，人民出版社，2001年，106頁。

[72]王浣塵主編：《訊息技術與電子政務（通用版）——訊息時代的電子政府》，清華大學出版社，2004年，187頁。危機管理從本質上來說是對形勢變化的消極回應和被動應對。所以有的學者在討論兩岸關係和平發展的問題時提出了「機遇管理」的概念，這一概念顯然是對形勢的積極和主動的回應。見周志懷：「兩岸關係和平發展的歷史機遇與機遇管理」，《北京聯合大學學報（人文社會科學版）》，第8卷第1期，2010年2月。但是這並不影響危機管理概念在兩岸政治互信理論中的分析功能。其實，離開了危機管理，兩岸政治互信的存在是很困難的。

[73]陳孔立：「兩岸建立互信此其時也」，《統一論壇》，2009年6期。

[74]作者簡介：張文生，廈門大學臺灣研究中心、廈門大學臺灣研究院副教授。

[75]「胡錦濤會見出席上海世博會開幕式的臺灣各界人士」，《人民日報》2010年4月30日第1版。

[76]胡錦濤：「攜手推動兩岸關係和平發展　同心實現中華民族偉大復興——在紀念《告臺灣同胞書》發表30週年座談會上的講話」，《人民日報》2009年1月1日第2版。

[77]曼紐爾·卡斯特著，夏鑄九、黃麗玲等譯：《認同的力量》，社會科學文獻出版社，2003年版，第2頁。

[78]《中國大百科全書·政治學》卷，中國大百科全書出版社1992年版，第501頁。

[79]江宜樺：《自由主義、民族主義與國家認同》，臺灣揚智文化事業股份有限公司1998年版，第90頁。

[80]「『對簽定經濟合作協議看法、民眾終極統獨觀、馬總統滿意度』民調」，臺灣《遠見》雜誌2010年4月號，
http：//www.gvm.com.tw/gvsrc/201003__GVSRC__others.pdf

[81]臺灣TVBS民調中心「馬英九總統就職兩週年民調」，
http：//www.tvbs.com.tw/FILE__DB/DL__DB/yijung/201005/yijung-20100520185157.pdf

[82]「『對簽定經濟合作協議看法、民眾終極統獨觀、馬總統滿意度』民調」，臺灣《遠見》雜誌2010年4月號，
http：//www.gvm.com.tw/gvsrc/201003__GVSRC__others.pdf

[83]臺灣TVBS民調中心「第四次江陳會陳雲林來臺前民調」，
http：//www.tvbs.com.tw/FILE__DB/DL__DB/doshouldo/200912/doshouldo-20091218191946.pdf

[84]日本東京大學若林正丈教授對「中華民國臺灣化」的定義是：「以『正統中國國家』為前提建構的戰後臺灣國家的政治結構（國家體制、政治體制、國民統合意識形態）轉變成為附合1949年後只統治臺灣的政治現實的結構的過程。」轉引自2010年3月24日若林正丈教授在廈門大學臺灣研究院演講稿。

[85]李登輝、中嶋嶺雄著，駱文森、楊明珠譯：《亞洲的智略》，臺北遠流出版事業股份有限公司，2000年版，第41、42頁。

[86]財團法人臺灣智庫、中華亞太菁英交流協會主辦：「審議式民主：中華民國第二共和憲法草案研討會」會議手冊，第7頁。

[87]「『對簽定經濟合作協議看法、民眾終極統獨觀、馬總統滿意度』民調」，臺灣《遠見》雜誌2010年4月號，http：//www.gvm.com.tw/gvsrc/201003__GVSRC__others.pdf

[88]臺灣《聯合晚報》2007年1月31日。

[89]「邵宗海：『國安會』換將　影響兩岸關係執行面」，中評社臺北2010年2月12日電，ht-tp：//cn.chinareviewnews.com/crn-webapp/search/allDetail.jsp？id=101228905＆sw=%E8%B5%B5%E5%BB%BA%E6%B0%91

[90]曼紐爾·卡斯特著，夏鑄九、黃麗玲等譯：《認同的力量》，社會科學文獻出版社，2003年版，第4頁。

[91]林偉健：「國家凝聚力：從文化認同到政治認同」，《廣東省社會主義學院學報》，2009年第3期。

[92]洪奇昌：「談兩岸文化交流下的臺灣認同」，《中時旺報》2010年4月8日。

[93]方旭光：「政治認同——政治實踐的範疇」，《蘭州學刊》2006年第9期。（會議論文，原文印發，文中用語和觀點係作者個人意見）

[94]作者簡介：唐樺，廈門大學臺灣研究院政治所助理教授。

[95]關鍵一點在於，一種具體表現形式只有當參與人相信它時才能成為制度。

[96][日]青木昌彥：《比較制度分析》，周黎安譯，上海：上海遠東出版社，2001年，第13頁。

[97][日]青木昌彥：《比較制度分析》，周黎安譯，上海：上海遠東出版社，2001年，第28頁。

[98]青木昌彥的制度觀只是強調制度的內生性特徵，但並不否認制度的可設計性以及第三方監督，這在青木昌彥近幾年的觀點中表現得十分明顯。

[99]何俊志、任軍鋒、朱德米：《新制度主義政治學譯文精選》，天津：天津人民出版社，2007年，第13頁。

[100]內戰一方的「國民政府」堅持「動員戡亂」，力圖消滅另一方的中國共產黨；同樣，內戰一方的中國共產黨堅持「打倒反動派，解放全中國」，力圖消滅另一方的「國民政府」。

[101]郭震遠：「中國內戰及其延續中的兩岸政治關係——關於兩岸政治協商起點的探討」，《中國評論》，2010年第5期.

[102]國務院臺灣事務辦公室：《中國臺灣問題外事人員讀本》，北京：九州出版社，2006年，第39頁。

[103]《告臺灣同胞書》，《人民日報》，1958年10月6日；《再告臺灣同胞書》，《人民日報》，1958年10月26日。

[104]郭震遠：「中國內戰及其延續中的兩岸政治關係——關於兩岸政治協商起點的探討」，《中國評論》，2010年第5期.

[105]全國人大常委會：《告臺灣同胞書》，《人民日報》，1979年1月1日。

[106]李鵬：《海峽兩岸關係析論——以和平發展為主題之研究》，廈門：鷺江出版社，2009年，第70頁。

[107]朱天順：《國民黨與中國統一》，朱天順，《當代臺灣研究》，廈門：廈門大學出版社，1999年，第123頁。

[108]李登輝：《李登輝先生七十九年言論選集》，臺北：「行政院」新聞局，1991年，第35頁。

[109]雖然臺灣以「單向、間接、局部、漸進」為原則，希望藉此限制兩岸人員往來和民間交流，但兩岸交流交往的擴大和深化的格局已逐漸形成。

[110]邵宗海：《兩岸關係》.臺北：五南圖書出版股份有限公司，2006年，第301頁。

[111]新華社（北京），1999年7月11日電。

[112]2000年，陳水扁在「中華民國第十任總統」就職演說中表示：「只要中共無意對臺動武，本人保證在任期之內，不會宣布獨立，不會更改國號，不會推動兩國論入憲，不會推動改變現狀的統獨公投，也沒有廢除國統綱領與國統會的問題。」

[113]李鵬：《海峽兩岸關係析論——以和平發展為主題之研究》，廈門：鷺江出版社，2009年，第71-72頁。

[114]《胡錦濤與連戰會談新聞公報（全文）》，人民網，http：//tw.people.com.cn/GB/26741/47107/47312/3360547.html。

[115]《中國共產黨總書記胡錦濤與親民黨主席宋楚瑜會談公報》，中國日報，http：//www.chi-nadaily.com.cn/gb/doc/2005-05/13/content__441721.htm。

[116]樂美真：《兩岸新聞交流不能就此止步》，中國評論新聞網，http：//cn.chinareviewnews.com/crn-webapp/search/。

[117]不僅重要的歷史事件，某些微小的細節也可能引起制度變遷。

[118]突發性的歷史事件往往在最終推動政治互信的發展上起著至關重要的作用，這能夠解釋政治互信在歷史時期內發生的可能性。

[119]任勇：「從認同的二元性看未來兩岸關係的發展趨勢」，

《世界經濟與政治論壇》2006（3）。

[120][日]青木昌彥：《比較制度分析》，周黎安譯，上海：上海遠東出版社，2001年，第240頁。

[121][美]萊斯利·裡普森：《政治學的重大問題：政治學導論》，劉曉譯，北京：華夏出版社，2001，第130頁。

[122]張立文：《和合學——21世紀文化戰略的構想》，北京：中國人民大學出版社，2006年，第187頁。

[123]朱熹：《周易本義》卷一，上海：世界書局，1936年，第2頁。

[124]這個思想在中國古代的《五經》當中就有豐富的資源，比如說，《尚書》第一篇《堯典》就說「協和萬邦」，也就是說，國家與國家之間都應該協和。在《周易》當中，就是「保合太和」。《詩經》上講「和羹」，也就是說怎麼樣使肉汁成為美味，應該把各種佐料，比如油、醬、醋等等加在一起，使它得到中和，才是美味的。後來晏子把「和羹」做了政治上的發揮，提出了「應該向君主提出不同的意見，而不能只同意君主的意見」，只有提出不同的意見，才能夠使政治完滿。《國語》就提出了「和合五教」「以他平他之謂和」，這就是說，他與他之間都是平等的，沒有你貴我賤的區別。那就是說，和是他與他在互相交流之間互相尊重，不能是你打倒我，我打倒你。進一步說「和」是什麼意思？「和」是多元元素的一種平等的、互相的融合。所以它講「土與金、木、水、火雜以成百物」。

[125]《學而》，《論語集注》卷一，第3頁。

[126]《雍也》，《論語集注》卷三，第26頁。

[127]陳孔立：「兩岸隔絕的歷史記憶與臺灣民眾的複雜心態」，《臺灣研究集刊》，2004年，第1期。

[128]梁啟超：《中國近三百年學術史》，上海：復旦大學出版社，1985年，第95頁。

[129]陳信鳳：《臺海兩岸的新目標》，價值中國網，http：//www.chinavalue.net/Blog/327179.aspx。

[130][德]伽達默爾：《真理與方法》，洪漢鼎譯，上海：上海譯文出版社，1999年，第391頁。

[131]作者簡介：沈惠平，廈門大學臺灣研究中心助理教授、博士，國家「985」工程臺灣研究創新基地成員。

[132]楊立憲：「兩岸如何『增進互信、務實合作』之探討」，（香港）《中國評論》，2010年2月刊。

[133]劉國深：「兩岸關係和平發展新課題淺析」，《臺灣研究集刊》2008年第4期，第5頁。

[134]張亞中：「論海峽兩岸建立互信」，（香港）《中國評論》，2009年11月刊。

[135]陳有為：《兩岸關係中的中華民國因素》，（新加坡）聯合早報網，2008年6月12日。

[136]董玉洪：《積極推進兩岸關係和平發展》，周志懷主編：《新時期對臺政策與兩岸關係和平發展》，北京：華藝出版社，2009年，第149頁。

[137]邵宗海：《兩岸關係發展尚存在的變數》，（新加坡）聯合早報網，2008年6月23日。

[138]《彭維學：「臺獨」及其社會基礎的發展演變》，查閱：http：//www·china·com·cn/over-seas/txt/2008-11/19/content__16789078.htm。

[139]章念馳：《關於兩岸關係和平發展的思考》，周志懷主編：

《新時期對臺政策與兩岸關係和平發展》，北京：華藝出版社，2009年，第125頁。

[140]「推進兩岸關係發展：風物長宜放眼量」，（香港）《中國評論》，2010年2月刊。

[141]張亞中：「兩岸和平發展的理論探討」，（香港）《中國評論》，2010年4月刊。

[142]（德）尼克拉斯·盧曼著，瞿鐵鵬等譯：《信任：一個社會複雜性的簡化機制》，上海：上海人民出版社，2005年，第10和118頁、第21頁、第21頁、第12頁、第7頁。

[143]劉國深：「加強兩岸政治互信ABC」，（香港）《中國評論》，2009年12月刊。

[144]（德）尼克拉斯·盧曼著，瞿鐵鵬等譯：《信任：一個社會複雜性的簡化機制》，上海：上海人民出版社，2005年，第10和118頁、第21頁、第21頁、第12頁、第7頁。

[145]「推進兩岸關係發展：風物長宜放眼量」，（香港）《中國評論》，2010年2月刊。

[146]鄭也夫：《信任論》，北京：中國廣播電視出版社，2001年，第102頁、第53頁、第102頁。

[147]（德）尼克拉斯·盧曼著，瞿鐵鵬等譯：《信任：一個社會複雜性的簡化機制》，上海：上海人民出版社，2005年，第10和118頁、第21頁、第21頁、第12頁、第7頁。

[148]楊立憲：「兩岸如何『增進互信、務實合作』之探討」，（香港）《中國評論》，2010年2月刊。

[149]陳孔立：《折磨人的政治符號》，（新加坡）聯合早報網，

2009年11月25日。

[150]鄭也夫：《信任論》，北京：中國廣播電視出版社，2001年，第102頁、第53頁、第102頁。

[151]鄭也夫：《信任論》，北京：中國廣播電視出版社，2001年，第102頁、第53頁、第102頁。

[152]劉國深：「加強兩岸政治互信ABC」，（香港）《中國評論》，2009年12月刊。

[153]張亞中：「論海峽兩岸建立互信」，（香港）《中國評論》，2009年11月刊。

[154]（德）尼克拉斯·盧曼著，瞿鐵鵬等譯：《信任：一個社會複雜性的簡化機制》，上海：上海人民出版社，2005年，第10和118頁、第21頁、第21頁、第12頁、第7頁。

[155]劉紅：《兩岸關係和平發展的機遇和挑戰》，周志懷主編：《新時期對臺政策與兩岸關係和平發展》，北京：華藝出版社，2009年，第135頁。

[156]張文生：「建立互信促進兩岸關係和平發展」，《兩岸關係》，2008年第5期，第1頁。

[157]（德）尼克拉斯·盧曼著，瞿鐵鵬等譯：《信任：一個社會複雜性的簡化機制》，上海：上海人民出版社，2005年，第10和118頁、第21頁、第21頁、第12頁、第7頁。

[158]範海泉：「開啟兩岸互信對話的時代」，《南京理工大學學報（社會科學版）》，2008年第3期，第11頁。

[159]楊立憲：「兩岸如何『增進互信、務實合作』之探討」，（香港）《中國評論》，2010年2月刊。

[160]楊立憲：「兩岸如何『增進互信、務實合作』之探討」，（香港）《中國評論》，2010年2月刊。

[161]楊立憲：「兩岸如何『增進互信、務實合作』之探討」，（香港）《中國評論》，2010年2月刊。

[162]鐘岷源：「兩岸政治互信新考驗」，《南風窗》，2009年第19期，第23頁。

[163]楊立憲：《探討推進兩岸關係和平發展的基礎工程》，周志懷主編：《新時期對臺政策與兩岸關係和平發展》，北京：華藝出版社，2009年，第141頁。

[164]陳星：《和平發展視角下的兩岸關係制度創新》，周志懷主編：《新時期對臺政策與兩岸關係和平發展》，北京：華藝出版社，2009年，第174頁。

[165]董玉洪：《積極推進兩岸關係和平發展》，周志懷主編：《新時期對臺政策與兩岸關係和平發展》，北京：華藝出版社，2009年，第152頁、第153頁。

[166]《臺灣統派大集合促建兩岸共同家園》，中評社臺北2010年3月24日電。

[167]董玉洪：《積極推進兩岸關係和平發展》，周志懷主編：《新時期對臺政策與兩岸關係和平發展》，北京：華藝出版社，2009年，第152頁、第153頁。

[168]王公龍：「新形勢下兩岸互信關係的建構」，《黨政論壇》，2008年7月刊，第42頁。

[169]劉國深：「加強兩岸政治互信ABC」，（香港）《中國評論》，2009年12月刊。

[170]楊立憲：「兩岸如何『增進互信、務實合作』之探討」，（香港）《中國評論》，2010年2月刊。

[171]《新華社：兩岸和平發展共同願景5週年回顧》，中評社香港2010年4月30日電。

[172]作者簡介：林勁，廈門大學臺灣研究中心、廈門大學臺灣研究院教授。

[173]鄭又平：《民進黨選舉策略中「本土牌」運用之政治分析》，國家政策研究基金會網站：ht-tp：//www.npf.org.tw/particle-3025-2.html

[174]譬如，在1996年的「總統」選舉中，儘管民進黨候選人彭明敏試圖透過標舉「臺灣人總統」來爭取本省籍選民的支持，但還是無法避免「棄彭保李」局面的出現，據選後的調查結果顯示，當時有相當一部分的民進黨支持者出於所謂「李登輝情結」而將選票投給了李登輝。

[175]鄭又平：《民進黨選舉策略中「本土牌」運用之政治分析》，國家政策研究基金會網站：ht-tp：//www.npf.org.tw/particle-3025-2.html

[176]最為典型的一個例子是在2006年底的「反貪腐倒扁運動」中，民進黨前主席施明德一度動員百萬民眾走上臺北街頭，對綠營造成強烈震撼，但是當綠營打出「本土牌」將倒扁、挺扁定位為藍綠對決與南北對立，民進黨主席游錫堃高喊「倒扁就是中國人糟蹋臺灣人，臺灣絕對不能讓紅色恐怖打到、被糟蹋、被看輕！」就順利地整合了泛綠陣營。即使以施明德為首的紅衫軍一度企圖區隔陳水扁與民進黨，但是「本土優先」旗幟一出，就迅速瓦解了倒扁的力量。

[177]譬如，為了迎戰2008年的「總統」選舉，國民黨於2007年對

黨章做了重大的修正，首次將「臺灣」寫入黨章，宣示將「以臺灣為主，對人民有利」作為黨的信念，而馬英九也特地出版《原鄉精神》一書，來提出自己的「新本土論述」。總的說來，國民黨這幾年發展本土論述的主要目的就是要破除不斷受到對手以「外來政黨」、「外來政權」來攻擊的魔咒，並且反對民進黨本土論述的封閉、保守以及狹隘特點，主要方向是不斷強化「中華民國」和「臺灣」或「本土」的聯結（為此其領導人甚至還提出「臺灣就是中華民國」的說法），並且將解釋成一個包容性的、多元性的概念。

[178]李正修：「背離『主權在民』的民進黨政府」，中央日報網路報，2007年5月16日。

[179]所謂「中國琴」即蕭美琴，「西進昌」即洪奇昌，「十一寇」即林濁水、李文忠、洪奇昌、段宜康、沈發惠、蔡其昌、林樹山、郭正亮、鄭運鵬、羅文嘉和沈富雄等十一人。這十幾個人都是民進黨內走溫和務實路線的改革派，對於當時以陳水扁為首的民進黨當權派多有批判。

[180]《蘇貞昌狠批謝長廷：憲法一中把大家當傻瓜》，星島環球網：http：//www.stnn.cc/hk__taiwan/200704/t20070424__520744.html。

[181]陳芳明：《視扁為本土政權，是對本土最大羞辱》，中國評論新聞網：http：//www.chin-areviewnews.com/crn-webapp/new/doc/docDetail.jsp？docid=100544256。

[182]如在「入聯公投」議題上，臺灣就不顧美國的反對而執意推動，使美臺關係降到冰點。在這種情況下陳水扁於2007年8月出訪中南美洲時過境美國，在阿拉斯加拒絕下機，他向迎接的美國在臺協會榮譽主席浦為廉表示：「這樣的過境待遇『不方便、不舒適、甚至有失尊嚴』」。陳水扁強調他是「忍辱負重」，但「美國作法羞辱的不只是他個人，更是羞辱所有臺灣人民」。一場失敗的「灑錢外交」就在

這麼一個「新悲情牌」的遮掩下悄然過關。另外在2007年8月底，美國政府白宮國安會亞太資深主任韋德寧甚至說出：「臺灣或中華民國在國際社會都不是國家」及「中華民國是一個尚未解決的議題（anundecidedissue）」的重話。就這樣，陳水扁聰明地將「本土牌」順勢操作出不分藍、綠選民都深感羞辱及憤慨的「新悲情意識」。見鄭又平：《民進黨選舉策略中「本土牌」運用之政治分析》，國家政策研究基金會網站：http：//www.npf.org.tw/particle-3025-2.html。

[183]謝長廷：《臺灣維新，從民進黨開始》，民進黨新聞稿，民主進步黨網站：http：//www.dpp.org.tw/。

[184]蔡英文：「以新本土觀捍衛臺灣」，（臺）《中國時報》，2009.03.22。

[185]作者簡介：朱衛東，中國社科院臺灣研究所副所長、研究員。

[186]本文是許崇德教授主持的2009年教育部人文社科規劃項目《大陸對臺灣60年政策研究》（課題編號09YJAGAT003）的組成部分。

[187]作者簡介：朱松嶺，北京聯合大學臺灣研究院副教授、兩岸關係研究所所長；「一國兩制」法律研究所研究員兼祕書長。

[188]詹姆斯·布坎南：《自由、市場和國家：20世紀的政治經濟學》，北京：北京經濟科學出版社，1988年版，第5-6頁。

[189]詹姆斯·布坎南：《自由、市場和國家》，上海：三聯書店，1989年版，第129頁。

[190]李程偉：《政治與市場：橫斷科學視角的思考》，載《蘭州大學學報》（社科版），1997年第3期，第126頁。

[191]倪星、何晟：《公共選擇理論的政治學含義》，載《探索》，1997年第4期，第50頁。

[192]朱昔群：《政黨政治市場與政黨制度的發展》，載《馬克思主義與現實》2007年第5期，第88頁。

[193]同上，第88頁。

[194]《蔣經國先生全集》第11冊，第109頁。

[195]茅家琦、徐梁伯、馬振犢、嚴安林等著：《中國國民黨史》，鷺江出版社，2009年5月第1版，第750頁。

[196]同上，第750頁。

[197]同上，第751頁。

[198]臺灣《聯合報》，1984年6月20日。

[199]具體參見《蔣經國先生全集》，第12冊，第523-524頁。

[200]陶百川：《邁向21世紀的中國政治》，臺灣《中國時報》，1985年5月24日。

[201]顏萬進：《在野時期民進黨大陸政策》，臺灣：新文京開發出版股份有限公司，2003年4月版，第60-61頁。

[202]同上，第61頁。

[203]臺灣《中央日報》，1991年5月1日。

[204]鐘年晃：《失落的民進黨》，商智文化出版，2001年5月版，第224-227頁。

[205]新華資料：http：//news.xinhuanet.com/ziliao/2003-09/24/content__1097002.htm。新華網，2010年1月4日檢索。

[206]周玉蔻：《李登輝的一千天（1988-1992）》，臺北，麥田出

版，1993年版，第288頁。

[207]茅家琦、徐梁伯、馬振犢、嚴安林等著：《中國國民黨史》，鷺江出版社，2009年5月第1版，第824-827頁。

[208]王力行著：《無愧-郝柏村的政治之旅》，臺北，天下文化，1994年出版，第382-382頁。

[209]黃光國著：《民粹亡臺史》，中國友誼出版公司，1997年版，第42頁。

[210]臺灣《中央日報》，2001年7月31日。

[211]同上，2001年7月30日。

[212]作者簡介：林岡，上海交通大學國際與公共事務學院教授。

[213]林濁水：「十年政綱發言綱要」，「變動的國際情勢與臺灣全球戰略」，民進黨政策委員會：《臺灣無可迴避的挑戰社會對話系列座談會之四》，2010年5月2日，臺北。

[214]筆者面訪記錄，2010年4月14日，臺北。

[215]筆者面訪記錄，2010年4月8日。

[216]筆者面訪記錄，2010年4月27日。

[217]筆者面訪記錄，2010年4月16日。

[218]孫友聯，「就業困境、失業窘境與新社會公共工程的重要性」，「人口老化下的社會發展」，民進黨政策委員會：《臺灣無可迴避的挑戰社會對話系列座談會之一》，2010年4月11日，臺北。

[219]林萬億，「2020年臺灣的社會福利願景」，「人口老化下的社會發展」，民進黨政策委員會：《臺灣無可迴避的挑戰社會對話系列座談會之一》，2010年4月11日，臺北。

[220]陳建仁，「全民健康」，「人口老化下的社會發展」，民進黨政策委員會：《臺灣無可迴避的挑戰社會對話系列座談會之一》，2010年4月11日，臺北。

[221]蔡英文，「三月體檢大陸政策，推全民參與機制」，《中國評論網》，2009年2月22日。

[222]HaroldJ.Laski，The Rise of European Liberalism（NewBrunswick，NewJersey：Transac-tionPublishers，1997），pp.15-16.

[223]吳釗燮，「立足國際、深耕亞太：以多元民主價值擘建臺灣的國際戰略」，「變動的國際情勢與臺灣全球戰略」，民進黨政策委員會：《臺灣無可迴避的挑戰社會對話系列座談會之四》，2010年5月2日，臺北。

[224]王昆義，「民進黨的顛覆性格」，《中國評論》月刊2010年5月號，總第149期。

[225]陳文政，「國防軍事建設的戰略與任務：戰略轉型與戰力重振」，「變動的國際情勢與臺灣全球戰略」，民進黨政策委員會：《臺灣無可迴避的挑戰社會對話系列座談會之四》，2010年5月2日，臺北。

[226]林濁水：「十年政綱發言綱要」。

[227]陳明通，「臺灣面對中國的戰略思考」，「變動的國際情勢與臺灣全球戰略」，民進黨政策委員會：《臺灣無可迴避的挑戰社會對話系列座談會之四》，2010年5月2日，臺北。

[228]吳釗燮，「立足國際、深耕亞太：以多元民主價值擘建臺灣的國際戰略」。

[229]陳文政，「國防軍事建設的戰略與任務：戰略轉型與戰力重振」。

[230]作者簡介：範宏雲，深圳市委黨校教授，廈門大學臺灣研究院985二期創新基地國家統一研究團隊成員，武漢大學國際法博士，中國社會科學院法學博士後，研究方向國際法與兩岸關係。

[231]張亞中：「兩岸和平發展基礎協定刍議」，載《中國評論》2008年10月，總130期。

[232]祝捷：《海峽兩岸和平協議研究》武漢大學博士學位論文2009年5月，編號10486；周葉中祝捷：《海峽兩岸和平協議》（建議稿），載《法學評論》2009年第四期。

[233][奧]漢斯·凱爾森：《法與國家的一般理論》，北京：中國大百科全書出版社，1996年版，第246頁。

[234][奧]漢斯·凱爾森：《法與國家的一般理論》，北京：中國大百科全書出版社，1996年版，第244頁。

[235][奧]漢斯·凱爾森：《法與國家的一般理論》，北京：中國大百科全書出版社，1996年版，第246頁。

[236][英]詹寧斯、瓦茨修訂：《奧本海國際法（第一卷第一分冊）》，中國大百科全書出版社，第134頁。

[237]（德）沃爾夫剛：《國際法》，法律出版社2002年版，第283頁。

[238]範宏雲：《國際法視野下的國家統一研究——兼論兩岸統一過渡期法律框架》，廣東人民出版2008年版，第2頁。

[239][美]林茨、斯泰潘：《民主轉型與鞏固的問題：南歐、南美和後共產主義國家》，孫龍譯，浙江人民出版社2008年版，第22頁。

[240]祝捷：《海峽兩岸和平協議研究》武漢大學博士學位論文2009年5月，編號10486。

[241]周鯁生：《國際法》，商務印書館，1976年版，第677頁。

[242]臺灣「國統會」：「『一個中國』意涵定位結論」（1992年）。

[243]屋簷學說認為德意志帝國並沒有因為兩個德國的產生而消亡，德意志帝國缺乏行為能力，但是聯邦德國和德意志民主共和國依然是整個帝國屋簷下的兩個部分政權。聯邦德國憲法法院在1976年12月21日的對《兩德基礎條約》的裁定採納了屋簷學說。參見沃爾夫剛：《國際法》，法律出版社，2002年版，第281頁。

[244]祝捷：《海峽兩岸和平協議研究》武漢大學博士學位論文2009年5月第46頁，編號10486。

[245]周葉中，祝捷：「論海峽兩岸和平協議的性質——中華民族認同基礎上的法律共識」，載《法學評論》2009年第2期。

[246]作者簡介：段皎琳，廈門大學臺灣研究院2008級博士。

[247]劉國深：「加強兩岸政治互信ABC」，《中國評論》（香港），2009年12期，第17頁。

[248]根據當時的民調數據顯示，千島湖事件（1994年3月31日）爆發前，2月底臺灣民意測驗中，認為「自己是臺灣人」29.1%；認為「自己是中國人」24.2%；認為「自己既是臺灣人又是中國人」43.2%；其餘是不知道或拒答。在千島湖事件發生後不久的4月底，同樣的民意測驗，認為「自己是臺灣人」增加為36.9%；認為「自己是中國人」減少為12.7%；認為「自己既是臺灣人又是中國人」45.4%；其餘是不知道或拒答。千島湖事件對臺灣人的自我認知與統獨趨勢，影響之大實在是歷史之最。當年臺灣赴大陸的人數，從1，541，628，遽

降到1，152，084人次（《臺灣統獨消長的轉折點：千島湖事件》，中國選舉與治理，http：//www·chinaelections·org/NewsInfo·asp？NewsID=12368）

[249]臺灣民心指數（TPMI）包括政治與經濟兩大面向，即政治信心指數（PoliticalConfidence Index， PCI）與經濟信心指數（EconomicConfidenceIndex， ECI）。臺灣民心指數及其各項次指數皆介於0到100之間，指數大於50即代表樂觀或正面評價，指數愈高表示民眾愈樂觀愈肯定、愈得民心；指數小於50即代表悲觀或負面評價，指數愈低表示愈悲觀愈否定、愈失民心。

[250]「臺灣拒絕熱比婭入境」，《珠江時報》，2009年9月27日。

[251]《臺「國防部」公布1996年臺海危機解密文件》，鳳凰網，http：//news·ifeng·com/histo-ry/2/shidian/200803/0314__2666__441130.shtml。

[252]韋奇宏（臺灣）：「兩岸新聞採訪交流的結構與變遷（1997—2001）——新制度論的分析」，《問題與研究》第42卷第1期2003年1、2月。

[253]《周錫生代表大陸新聞界呼籲盡快實現兩岸媒體常駐》，新華網，http：//news·xinhuanet·com/tw/2009-07/11/content__11692412.htm。

[254]國臺辦新聞發布會，國務院臺灣事務辦事處，http：//www·gwytb·gov·cn/xwfbh/xwf-bh0.asp？xwfbh__m__id=127。

[255]《德意志意識形態（節選本）》，中央編譯局編譯，人民出版社，2003年。

[256]作者簡介：古小明，廈門大學臺灣研究院政治學理論專業博士研究生。

[257]余克禮：「促進兩岸政治關係是深化和平發展的必由之路」，《中國評論》月刊2009年，第12期。

[258]本文所說民進黨特指民進黨的主流，排除「臺獨基本教義派」等少數「臺獨」頑固分子。

[259]郭正亮：《政治突圍》，臺灣時報文化出版企業有限公司，2001年版，第44-50頁、第7頁。

[260]郭震遠：「中國內戰及其延續中的兩岸政治關係」，《中國評論》月刊2010年，第05期。

[261]胡錦濤：《攜手推動兩岸關係和平發展同心實現中華民族偉大復興》，新華網，2008年12月31日。

[262]邵宗海：「兩岸對和平協議的立場與前瞻」，《臺灣研究集刊》2009年，第03期。

[263]陳振明：《政治學——概念、理論與方法》，北京，中國社會科學出版社，2004年版，第206頁。

[264]「效果歷史意識」（Wirkungsgeschichtlichesbewusstsein）是伽達默爾詮釋學的一個重要概念，意指與歷史傳統密切相關的意識，強調的是歷史與詮釋者之間相互影響的效果，歷史是由於詮釋者的參與所形成，對此歷史影響效果的覺醒，就是「效果歷史意識」。參見：[德]漢斯-伽達默爾：《真理與方法》第I卷，北京，商務印書館，2007年版，第305、410-417、463-464頁。

[265][德]漢斯-伽達默爾：《真理與方法》第I卷，北京，商務印書館，2007年版，第407-408頁。

[266]伽達默爾認為，歷史學的興趣不只是注意歷史現象或歷史傳承下來的作品，而且還在一種附屬的意義上注意到這些現象和作品在

歷史上所產生的效果。對歷史的理解按照其本性乃是一種效果歷史（Wirkungsgeschichte）事件。參見：[德]漢斯-伽達默爾：《真理與方法》第I卷，北京，商務印書館，2007年版，第408頁。

[267][德]漢斯-伽達默爾：《真理與方法》第I卷，北京，商務印書館，2007年版，第411頁。

[268]在英文和德文中，視域和地平線用同一個詞horizon表達。

[269]前見Vorurteile，或稱先入之見、成見、偏見。參見：[德]漢斯-伽達默爾：《真理與方法》第I卷，北京，商務印書館，2007年版，第368-369頁。

[270][德]漢斯-伽達默爾：《真理與方法》第I卷，北京，商務印書館，2007年版，第414頁。

[271]時間距離Zeitlichenabstand，表達時間跨度對歷史、傳統等理解的意義的概念，既包括消極的意義，也包括積極的意義。參見：[德]漢斯-伽達默爾：《真理與方法》第I卷，北京，商務印書館，2007年版，第402-404頁。

[272][德]漢斯-伽達默爾：《真理與方法》第I卷，北京，商務印書館，2007年版，第404頁。

[273][德]漢斯-伽達默爾：《真理與方法》第I卷，北京，商務印書館，2007年版，第404頁。

[274][德]漢斯-伽達默爾：《真理與方法》第I卷，北京，商務印書館，2007年版，第406頁。

[275][德]漢斯-伽達默爾：《真理與方法》第I卷，北京，商務印書館，2007年版，第406頁。

[276]胡錦濤：《攜手推動兩岸關係和平發展同心實現中華民族偉

大復興》，新華網，2008年12月31日。

[277]馬克思、恩格斯《馬克思恩格斯選集》第一卷，人民出版社1995年版，第585頁。

[278]人們一般從兩個層次上理解伽達默爾的視域融合（Horizonteverschmelzung）概念。其一是指理解者與被理解對象的視域的融合，在這裡，被理解的對象主要指歷史事件、歷史傳統和歷史本文；其二是指對相同被理解對象進行理解活動的兩個理解者之間的視域融合。請讀者注意本文在不同行文背景中採用這一概念時可能具有的不同含義。

[279]「重疊共識」的概念在羅爾斯1971年出版的《正義論》中就開始出現，並成為羅爾斯後期政治哲學的一個主要工具。參見：JohnRawls，A TheoryofJustice，Cambridge，Mass.：The BelknapPressofHarvardUniversityPress，1971，pp.387-388.轉引自童世駿：《關於「重疊共識」的「重疊共識」》，《中國社會科學》，2008年，第06期。在此文中童氏使用的視域融合概念採納的是筆者所說的第二個層次的含義。

[280][德]漢斯-伽達默爾：《真理與方法》第I卷，北京，商務印書館，2007年版，第415頁。

[281]胡錦濤：《攜手推動兩岸關係和平發展同心實現中華民族偉大復興》，新華網，2008年12月31日。

[282][德]漢斯-伽達默爾：《真理與方法》第I卷，北京，商務印書館，2007年版，第413-414頁。

[283]馬克思、恩格斯《馬克思恩格斯選集》第4卷，人民出版社1995年版，第697頁。

[284]趙家祥：《歷史哲學》，中共中央黨校出版社，2003年版，

第130頁。

[285][德]漢斯-伽達默爾：《真理與方法》第I卷，北京，商務印書館，2007年版，第376頁。

[286]劉國深：《民進黨的環境適應力》，「美麗島電子報」2010年5月10日。

[287]郭正亮：《政治突圍》，臺灣時報文化出版企業有限公司，2001年版，第44-50頁、第7頁。

[288][德]漢斯-伽達默爾：《真理與方法》第I卷，北京，商務印書館，2007年版，第415頁。

[289]費正清：《劍橋中華民國史：1912-1949》，下篇，中國社會科學出版社，北京，1994年版，第832-833頁。

[290]馬克思、恩格斯《馬克思恩格斯選集》第一卷，人民出版社1995年版，第585頁。

[291]鄭必堅：《兩岸關係從歷史變局說起》

http：//www.zhgpl.com/doc/1011/3/5/9/101135969.html？coluid=0＆kindid=0＆docid=101135969

[292]劉國深：「加強兩岸政治互信ABC」，《中國評論》月刊，2009年，第12期。

[293]黃枬森：《關於以人為本的若干理論問題》，《中共中央黨校學報》，2007年，第02期。

[294]作者簡介：蔡瑋（蔡逸儒），中國文化大學中山與大陸所教授。

[295]有關雙方領導人談話和

[296]同版本的所謂十六字訣，請參考總統府網址http：//www.president.gov.tw/1__president/97speak.html及國臺辦網址
http：//www.gwytb.gov.cn/。

[297]見國共連胡會新聞公報，國家政策研究基金會，臺北，2005年4月29日，http：//old.npf.org.tw/Symposium/s94/940615-3-NS.htm

[298]有關兩岸各界對胡六點的各種解讀，請參閱中國評論，香港，2009年2月號，big5.am765.com/sp/xwzt/lasp/200901/t20090120__424001.htm

[299]http：//big51.chinataiwan.org/plzhx/hxshp/200904/t20090421__873404.htm

[300]劉國深〈加強兩岸政治互信ABC〉，《中國評論》月刊，香港，2009年12月號，頁20。

[301]楊立憲〈兩岸如何、增加互信、務實合作〉，《中國評論》月刊，香港，2010年2月號，頁12。修春萍，〈兩岸關係和平發展與臺灣國際活動空間問題〉，2010海峽兩岸與臺港關係學術研討會，2010，6，香港。

[302]見中國評論新聞網，
http：//www.chinareviewnews.com/doc/1011/5/2/4/101152490.html？coluid=33＆kindid=541＆docid=101152490＆mdate=1130163824

[303]《中國評論》月刊，香港，2010年5月號，參見
http：//www.chinareviewnews.com/doc/1013/0/5/7/101305726__2.html？coluid=7＆kindid=0＆docid=101305726＆mdate=0526135434

[304]〈兩岸和平合作前景展望〉，《中國評論》月刊，香港，2008年11月號，頁65-73。

[305]JamesE.Dougherty， RobertL.Pfaltzgraff， Jr.，Contending Theories of Inter nationalRe-lations：AComprehensive Survey，2nd.edition，（New York：Harper＆Row， Publishers，1981），pp.282-284。

[306]王在希，《臺海形勢回顧》，北京，華藝出版社，一九九六年一版，頁一六八-一六九。

[307]辛旗，〈國際戰略的環境變化與臺灣問題〉，北京，《戰略與管理》，第十七期，一九九六年，頁二十五。

[308]石之瑜，《當代臺灣的中國意識》，臺北，正中書局，1993年，頁一五四-一五五。

[309]同上頁注①，pp.354＆479。

[310]劉金質、梁守德、楊淮生等主編，《國際政治大辭典》，北京，中國社會科學出版社，一九九四年，一版，頁101。

[311]同前註。

[312]http：//globalcrisis.info/peace__negotiation.html

[313]作者簡介：紀欣，臺灣中國統一聯盟主席、法學博士。

[314]《聯合報》2008年5月4日。

[315]《聯合晚報》2009年7月27日。

[316]《聯合報》2008年3月24日。

[317]王曉波，〈論「九二共識」與「一中各表」〉，《海峽評論》229期，2010年1月號。

[318]邵宗海，〈取代一中原則的可能路徑〉，《旺報》2010年4月20日。

[319]張亞中，〈一中三憲：重讀鄧小平的「和平統一、一國兩

制」〉，《中國評論》，2009年8月號。

[320]中新網2010年5月12日。

[321]〈民進黨不是臺獨黨是公投黨〉許信良專訪，《旺報》2010年5月31日。

[322]2009年5月19日馬英九執政一週年記者會，《聯合報》2009年5月20日。

[323]《聯合晚報》2010年5月15日。

[324]《自由時報》2010年5月16日。

[325]《聯合報》2010年5月26日。

[326]《聯合報》2010年5月27日。

[327]《中國時報》2010年5月31日。

[328]《聯合報》社論2010年5月31日。

[329]JamesCrawford， TheCreationof StatesinInternationalLaw， Second Edition， Oxford 2006.

[330]《聯合報》〈黑白集〉2010年5月18日。

[331]《聯合報》2003年8月24日。

[332]今日新聞網2007年9月1日。

[333]引述《聯合報》社論2010年5月18日。

[334]章念馳，〈創條件解「中華民國」難題〉，《中國評論》月刊網路版2010年5月16日。

[335]劉國深，〈加強兩岸政治互信ABC〉，《中國評論》月刊2009年12月號，總第144期。

[336]《中國時報》2010年5月9日。

[337]中新網2010年5月12日。

[338]《中國時報》2010年5月20日。

[339]《自由時報》2010年5月19日。

[340]《中央社》2005年12月20日。

[341]《聯合報》2007年9月16日。

[342]《聯合報》2009年5月20日。

[343]中央社2008年5月6日電。

[344]《海峽評論》社論234期，2010年6月號。

[345]華視新聞網2010年5月19日。

[346]《民眾日報》2007年11月23日。

[347]倪永傑，〈馬英九兩岸政治定位主張評析〉，《上海臺灣研究》第九輯，2009年12月。

[348]國臺辦發言人楊毅2010年5月12日新聞發布上所言。中新網2010年5月12日。

[349]張銘清，〈尋求兩岸和平發展路徑之我見〉，《中國評論》月刊網路版2010年6月7日。

[350]《聯合報》2010年4月1日。

[351]《中央社》2010年4月9日及6月3日。

[352]《聯合報》2010年5月29日。

[353]《聯合報》2008年1月4日。

[354]作者簡介：謝大寧，佛光大學文學系主任，臺灣兩岸統合學

會祕書長。

[355]作者簡介：楊開煌，臺灣銘傳大學公共事務學系教授。

[356]〈落實「讓利說」大陸八省市黨政一把手接連訪臺〉，《南方日報》2010年03月31日。

[357]〈大陸地方官訪臺培養下一梯隊經驗〉，2009年11月12日，《世界週刊》，http：//big5.ifeng·com/gate/big5/news·ifeng·com/taiwan/4/200911/1112__354__1432698.shtml。

[358]2010-03-03，〈國務院出臺意見支持福建建設海西經濟區〉，http：//fj·sina·com·cn/news/z/2010-03-03/163719357.html。

[359]2010-03-03，〈國務院常務會透過支持閩加快建設海西經濟區意見〉，http：//fj·sina·com·cn/news/z/2010-03-03/163019355.html。

[360]〈大陸地方黨政一把手密集訪臺兩岸交流合作升級〉，2010-05-07，紅網，http：//www·luckup·net/show·aspx？id=147476&cid=6。

[361]孫春蘭，〈福建省將安排15個事業單位職位聘用臺灣專才〉，2010-06/20，http：//www·chinadaily·com·cn/dfpd/2010-06/20/content__9993656.htm。

[362]國發〔2009〕24號，國務院關於支持福建省加快建設海峽西岸經濟區的若干意見，ht-tp：//fj.sina.com.cn/news/z/2010-02-25/222418037.html，2010/02/25

[363]2010-06-08，〈兩岸新時代即將開始〉，http：//big5.huaxia·com/tslj/jjsp/2010/06/1924319.html

[364]王毅接受臺報專訪問答全文，http：//www.takungpao.com：82/gate/gb/www.takung-pao.com/news/10/04/01/EP-1237250.htm，中評社

（香港），2010-4-1

[365]「民眾對當前兩岸關係之看法」民意調查，2010年4月29日～5月2日，http：//www·mac·gov·tw/public/Attachment/05715135456.pdf。

[366]林祖嘉，〈後ECFA時代經濟面貌系列之一——臺灣經濟將結構性變化〉，December2，2009，http：//www·npf·org·tw/post/1/6769。

[367]同上註。

[368]同上註。

[369]ECFA的「兩岸經濟合作委員會」和TIFA的「貿易暨投資委員會」一樣，都是平等談判協商的平臺，http：//www.mac.gov.tw/ct.asp？xItem=84957＆ctNode=5649＆mp=1，2010/06/

[370]〈臺灣還是蔣介石當總統好〉，20070509，http：//www.360doc.com/content/07/0529/21/7579__527801.shtml

[371]洪志良，〈解讀蕭胡「十六字」箴言真理〉，2008-05-10，http：//www·zaobao·com/spe-cial/forum/pages6/forum__tw080510a·shtml；〈馬英九覆電提「新十六字箴言」〉，2009-07-28，ht-tp：//big5.huaxia·com/thpl/tbch/tbchwz/07/1512804.html。

[372]「凡是有利於臺灣人民的利益、凡是有利於祖國的統一、凡是有利於中華民族偉大復興，我們都要全力推動。」

[373]作者簡介：潘錫堂，臺灣淡江大學中國大陸研究所教授。

[374]《中國時報》（臺北），2010年4月1日、2日，版A1～A4。

[375]《聯合報》（臺北），2010年4月26日，版A1～A3。

[376]《人民日報》（海外版），2010年5月2日，版A1～A2。

[377]《聯合報》（臺北），2010年5月20日，版A1～A2。

[378]由於本文篇幅過長，會務組對論文正文及註釋進行了大幅刪節，特此向作者表示歉意。

[379]作者簡介：蘇嘉宏，輔英科技大學教授（臺灣高雄）。

[380]對於臺海兩岸分裂分治的根源與本質，臺灣曾自「中華民國的創立」、「共產主義在中國的萌芽與發展」，予以析述，認為：「制度之爭是中國分裂分治的本質」。見臺灣的行政院大陸委員會編印，《臺海兩岸關係說明書》（臺北：行政院大陸委員會，1994年7月出版），第15至18頁。

[381]若林正丈，〈民主化的展開〉，載於若林正丈、劉進慶、松永正義編著，《臺灣百科》，臺北：克寧出版社，1993年5月，初版，第77至83頁。

[382]北京當局對臺灣的定位到底是「中國的一個省」，還是「中國領土的一部分」？雖然有不少說法指出是「一部分」，而不是「一個省」，並認為這是對臺灣的一種善意。但是，遠的不說，在1999年李前總統發表「七九講話」以後的一段時間，包括江澤民主席在內的中國大陸官方提到臺灣的定位仍是一個省。當然，這個說法現在又已經有所不同，大陸方面認為這些「更為寬鬆」的講法對臺灣方面是一種友善、善意的表示。

[383]其實在此更早之前，一九九一年二月十四日，臺灣的聯合報就曾經以頭條新聞報導：「黨政高層消息來源指出，行政院院長郝柏村前天在記者會上公開表示，動員戡亂終止不表示兩岸政權已停止交戰狀態，對中共定位是否從交戰狀態變成敵對狀態，起碼要停火，有正式停火協議，這項說法並不一定表示政府未來企求兩岸政府真的要簽訂停戰協議，只要中共公開宣布放棄武力犯臺，即可視為一種停戰協議的表示，亦即願意結束戰爭狀態，政府將視為對我終止動員戡亂的一種善意回應。」，參閱《聯合報》，1991年2月14日，第一版。

[384]《中央日報》，1997年5月2日，第一版。該新聞稿並直接指出，李總統去年就職演說中亦懇切表示，願意到大陸從事和平之旅……實際上是告別了過去「不接觸、不談判、不妥協」的「三不」時代！當前兩岸關係「脫離內戰化」的質變，是一個無法規避的現實；大陸方面在過去辜汪會談所有的官方言論中「政治談判先行」的基調，也很突出。

[385]中華民國第九任副總統連戰先生於中國國民黨陸指組提出有關大陸政策主張全文（民國八十九年二月十七日），資料來源：副總統辦公室新聞稿：〈建立和平競賽的兄弟關係〉，http：//www.gio.gov.tw/info/2000html/0217.htm。

[386]據報載，臺灣自一九九六年三月總統大選後，當時執政的中國國民黨於當年五月六日恢復已經一年未運作，而於選後首次召開的「大陸工作指導小組會議」，其主要目的就是討論「兩岸未來簽署和平協定的步驟」，該報導引述「黨內高層人士說」指出：「兩岸簽署和平協定是中止敵對關係的重要步驟。」、「中止敵對關係則屬國統綱領規劃的近程目標，因此不會有躁進的疑慮。」，參閱《自由時報》，1996年4月27日，第2版。

[387]另外當時還提到「對於三不政策的改變（及開放三通），依照國統綱領以進入中期階段，中進程階段沒有一定的時間，端賴雙方互動，快則一、兩年，慢則五至十年，目前還難以確定。」，參閱中央日報，1991年3月2日，第二版。後來，臺灣方面在「依法行政」的嚴格要求下，要進行通航不僅是需要先修改兩岸人民關係條例的現行相關條文，陳水扁擔任總統時期表明要繼續維持國統綱領，是則根據國統綱領，兩岸也必須要簽署和平協定才能進入「第二階段」，開始進行三通。因此，在臺灣方面的現行政策中，「和平協定」是一個先於「三通」的前提，但是現在這個問題已經不存在，國統綱領的「程

序障礙」竟然已在過去陳水扁執政期間意外被卻除了。

[388]《中央日報》，1992年5月11日，第一版。

[389]邱先生當時「個人的」看法要點摘錄（略）

[390]中央社（臺北），1992年5月31日，新聞稿。

[391]中央社（臺北），1992年6月17日，新聞稿；當時，陳孔立先生為廈門大學臺灣研究所所長。

[392]該公聽會的會議記錄，見黃主文著，《一個分裂的中國》，桃園：世紀出版社，1992年8月1日，初版，第113-171頁。

[393]例如：蔡政文教授所撰寫的〈東西德經驗與兩岸的將來〉，載於《問題與研究》，第34卷，第2期（1995年2月），第50-63頁。蔡教授望重士林，一直是為眾所周知的臺灣決策當局所倚重的諮詢幕僚之一。

[394]《人民日報》，1978年12月18日。

[395]兩岸迄今所達成的「協議」，均以「協議」為名。

[396]國家發展會議籌備委員會（議題承辦機關：行政院大陸委員會），國家發展會議「兩岸關係」議題專題研究報告，一九九六年十二月，第18-19頁。

[397]行政院大陸委員會對第三屆國民大會第一次會議國大代表劉孟昌先生國是建言辦理情形彙復表中所列之「辦理情形」，行政院大陸委員會一九九七年一月三日，（86）陸企字第8517375號函。

[398]〈連戰籲擱置一個中國爭議〉，《工商時報》，2000年3月17日，資料來源：http：//andy-want.chinatimes.com.tw/scripts/chinatimes/iscstext.exe？DB=ChinaTimes＆Functi on=ListDoc＆From=20＆Single=1。

[399]陳水扁先生於2000年3月18日，以4，977，737票，當選第二任民選總統後所發表的當選感言。資料來源：
http：//home.pchome.com.tw/art/takuya__kimura/abian/abian.htm。

[400]馬英九接受印度《印度暨全球事務》季刊專訪，在被問到能否在任期內達成讓中國撤除對臺灣部署的近千枚飛彈等兩岸政策時，馬英九表示，臺灣與大陸建立軍事互信機制或和平協定沒有時間表，這些問題的協商與解決皆非短期內可達成，「但我願努力在任期內儘量完成。」，參閱《自由時報》，2009年10月19日，下載日期：2009年12月2日，http：//www.libertytimes.com.tw/2008/new/oct/19/today-fo3.htm。

[401]參閱聯合國祕書長亦於1990年〈防禦性安全概念及其政策研究〉報告，時任聯合國祕書長的安南表示，國際社會應該從「反應的文化」轉為「預防的文化（The international communityneededtomove「froma cultureo freaction to aculture of prevention」）」，參閱Secretary-GeneralKofi Annansaidthisa fternoon inanopen Security Councilde bateon the preventiono farmed conflict.[29Nov1999]SC/6759：SECRETARY-GENERALSAYSGLOBALEFFORT AGAINST ARMED CONFLICT NEEDSCHANGEFROM『CULTUREOFREACTIONTTOCULTUREOFPREVTION』，資料來源：http：//srch1.un.org/plweb-cgi/fastweb？state__id=961338170＆view=unsearch＆docrank=74＆numhitsfound=384＆query=confidences%20building%20measures＆＆docid=102＆docdb=screports＆dbname=web＆starthit=75＆sorting=BYRELEVANCE＆operator=adj＆TemplateName=hitlist.tmpl＆setCookie=1。

[402]例如：撤除飛彈、美國對臺軍售、外交休兵（就現有的邦交國家數量凍結）、WHA應該不能滿足臺灣民意對「外交空間」的需求、外交動態變化協調通報等。另外，兩岸共同出資成立暫時名為「兩岸和平發展基金」，考慮納入適當比例外資，共同管理投入兩岸

基礎交通、農村復興、貨幣物流、教育交流、學術研究和共同投資開發第三世界國家能源。智庫交流，針對兩岸貿易磨擦、人民幣幣值升降、產業對接、產業延伸共同開拓市場、銀行與銀行之間來進行人民幣清算機制等具體問題提出建議等等。

[403]參閱包宗和，「推動兩岸和平協定應有的立場與架構」，《政策》月刊，第17期，1996年06月1日。

[404]作者簡介：晏揚清，臺灣義守大學財金系副教授。

[405]作者簡介：王天津，高雄應用科技大學國際企業系教授。

[406]《後漢書·東夷傳》，《三國志·吳志》，均有夷州之載，指據今之臺灣。見蘇繼廎，《島夷誌略校譯》，（北京，中華書局，2009重印），頁18。

[407]《清聖祖實錄選輯》，轉引自李筱峰著，《臺灣史100件大事（上）》，（臺北，玉山社出版，1999），頁45。

[408]參閱2008.7.15《聯合報》A14版。

[409]參見陸委會網站http：//www.mac.gov.tw/np.asp？ctNode=6331＆mp=1，2010年5月13日查詢。

[410]從網路上查詢全國期刊論文，竟然無法查到相關資料。

[411]這些題目是2008、2009兩年各調查機構向民眾提出的問題綜合而成。參見陸委會網站ht-tp：//www.mac.gov.tw/np.asp？ctNode=6331＆mp=1。

[412]作者簡介：蔡昌言，臺灣師範大學東亞文化暨發展學系系主任，臺灣民主基金會副執行長。

[413]作者簡介：林立生，臺灣「教育部國會聯絡組」專員、高鳳技術學院兼任講師。

[414]Chelf， C.P.（1977）.CongressintheAmericansystem， Nelson-Hall：Chicago.Communi-cationmanagement（pp.327-355）.Hillsdale， NJ：LawrenceErlbaum「ComponentsofResponsive-ness，」LegislativeStudiesQuarterly2，pp.233-254.CongressionalQuarterlyInc.

[415]鄭貞銘（1999），《公共關係總論》，臺北：五南，p109-119。

[416]KurtLewink〈ChannelofGroupLife〉

[417]李茂政（1987），《當代新聞學》，臺北：正中書局，p178。

[418]李金銓（1984），《大眾傳播理論》，臺北：三民書局，p29-33。

[419]Hon， L.C.（1998）.Demons trating effectiveness inpublicrelations：Goals， objectives， and Jewell.Malcolm E.andSamuelC.Patterson.（1997）.The Legislative Processin the United States.New York：Random House， Inc.，P130.

[420]特別助理，往往是委員們政治公關活動的核心人物，甚至在許多專業的人際網路中遠比委員熟悉。這種特助的編制或工作屬性非常不一致；甚至於所謂「只掛名，不支薪」的助理或許也可被認定為特助的一種。這個部分涉及過多委員隱私，因此研究無法直接觸及，也因此造成問卷及訪談中彼此對於助理定義之差距。

[421]黃秀端（1994），《選區服務：立法委員心目中連任之基礎》，臺北：唐山，p49。

[422]作者簡介：周德望，中山大學政治學研究所博士生。

[423]子安宣邦，詳見《國家與祭祀》一書。

[424]葛蘭西這個概念與列寧的革命先鋒隊是相對立的，前者是主張階級知識沒有差距，人人都可以發揮知識份子的功能，詮釋權並沒有獨立於大眾之外。而後者則是以少數的菁英領導大眾革命。

[425]小熊英二，1962～。社會學者，專長為歷史社會學與國際關係論，現為慶應義塾大學助教授。

[426]當時社會普遍貧窮的狀況很嚴重，根據1948年聯合國所出版的遠東調查，推定當時日本的國民平均所得是100美元，而當時的美國是1269美元。同時的斯里蘭卡是91美元、菲律賓是99美元、印度是43美元。在這個社會現實下，更直接支持了共產黨把日本視為亞洲後進國的論述。

[427]實際上這依靠的是極少數的獄中非轉向神話，如德田球一、宮本顯治等人。

[428]野坂參三，1892～1993。原名為野坂參貳，日本共產黨早期重要政治人物，曾任眾議員、參議員。日本六全協後的第一任書記，奠定了日本共產黨至今穩健派路線的基礎。

[429]中野重治，1902～1979。小說家、詩人、政治評論者。曾與參與「政治與文學論爭」，確立了日本戰後文學的基礎。於戰後初期曾任參議員，後因與共產黨的政治理論對立而被除名。

[430]德田球一，1894～1953。左派政治運動家、律師，曾任三屆眾議員，是日本共產黨的代表人物。因反對戰爭與天皇制，堅持共產主義道路而在太平洋戰爭時入獄，一直到日本戰敗才被釋放。其在稱呼美軍為解放軍的同時，再建了日本共產黨。

[431]一國社會主義，相對的是共產國際主義。一國社會主義指的是共產社會得以在單一國家內存在；而非需要全世界的無產階級革命，徹底打倒資本主意才得以存續。換言之一國社會主義表示了在國

際間得以與資本、帝國主義國家和平共存。

[432]丸山真男，1914～1996。日本戰後最重要的政治思想家，並致力於建立戰後日本的民主主義。其以「丸山政治學」與經濟學者大塚久雄的「大塚史學」並稱。至今丸山的研究成果仍為日本思想史最重要的參考依據。

[433]新自由主義者，這裡指的是戰後知識份子中，非共產黨系統，但是對於政治有改革理想的人，如丸山真男、大塚久雄等人。亦就是所謂的戰後民主主義者，這是用來區別所謂保守派的傳統自由主義者。

[434]藤谷俊雄，1912～1995。日本歷史學者，部落民問題研究專家。為日本戰後重要的馬克斯主義歷史學家。

[435]石母田正，1912～1986。日本馬克斯主義歷史學者，專長為中世紀日本史。其著作多被視為是正統派的唯物史觀。本文將深入介紹其思想貢獻。

[436]大塚久雄，1907～1996。日本經濟史學者，專長於歐洲的資本主義發展史研究。與丸山真男為戰後民主主義代表之學者。

[437]Cominform，是共產黨勞動者情報局CommunistInformationBureau的縮寫。是各國共產黨交換情報的媒介，在史達林死後於一九五六年廢止。

[438]日本武尊，日本神話中的英雄人物。又名倭建命或小堆命。他以日本的大和朝廷為據點，先後西征、東征統一了日本，確定了天皇與伊勢神宮的關係。換言之，他是統一日本，確定天皇神聖性的第一人。現為日本家喻戶曉的民族英雄。

[439]伊賀國，日本的古國名，自古為東大寺的領地，一直為日本非常貧窮落後之地。現今位於三重縣西部。

[440]津田左右吉，1873～1961。日本史、中國史學者，以近代史料觀點批判皇國史觀而聞名。但於戰後支持天皇制而受到右派的歡迎。其所謂的「津田史觀」時至今日仍為日本歷史研究方法的重要基礎。

[441]幸德秋水，1871～1911。本名幸德傳次郎，日本著名基督教思想家、無政府主義者。於1910年因刺殺天皇的大逆事件而被逮捕，隨後被處死。作為反抗天皇制，主張廢除國家的先鋒而聞名於後世。

[442]作者簡介：龔耀光，臺灣備役陸軍中校。

[443]〈2010年對臺工作會議舉行賈慶林出席並作重要講話〉，人民網，2010年01月30日。

http：//tw.people.com.cn/BIG5/14810/10881401.html

[444]同上註。

[445]蕭源興，〈兩岸應強化互信以開展各項交流〉，《中共研究》，第44卷第2期，（2010年2月），頁28。

[446]國安民，〈2009年兩岸關係回顧與展望〉，《中共研究》，第44卷第1期，（2010年1月），頁24。

[447]同註3，頁29。

[448]王健華，〈從柔性權力觀點探討國家安全新構面：以美國、中共為例〉，《國防大學戰略研究所與國際事務碩士班碩士論文》，（2008），頁153。

[449]同上註，頁114。

[450]江澤民，《江澤民文選第一卷》，（2006），頁233。

[451]「泰晤士報：2009世界大學排名」，《泰晤士報》與英國著名高等教育研究機構QS（Quac-quarelliSymonds）聯合進行的2009年世

界大學評估於10月8日出爐，美英兩國大學席捲榜單高位，中國香港有3所大學進入榜單前50名（24名香港大學、35名香港科技大學、46名香港中文大學）而中中國地只有清華大學進入了第49名，中國經濟網，2009年10月9日。

http：//big5.ce.cn/gate/big5/civ.ce.cn/main/right/gxyl/200910/09/t20091009__20160655.shtml

[452]英國《泰晤士報高等教育增刊》公布2009年全球200所最佳大學排名：24名香港大學、35名香港科技大學、46名香港中文大學、49名清華大學、50名北京大學、124名香港城市大學、195名香港理工大學，民報網，2009年10月8日。http：//life.mingpao.com/htm/jupas/cfm/Jupas1.cfm？File=multi__news325.htm

[453]〈全球首家戲曲孔子學院掛牌〉，中國教育部網，2009年11月8日。

http：//www.moe.gov.cn/edoas/website18/42/info1257731402258342.htm

[454]夏立平，〈論國際體系轉型與中國對外戰略〉，頁11-12。

[455]劉德斌，〈軟權力說的由來與發展〉，《吉林大學社會科學學報》，第4期（2004），頁55-62。

[456]〈新設大文化部蔡武任部長〉，聯合新聞網，（2008年3月7日）。http：//udn.com/NEWS/WORLD/WOR1/4247405.shtml

[457]同註11。

[458]〈洋學生考漢語托福最愁語法結構考生年增50%〉，美國中文教學網，（2008年11月30日）。

http：//www.usteachchinese.com/bencandy.php？fid=6&aid=326

[459]陳毓鈞，〈北京申奧成功，是振興中華的大事〉，《海峽評論》，（2001），頁27-28。

[460]同註6。

[461]同註8。

[462]同註16。

[463]〈中西方大學的差異：211工程與985工程〉，中國高考網，（2009年），
http：//www.gaokaocn.com/gaokao/gaokaozhidao/14393187.html

[464]「中國教育發展概況」，中國教育新聞網資料中心，（2009年），http：//www.jyb.cn/in-fo/jytjk/200909/t20090924__312929.html

[465]同上註。

[466]同上註。

[467]〈中共社會情勢回顧與展望-加速文化體制革新提增國家軟實力〉，《2009年—2010年大陸情勢總觀察暨展望》，國防部軍事情報局編印（2010），頁37-38。

[468]同註25。

[469]約瑟夫·奈伊，《柔性權力》（SoftPower：The MeanstoSuccessin WorldPolitics），（2006），頁33。

[470]同註27。

[471]同上註，頁177。

[472]同註29，頁90。

[473]楊開煌主編，《胡錦濤對臺政策的續與變論文集》，（2007），頁356。

[474]同註31，頁385。

[475]同上註，頁385-386。

[476]同註33，頁379。

[477]中國「國務院臺灣事務辦公室」網站。
http：//www.gwytb.gov.cn：82/

[478]同註31，頁378-379。

[479]同註36，頁378。

[480]鄭必堅，〈中國和平崛起的新道路〉，中國網，（2003），http：//big5.china.com.cn/zhuanti2005/txt/2004-04/07/content__5520713.htm

[481]中國「國家漢辦網」，
http：//www.hanban.edu.cn/hanyujiaoshi.php

[482]同註27。

[483]作者簡介：王炳忠，臺灣政治大學外交學系碩士班國際關係組學生。

[484]〈攜手推動兩岸關係和平發展同心實現中華民族偉大復興〉——胡錦濤在紀念《告臺灣同胞書》發表30週年座談會上的講話，詳見新華網，2008年12月31日，網址：http：//big5.xinhuanet.com/gate/big5/news.xinhuanet.com/newscenter/2008-12/31/content__10586495__2.htm。

[485]〈基層群眾對臺灣意識與臺獨意識的思考〉，詳見新華網，2009年7月20日，網址：http：//big5.xinhuanet.com/gate/big5/www.js.xinhuanet.com/ccq/2009-07/20/content__17151490.htm。

[486]張亞中，《兩岸統合論》，2001年2月初版二刷，頁108，臺北：生智文化。

[487]張亞中，〈馬英九從一中各表轉向淡化一中〉，2009年12月

31日，中國評論新聞網，網址：
http：//www.chinareviewnews.com/doc/1011/8/4/6/101184686.html？coluid=7＆kindid=0＆docid=101184686。

[488]王曉波，《臺灣意識的歷史考察》，〈序：臺灣意識的階級性與階段性〉，2001年9月初版，臺北：海峽學術出版社。

[489]王曉波，在臺灣大學哲學系執教多年，長期開設「臺灣人與臺灣意識」課程，曾是1973年起國民黨「白色恐怖」下「臺大哲學系事件」的政治受害人。他信仰左派社會主義，是中國民族主義者，參與創辦「夏潮基金會」及「海峽學術出版社」，發行《海峽評論》期刊，宗旨是「發揚臺胞愛國主義傳統，發展中華民族和平統一理論」。

[490]呂正惠、陳宜中，〈一個臺灣人的左統之路（上）：陳明忠訪談紀錄〉，夏潮聯合會網站，網址：http：//www.xiachao.org.tw/？act=page＆repno=932。

[491]見2010年5月21日，鄭弘儀主持，〈決戰大高雄，陳菊如何選：陳菊專訪〉，三立新聞臺《大話新聞》節目。

[492]〈蔡英文：中華民國是流亡政府〉，2010年5月26日，自由時報電子報，網址：http：//www.libertytimes.com.tw/2010/new/may/26/today-p4.htm。

[493]參見史明，〈陳菊背叛臺灣獨立〉，2009年6月5日，臺灣海外網，網址：
http：//www.taiwanus.net/news/news/2009/200906052125581103.htm。

[494]史明，本名施朝暉，1918年生，日據時期赴日本早稻田大學攻讀政治經濟學學部，在那裡大量閱讀了社會主義及無政府主義作家的作品。他執著於社會主義及反帝的理想，1942年赴中國大陸支援中

國共產黨的抗日運動，從而體會「中共並不為解放臺灣而努力，反而歧視、分化臺灣人」，因此萌生臺灣獨立的念頭。1949年，他潛回臺灣，自稱認清「臺灣人與中國漢人雖是血緣相同，但已分裂成兩個民族」，轉而組織「臺灣獨立革命武裝隊」。在計劃刺殺蔣介石未果後，偷渡日本，繼續從事海外的臺灣獨立運動。

[495]關於史明「臺灣意識」的觀點，參見史明，《臺灣民族主義與臺灣獨立革命》，2001年6月初版，臺北：前衛出版社。

[496]史明，《臺灣民族主義與臺灣獨立革命》，頁58，2001年6月初版，臺北：前衛出版社。

[497]虞義輝，《臺灣意識的多面相：百年兩岸的民族主義》，頁230，2001年11月初版，臺北：黎明文化。

[498]〈李登輝：拒陳雲林是對的〉，《自由電子報》，2005年11月21日，網址：http：//www.libertytimes.com.tw/2005/news/nov/21/today-fo3.htm

[499]邵宗海，《兩岸關係》，2007年6月初版二刷，頁103，臺北：五南出版。

[500]李登輝提出「兩國論」不久，新黨立法院黨團召集人鄭龍水委託民意調查基金會所作的民意調查顯示，55.2%的受訪者贊成李登輝提出兩岸關係是「特殊國與國關係」，反對的人則有23.4%。此外，環球電視與《新新聞》也公布了一份有關「特殊國與國關係」的民意調查，結果顯示有43%的受訪民眾支持兩國論，只有10%的民眾不贊成。向來頗強調其菁英品味的《商業週刊》，則對臺灣587位企業經理人做了一份問卷調查，結果同意兩國論者為78.4%，不同意為15.3%，無意見為6.3%。

[501]張麟徵，〈陳水扁「催生臺灣新憲」說的動機與影響〉，

《泥淖與新機：臺灣政治與兩岸關係》，2005年6月初版，頁158～159，臺北：海峽學術出版社。

[502]張亞中：馬英九從一中各表轉向淡化一中，2009年12月31日，中國評論新聞網，網址：http：//www.chinareviewnews.com/doc/1011/8/4/6/101184686.html？coluid=7＆kindid=0＆docid=101184686。

[503]〈馬英九稱兩岸統一在他這輩子不太可能發生〉，2008年5月15日，中國評論新聞網，網址：http：//www.chinareviewnews.com/doc/1006/4/6/4/100646400.html？coluid=7＆kindid=0＆docid=100646400。

[504]〈中華民國第九任總統就職演說全文〉，《臺灣光華雜誌》1996年6月，頁16。

[505]《承先啟後，世紀榮耀：行政院中華民國開國一百週年慶系列活動計畫草案》，高雄縣文化局網站，網址：www.kccc.gov.tw/inc/dl.asp？f=../files/g/計畫草案att1.doc。

[506]吳月，〈馬英九大陸政策的思想根源〉，2010年3月1日，中國評論新聞網，網址：http：//www.chinareviewnews.com/doc/1012/4/4/7/101244701.html？coluid=63＆kindid=0＆docid=101244701＆mdate=0301142642。

[507]＜民眾的政治態度及族群觀點＞民意調查，行政院研究發展考核委員會，網址：http：//www.rdec.gov.tw/redirect.asp？xItem=4171277＆ctNode=12142＆mp=100。

[508]1993年8月大陸國臺辦發布的《臺灣問題與中國的統一》白皮書裡，有關一箇中國的說法是：「世界上只有一箇中國，臺灣是中國不可分割的一部分，中央政府在北京。」2002年中共十六大政治報告

中，有關一箇中國的說法已改成：「世界上只有一箇中國，臺灣是中國不可分割的一部分，大陸和臺灣同屬一箇中國。」

[509]邵宗海，＜以「領土和主權完整的說辭」取代一中＞，2010年4月17日，聯合早報網，網址：
http：//www.zaobao.com/special/forum/pages8/forum__zp100417.shtml。

[510]張麟徵，〈寄希望於臺灣人民，更寄希望於大陸〉，《泥淖與新機：臺灣政治與兩岸關係》，2005年6月初版，頁119，臺北：海峽學術出版社。

[511]虞義輝，《臺灣意識的多面相：百年兩岸的民族主義》，頁230，2001年11月初版，臺北：黎明文化。

[512]《中華民國第二共和憲法草案全文》，臺灣智庫網站，網址：www.taiwanthinktank.org/ttt/attachment/article__732__attach2.pdf。

[513]參見「96共識推動聯盟網站」，網址：
http：//323.formosamedia.com.tw。

[514]《臺海兩岸關係說明書》，1994年7月1日，行政院大陸委員會，網址：http：//www.mac.gov.tw/ct.asp？xItem=57868＆ctNode=5645＆mp=1＆xq__xCat=1994。

[515]〈章念馳：創造條件解「中華民國難題」〉，2010年5月16日，中國評論月刊網路版，網址：http：//www.chinareviewnews.com/crn-webapp/mag/docDetail.jsp？coluid=0＆docid=101323863。

[516]張麟徵，〈陳水扁的「兩岸和平穩定互動架構」可行嗎？〉，《泥淖與新機：臺灣政治與兩岸關係》，2005年6月初版，頁170，臺北：海峽學術出版社。

[517]張麟徵，〈寄希望於臺灣人民，更寄希望於大陸〉，《泥淖

與新機：臺灣政治與兩岸關係》，2005年6月初版，頁126，臺北：海峽學術出版社。

國家圖書館出版品預行編目(CIP)資料

兩岸政治互信研究 / 張文生 主編. -- 第一版.
-- 臺北市 : 崧燁文化, 2019.01

面 ; 公分. --(兩岸互信與研究叢書)

ISBN 978-957-681-760-1(平裝)

1.兩岸關係

573.09　　107023429

書　名：兩岸政治互信研究

作　者：張文生 主編

發行人：黃振庭

出版者：崧燁文化事業有限公司

發行者：崧燁文化事業有限公司

E-mail：sonbookservice@gmail.com

粉絲頁　　網　址：

地　址：台北市中正區重慶南路一段六十一號八樓 815 室

8F.-815, No.61, Sec. 1, Chongqing S. Rd., Zhongzheng Dist., Taipei City 100, Taiwan (R.O.C.)

電　話：(02)2370-3310 傳　真：(02) 2370-3210

總經銷：紅螞蟻圖書有限公司

地　址：台北市內湖區舊宗路二段 121 巷 19 號

電　話:02-2795-3656　傳真:02-2795-4100　網址：

印　刷　：京峯彩色印刷有限公司(京峰數位)

定價：700 元

發行日期：2019 年 01 月第一版

◎ 本書以POD印製發行